服务外包工程教育规划教材

金融信息安全

徐成贤 主编

徐成贤 陈永强 陶利民 编著

清华大学出版社

北京

内 容 简 介

本书围绕金融信息化发展与金融服务创新过程中引起社会公众广泛关注的金融信息安全主题展开。第 1 章介绍金融信息化的内容、特点,分析其必然性和重要性及其系统的基本构成;第 2 章介绍金融信息化与服务外包中金融信息面临的安全问题及金融信息安全的重要性与复杂性;第 3 章涵盖金融信息安全体系,包括信息安全体系的基本结构、信息安全体系的组成、信息安全防御模型以及信息安全风险分析与评估;第 4 章重点介绍主要信息安全技术,包括物理层安全技术、网络层安全技术、系统层安全技术、应用层安全技术、数据安全技术与内容安全技术;第 5 章涵盖信息安全管理体系、信息安全规划、信息安全风险评估技术、信息安全策略的制订、信息安全管理标准、信息安全的法律法规与道德规范等;第 6 章分析金融服务外包所面临的各种新的金融信息安全问题以及对这些新金融信息安全问题的应对措施。书中包含大量金融信息安全的案例,每章后附有适量的练习与思考,供读者学习与复习。

图书在版编目(CIP)数据

金融信息安全/徐成贤主编. —北京:清华大学出版社,2013.1(2020.9重印)

(服务外包工程教育规划教材)

ISBN 978-7-302-30781-5

Ⅰ.①金… Ⅱ.①徐… Ⅲ.①金融—信息系统—安全技术—教材 Ⅳ.①F830-39

中国版本图书馆 CIP 数据核字(2012)第 287055 号

责任编辑:袁勤勇 张 玥
封面设计:常雪影
责任校对:白 蕾
责任印制:杨 艳

出版发行:清华大学出版社
　　　　网　　址:http://www.tup.com.cn,http://www.wqbook.com
　　　　地　　址:北京清华大学学研大厦 A 座　　　　邮　　编:100084
　　　　社 总 机:010-62770175　　　　邮　　购:010-62786544
　　　　投稿与读者服务:010-62776969,c-service@tup.tsinghua.edu.cn
　　　　质量反馈:010-62772015,zhiliang@tup.tsinghua.edu.cn
　　　　课件下载:http://www.tup.com.cn,010-83470236
印 装 者:北京九州迅驰传媒文化有限公司
经　　销:全国新华书店
开　　本:185mm×260mm　　　印　张:16.5　　　字　　数:380 千字
版　　次:2013 年 1 月第 1 版　　　印　　次:2020 年 9 月第 4 次印刷
定　　价:48.00 元

产品编号:049653-02

服务外包工程教育规划教材
编写委员会

丛书序

伴随着全球信息化浪潮，以信息技术为依托，利用外部专业服务商的知识劳动力，来完成原来由企业内部完成的工作，从而达到降低成本、提高效率、提升企业对市场环境迅速应变能力并优化企业核心竞争力的服务模式席卷全球。这种称之为"服务外包"的模式对新兴发展国家优化产业结构，转变贸易增长方式有着重要作用。印度、菲律宾、乌克兰等国家都在大力发展这种具有科技含量高、附加值大、资源消耗低、吸纳就业能力强的产业。

近年来，中国作为后起之秀，凭借在宏观经济环境、基础设施、政策支持、劳动力成本等方面的优势，已成为全球服务外包转移方首选的承接地之一。2011年，中国社科院发布的《中国服务外包发展报告》预测，10年之后，中国很有可能取代印度成为承接高科技服务最多的国家。伴随着产业的蓬勃发展，人才资源匮乏成了制约服务外包产业发展的主要瓶颈。但是，在传统教育体制下大量应届毕业生苦于就业无果，另一方面服务外包产业又需要大量人才。为此，以杭州为代表的21个国家服务外包示范城市专门针对服务外包产业需求建立了一批服务外包学院，形成政府、高校、服务外包企业、人才培训机构"四位一体"的服务外包人才培养体系，力求人才培养与企业需求无缝对接。

2011年4月，第二届"全国服务外包人才培养高峰论坛"在杭州召开，与会代表在探索服务外包人才培养新思路、新模式、新方法的交流中深感服务外包教材的匮乏，专门就教材编写开展了热烈的讨论，并决定成立"服务外包工程教育规划教材"编委会，组织来自国内外服务外包一线企业工程师和高等院校教师共同策划和编写教材，并启动了首批18本教材的编写工作。这套教材针对外语应用、软件与信息服务、金融信息服务、创新管理、跨国界文化等，涵盖了服务外包领域从业所需的知识和技能。这套教材以产业需求为导向，是校企合作开展服务外包人才培养的一次有益实践，对探索我国服务外包产业和工程创新人才的培养具有积极的意义。

最后,我衷心希望"服务外包工程教育规划教材"能成为一套高等院校、培训机构培养服务外包人才行之有效的教材,使服务外包人才培养工作事半功倍。也希望这套教材能成为教师及学生的良师益友,得到大家的喜爱。

中国科学院院士　何积丰

2011 年 9 月于杭州

前 言

随着金融信息化的日益快速发展，信息系统在金融行业的应用越来越广泛，信息越来越向上集中，金融行业对金融信息化的依赖程度越来越高。信息技术的应用正在深刻改变着金融行业的传统操作方式，同时也在不断地促进金融服务的创新。网上银行、电子商务、电子支付工具、金融服务外包等创新服务方式正在兴起，金融服务运行的模式正在发生着深刻的变化。金融信息化的发展在给金融企业和社会发展带来巨大利益和便捷的同时，金融信息安全问题也越来越突出，"货币+信息"的现代金融特征，使金融业成为高风险的行业。金融信息系统本身的不安全因素、人为的攻击破坏、安全管理的不完善或执行不到位，都使金融信息系统潜伏着很多安全隐患。如系统发生故障或网络遭攻击导致业务中断、电脑病毒入侵、利用电脑系统或应用软件进行的内部欺诈或外部攻击、信息泄露等事件不时见诸媒体与网络，给人们的经济生活造成巨大危害。

面对越来越严峻的金融信息安全形势，对从事或即将从事金融信息系统或金融软件开发、设计、维护、管理与从事金融服务的人员进行金融信息安全方面的知识教育已十分迫切，但国内用于金融信息安全教学的教材却难觅芳踪。为适应高校金融工程、金融服务、计算机技术与软件工程等专业进行金融信息安全教学的需要，我们有针对性地编著了这本《金融信息安全》教材。

本书紧紧围绕"金融信息安全"这个主题，在介绍金融信息化建设的必然性及重要意义之后，对金融信息系统面临的安全问题与金融信息安全的复杂性作了详细的介绍与细致的分析。本书主要篇幅用于介绍信息安全体系、信息安全技术与信息安全管理方面的知识与要求。之后，针对金融服务外包这一创新型金融服务模式，进一步分析了金融服务外包会对金融信息安全产生的影响，分别从接包方、发包方与监管机构的角度对金融服务外包中的信息安全问题与管控等进行了分析。

期望通过学习本教材，读者能实现以下几个目标。

1. 通过第1、2两章的学习，了解金融信息化建设的重要性、金融信息化对金融企业、金融市场与广大金融用户产生的重大影响，了解金融信息系统可能面临的形形色色的安全风险，以及金融信息安全的复杂性。

2. 通过第 3、4、5 章的学习，了解信息安全保障体系，了解与熟悉主要的信息安全技术，理解规范信息安全管理的重要性，并了解主要的信息安全管理标准与要求。

3. 通过第 6 章的学习，明白金融服务外包既是金融企业为提升自身核心竞争力所进行的金融服务创新，也是金融信息安全的新风险点，发包金融企业、接包服务企业与相关的金融监管机构都应对金融服务外包中的信息安全进行有效监管。

4. 作为金融行业或与金融服务相关的人员，应熟悉并严格遵守金融信息安全的法律法规与道德规范。

期望本教材的出版能对我国金融信息安全的教育与研究有所贡献。限于时间与作者水平，书中难免存有疏漏与不当之处，敬请广大读者批评指正。

作　者

2012 年 8 月于杭州师范大学

目　录

第 ① 章

金融信息化概述

1.1 金融信息化概述

  自 1958 年第一台计算机进入美洲银行以来,作为国民经济命脉的世界金融业随着信息技术的飞速发展,以惊人的速度推动了金融业务电子化信息化的进程。金融电子化信息化的出现不但从根本上改变了金融业务的处理手段、经营方式,开拓了新的业务领域,而且仍在继续改变着人们的生活与消费观念。现今,一切社会组织与个人,无论其自觉与否,无不直接或间接地感受到金融电子化信息化的存在,并享受其提供的形形色色的服务。

1.1.1 金融信息化的基本概念

  对于金融信息化,不同领域有不同理解,下面分别给出金融行业、信息技术行业以及通信网络、计算机、信息资源和人力资源对金融信息化的认识。

  (1) 金融行业对金融信息化的认识。金融信息化是指在金融领域全面发展和应用现代信息技术,以创新智能技术工具更新改造和装备金融业,使金融活动的结构框架重心从物理性空间向信息性空间转变的过程。

  (2) 信息技术领域对金融信息化的认识。金融信息化是指信息技术(如计算机技术、通信技术、人工智能技术)广泛应用于金融领域,从而引起金融理论与实务发生根本性、革命性变革的过程。

  (3) 通信网络、计算机、信息资源与人力资源等部门的认识。金融信息化是构建在由通信网络、计算机、信息资源和人力资源四要素组成的国家信息基础框架之上,由具有统一技术标准,通过不同速率传送数据、语音、图形图像、视频影像的综合信息网络,将具备智能交换和增值服务的多种以计算机为主的金融信息系统互联在一起,创造金融经营、管理、服务新模式的系统工程。

  虽然各种观点的说法多少有些不同,但简言之,金融信息化是指在金融业务与金融管理的各个方面充分应用现代信息技术,深入开发、广泛利用金融与经济信息资源,加速金融现代化的进程,这个进程是发展的、动态的和不断深化的。金融信息化是国家信息化的一个重要组成部分,它与整个社会的信息化,与其他宏观管理部门的信息化,与居民、企业的信息化密切相关,相辅相成。在不断发展的信息技术和经济全球化的推动下,金融服务与金融创新构成了现代经济的核心。

金融信息化的实质,是新兴的信息技术对传统金融业的一场经济革新,主旨在于把金融业改造成为典型的基于信息技术的产业,信息系统成为金融业战略决策、经营管理和业务操作的基本方式。金融业的信息化可以概括为以数据大集中为前提,以完善的综合业务系统为基础平台,以数据仓库为工具,以信息安全为技术保障,打造出现代化、网络化的金融企业。

信息系统即指提供信息服务,使人们获得信息的系统,它是人、规程、数据库、软件与硬件等各种设备、工具的集合,突出的是计算机、网络通信及信息处理等技术的应用[1]10。

1.1.2　金融信息化电子化的内容

金融信息化电子化主要包括如下内容[2]7。

1. 传统柜台业务的电子化

图 1.1 给出了一般银行的传统柜台业务,这些业务原来都是手工处理的。目前,它们依然是国内金融业务的主流,在门市业务中占用大量的人力。传统柜台业务电子化的主要目的是提高业务处理的效率,减轻劳动强度,增强服务能力。

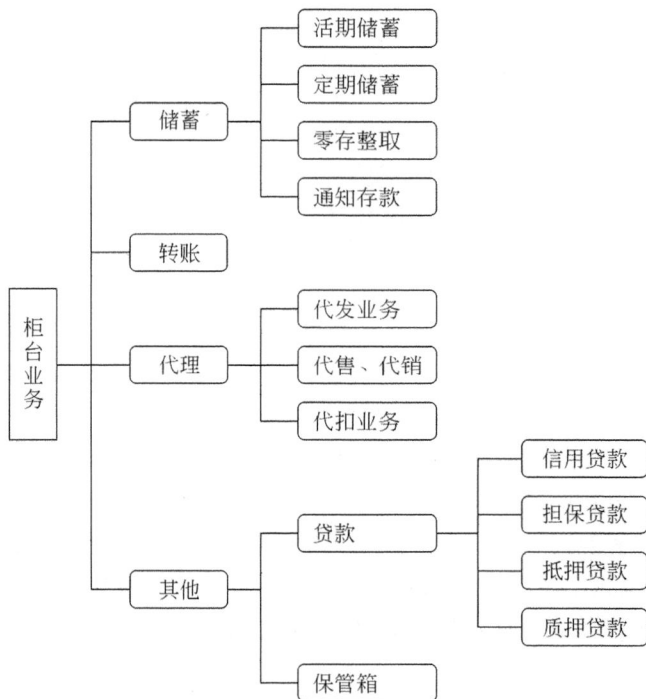

图 1.1　银行传统柜台业务

金融业务信息化电子化之后,部分(乃至大部分)柜台业务已转移至非柜台业务。图 1.2 给出了金融信息化电子化后的非柜台业务。

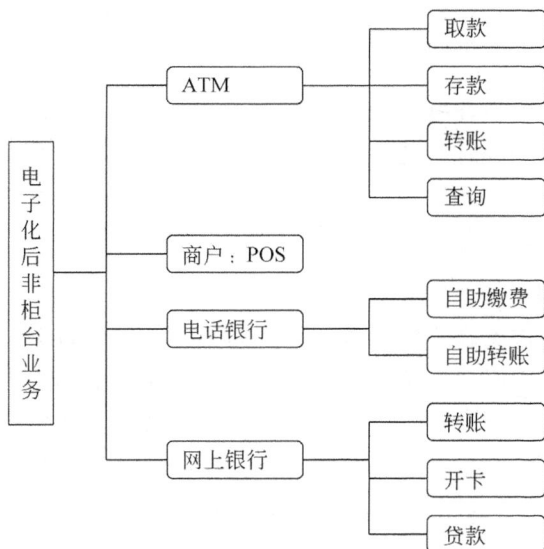

图 1.2　金融电子化后的部分非柜台业务

2．外汇业务电子化

外汇业务主要涉及国际间的金融业务往来，电子化主要包括如下内容。

(1) 国际贸易结算业务电子化。

(2) 国际非贸易结算业务电子化。

(3) 外汇资金业务电子化。

(4) 外币存款业务电子化。

(5) 外汇清算电子化。

(6) 外汇会计核算电子化。

(7) 外汇外贸客户服务电子化。

(8) SWIFT 与 EDI 电子化。

3．银行新型业务电子化

计算机与信息技术的广泛应用，使得金融行业有能力在传统柜台业务的基础上不断开拓新的业务领域，并实现这些新兴业务的电子化。这些新兴业务主要包括如下内容。

(1) 代发工资。

(2) 代收公共事业费(水、电、气、电话等)。

(3) 代理证券交割。

(4) 客户自助服务。

(5) 电子付款。

(6) 信用卡业务。

(7) 电话银行。

(8) 网上银行、手机银行。

(9) 理财。

（10）网上交易。

4. 资金清算电子化

银行资金清算用于处理金融机构之间资金的相互流动,其运转速度的快慢制约着银行资金的周转,有着巨大的经济、社会效益。主要业务有如下内容。

（1）同城资金清算电子化。

（2）异地资金清算电子化。

5. 支付系统电子化

支付系统是银行为广大客户提供全面金融服务和中央银行为各商业银行提供支付资金最终清算的综合性金融服务系统。它以全国性跨行计算机通信网络为运营环境,将支付服务与清算功能有机融合为一体。下层支付服务系统是商业银行与其他金融机构为客户提供全面金融服务的基础金融业务系统,上层支付资金清算系统是中央银行为商业银行提供资金清算服务,并通过服务实施其货币政策职能的基础设施。

6. 其他非银行金融机构的电子化业务处理系统

其他非银行金融机构的电子化业务系统有会计业务系统、保险业务系统和证券业务支持系统等。会计业务系统是以会计数据为处理对象的计算机信息系统。它能对企业的会计数据进行收集、输入与存储、加工处理、输出与传递,为人们提供有用的会计信息,以支持一个组织有效运行和辅助管理决策的人机结合系统。

保险业务系统本质上是一个“综合”管理信息系统,重点围绕“合同管理”和“项目管理”进行。“合同管理”反映保险企业与客户之间的契约管理,它是保险企业服务和业务管理的综合体现,“项目管理”反映保险企业内部组织过程管理,它既涉及合同管理,也涉及企业内部的组织管理、核算和资源的合理运用。

证券业务支持系统是证券公司信息系统的主要组成部分,它支持证券公司证券业务的展开,包括柜台系统和周边委托系统,并能充分利用银行在营业网点与客户资源方面的优势,开展银证转账业务与银证通业务,提高了证券行业为客户服务的水平和运行效率。

7. 稽核工作电子化与计算机稽核

稽核工作电子化是借助计算机、通信等先进技术和工具,改进传统的稽核业务工作,提高稽核效率和稽核质量。计算机稽核是指用人工和计算机辅助等方法,对金融电子化各部门进行全面监控,即对计算机系统的开发、维护、运行和安全等进行审查和评价,以保证数据、交易、处理过程及处理结果的完整性、可控性以及故障情况下系统不间断运行和事故、差错责任的可追踪性,是金融电子化后稽核工作的新领域。两者的稽核对象不同,稽核内容和稽核方式也不同,但又同属于稽核这一大的概念。

8. 金融管理信息系统（Management Information System, MIS）

金融管理信息系统是金融企业经营管理的中心环节,是一个集成了计算机网络技术、通信技术、信息处理技术,对金融信息进行收集、传递、存储、处理,用于进行金融业务处理和辅助决策的一种智能化计算机系统。它通过采集并整合金融企业的业务信息,实现对客户信息、业务交易信息和经营管理信息的集成和一体化,为金融企业的各级管理人员、客户经理和分析人员提供充足的信息资源。这将有助于金融信息快速准确地传递与利用,为客户提供全方位的服务,提高金融企业的科学管理水平,增强金融企业内部控制和风险管理水平,为金融企业科学合理的决策提供支持,从而极大地提高了金融企业的竞争能力。

金融管理信息系统主要包括如下内容。

(1) 信息收集与文件传输网。

(2) 数据库。

(3) 办公自动化。

(4) 决策支持系统。

1.1.3　金融信息化的特点

金融信息化电子化是计算机技术、通信技术和金融工程相结合的综合系统,它除了具有一般信息系统的特点外,还有一些自己的特点[3]。

1. 及时性、有效性

金融信息系统依托的是信息技术,能为广大客户提供及时准确的金融服务。众所周知,资金融通时间的长短意味着资金成本的高低。在现代经济社会中,缩短资金在途时间,提高资金使用效率,是充分发挥资金效益的有效手段。而要做到这一点,就必须有高精度、高速度、高容量的最新技术设备作为物质基础,计算机技术与信息技术的结合使这一目标得以实现。

金融信息化系统不仅能使本行业、本系统的资金及时融通,而且能实现跨行业、跨地区、跨国界的瞬时资金融通。随着社会的不断发展,金融信息瞬息万变,人们对信息传递的速度要求越来越高,金融信息的时效性越来越强。高效的金融信息系统能实现全球金融信息的及时共享,能通过快速传递所得到的信息指导经营管理活动、支持经营者的决策。

2. 准确性、可靠性

在金融信息系统中,货币流变成了电子流,因此系统中电子数据的可靠就意味着它所代表的一定量的货币安全可靠。这就决定了如下内容:①相关的软件系统正确性、可靠性高,软件的开发复杂;②所有数据的采集、录入、加工、处理、存储、传输全过程安全可靠。金融信息系统采用了先进的技术、手段以及自动化的处理方法,减少了人工干预,避免了各种人为因素可能造成的不安全隐患。高精度的运算避免了人工计算可能造成的差错,自动化的通信线路能快捷准确地确保信息顺利通畅地到达目的地,各种加密防伪技术能避免各种干扰和破坏。

3. 连续性、可扩性

这一特性是指金融信息系统不仅能保持以往所有传统业务向金融电子化信息系统处理方式的顺利过渡,确保连续性,而且还能随时根据需要,对系统功能和容量进行扩充。金融业务有其特殊性,当从手工方式向计算机处理方式转换,或从低级计算机系统向高级计算机系统转换时,都必须保持业务的连续性。金融信息系统利用先进的计算机,具有批量处理大量数据信息的能力,能在短时间内将以往所有的数据信息移入计算机的数据文件中,确保业务及时连续处理。

4. 开放性、多功能性

金融业是面向广大客户的行业,其经营管理活动不仅涉及金融业内部的活动信息,同时也受来自金融企业外部环境因素的影响,因此必须大量吸收来自方方面面的数据与信息。金融信息系统具有广泛收集、处理、存储、传输大量数据信息的能力,具有开放性,而且开放性越强,越能提供对管理决策有用可靠的依据。与以往的传统处理方式相比,金融信息系统具有更丰富的功能,它不仅能处理传统方式所能处理的一切业务,而且能为客户办理各种新颖的业务,如开办自助银行、证券的自动交易、资金的瞬时清算等,不仅能满足业务部门的要求,而且能为管理部门提供各种信息服务,并进一步为社会其他部门、政府部门等提供所需要的信息帮助。

5. 安全性、保密性

金融业掌握的信息通常会涉及社会各方面的经济利益,维护客户信息安全保密是金融业的职责所在。因此,金融信息系统在做到开放性的同时,又要能保证客户信息的保密性。运用计算机的特殊功能与信息技术,可以实现对客户信息资料的保密处理,以确保客户信息的安全性,维护金融业的信誉。

6. 兼容性与可移植性

我国银行机构众多,但业务处理方式、会计核算方法和转账结算制度大都遵循较统一的处理模式。各银行的差别主要体现在分工不同和经营、管理方法的微小区别。银行各分支机构的差异主要体现在服务范围的大小、客户数量、营业业务笔数的不同。银行计算机应用软件的品种少而数量大。

7. 严格分离性

金融计算机软件的开发与使用实行严格分离的管理,银行业务涉及货币、资金,业务处理不仅要分段进行,而且要多人进行双向处理,以保证账户准确和银行、客户双方权益均不受损害。以计算机为核心的金融信息系统对此采用了如下措施:一是应用软件采用严密的处理算法,保证账户纵横平衡,二是将应用软件系统的开发与应用实行严格分离。

8. 可维护性

金融信息系统中使用的硬件设备种类多,而且多为专用设备,维护工作量大,要求高,其使用地点和使用人员遍及各分支机构,而开发人员相对集中,这就要求金融信息系统必须具备高的可维护性。

1.2   金融信息化的意义

实现金融信息化是金融企业适应经济信息化潮流的选择,是中央银行提高金融监管力度,防范金融风险,加强宏观货币政策调控力度的重要保障。实现金融信息化是商业银行和非银行金融机构提高效率的必由之路,也是开拓市场,更好地服务于客户以及金融业务创新的重要基础。

1.2.1 金融信息化的必然性

科学技术的发展、人类社会的进步对社会、经济起到了巨大的促进作用。计算机的出现与发展,为实现金融业经营与管理的现代化提供了先进的物质技术基础,推动了金融业的蓬勃发展。纵观经济发达国家金融信息化的发展历程,实现金融信息化是社会经济与人民生活的需要,是人类社会发展的必然趋势。

科学技术、尤其是信息技术的发展与应用领域的日益广泛,为金融企业计算机系统的建设提供了越来越先进的设备与软件技术,而不断进步的技术条件又进一步推进与更新着金融信息化系统软硬件设施的建设。经济全球化和金融市场的逐渐开放,使得全球经济的联系更加紧密,跨国交易、清算业务激增,金融业为适应市场需求及行业竞争等采取的措施,也进一步推进了金融信息化的进程。

经济水平决定金融发展,金融发展反过来又促进经济的发展。经济的快速发展,为金融发展提供了可能的条件和发展的空间,而金融的持续发展又保障国民经济持续健康发展。作为金融现代化手段的银行计算机系统伴随着国民经济的发展,尤其是金融事业的发展,应用范围不断扩大,应用水平日益提高。金融信息化不仅仅是金融行业本身发展的需要,也是社会经济发展与人民生活不断提高的需要。国民经济的持续增长和金融事业的快速发展,为金融信息化建设展现了良好的发展前景。

银行通过存款、放款、汇款业务,发挥着信用中介的职能,并运用货币结算、信贷、利率等手段,对国民经济的发展进行支持、调节与控制。随着社会生产力的发展以及银行系统规模的迅速扩大,银行的业务量大幅度增加,新的金融支付工具不断涌现,新技术不断更新换代。加上银行业激烈的竞争,迫使银行业务紧跟最新科学技术成就,采用最先进的技术处理业务、掌握信息、辅助决策。尤其是在 20 世纪中叶之后,国际上的银行业务普遍利用计算机新技术,建立了各类联机网络和高效信息系统。它的产生和发展引起了银行业的巨变,影响和推动了社会经济和人民生活的变化。银行业务处理手段的现代化水平和银行经营管理方式的科学化,是一个国家商品经济发展程度和国民经济现代化的重要标志。

对于我国的金融业来说,改革促进了经济发展,也促进了金融事业的长足发展。全国存款、贷款和居民储蓄存款都大幅增加,外汇存款也相当可观。银行业务较 20 多年前呈数十倍的增长,用现代技术改造传统落后的手工操作,使金融业摆脱了单纯依靠增加人员来适应业务扩张的被动状态。为适应国民经济的高速发展和人民生活的需要,金融信息化已成为适应社会经济发展和金融事业自身发展的必由之路。

1.2.2 金融信息化的意义

实现金融信息化具有下列重要意义[4]。

1. 信息化的应用与发展提高了金融业内部的管理效率

金融行业是最早将信息技术引入业务管理的行业之一。一直以来,金融行业都非常重视信息技术的应用,信息化成为引领金融现代化建设的重要手段。信息技术不但在建设方便、高效、安全的金融服务体系中发挥基础作用,而且对于提高企业内部管理水平,进而提高资源配置效率更是具有重要意义。在金融业日益显现对社会资源高效配置的强大支撑能力的同时,信息化显然已经成为现代金融服务的重要保障。"没有信息化,就没有金融的现代化。"信息化显然已经是包括我国在内的各国金融行业发展的必由之路。

2. 信息化的应用与发展提升了金融业行业内部的竞争力

金融行业的健康、可持续发展,与现代信息化的良好应用是分不开的。比尔·盖茨曾说过,"传统的商业银行将是要在 21 世纪灭绝的一群恐龙"。在信息高速发展的今天,金融业在充分把握高科技带来的发展机遇的同时,也面临着高科技企业和综合服务机构的激烈竞争。随着现代金融业的发展,信息化越来越成为提升行业竞争力的利器。

金融行业的竞争,是行业产品创新的竞争,更是对金融企业可持续发展能力的体现。目前,我国各大商业银行均建立了统一的业务应用平台,形成了包括网上银行、电话银行、企业银行、自助银行、手机银行等多种产品的功能及完善的电子银行体系,展现出新的业务优势。当然,随着金融业竞争的日益全球化和网络经济的不断发展,银行业、证券业、信托业和保险业等金融服务业务及综合化发展的趋势也在不断加强,我国金融业的混业经营趋势也表现得越来越明显。

如今,金融全球化成为国际金融业发展的一大趋势,而金融全球化得以实现的前提就是信息技术的应用,特别是数字化、网络化等环境的构建。在经济全球化趋势的拉动下,全球范围内更需要不间断提供现代化的金融服务。早在 2002 年,我国的金融企业就已经迈出了迎接金融全球化的第一步。2002 年 6 月,中国银联成为 VISA、MasterCard 两大国际组织的主会员,其清算系统同 VISA、MasterCard 的全球清算网络系统连接,中国银联的成员机构可以通过全球清算系统完成国际交易。在经济高速发展的今天,世界上规模最大的金融企业中,一半以上的企业和机构都在全球各地开展了相关业务。

3. 信息化的应用提高了金融业全面服务客户的效率

信息化是金融业服务客户的基石,它可以帮助金融业从根本上为客户思考和设计业务服务的流程。树立以客户需求为中心的经营理念,在任何时间、任何地点,以任何方式为客户提供全功能、个性化、全天候的金融服务,已成为金融行业信息化的必然趋势。

有关信息化的应用对金融业服务客户效率的提高,人们是深有感触的。从站着排队等候,到拿好牌号单就坐;从现金和支票付款交易,到无限制额度银行卡交易;从面对面的购物交易,到网上电子银行电子商务……简单的排队管理系统、小小的银行卡、快捷的电子银行口令,使金融服务更加贴近客户。在依靠信息技术提供全天候服务方面,网络时代新的生活方式促使银行推出更多新的服务。如何利用信息技术抓住优质客户群,为其提供最符合要求的服务,赚取更丰厚的利润,将成为金融服务未来发展的重点。因此,随着我国网络基础环境的极大改善、电子商务的整体复苏,金融业的信息化服务必将成为金融业发展前进的重点。

信息化有力地支持了我国金融业的改革和发展,推动了整个社会的现代化进程。改革开放 30 多年来,中国的金融信息化建设从无到有,从单一业务向综合业务发展,取得了一定的成绩。如今已从根本上改变了传统金融业务的处理模式,建立了以计算机和互联网为基础的电子清算系统和金融管理系统。中国的金融数据通信网络框架基本形成。但是国内金融企业在实施信息化建设的诸多方面仍然需要长期的努力。

银行信息化可以支持和催生银行产品创新、经营模式创新、业务结构转型、业务流程再造以及经营效率和管理有效性的整体提升，为新一轮的改革、发展提供有力的支撑，不断提高银行盈利能力。

1.2.3　金融信息化的影响

实现金融信息化会对金融机构、金融市场与货币政策 3 个方面产生重要影响[5]。

1. 对金融机构产生的影响

（1）带来金融机构形态的虚拟化。

所谓虚拟化，是指金融机构日益通过网络化的虚拟方式在线开展业务，其客户直接在办公室、家里甚至旅行途中获得金融机构提供的各类服务，因此金融机构可以减少大量的有形营业场所和巨额的固定资产投资。全新的网络银行正借助互联网技术，通过计算机网络及其终端，为客户提供各种金融服务。

1995 年 10 月 18 日，世界上第一家没有传统银行经营网点的网络银行——安全第一网络银行在美国诞生，它创立的全部费用仅为 100 万美元，只相当于传统银行开办一个分支机构的费用，其经营成本也远远低于传统银行。安全第一网络银行的诞生与发展标志着虚拟化银行的开端，预示了金融机构形态的未来发展趋势。

（2）对金融机构经营方式和组织结构的影响。

金融信息化导致金融机构经营方式的巨大变化，信息技术的广泛应用正在改变着支付与结算、资金融通与转移、风险管理、信息查询等银行基本功能的实现方式。金融机构将传统的专用信息网络拓展到公共网络，电子货币、网络货币等数字化货币的应用使得以支票和现金为主的支付结算、资金转移方式正在向无现金的方式转化，各种信用卡、数字钱包得到了广泛应用；实时在线的网络服务系统能为客户提供全时空、个性化、安全快捷的金融服务；基于信息技术的各种风险管理与决策系统（如自动授信系统、风险集成测量系统等）正在取代传统落后的风险管理方式，大大提高了工作效率和准确性；新金融产品和服务的开发也在迅速加快。

为适应经营方式的变化，金融机构的组织结构也在发生深刻变化。建立在传统银行经营模式基础上的组织形式——基于分支行的组织结构已经无法适应新的经营方式。围绕客户的消费行为和需求，传统银行正进行新的结构设计，借助于信息技术重构其组织形式。新兴的网络银行完全摆脱了传统银行的组织结构，几乎找不到传统银行的结构特征。总之，金融信息化的作用将从提高金融业务的自动化程度，发展到对金融业经营方式和组织结构的深刻改变。

2. 对金融市场的影响

（1）促进金融市场一体化。

随着世界经济一体化和全球信息网络的发展，各国金融市场日益联结成一个统一整体，金融信息化的深入发展为金融市场的一体化奠定了坚实基础。一方面，金融信息化大大提高了相关信息的收集、处理、存储和发布能力，成为金融市场交易物质和技术的基础。

另一方面,互联网日益成为世界金融市场运作的中枢,低成本的网络交易将逐步替代传统的交易方式,投资者无论身处何时、何地,都可以上网同步进行金融交易,全球金融市场被更紧密地联系起来。

（2）加速国际资本流动。

网络技术促进了全球金融市场的形成,国际资本流动的空间屏障被打开。信息技术使得资本流动速度大大加快,也扩大了资金流动的总量,全球金融网络上跨国银行业务、国际证券交易、外汇交易急剧增长。目前,全球外汇日均交易额在 1.5 万亿美元左右,债务性融资规模也超过了 1.5 万亿美元。

3．对货币政策的影响

（1）对货币需求的影响。

信息技术在金融领域的应用,电子货币、网络货币的出现,使得货币的流通速度较之以前大大加快。根据现代货币数量理论,货币的需求量为 $M=PT/V$,其中 PT 为社会商品交易总额,V 表示货币流通速度。该公式表明,在物价水平和社会商品交易总额确定的情况下,货币的需求量与货币流通速度成反比。因此,在数字货币条件下,由于货币流通速度提高,货币的需求量将会减少。根据著名的托宾公式,数字货币的使用以及网络结算方式的普及使得人们往返于银行的费用降低,于是人们会选择增加存款和换取现金的次数,这必然带来现金需求余额的下降。

（2）对货币政策目标的影响。

金融信息化所推动的金融创新直接影响着货币定义,金融创新产品使得货币组成发生着变化。例如,20 世纪 70 年代以前,美国 M1 是由通货和商业银行的活期存款组成的,但是持续出现的金融创新产品不断改变着这个组合。1980 年,美国不得不对货币进行重新定义,对 M1、M2、M3 的内涵进行调整,重新公布了各种货币定义。M1 的内容增加了一系列可开列支票的存款,而且这些新增加项目的增长速度远大于以前的项目。由于 M1 内涵的不断变动,它已经难以再作为货币政策的目标了。美国于 1987 年被迫放弃了 M1 这一政策指标,取而代之以广义货币量 M2 和 M3。

（3）对货币政策工具的影响。

从中央银行调节基础货币的三大政策工具(法定存款准备金率、贴现率、公开市场业务)来看,信息科技使得金融机构的筹资渠道大大拓宽,而技术手段的进步又使金融机构临时融通资金的能力大大增强。各种金融科技产品提高了金融机构的资产流动性,这都导致金融机构不再轻易向中央银行借款。中央银行调节基础货币的渠道减少了,其控制基础货币的职能主要依靠公开市场业务来进行。

1.3　国内外金融信息化的发展与现状

1.3.1　国外金融信息化发展概况

国外金融业发展得比较早,与此相适应,金融业信息化的起步也很早。早在 20 世纪 50 年代,发达国家金融业就引入了计算机设备,处理其具体业务,以提高工作效率与服务水平,并创造出不少新的金融产品。金融业信息化发展大体经历了 4 个阶段:脱机业务批处理阶段;联机网络阶段;建立跨行、跨洲、环球网络阶段与电子自助业务全面推广阶段。通过一步步演进,国外金融业通过信息技术实现了银行业务的计算机辅助处理、内部联机业务处理、信息资源共享、客户信息分析、新型产品及业务建设[2]35[6]。

(1) 脱机业务批处理阶段。

该阶段使用穿孔机、终端机进行会计记账与信息收集汇总工作,然后将处理过的数据按时成批送到计算机中心进行处理。它是银行应用计算机的初级阶段,对于减轻劳动强度、提高工作效率、加强信息处理能力等起到了很好的作用,并为进一步联网作好了技术与物资准备。这一阶段各银行持续的时间长短不一,有的五六年,有的十年左右。例如,法国农业信贷银行直到 1985 年前后才完成了由脱机批处理形式向联机网络的转化。

(2) 联机网络阶段。

在脱机批处理的基础上,各银行着手建立本系统的联机网络。通常是在总行设置主机,各分行营业点设置分机或终端机,通过线路联成局部或远程网络,以实时方式处理日常的储蓄存款、票据往来、汇总清算等业务。

(3) 建立跨行、跨洲、环球网络系统阶段。

在各银行联机网络的基础上,一个个连接世界五大洲上百个国家、数千家银行的汇款系统、清算系统和信用卡授权系统相继建立。这些网络系统不但可以处理会计记账业务,而且可以在更大范围内组织资金结算、汇兑以及综合性信息处理,使世界范围内的资金可以迅速地传递。全国以至全球的金融网络把社会上所有工业、商业、行政事业、银行和家庭都联成一体,对社会经济发展起到了更大的推动作用。

(4) 电子自助服务业务全面推广阶段。

近年来,以自动柜员机为代表的各种电子自助服务业务迅速发展,遍及世界各地。通过自动柜员机和通信网络,各种信用卡业务全面推广,客户可以自己亲自动手,在街道、商场、公共场所办理存取款和结算业务,并享受 24 小时"全天候"服务。企业银行、家庭银行、电话银行、网络银行、手机银行等得到全面推广。除小额支付人们仍习惯使用现金外,信用卡可以支付一切费用,代发工资,代交水电费、保险金、税款等新的服务,大大减少了现金的使用。货币电子化不但推进了社会经济的发展,而且将为实现"无钞票"社会创造了条件。

各类金融信息系统的开发激发了传统金融行业的活力,为金融企业向现代金融巨头转型奠定了坚实的基础。据美国银行再造专家 Paul H. Allen 统计,1980—1996 年,美国平均每年有 13 家大银行利用信息技术实施再造计划,银行再造之后的平均资产收益率和资本收益率分别从原来的 1% 和 14% 上升到 1.5% 和 20%,而平均成本收益比从 63% 下降到 50%～55%。另据数据显示,在美国 100 家主要银行中,有 70 余家已经或正在实施有关 CRM(客户关系管理)的项目;市场研究机构 Datamonitor 的一份调查报告也表明,42% 的欧洲银行在 2002 年继续加大了 CRM 的投资力度。放眼国外发达国家的金融信息化建设情况,尽管各自进度不一,但是综合看来,国外的金融信息系统主要表现出 3 大特点[6]。

（1）使用面广，设备先进。

计算机应用于金融系统，最初主要用于记账和编制报表。自从 IBM 公司的 702 型计算机首次被安装到美国旧金山的美洲银行后，各类新颖的计算机设备便不断被引入金融行业。从目前来看，几乎所有西方发达国家银行都已用计算机在处理所有的业务和管理，并且应用过程中往往选择质量优、性能佳、功能强的计算机作为硬件设备。因此，世界级公司，如 IBM 公司、UNISYS 公司的计算机品牌，往往是大银行、大系统选择的对象，一些规模大、实力雄厚的银行往往都建立了自己规模庞大的计算机中心，配有专职的技术人员，开发最新的适应银行经营管理的信息系统。每隔几年，这些大银行往往不惜花费大量资金更新主系统的硬件和软件，积极大胆地采用最新的计算机产品与最新的软件技术。随着银行自助服务的兴起，各类自动服务设备，如 ATM、POS、CD（Cash Dispenser）大量涌现，这些先进设备与技术的使用不仅降低了银行的服务成本（其成本仅为有人服务营业点成本的 1/10），而且大大提高了服务质量。

（2）功能齐全，服务完善。

发达国家已建成了 3 个层面的金融信息系统。首先是金融业内部的信息系统，主要是以银行会计为依据的银行内部业务处理系统，它们都是技术先进且相互协调的柜台业务服务网络以及以银行经营管理为目标的银行管理信息系统网络。这类系统功能齐全，不仅大大提高了银行的工作效率，而且大大加强了银行管理决策的科学化。其次是金融业之间的信息系统，随着各项业务之间交往的频繁，银行间的支票、汇票等转账结算业务急剧上升，资金清算需要得到及时、有效处理，成为提高银行经营管理效率的一个重要措施。为此，发达国家银行之间纷纷建立统一的、标准化的资金清算体系，以实现快速、安全的资金清算。如美国联邦储备体系的资金转账系统（FEDWIRE）、日本银行金融网络系统（BOJ-NET）、美国清算所同业支付系统（CHIPS）、环球金融通信网（SWIFT）等，这些系统的建立既降低了交易成本，又加快了交易速度，还能为客户提供各种新的银行服务。第三是金融业与客户之间交付的信息系统，银行推出了面向大众的各类自动服务，建立了自动客户服务系统网络，包括金融机构与企业客户建立企业银行以及金融机构与社会大众建立电话银行、家庭银行，通过各类终端为客户提供各类周详、多样的金融服务。客户则利用金融业提供的电子转账系统完成各类金融业务（如存款、取款、转账等）。这一信息系统的建立使银行为客户提供了全方位、全天候、全开放式的完善服务。

（3）自动化程度高，安全保密性强。

当前，西方发达国家金融行业信息系统已经全面实现了网络化，各银行及金融机构内部、各银行之间、各金融机构之间都已经实现了不同地区、不同程度的网络化、自动化。以支票为例，在美国，支票是一种最普通的支付手段，对支票的处理往往有自动化的支票处理设备，通过它读取支票上的信息，送入计算机进行联机处理，而且各类票据的结算处理也往往通过标准化、规格化的自动化票据清算所，由自动化票据清算系统自动处理完成票据的清算，使这些繁琐复杂的交易在瞬息之间就能完成，提高了资金使用效率，也缩短了各地间的距离，进一步促进了国内外贸易往来。在所有业务自动化处理过程中，由于通过网络进行信息传递，因此安全就成了人们普遍关心的一个十分重要的问题。当前，西方发达国家的大规模网络信息系统中都建有良好的法律环境，有一个标准化的结账规则体系，都有各类软、硬件方面的安全保障措施,如主机系统、通信系统的硬件备份、软件加密等,能最大限度地避免各类不安全因素。

随着经济全球化趋势的进一步加剧,发达国家金融业对信息技术所表现出的依赖性越来越大。如今,世界上规模最大的金融企业中,一半以上都在全球各地开展业务。比如,花旗集团的分行、子公司、附属机构、合资企业和办事处分散在全球 100 多个国家。此外,金融创新已成为体现金融企业核心竞争力的主要因素,而 95% 的金融创新都高度依赖信息技术,信息技术帮助分析复杂金融产品的定价,并进行风险管理,使这些产品的交易成为可能。因此,金融全球化已经成为国际金融业发展的大趋势。

1.3.2　中国金融业信息化的发展过程与现状

1. 我国金融信息化发展历程

计算机进入中国银行业,最早可追溯到 20 世纪 50 年代。当时,中国人民银行引进了前苏联的电磁式分析计算机,用以进行全国联行对账表的工作。但是,相对于发达国家来讲,中国金融信息化起步较晚,金融信息化建设开始于 20 世纪 70 年代。80 年代中期,由中国人民银行牵头成立了金融系统电子化领导小组,经过大量的调查研究,制定了金融电子化信息化建设规划和远期发展目标;经过"六五"作准备、"七五"打基础、"八五"上规模、"九五"见成效、"十五"再攻关的发展阶段,从无到有,从小到大,已逐步形成了一个全国范围的金融信息化服务体系。我国金融行业信息化的发展同样经历了下列 4 个阶段[7]。

(1) 第一阶段。从 20 世纪 70 年代开始的起步阶段。20 世纪 70 年代,中国银行引进第一套理光-8 型(RICOH-8)主机系统,揭开了中国金融信息系统开发的序幕。当时的主要目标是利用计算机处理效率高、准确性强、功能丰富的特点,用计算机来处理银行的部分手工业务,主要软件采用 COBOL 语言编写,实现了诸如对公业务、储蓄业务、联行对账业务、编制会计报表等日常业务的自动化处理。尽管当时只在某些地区的某几个分行着手试点,但试点的成功为后来的大发展积累了丰富的经验。在这一阶段的主要处理方式也是采用脱机批处理的方式,代替了大量琐碎、重复的劳动。

(2) 第二阶段。从 20 世纪 80 年代开始的推广应用阶段。20 世纪 80 年代,中国银行业相继引进了日本的 M-150、美国 IBM 公司的 4361、4381 型主机系统,进一步在大中城市推广应用各类柜面业务处理系统。在此基础上,各行分别建立了自己的联网系统,实现了同城各专业银行自身间的活期储蓄通存通兑,基本实现了各专业行、各营业网点之间业务的联网处理。计算机已应用于银行门市业务、资金清算业务、金融计划统计业务、信贷管理等多项业务中。与此同时,1985 年,中国银行率先加入了 SWIFT 环球金融通信网络系统,为中国银行业信息系统同国际接轨跨出了坚实的一步。

(3) 第三阶段。20 世纪 90 年代开始的完善提高阶段。20 世纪 90 年代,各大专业银行信息系统主机纷纷升级,如引进美国 IBM 公司的大型机 ES9000 系列主机,用以扩大业务处理范围,增强业务处理能力。1991 年 4 月 1 日,人民银行卫星通信系统电子联行的正式运行,标志着中国银行信息系统进入全面网络化阶段。各大银行除先后加入人民银行的电子联行系统外,一些大中城市还建立了各种形式自动化的同城票据交换系统,如同城跑盘清算系统、同城网络清算系统和同城清分机处理系统,在很大程度上解决了中国原来资金清算时间长、可靠性差的问题,使资金清算在各地之间能高质量、高速度地完成。同时,继中国银行之后,其他各大专业银行也纷纷加入 SWIFT 系统,使国际结算业务的水平有了很大提高。在人民银行卫星通信系统上,除了银行业务的应用外,还开发应用了全国证券报价交易系统,使全国的证券交易形成了统一、公平、合理的市场,使计算机在金融业的广泛应用翻开了新的一页。随着应用水平的不断提高,各级网络系统愈加成熟完善,除了能处理传统的金融业务外,各行还纷纷推出了 90 年代国际上流行的新型自助银行,为客户提供随时、随地、方便、周到的服务,实现了全方位、全开放式、多层次、符合国际惯例经营模式的新型金融服务体系。由此可见,业务上的应用已基本达到了较为完善的阶段,但各大银行及金融机构仍在不断努力,开拓新的业务,并重视计算机在管理信息系统中的应用,不断提高金融信息系统的应用水平,争取早日实现理想的决策支持系统。

（4）第四阶段。20 世纪 90 年代末至今。20 世纪 90 年代,世界进入一个信息技术高速发展的互联网时代,利用互联网技术与环境加快金融创新,逐步拓宽网上金融服务,包括网上银行、网上支付,成为国内各商业银行信息化建设的重要内容。要想在竞争激烈的金融市场取得竞争优势,金融企业必须加强客户关系管理、金融产品创新和内部信息化建设,而这 3 项都与信息技术分不开。这时候,金融信息化的意义也并不局限于金融行业本身,而在于金融信息化是整个社会信息化的一个重要组成部分。随着电子商务的发展,信息时代对金融企业提出了新的要求,要求把金融企业的支付系统接口接在企业的网上、政府的网上以及各消费者家中的网上。为此,金融企业纷纷推出网上支付系统。中国银行率先推出了网上银行的系列产品,中行的客户只要拥有一张长城借记卡,再从网上下载中行提供的电子钱包软件,就可以在网上进行各种操作,包括在网上开展查询、转账、支付和结算等业务。随后,中国建设银行总行正式推出了网上银行业务,接着又开通了网上个人外汇买卖、证券保证金自动转账等服务。而招商银行的“一卡通”及“一网通”网上业务更可谓先声夺人,包括网上企业银行、网上个人银行、网上证券、网上实时支付等功能。拥有招商银行“一卡通”的客户,可以享受网上付费、网上购物、银证转账、账户转账等服务,不必再办理其他手续。近几年,信息技术已广泛渗透到金融经营管理的各个机构、各项业务、各个环节,信息技术的应用水平、网络化和电子商务的链接,成为衡量“新世界、新金融、新银行”的一个重要标准。为了赶上潮流,适应 WTO 形势下的新竞争格局,中国的金融企业正在加快脚步迈入信息化时代。

2. 我国金融信息化发展现状

经过二十多年的努力,我国金融信息化获得了快速发展,已逐步形成一个全国范围内的金融电子化服务体系,金融信息化系统已成为我国国民经济管理信息系统中最重要的系统之一[2]38。

（1）金融信息化装备达到一定规模。

目前,我国金融信息化装备已经达到一定规模,传统的柜台业已经基本实现了业务处理自动化。

① 清算业务自动化有了一定的发展。

长期以来,我国的银行资金清算系统受运输和邮电通信条件的制约,形成了按地域划分的同城清算、分支行辖内往来和全国联行往来三个层次的系统。这样的资金清算系统不能适应国民经济飞跃发展的需要,必须改革现有系统,建立科学高速的电子化支付系统。目前,中国国家现代化支付系统(CNAPS)、中国人民银行电子联行系统和商业银行资金清算系统的建成并投入使用,使金融业的清算业务基本实现了自动化。

② 电子化营业网点发展迅速。

金融电子化一起步,各行就把实现营业网点业务处理自动化作为重点项目来抓。在实现营业网点电子化的过程中,各行都采取了大型机和微机并举、单点脱机处理和联机处理并举的方式。电子化营业网点覆盖率超过 95%,大中城市和部分小城市营业业务已基本实现了自动化。

③ 外汇业务自动化已达到一定水平。

开办外汇业务以来,中国银行以及各专业银行一直积极推进外汇业务自动化。中国银行于 1985 年就率先加入了环球银行间金融电讯协会(SWIFT),随后,农业银行、工商银行、建设银行、交通银行也相继加入,成为正式会员,并且已先后推到省分行一级。目前,中国银行、农业银行和工商银行在各大城市都直接与 SWIFT 网络连接,直接收发报文。另外,外汇结算、信用卡业务也都使用计算机处理。

④ 各种应用系统的开发和推广取得明显效益。

随着业务发展的需要,各银行在中、小、微 3 种机型上先后开发了会计核算、储蓄、全国联行对账、储蓄审核、工商信贷管理、资金清算、债券、股票以及稽核、人事、劳资等一系列应用软件。这些软件实用性强,应用范围广,投入运行后都取得了明显的经济和社会效益。

⑤ 办公自动化建设取得明显成效。

我国金融行业是进行办公自动化系统建设的先行行业,办公自动化系统的建设正在从工具使用阶段向信息管理阶段发展。办公自动化系统的建设和使用,有效提高了金融企业的办公自动化水平,实现了文档管理的自动化与企业工作流程的自动化,提高了金融企业办公活动的工作效率与质量,减轻了员工的劳动强度,节约了企业办公费用;建立了企业内部信息交流和信息发布的平台,使企业内部信息交流快捷通畅,企业员工也能及时了解企业的发展动态;利用桌面型数据库软件实现了数据库管理;搭建了企业科学管理的平台,促进了金融企业管理机制的转变和管理效率的提高,实现了用户的统一管理和企业数据资源的共享,增强了企业领导层的协调监控能力;实现了分布式办公,改变了传统集中办公的模式等。

(2) 网络基础设施建设取得重大进展。

全国性金融机构多数已完成本系统内联网的建设,网络覆盖了全国所有的省会城市和地级市城市。为了实现信息传递,建立联机网络,我国各银行采用了电传、电话线等方式,建立包括中国公用数据网、中国公用分组交换数据网等在内的公用数据通信网络。中国人民银行建设了全国卫星金融通信专用网,开通了 400 多个卫星地球站,成为全国金融系统信息交换的主干网络之一,实现了部分城市异地资金划转清算和全国的通存通兑。农业银行、中国银行、建设银行等专业银行建立起从基层到总行的全国微机远程通信网络系统,建立了管理信息系统,实现了各种报表采用计算机网络处理、传输和分析,实现了行内全国联行对账。金融系统与电信部门合作,已经建设成连接全国 250 多个城市,支持语音、数据、图像等多种信息传输和通信协议的金融数据通信帧中继骨干网,支撑金融数据的传输。中国国家金融网 CNFN、人民银行的卫星通信网、金卡工程网和各商业银行的专业网络等网络系统已形成了我国金融通信骨干网络。

(3)金融电子信息化服务向多元化发展。

利用计算机提供的综合信息服务功能,银行对客户的服务正向多元化方向发展。从 1980 年中国银行发行长城卡以来,工行、农行、建行与交行相继发行了牡丹卡、金穗卡、龙卡与太平卡,信用卡已成为一种重要的支付工具。同时,各种代办业务发展迅速,代发工资、代收水电费、代收房租、代收税款的业务也陆续开展起来。电话银行、网络银行、手机银行相继展开,负责办理银行对账、转账、客户信息服务等服务项目。

(4)管理信息系统建设有了一定发展。

在搞好金融业务信息系统的同时,各银行也开始注意抓管理信息系统的建设。农业银行利用微机网络和通信网络建成了 4 级微机数据传输网,建立信贷数据库,对各种报表数据进行统一管理、统一收集、统一处理分析。工商行、建行、中国银行也以不同形式建成管理信息系统,人民银行建立了收支库,建设银行建立了项目评估库。这些都对银行的内部管理和宏观调控发挥了重要作用。

3. 我国银行业、保险业、证券业的信息化建设

(1)银行业信息化建设。

经过多年的建设,银行业的信息化已初具规模,具体表现如下[8]。

① 初步建成全国范围的电子清算系统。

"八五"期间,人民银行已经建成金融卫星专用网络和电子联行系统,现已开设 1 409 个电子联行收发站,覆盖了全国所有地级城市和 1 000 多个发达县。2000 年,全国转发往账 3 163 万余笔,转账交易金额 235 488 亿元。"九五"时期,全国性的商业银行基本都完成了各自的电子汇兑系统,客户的异地转账业务 24 小时内就可到账。商业银行和证券公司通过银证转账系统进行证券账务信息的交换。

② 银行卡业务迅速发展。

电子支付工具,尤其是银行卡业务发展迅猛。到 2001 年 9 月底,全国共有发卡机构 55 家,发卡总量超过 3.58 亿张,发行国际卡近 20 万张,全国可以受理银行卡的银行网点发展到 13 万个,可以受理银行卡的商店、宾馆、饭店等特邀商户已发展到 15 万个,各金融机构共安装自动柜员机 5.1 万台,销售点终端近 35 万台。建立了银行卡信息交换总中心及 18 个城市银行卡信息交换中心,此外,中国金融认证中心(CFCA)和支付网关已经开通,支持了网上银行和电子商务的发展。

③ 建成人民银行覆盖全国所有地级市中心支行的电视会议系统、电子公文传输系统、电子邮件系统,提高了央行的办公效率,在国务院各部委中率先实现了经网络传送机密红头文件。信贷登记咨询系统基本实现全国联网。商业银行数据集中工程建设和网络金融服务取得显著进展。中国现代化支付系统已经在部分城市投入生产试运行,将极大提高我国银行间清算效率,加速资金流动,促进经济发展。

经过多年发展,国有大型商业银行的信息系统逐渐由最初的单机运行,发展到城市综合业务处理系统,再到全省数据集中,直至目前的全国数据集中,由最初的基本业务到目

前的全部业务,信息技术的应用已深入到银行业务的各个方面,涉及各个层次的管理及经营人员,与此相应的保障各业务系统的安全稳定运行问题已越来越突出。

我国银行业已经进入以客户为中心的客户管理阶段,因此 CRM 对中国银行业来说格外重要。事实上,自数据大集中之后,各商业银行都建立起自己的 CRM 系统,开始从"以产品为中心"向"以客户为中心"转变,这使得服务质量有所提升。

管理模式的变革将会极大拓宽业务管理对象的范围。网上银行、电话银行、ATM 的信息化,使得虚拟的网络、ATM 等自助设备和网络终端与传统的柜面网点一样纳入管理对象。这一形势将使传统的"物理网点优势论"向新型的"网络结点优势论"转变,不仅会使银行减少物理网点的资金投入,还会直接影响中国加入 WTO 后中国银行业与外资银行的竞争态势。

(2)保险业信息化建设。

保险业的信息化建设虽然起步较晚、基础薄弱,但由于起点高且受益于保险业的持续快速发展,近十年的保险信息化建设取得了突破性进展。全行业对信息化的认识、信息技术应用的广度和深度以及保险信息系统的建设水平等,都发生了革命性的变化,实现了跨越式发展[8]。

迄今为止,全国近万个保险机构安装了高效运行的计算机系统,各类保险业务已实现上机处理,日处理量达到数十万笔。全国 5 000 多个保险独立核算单位部署了统一的财务管理软件,实现了财务处理的高度集中。此外,随着全国保险三级网络的建立与完善,各类网上保险应用也将有一个实质进展。原有的手工出单已经一律改为电子保单,并全面加快了现代信息网络技术的应用,推进业务流程电子化、网络化,以适应业务快速发展的需求。经营管理电子化、系统建设不断升级并覆盖公司主要产品,网络技术应用的广度明显提高。党的十六大以来,保险业迎来了新一轮爆发式发展,保险信息化建设也突飞猛进。随着保险多元化业务的出现和组织结构的变化,系统分散带来的数据割裂、资源浪费等问题日益突出。为了适应集团化管理的新型组织结构,加强大型保险公司的管控能力,保险公司纷纷启动了系统整合、数据整合和 IT 架构再造等一系列工作。

以数据大集中为特征的信息化建设大幅度降低保险企业机构建设的时间、资金和人力成本,给保险公司的组织结构带来了深刻的变革。信息化实现了管理的扁平化和网络化,精简了机构并缩减了管理层级,改变了过去"宝塔"式组织结构和每一层级都"五脏俱全"的管理模式,建立起了快速开发产品的渠道和适应市场变化的销售网络,有力支持了保险企业,特别是中小保险企业的快速成长,在保险市场的快速发展中发挥了重大作用。运用现代信息网络技术,保险业逐步建立了网络营销、电话营销、短信营销等新型营销渠道;同时实现与银行、航空等行业的业务合作。运用影像技术实现业务单证的电子化,为集中核保核赔、跨地区理赔以及远程审计等提供了技术支持,无线定位等技术提高了保险业防灾减损的能力。保险业利用信息网络和移动通信技术建立了客户服务信息系统和短信息互动平台,能够及时处理保险客户的投保、咨询、报案和理赔查询等需求,扩大了保险客户服务的覆盖面,极大地提高了客户服务能力和水平。

(3)证券业信息化建设。

相对于保险行业,证券行业规模较小,但是信息化建设的起点较高,实现了跨越式发展。以沪、深两市证券交易所的成立为标志,启动了证券业的信息化建设,经过实时行情发送、无纸化托管、计算机自动撮合和异地交易中心联网等几个阶段,现已进入到全程电子化交易模式,无纸化电子交易已在全国各地的证券营业部推广使用。2007 年 1 月,上海证券交易所新一代交易系统上线,深圳证券交易所也将使用新一代交易系统,这将给中国证券行业信息化应用市场带来新的机遇。而从证券信息化应用的总体安排与管理来看,外包将成为更多券商未来的选择,IT 服务管理(ITSM)将对未来证券信息化应用效果的保证与评估发挥更为重要的作用。证券行业建设集中交易系统、实现数据集已成为一种趋势。大集中可以帮助证券公司实现数据集中、交易集中与报盘集中。集中交易将成为证券公司经营模式的一次变革,在这种模式下,经纪业务将集中申报处理,为证券公司创造出集中管理、风险控制、降低成本和业务创新等有利条件[8]。

经过几十年的努力,我国已初步形成了一个多功能、开放的金融信息化体系,这为我国金融业实现由"电子化"向"信息化"转变,全面实现金融信息化打下了坚实的基础。

1.3.3　我国金融信息化面临的问题

虽然我国金融信息化建设取得了很大成绩,先进技术的应用基本与国外持平,但运行效率、信息综合程度和信息服务水平与发达国家相比还有较大差距,主要体现在以下几个方面[9]。

1. 金融信息化发展战略研究薄弱

金融信息化发展战略研究所要解决的是金融信息化的发展方向和发展策略问题,主要包括对基础设施建设策略、金融科技迎新体系、金融信息服务体系以及金融信息化支持环境、组织管理机制和人才激励机制等方面的研究。我国在这些方面的工作都比较薄弱,还没有形成研究体系。

2. 金融信息化的技术标准与业务规范尚不完善

我国金融信息化建设缺乏总体规划,表现在金融信息化建设没有明确的方向,没有统一协调的步骤,存在很多重复性建设。技术标准和业务规范也未能形成统一体系,既阻碍了金融信息化的进一步发展,也不能满足与国际接轨的要求。在国有商业银行全面实施国家金融信息化标准前,许多银行都已经建立了自己的体系。由于机型、系统平台、计算机接口以及数据标准不统一,因此差距比较大,系统的整合难度较大。而各金融机构自身的业务联机处理系统也存在接口和数据标准不统一等问题。这不仅给信息交换、系统整合带来了困难,也极易形成各种安全隐患。

3. 金融信息系统的安全可靠性亟待提高

尽管我国金融业在信息系统安全建设方面取得了不少成绩,但由于长期以来发展的无序和不规范,以及绝大多数硬件和软件产品采用国外技术,我国现有的金融信息系统存在着很多安全隐患。"9·11"事件也给我国金融业深刻的启示,即必须提高金融信息系统的安全可靠性,尽可能保证国家经济命脉的正常运行。

4. 跨行业、跨部门的金融网络尚未形成

我国各金融机构出于经营管理、业务拓展的需要,相继建成了自己的内联网系统,但各机构网络间尚未实现互联互通,影响了金融信息共享和金融服务水平的提高。如国内众多银行卡之间要实现互联互通,难度似乎很大,尽管中国人民银行早就牵头组织各商业银行共同出资成立了银行卡信息交换中心,以解决各银行之间 ATM 和 POS 机的共享问题,可是到了真正实施的时候,各银行,尤其是大银行,为了自身的利益就不愿意小银行分享其优势资源。此外,银行信息网与财税、海关、保险等网络也没有实现互联互通,不同经济部门、不同行业之间无法实现信息共享,国家宏观经济运行的态势和社会发展的动向不能得到快速反映,这直接影响了国家货币政策和金融监管的有效实施。

5. 金融信息系统集成化程度不高、深度分析不够

我国金融业服务产品的开发和管理信息的应用滞后于信息基础设施建设和业务的快速发展。一方面,传统的以业务为核心的金融信息系统偏重于柜面会计核算业务的处理,难以满足高层次客户多领域、个性化的增值金融服务需要,也难以适应社会经济发展对高质量、多功能、全方位服务的要求;另一方面,缺乏对大量管理信息、客户信息、产业信息等的集成、分析、挖掘和利用,信息技术在金融企业管理领域的应用层次较低,许多业务领域的管理和控制还处在半信息化的阶段。我国在信贷资产质量管理、以客户为中心提供方便的金融服务和现代化支付结算工具等方面存在较大差距,因此导致银行风险管理失控、丧失业务机遇、金融产品和服务的创新不足等问题。

6. 基于信息技术的金融创新能力不足

以计算机技术、通信技术和网络技术为核心的信息技术从根本上改变着金融业的经营环境和内部操作模式,成为金融业变革和创新的主要推动力。美国麻省理工学院按照银行应用网络技术的水平,将银行信息化分为局部应用、内部集成、业务流程重新设计、组织结构重新设计、经营范围重新设计5个层次,目前国内银行对网络技术的应用仅仅限于前两个层次,仍然处于信息化的初级阶段,以网络技术为代表的信息技术的潜能还远远没有释放出来。

7. 网上金融企业的认证中心建设速度缓慢

当今中国各金融企业的客户很多,都是网上潜在客户,然而由于国内金融企业在建设认证中心的意见上难以实现统一,因此网上金融的认证标准没有统一。分析人士认为,网上认证中心不解决,网上金融不能成为真正意义上的网上金融。

8. 数据大集中与信息安全存在矛盾

数据大集中意味着统一管理,减少重复建设。数据集中以后,能够有效提高金融企业的管理水平,加强金融风险的防范,进一步提高资金的流动性和资金营运效率,有效改善金融企业的管理机制。因此,数据大集中是实现各种新业务和新服务的前提基础。然而,数据大集中虽然是金融信息化的必然趋势,但集中从某种程度上会增加系统的不安全性,一旦某个地方的系统出现问题,全国的系统都将受到影响。新型网络金融服务拓展了金融服务的外延和范围,其安全面临新的考验;跨部门网间互联、内部业务网与国际互联网互联的需求急剧增加,使安全控制变得更加复杂;引入服务外包等社会第三方服务,带来了可控性、可管理性等新的安全课题;信息技术本身的新发展,引发了新的、更多形式的安全威胁手段与途径,需要不断采取新的、更高强度的安全保护措施。

9. 管理体制和人才机制尚不健全

与发达国家相比,我国金融信息化建设在管理体制和人才机制上存在很大差距。我国金融业现有的科技管理体制和人力资源机制还不能适应竞争环境和信息化发展的需求;一方面,我国金融业缺乏一种现代管理科学指导下的管理理念和运行模式,体制臃肿、效率低下;另一方面,我国金融业尚未形成合理的人才激励机制,引进人才困难,留住人才更难。

10. 金融信息化的法律、政策环境有待完善

法律、政策环境是金融信息化建设健康发展的有力保障。随着信息技术在金融领域中的广泛应用,一些与金融信息化相关的技术(如电子签名、电子证书等)的合法性、有效性,成为争论的焦点,急需国家立法界定。同时,金融信息化的发展还要借助于国家产业政策、税收政策的大力支持,并依赖于国家信用体系的建立和完善。

1.4　金融信息系统的组成

信息系统是由计算机及其相关和配套的设备、设施(含网络)构成,按照一定的应用目标和规则,对信息进行采集、加工、存储、传输、检索等处理的人机系统。金融信息系统是指金融机构运用现代信息、通信技术集成的处理业务、经营管理活动和内部控制的集成化的信息系统,用于存储、接收、传递、处理和恢复金融信息。

当前,金融机构从银行账目到不动产登记,大部分记录都是电子化的。随着电子商务的兴起和发展,各种交易也日益电子化,信息技术与信息系统对金融企业的组织形态、治理结构、管理机制、运作流程和商业模式的影响日益深化,金融企业对信息技术与信息系统的依赖性日益加强。

1.4.1　金融信息系统的空间结构

下面以银行信息系统的空间结构为例来叙述金融信息系统的空间结构。如图 1.3 所示。[10]2-3

银行信息系统是由客户端、应用服务器与数据库服务器组成的三层架构系统。

1. 数据库服务器

数据库服务器一般为 Mainframe 大型主机,通过磁盘阵列进行双机热备份,并与远程异地灾难备份中心的主机相连接。主机系统集中了银行核心业务和总账数据与信息,为本行的管理信息系统(MIS)与决策支持系统(DSS)提供相关信息。与远程异地灾难备份中心相连接,是在系统一旦出现故障时立即启动灾难备份主机,以保障系统的联系无故障连续运行。

2. 应用服务器

中间应用服务器多为 Unix 应用服务处理,前接前置机,主要处理中间业务,上传、回应客户端所有的核心业务交易。应用服务器与数据库服务器之间采用空间分离的方案,这样既可以为两者的处理提供充分的系统资源,又便于根据两者不同的处理要求,进行有

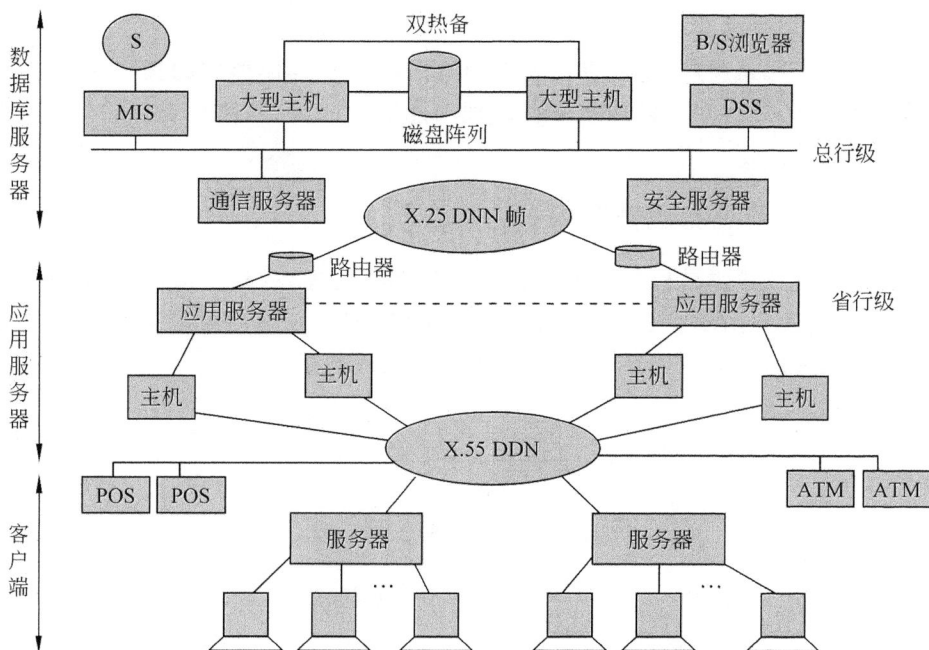

图 1.3　银行信息系统的空间结构

针对性的系统配置,实现整个主机系统良好的可扩充性。

3. 客户端

客户端是银行信息系统的终端,位于银行营业网点内的客户端,它们由柜员操作,用于承办各类对公、对私的核心业务。客户端还包括各类面向客户的终端设备,包括网上客户、客户服务终端、ATM、POS、电话银行等。

4. 网络

一个网络可以是一系列采用相同通信技术的通信设施,有局域网和广域网之分。

局域网简称 LAN,是指在某一区域内由多台计算机互联而成的计算机组,一般是方圆几千米以内,它是封闭型的。广域网简称 WAN,是一种跨越大区域的计算机网络的集合。广域网可以由大大小小不同的子网组成,这些子网可以是局域网,也可以是小型的广域网。在整个金融网络结构中,分行作为"承上启下"的层次结构,可使用数字数据网(DDN)搭建广域网,在用户之间设定专有固定连接,采用交叉连接技术和时分复用技术,为各类数据用户提供高速传输服务。

广域网主要涉及 OSI 下三层协议,即物理层、数据链路层和网络协议层。X.25 和帧中继(FR)是常用的广域网协议,其中 X.25 是分组交换网的接口规范,强调端到端的包传送。帧中继(FR)是 X.25 分组交换网的发展,使用光纤通信,在保留 HDLC 帧格式的前提下,在链路层而不是网络层实现复用传送,缩短通信流转过程,使通信速度和质量大幅度提高。

5. 用户

端系统的最上层是用户,它可以代表人、任务、数据和其他形式的操作主体。下层是各种局部访问设备,如终端和各种不带有处理功能的外部设备,用户通过它们可以输入、显示和查询信息。

1.4.2 金融信息系统的逻辑结构

金融信息系统按逻辑结构和上下层次可分为事务处理系统、管理信息系统与决策支持系统 3 层,如图 1.4 所示,三者既相对独立又互相关联。三者之间联系的纽带是由数据库、模型库、方法库组成的三库系统,它们是金融信息系统的核心。

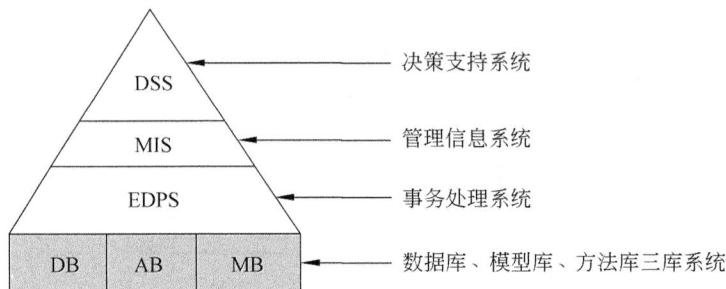

图 1.4 金融信息系统的逻辑结构

1. 事务处理系统(Transaction Processing System,TPS)

事务处理系统由早期的电子数据处理系统(Electronic Data Processing System,EDPS)发展而来,金融事务处理系统分为前台综合业务计算机处理系统(核心业务)和业务管理部门的一般日常事务处理系统。EDPS 是银行业务数据与管理数据的源泉,其中业务数据由前台经营业务产生的基础数据组成,如核心业务数据、信用卡数据、中间业务数据等。

以中国现代化支付系统(China National Advanced Payment System,CNAPS)为代表的在中国国家金融通信网(China National Financial Network,CNFN)上运行的国家级金融应用系统是各家金融机构的 EDPS 系统进行互联互通的基础,可以提供金融支付、支付资金清算和相关的管理职能。这些应用包括如下内容。

(1)大额支付系统(High Value Payment System,HVPS)。是逐笔实时处理的全额清算系统,用于处理同城和异地的跨行或行内的大额贷记支付以及时间紧急的其他贷记业务,即行际和行内的清算资金余额转账、企业间的资金调拨,以及投资支付和其他大额资金支付。

(2)小批量电子支付系统(Bulk Electronic Payment System,BEPS)。该系统适用于诸如付款到收款存在时间差的支付,预先授权的循环支付(如代发工资,代收房租、水电费、电话费、税金和保险费等),截留票据的借记和贷记支付等。

(3)银行卡授权系统(Bank Card Authorization System,BCAS)。银行卡授权是发卡银行对持卡人超额交易的审批过程,是银行卡在使用过程中保证安全、准确、顺利地完成交易的重要环节。

（4）政府债券簿记支付系统（Government Stock Book Entry System，GSBES）。是政府债券簿记报价、交割、清算、托管的簿记系统，通过该系统可进行债券交易处理，以电子方式完成债券结算和过户。中央银行作为国家的财政代理，只提供国家债券的发行和清算服务，它可通过买入和卖出政府债券实施其货币政策。政府债券的买卖均是大宗交易，一般通过大额支付系统来完成债券交易的资金结算部分的业务。为同步完成证券交割与资金结算，GSBES 系统与大额支付系统配置了接口。

（5）国际支付系统（International Payment System，IPS）。该系统是我国与国外进行支付往来的外汇资金支付系统。CNAPS 与 SWIFT（Society for Worldwide Interbank Financial Telecommunication，环球银行金融电信协会）有接口，国际支付信息通过 SWIFT 网络传送，通过国外代理银行账户完成资金结算。

TPS 是金融业务数据和管理数据的源泉。其中，核心业务系统被视为以客户为中心、集成了交易处理、产品创新、客户关系管理、风险管理和资本配置等多种应用组成的系统，是金融核心竞争力的重要组成部分。TPS 发展的趋势是以会计集中核算为基础，实现横向的账务集中，即在同一核算层次中打破原有按储蓄、会计、信用卡等业务品种分别设账核算的方式，实现所有业务一本账和纵向数据集中。在进行数据集中后，就很容易实现共享现有的金融业务系统，以客户信息为中心，以决策管理为导向，增强会计信息的相关性与可比性，为分析和决策等提供丰富的信息支持。

2. 管理信息系统（Management Information System，MIS）

管理信息系统是金融企业经营管理的中心环节，它与 EDPS 系统有机连接在一起，利用 EDPS 系统产生的业务源数据和管理数据以及外部来源的信息，进行分类、存储，建立各类数据库或数据仓库，并对数据进行加工处理、汇总、统计、分析、对比，提供科学数据，为一般管理人员提供管理用参照数据，为高层人员提供辅助决策的依据和手段，以便对经营当中的各个环节进行及时控制，达到科学管理而获取最高效益的目的。

以中国人民银行的金融信息管理系统（Financial Management Information System，FMIS）为例，它负责对支付业务处理过程中产生的信息进行采集、汇总、加工、提炼，及时、全面、准确地收集信贷资金信息、流动资金信息、货币发行回笼信息、财政金库信息、外汇管理信息、物资与资金流向信息、国内资金市场信息和国际资金市场信息等各类金融信息。中央银行可应用这些信息进行金融经济分析，通过修订和控制法定准备金率、贴现率，加强储备金的管理，并对商业银行进行监督和检查，进而加强中央银行的宏观调控能力。

3. 决策支持系统（Decision Support System，DSS）

决策支持系统是建立在 EDPS 和 MIS 基础之上的更高级的管理信息系统。它采用数据仓库技术，对各种数据进行多维存储与管理，经过深层次的数据挖掘与数据分析，从中提炼出有价值的信息，为公司管理层总揽全局、科学决策提供可靠的分析依据。同时，利用方法库、模型库，列出目标条件、约束条件，建立数学模型，识别并求解模型，以获取决策的各种方案，为领导决策提供手段和工具，实现经济资本的有效配置。

4. 个信息系统之间的相互关系

图 1.5 给出了金融信息系统的事务处理、管理信息与决策支持 3 个系统之间的层次关系。

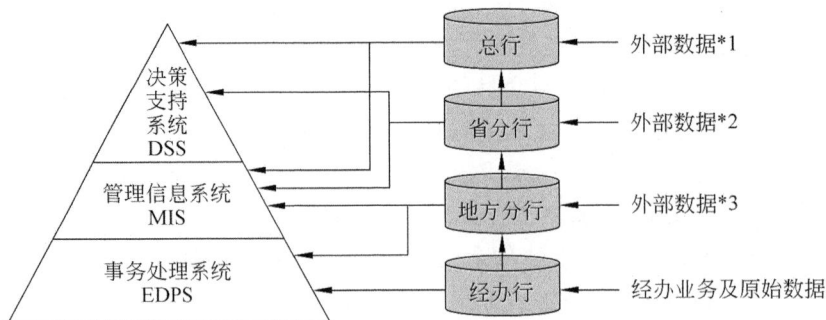

图 1.5　金融信息系统的功能层次关系

这 3 个系统之间既相互独立又相互关联。

EDPS 系统是事务处理系统,是当前核心业务处理系统及各种计算机化的前台业务处理系统。EDPS 系统产生的业务信息及管理信息是银行信息的源泉,是 MIS、DSS 的基础,是商业银行电子信息化的重点。

MIS 系统是银行经营管理的中心环节,它在 3 个分系统中间起承上启下的作用。它一方面与 EDPS 系统有机连接,接收 EDPS 传输来的有关数据,进行分类、整理,按照银行信息的指标体系建立各类数据库,并及时更新;从数据中提取信息,并进行加工、汇总、统计、分析,为各业务部门提供管理工作的必要信息。另一方面又为前台经营业务系统提供各种金融咨询信息,增加前台为客户提供信息咨询服务的功能。

DSS 系统利用来自 MIS 提供的科学数据建立数据仓库,同时利用方法库及模型库建立决策项目的目标,分析各种约束条件,建立并识别数学模型、求解模型,得出解决问题的各种方案。DSS 是建立在 EDPS、MIS 基础之上的更高级的管理信息系统。

EDPS、MIS、DSS 3 个系统之间联系的纽带为数据库(Database,DB)、算法库(Algorithm base,AS)以及模型库(Model base,MB)的三库系统,如图 1.4 所示。它们是金融信息系统的核心。

1.4.3　银行事务处理系统的结构

银行事务处理系统是金融业务数据与管理数据的源泉,事务处理系统可以划分为核心层、业务层、服务层与客户层 4 个层次结构,如图 1.6 所示。

1. 核心层

核心层主要完成传统的核心账户处理,并提供最基本的、共性的业务处理和管理功能,这部分的功能需求相对稳定,有一定的标准化处理规则。核心层主要包括以下基本功能。

(1) 为客户提供分户账信息、客户信息。

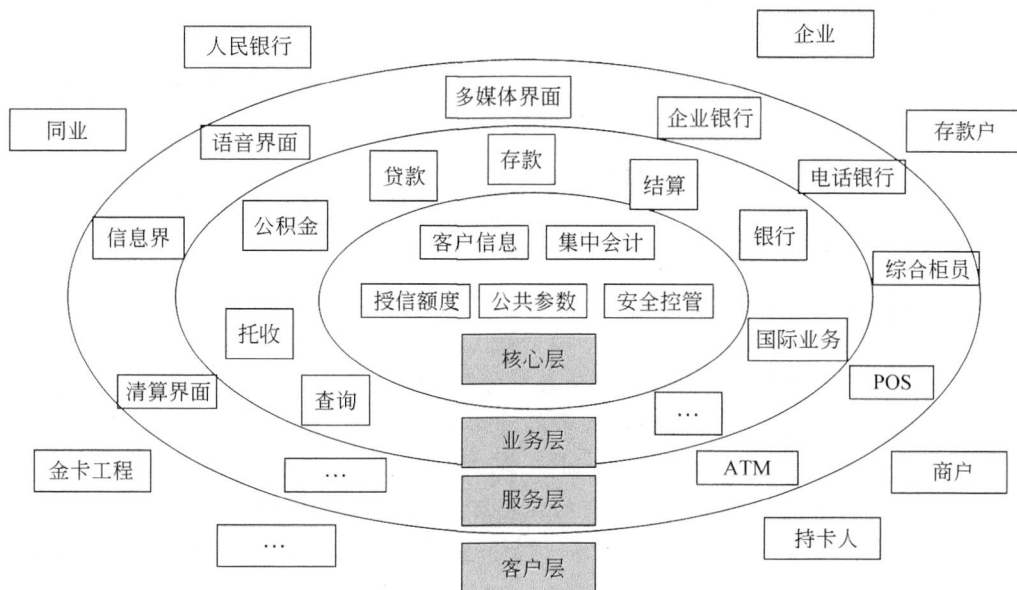

图 1.6 事务处理系统的层次结构

（2）提供银行内部使用的总账及报表。

（3）提供历史数据管理。

（4）提供参数化管理和控制功能。

2. 业务层

业务层主要调用核心层相应的功能，形成业务交易处理单元，组成完整的业务处理流程，它又可划分为两层。

（1）交易处理层（接活层）。该层是表示逻辑层与业务逻辑实体层的转换层，外部的所有交易都是通过交易处理层与业务逻辑实体层交换数据。交易处理层根据特定交易需求组合调用相应的业务逻辑对象，完成输入输出数据的格式化。在网上银行这样的 Web 应用中，交易处理层实现为 Web 服务器，它不具备实质性的业务处理功能。

（2）业务逻辑实体层（实干层）。应用服务器中的业务逻辑实体完成真正的交易处理，如日常记账交易和自动冲正，每个业务逻辑实体需要明确交易的数据流程和各个环节的处理要求。

3. 服务层

服务层是服务客户终端，驱动业务服务的界面。它将客户终端提交的数据（交易包）标准化，根据业务类型转发给业务服务。当业务服务返回结果后，根据特定客户终端的要求，将数据格式化，转发到客户终端。服务层通过以下两种方式调用交易处理服务。

（1）对柜员系统。直接通过交易包与交易处理服务器交换数据。

（2）对自助设备和其他系统。通过专用的应用网关与交易处理服务器交换数据。

4. 客户层

客户层主要负责信息的录入、接收各种反馈并进行处理，其主要特征是面向客户，为客户提供各种金融服务。一般地,专用代码和交易工具可组合起来,用于确定唯一的金融服务品种。

(1) 交易工具可用来区分客户所持的支付工具,明确账户是采取何种凭证(储蓄卡、信用卡、存折、存单等)办理交易。

(2) 专用代码设定交易工具的使用地域,可以是"本机构"、"本核算主体"、"本市"、"本省"、"本国及境外"等。专用代码还可对是否允许挂失、是否允许止付、交易时是否需核对密码和身份证等做出规定。

1.4.4　金融事务系统中的交易

按照处理流程,金融事务系统中的交易可分为通知类交易和请求类交易两种类型。

通知类交易一般是指发送方将已采取的动作通知接收方的交易,只要求响应,不要求批准。这类交易包括授权通知类、金融通知类、冲正通知类、差错处理通知类、对账控制类、管理通知类。例如,网络管理通知交易可通知入网机构清算日的变化(日期:开始/结束)、建立和改变各入网机构的网络状态、网络应用层连通测试、入网机构申请重置密钥等。

请求类交易从交易的请求方发送至接收方,告知对方一笔交易在运行,并且完成该交易后需要回送响应。接收方接收到请求后,应直接给予交易批准或拒绝的应答。如果交易的接收方不是该交易的最终接收机构,则接收方负责将交易向下一机构转发。请求类交易包括预授权类、金融类、网络管理类。请求类交易的正常处理流程分为经过后台转接和后台直接处理两类。

一般地,由请求类交易建立起适合业务需要的账务体系,并且保持账务体系之间的平衡关系。整个账务体系需要注意以下内容。

(1) 总账是总括说明各科目变化情况的账务。在银行事务处理系统中,一个分支机构可以在上级行确定的核算层次级别权限内开立科目账户。在经上级行授权后,系统可以按照经审核授权(主管、上级行)后的有效凭证或单据执行开户事务。

(2) 在会计科目下进行详细分类核算的账户是分户账,处理银行的现金和其他资产。

(3) 客户分户账账号编排规则根据实际需要而定,账户主文件包括客户的余额以及一定时期内的事务记录。

(4) 内部账户的开立是指银行为了内部核算的需要而开立的有关账户(包括总账和明细账)的事务,其账户编排规则为核算主体机构号+科目号+控制码+顺序号。

(5) 流水账记录从网点、票据清算等还没有进入科目的事务。

根据系统提供给客户的服务界面的差异,银行事务处理系统可以划分为如下两个系统。

(1) 柜台终端系统(有柜员)系统。例如,客户到银行的网点机构进行交易,包括存款、贷款、结算、汇兑等,交易数据由银行柜员录入到系统中。

(2) 客户自助服务系统(无柜员系统)。例如,客户使用银行提供的自助服务设备(包括 ATM、POS、企业银行、家庭银行、电话银行等)进行交易,数据不需要经过银行柜员,直接进入系统。

练习与思考

1. 对金融行业来说,金融信息化指的是什么?

2. 金融信息化的主要内容包括哪些方面?

3. 金融信息化对金融企业会产生什么样的影响?

4. 我国金融信息化的现状如何? 面临什么样的问题?

5. 金融信息系统中的事务处理系统、管理信息系统与决策支持系统之间的关系是什么?

第2章

金融信息安全

安全是金融信息系统的生命,是金融行业永远的话题。在金融信息化日益发展,信息越来越向上集中,规模越来越大,金融业对它的依赖性不断增加的同时,金融信息安全的重要性也与日俱增。信息化给金融企业和社会发展带来巨大利益和方便的同时,也带来了新的安全问题,信息系统本身的不安全因素、人为的攻击破坏、安全管理制度的不完善或执行不到位,都潜伏着很多安全隐患。大到自然灾害、设计规划不当,小到意外的人为操作失误,都有可能导致金融信息系统故障。近年来,由于金融信息系统安全问题所产生的损失、影响不断加剧,金融信息系统的安全问题越来越受到人们的普遍关注,它影响金融信息化的进一步发展,关系到金融机构业务的开展,威胁到金融企业经营的成败和生存。所以,应把金融信息安全视同资金的安全一样,看做是金融机构的生命。金融信息安全不仅是金融行业本身的问题,它与国家的经济安全、社会安全和国家安全紧密相连,是保障金融业稳定发展、增强竞争力和生存能力的重要组成部分,金融信息安全已成为我国金融信息化建设中具有战略意义的关键问题。

2.1 金融信息安全的基本概念

2.1.1 信息安全的概念

信息(Information)是通过在数据上施加某些约定而赋予这些数据的特殊含义。通常情况下,可以把信息理解为消息、信号、数据、情报和知识。信息本身是无形的,借助于信息媒体,以多种形式存在与传播,它可以存储在计算机、磁带、纸张等介质中,也可以记忆在人的大脑里,还可以通过网络媒体等方式传播。

随着计算机网络的迅速发展,人们对信息的存储、处理和传递过程中涉及的安全问题越来越关注,信息领域的安全问题变得越来越重要。根据国际化标准委员会的定义,信息安全是"为数据处理系统而采取的技术的和管理的安全保护,保护信息系统的硬件、软件及相关数据不因偶然或恶意的侵犯而遭受破坏、更改及泄露,保证信息系统能够连续、可靠、正常地运行"。信息安全主要有下面几个特征。

（1）机密性（Confidentiality）。确保信息只被授权人访问，防被动攻击，保证信息不被泄露给未经授权的人，即使非授权用户得到信息，也无法知晓信息的内容，因而不能使用。这里需要注意信息与数据的区别，信息是有意义的，而数据项只是一个比特串。因此，除了直接使用数据项本身作为信息载体外，还存在其他形式的信息通道，攻击者可能会利用这些隐藏的通道观察到一些敏感的信息，导致信息系统的机密性受损。例如，观察某一项数据存在与否，信息存在与否，有时比信息本身更能暴露信息。知道某个安全事件曾经发生，比准确知道该安全事件发生的过程可能更为重要。

（2）完整性（Integrity）。指维护信息的一致性，即在信息生成、传输、存储与使用过程中不发生人为或非人为的非授权伪造与篡改，数据的存在与价值不被改变。这包括了数据的正确性和可信性。

（3）可用性（Availability）。指信息及相关信息资产在授权人需要时能不受其他因素的影响，可方便地立即获得与使用所需的信息，它包含了可用性、真实性、可靠性、生存性和稳定性方面的要求。这是信息系统总体可靠性的体现。例如，转账在 1 小时内到账便可以满足客户的可用性要求，但是对于一个取款的请求服务，1 小时的服务响应显然不能被认为是可用的。

（4）可控性（Controllability）。可控性是指信息在其整个生命周期内都可由合法拥有者加以安全控制。

（5）不可抵赖性（Non-repudiation）。不可抵赖性是指确保用户无法在事后否认其曾经对信息进行的生成、签发、接收等行为。

2.1.2　信息安全的发展过程

随着以计算机和网络通信为代表的信息技术（IT）的迅猛发展，现代政府部门、金融机构、企事业单位和商业组织对 IT 系统的依赖也日益加重，信息技术几乎渗透到了世界各个角落和社会生活的方方面面。相应的信息安全概念也在同步发展更新，从早期的通信保密发展到关注信息的保密、完整、可用、可控的信息安全，并进一步发展到如今的信息保障体系架构。

信息安全的发展过程经历了 3 个阶段[11]。

1. 通信保密阶段

早在 20 世纪初，通信技术还不发达，面对电话、电报、传真等信息交换过程中存在的安全问题，那时人们强调的主要是信息的保密性，对信息安全理论和技术的研究也只侧重于密码学。通过密码技术解决通信保密问题，保证数据的保密性与完整性，主要安全威胁为搭线窃听、密码学分析。主要保护措施是数据保密，对传输的信息进行加密处理等。这一时期主要的标志性成果如下。

（1）1949 年，Shannon 发表了《保密通信的信息理论》，将密码学的研究纳入了科学的轨道。

（2）1976 年，Diffie 与 Hellman 在"New Directions in Cryptography"一文中提出了公钥密码体制。

（3）1977年，美国国家标准局NBS公布了国家数据加密标准（DES），它的安全只依赖于算法的密钥，使得算法可以被更广泛地应用于各种场合。

（4）1978年，麻省理工学院的Ron Rivest、Adi Shamir和Leonard Adleman提出了RSA算法，并在1992年被ISO（国际标准化组织）正式纳入国际标准。RSA算法是一种著名的公开密钥体制算法，促进了信息安全技术的广泛应用和发展。

这一阶段的信息安全可以简单称为通信安全，即COMSEC（Communication Security）。

2. 信息安全阶段

20世纪80年代至90年代初期，计算机网络逐步产生并发展起来，计算机系统成为信息安全的主要保护对象。计算机系统是由计算机及其相关的配套设备、设施构成的，按照一定的应用目标和规格，对信息进行采集、加工、存储、传输和检索等处理的系统。在这一时期，人们认识到，除了信息保密的需要之外，信息在存储、处理和传输的过程中不应被未经授权者进行插入、删除和修改（完整性要求），以及在需要使用的时间、地点可以保证提供使用（可用性要求），也是信息安全的重要、基本需求。"完整性"和"可用性"需求是保密性之外的两个基本的信息安全属性。安全重点是确保计算机系统中的硬件、软件及正在处理、存储、传输信息的机密性、完整性和可控性，主要安全威胁扩展到非法访问、恶意代码、脆弱口令等。主要保护措施是安全操作系统设计技术（TCB）。主要标志是1983年美国国防部公布的可信计算机系统评估准则（TCSEC），将操作系统的安全级别分为4类7个级别（D、C1、C2、B1、B2、B3、A1），后补充TNI和TDI。1991年，欧共体发布了"信息技术安全评价准则"（Information Technology Security Evaluation Criteria，ITSEC）。ITSEC扩展了人们对信息安全的认识，最早提出了CIA的概念（Confidential机密性、Integrity完整性、Availability可用性），形成了信息安全属性的基本共识。

在这一时期，公开密钥密码技术得到了长足发展，著名的RSA公开密钥密码算法获得了日益广泛的应用。对用于完整性校验的Hash函数的研究也日趋成熟。1991年，NIST提出了采用数字签名算法（DSA）的数字签名标准（DSS），为实现对信息完整性的保护奠定了基础。

3. 信息保障阶段

20世纪90年代以来，由于互联网技术的飞速发展，无论是对内还是对外，信息都得到极大开放，由此产生的信息安全问题跨越了时间和空间，信息安全的焦点已经不仅仅是传统的保密性、完整性和可用性3个原则了，由此衍生出了诸如可控性、抗抵赖性、真实性等其他原则和目标，信息安全也转化为从整体角度考虑其体系建设的信息保障，重点保护信息存储、处理、传输过程中及信息系统不被破坏，确保合法用户的服务和限制非授权用户的服务，以及必要的防御攻击的措施。除了强调信息的保密性、可用性和完整性，还提出了新的安全属性，如可认证性（Authenticity）、不可抵赖性（Non-repudiation）和可核查性（Accountability）等。主要安全威胁发展到网络入侵、病毒破坏、信息对抗的攻击等。主要保护措施包括防火墙、防病毒软件、漏洞扫描、入侵检测、PKI、VPN等。主要标志是提出了新的信息安全评估标准CC（ISO15408）、IPv6等安全性设计。

　　人们认识到,在复杂的分布式环境中实施信息共享、保护,单纯的被动保护已不能适应全球网络化数字环境的安全需要。需要强调和建立系统的动态响应和恢复能力,信息保障(Information Assurance,IA)的概念随之被提出。

　　随着对信息系统的攻击日趋频繁,安全的概念逐渐发生了变化:安全不仅局限于对信息的保护,而是要对信息和信息系统进行系统性的防御和保护;安全与应用的结合更加紧密,其相对性与动态性等特性日益引起注意,安全不再单纯地以功能或机制的强度作为评判指标,而追求适度风险的信息安全成为共识;体系动态安全理念的 PDRR 模型被广泛应用到网络安全产品及安全系统的设计和开发中。目前得到广泛运用的"纵深防御"思想结合了应用环境和应用需求,并提出了策略(Policy)、保护(Protect)、检测(Detect)、响应(React)和恢复(Restore)5 个安全环节。

　　"信息安全保障"一词最早出现在 1996 年美国国防部的国防部令 S-3600.1 中,其定义为"保护和防御信息及信息系统,确保其可用性、完整性、保密性、可认证性和抗抵赖性等特性,这包括在信息系统中融入保护、检测和响应功能,并提供信息系统的恢复功能"。

　　信息安全保障可以被看成这样一个保障过程:确保授权用户在授权时间内存取授权的信息。也可以被简单地理解为利用技术和管理来实现信息安全的一个过程。所以,可以对"信息安全保障"给出如下定义:信息安全保障是基于风险分析和风险管理的,对信息和信息系统的安全属性及功能、效率进行保障的动态行为过程。

　　当今的信息安全有以下特性。

　　(1) 相对性:只有相对的安全,没有绝对安全的系统。

　　(2) 时效性:新的漏洞与攻击方法不断发现。

　　(3) 配置相关性:日常管理中的不同配置会引入新的问题(安全测评只证明特定环境与特定配置下的安全),新的系统组件会引入新的问题。

　　(4) 攻击不确定性:攻击发起的时间、攻击者、攻击目标和攻击发起的地点都具有不确定性。

　　(5) 复杂性:信息安全是一项系统工程,需要技术的和非技术的手段,涉及安全管理、教育、培训、立法、国际合作与互不侵犯协定、应急恢复等诸多方面。

2.1.3　金融信息安全的目标

　　信息安全的目标如下:一是能对信息安全现状做出正确的判断;二是较为准确地估计特定系统风险;三是建立相应的风险控制机制,并把这些机制融为一体,形成防护体系;四是最大限度地提高系统的可用性,并把系统带来的风险控制在可接受的范围内。

　　信息安全机制是确保信息安全目标实现的技术措施,可以确保下述目标。

1. 进不来

　　访问控制机制(Access Control),是指对主体访问客体的权限或能力的限制,以及进入物理区域(出入控制)和限制使用计算机系统和计算机存储数据的过程(存取控制)。其作用是对需要访问系统及其数据的对象进行鉴别并验证其合法身份,目的是防止对信息系统资源的非授权访问,防止非授权使用信息系统资源。

2．拿不走

授权机制，系统对每个用户所赋予的对客体访问的权限，用户只能在授权的权限（范围、时间等）内使用系统的信息资源，不能越权使用非授权的信息资源。以银行环境为例，出纳员、分行管理者、顾客、系统管理者和审计员的访问授权就不同。出纳员拥有如下授权：修改顾客的账号记录（包括存款、取款与转账等记录），并允许查询所有账号的注册项；分行管理者有如下授权：修改顾客的账号记录（包括存款与取款，但不包括规定的资金数目的范围），允许查询所有账号的注册项，还允许创建和终止账号；对于顾客，只有询问自身账号注册项的授权；审计员的授权为只允许阅读系统中的数据，但不允许作任何修改。

3．看不懂

加密机制，数据加密就是将被传输的数据转换成表面上杂乱无章的数据，合法的接受者通过逆变换可以恢复原来的数据，而非法窃取得到的则是毫无意义的数据。

4．改不了

数据完整性机制，对非授权用户对数据存取、修改的限制，以防止对系统内数据非法的存取、伪造、篡改、破坏，以确保存储在系统内的所有数据值均处于正确的状态。

5．逃不了

审计/监控/签名机制，审计机制能够全面审计、跟踪、记录系统内的一切活动。在某些情况下，可能难以阻止非法操作的发生，但至少可以监视非法操作，并采取跟踪措施，找出非法执行操作的人员，记录用户的每一次登录和退出系统的时间，以便今后出现问题时进行调查，对系统安全进行改进。

6．打不垮

数据备份与灾害恢复机制，采用数据备份与灾害恢复机制，以确保在自然灾害、人为（黑客攻击、计算机病毒）或非人为（硬件或软件出现问题）情形下，系统出现故障时信息系统连续安全地运行。

2.2 金融信息安全面临的风险

金融信息化迅速发展给人们带来方便的同时，利用信息网络技术犯罪的活动也在迅速增长。曾几何时，银行存折和银行卡明明在自己手里，银行支票和印章明明锁在保险柜里，计算机操作密码慎之又慎，账户上的存款却不翼而飞。金融信息系统是一个网络环境下的计算机系统，它处理的对象是信息。信息资源具有先天的脆弱性，系统中存储的信息密度极高，信息的可访问性、聚生性，信息系统的脆弱性，以及系统工作时产生的电磁辐射、磁性介质的剩磁效应等，都使系统中的信息面临着安全风险。

2.2.1 金融信息安全的几个概念

（1）金融信息安全风险：指金融信息系统存在的漏洞会被利用而受到威胁的可能，

这些威胁如果被实施,就会引起一些事故,会对系统的信息资产造成不良的影响。

(2) 信息资产:是对组织具有价值的信息或资源,信息资产受系统安全策略的保护。

(3) 信息资产的价值:信息资产价值反映信息资产的重要程度或敏感程度,是信息资产的重要属性,进行资产识别的重要依据和内容。

信息资产包括有形的资产与无形的资产。有形资产有系统的人、场地、计算机硬件、软件、文档、网络通信设备、各种银行的终端设备(如终端机、ATM、POS、电话、手机)等。无形资产包括各类系统数据、声誉、友好关系、员工的生产力和 IT 服务等。

不同的信息资产对系统的重要性可能不同。信息资产的重要性可以理解为在给定的环境中对它们所支持的系统能力的价值和临界值的意义(类似于斧头对鲁班的重要性以及鲁班丢失斧头可能造成的影响)。它不仅需要考虑财务成本,更需要考虑系统对组织业务发展的重要性。评判信息资产的重要性可以借助成本效益分析,其中成本是指获取、开发、维护和保护该信息资产所需的投入,效益是指该信息资产对所有者、用户和竞争对手所具有的价值。此外还要考虑该信息资产不可用或丧失情况下可能造成的损失。

当考察某信息资产的价值时,一种方法是以会计意义上的资产价值以及创造价值的实际计算;另一种方法是问卷调查,对于 IT 人员不清楚的业务等问题,调查相关人员收集数据。

2.2.2　金融信息系统可能面临的安全威胁

信息系统可能面临的威胁是一种可能导致系统资产出现安全问题的活动或者能力,威胁如果被实施,会对我们的系统、组织和财富产生不良的影响[10]22。金融信息安全所面临的威胁与环境密切相关,不同威胁的存在及威胁可能的破坏或影响程度是随环境的变化而变化的。金融信息系统面临的威胁主要有 3 种形式:通信过程中面临的威胁、存储过程中面临的威胁以及处理过程中面临的威胁。系统威胁可以通过作用形式、动机、来源等多种属性加以描述。

威胁的作用形式可以是对信息系统直接或间接的攻击,对系统的机密性、完整性或可用性造成损害,也可能是偶发的或蓄意的事件。根据威胁的来源,可将造成威胁的因素分为环境因素和人为因素,而人为因素又可分为恶意的和无意的两个方面。表 2.1 给出了系统威胁的来源[10]22。

表 2.1　系统威胁的来源

来　　源		描　　述
环境因素		由于断电、静电、灰尘、潮湿、温度、鼠蚁虫害、电磁干扰等环境条件、自然灾害、意外事故等造成的系统故障
人为因素	恶意人员	不满的或有预谋的内部人员对信息系统进行恶意破坏;采用自主或内外勾结的方式盗窃或篡改信息,以获取利益;外部人员利用信息系统的脆弱性,对网络或系统的机密性、完整性和可用性进行破坏,以获取利益或炫耀能力
	无意人员	内部人员由于缺乏责任心,或者由于不关心和不专心,或者没有遵循规章制度和操作流程,而导致系统故障或信息损坏;内部人员由于缺乏培训、专业技能不足、不具备岗位技能要求而导致信息系统故障或被攻击

根据威胁的动机,安全学家 Shirey 将系统威胁分为 4 大类。

(1) 泄露:即对信息系统的非授权访问。一个非授权方通过侵入系统进行攻击,破坏系统的保密性,这里非授权方可以是人、程序、微机。这种攻击包括搭线窃听、文件或程序的不正当复制等。

(2) 破坏:即妨碍或中断系统正常的操作。这包括对系统硬盘等硬件的毁坏、通信线路的切断、文件管理系统的瘫痪等,目的是使信息系统毁坏或不能使用。

(3) 篡夺:即对系统某些部分的非授权控制。在篡夺攻击中,一个非授权方不仅侵入系统,而且在系统中进行非法操作,如改变数据文件、篡改程序,使之不能正确执行,修改信件内容等。

(4) 欺骗:即插入虚假数据。一个非授权方将伪造的客体插入系统中,如在网络中插入假信件,或者在文件中追加虚假记录等。

除去环境因素、金融内部人员对金融信息系统可能造成非恶意的威胁之外,对金融信息系统常见的恶意威胁可以有下面一些表现形式[12]。

(1) 非授权访问:非授权访问又称非法访问或恶意访问,是指未经预先授权同意,擅自使用金融信息系统的网络或计算机资源。如有意避开系统访问控制机制,对网络设备及资源进行非正常使用;或利用系统漏洞或者网络安全策略的缺陷非法侵入金融企业网络内部,窃取大量的敏感信息,篡改系统数据或用户资料,泄露敏感信息;或擅自扩大使用权限,越权访问信息等。非授权访问往往会给金融企业造成经济损失和名誉损失。大量基于网络的金融新产品的推广使用,需要广泛的网络支持才能实现,这必然要求金融信息系统能够提供多样化的对外互联接口,金融企业信息对外开放程度越深,受到非授权访问的途径也就更加多样化与复杂化。

(2) 信息泄露与篡改:未经授权改变金融交易传输过程、存储中的信息,并造成非法后果的行为,就是信息篡改攻击手段,被篡改信息的完整性或可用性被破坏。把合法获得的或非法窃取的信息泄露或透露给某个非授权实体的行为为信息泄露。信息的泄露与篡改会给金融企业带来经济损失或社会声誉的损害。

(3) 失密与窃密:用各种可能(合法或非法)的手段窃取系统中的信息资源或敏感信息,如用户的账号与密码、系统的核心密码或敏感的金融信息等。采用的手段有搭线窃听窃收,使用嗅探工具,或利用系统的安全缺陷或安全性的脆弱之处获取系统的敏感信息,或使用高性能的协议分析仪器窃取计算机系统的操作密码,或通过对系统进行长期的监听,并利用统计分析方法,对诸如通信频度、通信问题的变化等参数进行研究,从中发现有价值的信息和规律,达到其不可告人的,乃至干扰或破坏系统运行的目的。

(4) 假冒和伪造:假冒和伪造是金融信息系统中常见的攻击手段。如欺骗金融信息系统,非法用户冒充成合法用户,权限小的用户冒充成权限大的用户,肆意篡改信息,实施金融欺诈等;伪造各类业务信息,未授权篡改数据,改变业务信息流的次序、时序、流向,破坏金融信息的完整性。

(5) 自身失误:金融信息系统的网络管理员或网络用户可能利用自身拥有的相应权限,造成对网络安全的破坏,如操作口令的泄露,磁盘上机密文件的被人利用及未将临时文件删除,导致重要信息被窃,或信息可能被从废弃的磁盘、光盘或纸张等存储介质中泄露,都有可能使网络安全机制失效,使内部遭受严重破坏。

(6) 服务干扰与拒绝服务:以非法手段入侵系统,在系统中恶意添加、修改、插入、删除或重复某些信息,不断对金融信息服务系统进行干扰,使系统响应减慢甚至瘫痪,影响用户的正常使用。如一些不法分子在国外干扰我国正常卫星通信等。攻击者在有用的信息空隙中插入有害信息,抢占信道和网络资源、业务资源,造成信道、网络和应用系统拥塞,形成服务干扰。拒绝服务简称 DOS(Denial of Service)攻击,目前常用的是分布式拒绝服务 DDOS。由于这种攻击并不是利用系统漏洞,而是直接使用 SYN FLOODING 方式,是一种简单而有效的攻击方式,故非常难防范。拒绝服务攻击发生时,会导致被攻击主机无法提供正常的服务,比如网上银行、电子支付等,由于其服务器是在互联网条件下访问,受到拒绝服务攻击的可能性相当大。一旦受到攻击,或由于安全策略等其他问题而出现无法提供正常服务的情况,不但会造成经济损失,更会使企业形象受到损害。

(7) 内部破坏:据统计,在所有的网络攻击事件中,来自网络内部的攻击占总量的80%以上。对于金融业务网络来说,尽管由于其承担任务具有特殊性,从管理上会尽最大可能避免此类事件的发生,但内部人员熟悉金融行业网络系统的应用业务和薄弱环节,有可能利用其掌握的知识,比较容易地篡改系统数据、泄露信息和破坏系统的软硬件。也可能被授权以某一目的的使用某一系统或资源的某个个人,将其授权用于其他非授权的目的。

(8) 软件的漏洞、后门与陷阱:"后门"是系统软件的开发人员为了便于以后检查软件而设置的,一般不为外人所知。但"后门"一旦为黑客所知,后果将不堪设想。他们会利用所知的系统漏洞和"后门",对信息或系统进行攻击、篡改、截取、破坏等操作,轻则修改数据,重则盗取数据并进行违法活动,给用户与银行带来不可挽回的损失。陷阱是在某个系统中或系统的某个部件中设置机关,使得在对特定的数据进行输入处理时,允许违反安全策略。

(9) 信息欺骗抵赖:交易欺骗就是攻击者通过银行网络系统发出一些无效的交易报文,骗取交易中心做出有利于攻击者的响应,或者修改交易报文的内容、目的地,实施交易欺诈。抵赖是一种来自用户的攻击,如否认自己曾经发布过某条消息、伪造一份对方来信等。

(10) 黑客攻击与侵扰:金融信息系统为客户提供了多种多样的网上业务与信息服务,但也为黑客的攻击与侵扰提供了机会与方便,大量的黑客利用黑客技术非法侵入金融行业的网络系统,或者绕过系统的物理控制,获得对系统的访问,对金融信息系统实施攻击、调阅各种资料、篡改他人资料、破坏系统运行,或者进行有目的的金融犯罪活动。黑客侵扰则类似于网络间谍,但没有政治与经济目的,仅仅是一些计算机迷为了猎奇或炫耀,利用自己精通的计算机知识及系统的漏洞侵入金融信息系统,调阅各种资料,篡改他人资料,将机密信息在公用网上散发传播等。

(11) 重放:出于非法目的,将所获取的某些合法通信数据进行复制,并将其中的信息或者其中的一部分重复使用,以产生非法的效果,这样的攻击手段就是重放。例如,在输入账号与密码时,包含账号和密码的一段信息被攻击者截获,攻击者就重放这段信息,以实现攻击的目的。

(12) 危害性程序:危害性程序包括计算机病毒、蠕虫程序(Worms)、特洛伊木马(Trojan horses)、逻辑炸弹、陷阱门(Trap doors)等手段,对系统产生破坏或非法操作的计算机程序。特洛伊木马是在计算机软件中含有一个察觉不出的或者无害的程序段,当其被执行时,会破坏用户的安全。蠕虫、电脑病毒的泛滥可能导致金融行业的重要信息遭到损坏,甚至导致金融行业网络系统瘫痪。

2.2.3 电脑病毒

电脑病毒是指编制或在计算机程序中插入的破坏计算机功能或者毁坏数据,影响计算机使用,并能自我复制的一组计算机指令或程序代码。它可以在计算机系统运行过程中实现传染与侵害功能,它可以通过电子邮件、软件下载、文件服务器、防火墙等侵入网络内部,删除、修改文件,导致程序运行错误、死机,甚至毁坏硬件。网络的普及为计算机病毒的检测与消除带来很大的困难。

电脑病毒具有下述一些特点[13]。

(1) 破坏性:主要破坏数据文件,阻塞网络、中断网络服务、网络系统瘫痪等。

(2) 传染性:自我复制,不断扩散。

(3) 隐蔽性:附加在其他可执行的程序体内,隐藏在磁盘中的隐蔽处,病毒将自己改名为系统文件名等。

(4) 可触发性:电脑有病毒不一定意味着病毒处于活动状态,但带有病毒的程序一经执行就会触发病毒活动。

图 2.1 给出了电脑病毒的触发机制。

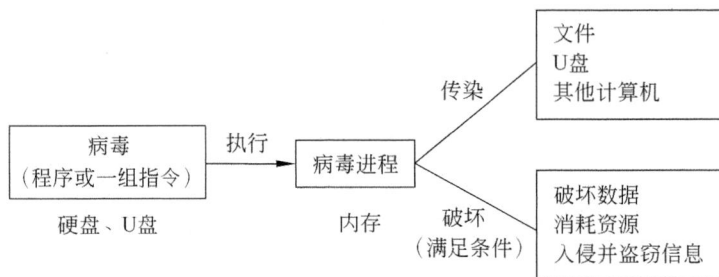

图 2.1 电脑病毒的触发机制

图 2.2 则给出了常见的电脑病毒分类。

其中网络病毒的传染途径多、传染速度快、清除难度大、破坏性极强。蠕虫病毒能消耗大量的电脑资源(如 CPU、内存),占用网络宽带,导致网络堵塞,而使网络服务被拒绝,最终造成整个网络系统的瘫痪,如冲击波、震动波病毒等。计算机被木马病毒入侵后,计算机会被控制,用户的账号、密码等机密信息会被窃取,如 QQ 密码等。图 2.3 显示了电脑病毒常见的传染途径。

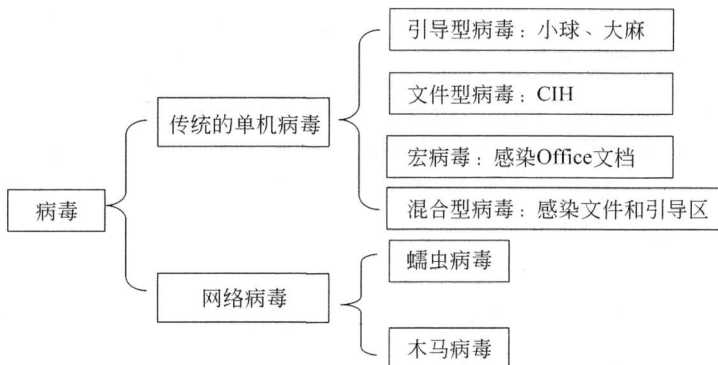

图 2.2　常见的电脑病毒分类

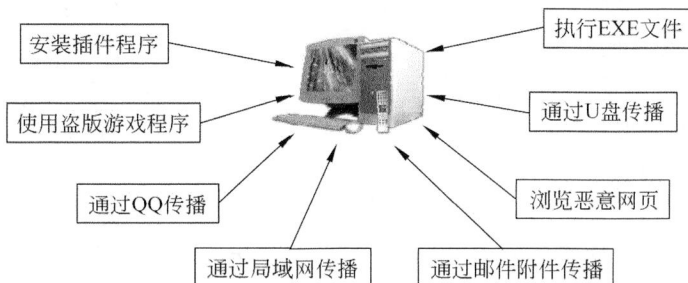

图 2.3　电脑病毒的常见传染途径

2.2.4　金融信息系统信息安全风险产生的原因

金融信息系统因服务对象的广泛性与服务业务功能的多样性导致安全防范的复杂性。金融信息系统是技术密集、资金密集、大型复杂、地域分布广、使用设备众多（数量与类型品种）、网络化、开放式的人机系统，随着金融业务电子化信息化的加速，系统内部采集、存储、传输、处理的信息量越来越大，而系统接触的对象不仅包括金融行业的操作人员、系统管理人员、直接参与的业务人员、技术人员，还包括金融服务的广大客户。

导致金融信息系统安全隐患产生的原因是多方面的。金融信息安全风险有可能来自网络外部，也有可能来自网络内部，有可能是技术上的，也有可能是管理上的，这是由金融信息系统安全的特点决定的。

1. 金融信息系统的特点

（1）金融信息系统直接与大量资金的迁移相关联，是金融行业内外各种不法分子关注与攻击的首选目标，因此金融信息系统需要很强的抗攻击能力。

（2）金融信息系统是由内外部多种用户参与，由信息处理与通信等多种设备组成的分布范围广、实时要求高、复杂的网络系统，且具有开放性，所以系统安全与保密的技术要求高，难度大。

（3）金融信息系统主要处理金融数据，不但数据量大，而且要求所处理的数据必须准确、完备，相互关系完全匹配，对数据的完整性要求高。

（4）随着国民经济的飞速发展，金融业务服务种类需求迅速增加，同业的竞争又促使金融企业要不断采用新的技术、新的手段。随之要求对信息系统安全技术不断更新发展。

（5）金融信息系统维护的工作量大，维护要求高，其使用地点和使用人员遍及各分支机构，而开发人员相对集中，这就要求金融信息系统应有较高的可维护性。

（6）信息系统自身存在一些固有的脆弱性，如自然灾害、硬件设计故障、程序设计缺陷等，这些弱点在信息系统的实际运行中易诱发各种风险，对系统安全构成威胁。

2. 金融信息系统的脆弱性

尽管金融信息系统安全隐患产生的原因是多方面的，但导致信息安全风险的根源不外乎两种——信息系统存在的技术漏洞和管理漏洞，也即系统的脆弱性。人常说"蛇有七寸，人有软肋"，脆弱性即为信息系统软肋的体现，正是系统的脆弱性被威胁所利用，才导致系统的不安全。脆弱性是对象的一种静态的固有属性，就好比它的资产价值一样，如果对象本身不发生什么变化，那么这个脆弱性就是固定存在的[10]23。脆弱性存在于系统的各个方面，可能是被威胁所利用的信息资产或资产组合的弱点。使用信用卡给用户带来方便，但同时也给银行带来了恶意透支的问题。以磁条卡为卡基作为支付工具，无论是传统的卡交易或是在互联网上交易，持卡人的卡号和 PIN 都极易被人盗窃，可透支和易复制就是信用卡业务的弱点。

系统的脆弱性如果没有被威胁所利用，就不会产生危害。就信用卡的脆弱性来说，单纯的可透支和易复制性本身不会对资产造成损害，如果没有被恶意利用，也不会对银行或用户造成损害。另外，如果系统足够强健，严重的威胁也不会导致安全事件的发生。导致脆弱性的原因有两点：

（1）信息安全策略本身存在漏洞。

（2）信息安全策略没有得到很好的贯彻执行，尤其是缺少相应的技术保障措施。

信息系统脆弱性的分类如表 2.2 所示[10]23。

表 2.2　信息系统脆弱性分类

技术脆弱性	物理环境	从机房场地、机房防火、机房供配电、机房防静电、机房接地与防雷、电磁防护、通信线路的保护、机房区域防护、机房设备管理等方面进行识别
	网络结构	从网络结构设计、边界保护、安全隔离、外部访问控制策略、内部访问控制策略、网络设备安全配置等方面进行识别
	系统软件	从补丁安装、物理保护、用户账号、口令策略、身份认证、入侵检测、漏洞扫描、资源共享、事件审计、访问控制、新系统配置（初始化）、注册表加固、网络安全、系统管理等方面进行识别
	数据库	从补丁安装、鉴别机制、口令机制、访问控制、网络为服务设置、备份恢复机制、设计机制等方面进行识别
	中间件	从协议安全、交易完整性、数据完整性方面进行识别
	应用系统	从审计机制、审计存储、访问控制策略、数据完整性通信、鉴别机制、密码保护等方面进行识别
管理脆弱性	技术管理	从物理和环境安全、通信与操作管理、访问控制、系统开发与维护、业务连续性等方面进行识别
	组织管理	从安全策略、安全制度、安全意识、组织安全、应急响应计划、资产分类与控制、人员安全符合性等方面进行识别，专业知识与安全培训

前面已讲过,脆弱性是系统固有的属性,正如金无足赤、人无完人一样,由于经济、技术、管理等方方面面的原因,一个信息系统不可能没有脆弱点。一个新系统即使在现时看起来是比较完美的,但并不意味着其没有脆弱性,有可能是其脆弱性暂时没有被发现与利用。随着时间的推移与系统的广泛应用,其脆弱性会慢慢被发现,并有可能被恶意利用。因此,很重要的一点是要及时识别系统的各种脆弱性,并采取安全保护措施。在识别脆弱性时,应注意以下几点。

(1) 应从技术与管理两个层面进行脆弱性识别。技术脆弱性涉及物理层、网络层、系统层、应用层等各个方面的安全问题。管理脆弱性又可分为技术管理脆弱性与组织管理脆弱性两个方面,前者与具体的技术活动有关,后者与管理环境与对监管的认识有关。

(2) 脆弱性识别可以从纵向和横向两个不同方向进行。在横向方向上,以信息资产为核心,针对每一项需要保护的资产,识别可能被威胁的弱点;在纵向方向上,可以从物理、网络、系统、应用等层次进行识别,然后与资产、威胁对应起来。

(3) 脆弱性识别时的数据应来自于资产的所有者、使用者,以及相关业务领域和软硬件方面的专业人员。采集方式包括问卷调查、工具检测、人工核查、文档查阅、渗透测试等。脆弱性数据应标识脆弱性被利用的难易程度、脆弱性存在的可能性等内容,并要以威胁及其可能性、系统的运行功能、安全需求或其他感兴趣的内容来完成脆弱性的分类和排序。

(4) 脆弱性识别的依据可以是国际或国家安全标准,也可以是行业规范、应用流程的安全要求。例如,对物理环境的脆弱性识别可以参照《GB/T 9361—2000 计算机场地安全要求》中的技术指标实施;对操作系统、数据库可以参照《GB 17859—1999 计算机信息系统安全保护等级划分准则》中的技术指标实施。管理脆弱性识别方面可以参照《GB/T 19716—2005 信息技术信息安全管理实用准则》的要求,对安全管理制度及其执行情况进行检查,以发现管理漏洞和不足。

(5) 由于所在组织安全策略的不同,应用在不同环境中的相同弱点,其脆弱性严重程度是不同的。有些脆弱性只有在一定条件与环境下才能显现,判断时需要将信息系统所采用的协议、应用流程的完备与否、与其他网络的互联等考虑在内。为检测已发现的脆弱性是否真正会给系统或网络带来影响,在获取用户授权后,应通过真实模拟黑客使用的工具、脚本文件、分析方法来判断被非法访问者利用的可能性。尤其是与全面的代码审计相比,这种渗透测试的时间更短,效率更高。

2.2.5　金融信息安全的主要风险点

1. 灾难事件与业务中断

保障业务的连续性是金融信息化建设的一个至关重要的要求。目前,金融企业的信息系统存在着诸多可能导致系统业务中断的风险隐患。一旦出现关键的软硬件资源,如电力、电信等故障,系统超负荷运行,主干网络断开,病毒发作,人为非法操作造成的系统不稳定等因素,极易造成系统业务的中断[10]25。

(1) 电源故障、通信故障、水灾、火灾对金融信息系统构成直接威胁。大范围的灾难事件,如地震、台风、海啸、美国"9·11"恐怖袭击、SARS传播等,不仅会对信息系统造成破坏,还可能破坏机房场地、电力供应、通信服务等社会服务公共基础设施。

(2)数据库系统、操作系统、存储设备、网卡、电源等系统部件的缺陷或不兼容带来的问题会导致业务系统故障。

(3)在新系统上线、年终结转等系统变更时,如果处置不当也可能导致业务非正常中断。

(4)非法操作、病毒发作使系统运行不稳定。

有些灾难事件(如台风、洪水等)的发生有一个过程,可以预测,提前采取预防措施,可以减少影响和可能造成的损失。有些事件有一个演变的过程,发生得比较缓慢,可以进行一些抢救,部分地减少损失;有些事件则是突发性的,来不及做出任何反应(如2008年5月12日的汶川地震,2011年3月11日的日本大地震),其影响可能是毁灭性的。

灾难性事件发生时,一是可能会给金融企业带来基础设施、信息系统与网络设备损坏、环境破坏、人员伤亡等直接损失;二是由于金融企业的部分业务中断,导致经营收益减少,如部分营业网点在一段时间内无法为客户提供正常服务,银行卡业务不能正常使用等,导致收入减少,系统停顿的时间越长,造成的经营收益损失就越大;三是其他相关的间接损失,间接损失的多少取决于受影响的业务量、金融企业所占的社会份额、客户对银行的信任度、潜在的法律责任等因素。

【案例2-1】 5·12汶川地震对银行业的影响

2008年5月12日14时28分,我国四川省汶川县发生里氏8.0级强地震,全国大部分地区有震感,其中四川省受灾情况最为严重,甘肃省、陕西省和重庆市也有严重的人员伤亡。据工业和信息化部的估算,此次地震造成的直接经济损失达670亿元人民币。汶川地震给灾区的许多行业都造成了严重损失,银行业也不例外。在各大银行中,农业银行的损失最为惨重。据统计,农业银行在四川省共有776家分行,在灾情严重的阿坝和绵阳地区两地有108家网点。而对于大部分其他中等规模的银行,由于一般只在较大城市设有分行,所受的损失相对较轻。在此次地震中,银行受到了以下几个方面的影响。

(1)经营成本提高。由于各银行在灾区大部分网点均有员工伤亡,加之大部分网点还有相当的场地、设备方面的资产损失,因此各银行在这些地区的员工成本和管理费用都有所提高。估计将新增20亿~40亿元人民币。

(2)收入下降。大部分银行都将免去受灾地区汇款的手续费,同时对贷款提供优惠利率。此外,各行将允许企业和个人推迟还贷,不会对逾期还款者产生罚息。这些在受灾情况下的特殊措施将导致各银行收入的减少。同时,四川省因受灾导致GDP增长放缓,也将拖累各银行的营业收入。

(3)不良贷款增加。对于灾区的银行机构而言,除了自身营业网点及物资遭受重大损失之外,地震带来的最直接影响,就是如何处理涉及灾区的大量银行贷款。据四川省统计局的数据,2007年年末,成都、绵阳、德阳、阿坝州和广元市各项贷款余额分别达到4119亿、391.12亿、274亿、85.19亿和137.79亿元人民币,这几个主要受灾城市的贷款数额累计高达5000亿元。尽管并非所有这些贷款余额都会成为呆坏账,但地震将会给其中相当部分贷款带来损失的风险。农业银行曾预计不良贷款将增长 60 亿元,建设银行预计个人贷款呆账会增加 1.3 亿元。预计总的不良贷款(包括公司类贷款与个人贷款)余额会高达 300~500 亿元人民币。考虑到政府与保险公司将会承担部分损失,各银行贷款方面的净损失会在 80~140 亿元人民币。

【案例 2-2】　银行系统故障案例

2006 年,花旗银行日本分行出现交易系统故障。5 天内,约 27.5 万笔公用事业缴费重复扣划,或者交易后未作相应记录,造成花旗银行在日本的重大声誉损失。

2006 年 4 月,中国银联全国跨行交易系统瘫痪 6 小时,国内大部分商户的 POS 机无法刷卡,所有银行的 ATM 终端无法进行跨行操作,"停刷"阻断交易量 246.6 万笔,金额高达 1 287.7 亿元,造成重大的社会影响。

2008 年 9 月 8 日,世界第三大证券交易所——伦敦证券交易所遭遇 8 年来最严重计算机系统故障,交易被迫中断接近 7 小时。9 时 13 分左右,交易系统发生故障,为确保没有投资者处于不利地位,交易暂时停盘。至中午收盘时,故障仍未排除。伦敦证交所当日下午通知媒体,故障修复工作耗时超过预期。交易最终于 16 时左右恢复,距收盘仅剩半小时。此次故障给各方带来巨大损失。英国《泰晤士报》网站 9 月 8 日报道,伦敦证交所每日交易量接近 70 万笔,交易额超过 70 亿英镑,仅印花税一项,一年就为英国政府贡献大约 40 亿英镑,约合 71 亿美元。以平均交易量估算,英国政府 8 日因交易中断的损失达 1 590 万英镑,约合 2 803 万美元。更令投资人和券商失望的是,全球股市当天强力反弹,股市指数普涨,很多投资者却无法进行交易。美国咨询企业的一位分析师认为,伦敦证交所系统出故障的时机糟得不能再糟。

2011 年 1 月 28 日,星期五,正是春节前刷卡的高峰日。然而,国内某银行的不少持卡用户却发现手中的卡无法使用,不仅借记卡无法用,信用卡也无法刷卡,该银行对此事却秘而不宣。原来,这是该银行在北京某机房的一台光传输设备板卡出现故障,造成线路运行不稳定,导致该银行部分银联和贷记卡业务一度中断。更令人不可思议的是,该银行用了近一周的时间才更换了该设备板卡,在这期间,所有业务均在无备用线路的情况下运行,潜在风险极大。

2. 系统漏洞风险

系统漏洞风险是指金融信息与应用系统的某些设计者由于对业务流程不熟悉,对风险点的考虑不够全面,导致应用系统存在缺陷,进而被发现并利用。一般说来,系统漏洞风险在设计之初难以发现,但随着系统的运行与推广使用,漏洞会逐步暴露出来,因此系统漏洞风险最能体现风险的潜伏性。

对各种流行的网络攻击行为的分析发现,绝大多数的攻击是利用各种操作系统和一些网络平台存在的一些已公开的安全漏洞发起,并造成了巨大损失。

电子银行是系统漏洞的多发地。比如,对某些特定的款项,规定客户只能在规定期限之外才能支取,该款项在柜面办理支取时受到严格控制,但某银行的网上银行却有能随时将款项转走的漏洞;ATM 会回收客户遗漏的钞票,但收钞模块无验钞功能的漏洞,不法分子为此设计了很多方案,利用这一漏洞将手中假钞与 ATM 中真钞进行兑换等。此外,银行的一些其他应用系统也有可能存在系统漏洞,如对权限控制不严导致操作者能够越权操作等。又如,用户在 ATM 取款时,可能会利用系统的漏洞恶意透支。曾经有这样一个案例,国内一客户在 ATM 上取款时发现了 ATM 软件的漏洞(取 1 000 元账户只扣 1 元),于是分一百多次取款十多万后潜逃。

【案例 2-3】　ATM 机漏洞案例

英国苏格兰皇家银行一部 ATM 机 2006 年 10 月 21 日发生故障——取 10 英镑吐出的却是 20 英镑。于是数百人排队"占银行便宜",直到 ATM 机里面的钱被取光。据报道,此类 ATM 机错误是因为银行工作人员放错不同面额钞票导致的,如将 20 英镑钞票放进了 10 英镑的盒子,导致双倍取款。

2002 年 8 月,英国一家银行(考文垂建筑金融合作社)出现计算机故障,导致 ATM 机"狂吐"5 天。不管人们输入什么密码,是否正确,取款机都会乖乖地吐出要求金额的钞票。期间有人甚至往返 20 次取了成千上万英镑,银行总共被取走了 100 多万英镑。

【案例 2-4】　蠕虫病毒利用系统漏洞破坏的案例

2001 年 6 月 18 日,微软发布安全公告:Microsoft IIS IDA/. IDQ ISAP 扩展远程缓冲区溢出漏洞。一个月后,利用此安全漏洞的蠕虫病毒"红色代码"出现,一夜之间攻击了国外 36 万台计算机。到 2001 年 8 月 6 日,针对微软中文版操作系统的蠕虫病毒"红色代码Ⅱ"开始在我国国内发作,造成很多运营商和企事业单位网络瘫痪,"红色代码"病毒给全球造成了高达 26 亿美元的损失。

2002 年 7 月 24 日,微软发布安全公告:Microsoft SQL Server 2000 Resolution 服务远程缓冲区溢出漏洞。6 个月后,利用此安全漏洞的蠕虫病毒"SQL Slammer"出现,几天之内给全球造成了 12 亿美元的损失。此蠕虫病毒攻击的主要对象是网络,而不是个人计算机。它对网络上的 SQL 数据库进行攻击,连接在网络上的被攻击的系统如同癌细胞那样不断裂变,生成新的攻击报文,向网络释放、扩散,从而逐步鲸吞、消耗网络资源,导致网络访问速度不断下降,甚至瘫痪。据新华社报道,全球至少有 2.2 万个网络服务器遭到了此病毒的攻击,受影响最严重的地区是欧洲北部、美国东部和亚洲的一些国家和地区,其中美国美洲银行的 1.3 万台自动取款机瘫痪,韩国的互联网络曾一度瘫痪,只有 10% 的网络可以勉强使用,韩国情报通信部为此宣布进入紧急状态。

3. 由业务操作引发的金融信息安全风险

操作风险是指因操作流程不完善、不规范、人为过失、系统故障或失误及外部事件造成损失的风险。操作风险有 3 个方面的含义:一是指工作人员无意偶然的操作失误,但却揭示了计算机系统设计的致命错误,或测试疏漏的要害隐患而形成金融风险;二是指内部操作人员有意违规、越权操作,导致银行业务差错、弊端或中断运行的风险;三是指在终端设备上故意非法入侵安全措施薄弱的银行计算机业务系统,篡改、破坏计算机系统业务数据,造成银行资金损失的风险。操作风险正在逐渐成为金融企业高端管理层最大的担忧,因为操作风险是一个涉及面非常广的风险,它几乎涉及金融企业内部的所有方面,而由操作风险引发导致的损失往往是非常大的。引发操作风险的因素可以有内部员工、外部事件、系统本身及内部流程 4 个方面。

（1）员工方面的因素

表现为失职违规与内部欺诈。例如，未经授权改写计算机程序，未经授权更改业务系统记录，把未经授权（虚假）的交易输入系统等。当前银行计算机系统普遍存在这种风险，是我国发生金融计算机犯罪的主要因素。

（2）外部事件方面的因素

表现为自然灾害、外部欺诈或攻击、不可控因素与外包商的因素。

（3）系统方面的因素

表现为系统或设备不完善（有漏洞）、不配套等。如有的计算机终端设备显示客户口令（密码）问题。在使用某些密码键盘输入客户口令时，在银行零售系统正常流程控制下，口令显示为××××；但在某些异常过程中，密码被如实显示在操作员屏幕上，柜台操作员知悉了客户密码，银行资金就面临被盗窃的风险。

（4）内部流程方面的因素

内部流程不健全、合同与文件有缺陷、内部管理不当等。临柜员工不明确计算机控制流程、上下游操作复核检查及横向监督约束的方法、操作流程方面缺乏岗位之间的风险制约机制。

《巴塞尔新资本协议》将金融信息科技的风险归属操作风险的范畴，并将金融企业的操作风险分为内部欺诈，外部欺诈，执行、交割与交易过程管理风险，雇员行为与工作场所管理风险，客户、产品与商业行为风险，有形资产损坏风险、系统出错与经营中断七类。根据《巴塞尔新资本协议》的分类法，我们在前面叙述的灾难事件与业务中断，以及系统漏洞风险也属于操作风险的范畴。为强调由人为因素造成的操作风险，将它们两个单列，本部分只涉及人为因素引发金融信息系统安全的操作风险。

（1）内部欺诈风险。

指系统或组织内部工作人员（包括聘用人员）利用其特殊身份或拥有的授权，通过一些措施或者非法入侵系统，或者超越自身权限访问本来无权访问的资源，参与诈骗、盗用资产，恶意篡改信息，破坏信息的完整性，从而使系统的安全性降低或信息不可用；或泄露秘密信息。内部欺诈风险的主要表现如下。

① 操作人员违规，在系统上使用外来移动存储介质，或将移动存储介质在内外网上串用，导致病毒感染或被挂上木马程序。

② 内部人员参与诈骗、盗用资产、违犯法律或企业的规章制度，如虚报头寸、做假账、参与偷盗、在职员的账户上进行内部交易等。如利用工作之便，窃取其他操作员密码，或乘其他操作员未签退即离柜之机，利用该操作员的终端机空存一笔款到事先开立的存折上，然后指使他人将款取走并据为己有；伪造存折诈骗储户存款，即利用操作微机的职务之便，窃取存款大户的有关资料，然后通过伪造存折，在微机上篡改账务，从而诈骗储户存款的行为；开立假账户，非法进行存取；利用制度不健全或管理不严的漏洞，更改微机软盘密码数据，骗取资金；内外勾结，故意串户，转账挪用其他客户资金。"烧卡"诈骗，是指利用计算机非法复制他人的信用卡，表现为利用专用电子设备，在伪造卡、空白卡或废弃卡上输入合法持卡人的密码、签名以及其他信息资料，并以此卡为诈骗工具的行为。

③ 系统网络隔离不彻底，技术防范不到位，无关人员可以通过局域网轻松访问或侵

入系统。

④ 业务管理存在漏洞,用户名、密码被他人盗用。

⑤ 组织内部岗位职责划分不清,业务人员与系统管理员兼岗、串岗或随意换岗,使相互监督制约的管理机制不能有效发挥作用。

【案例 2-5】 巴林银行倒闭案例

英国巴林银行具有 230 多年历史,该行新加坡分行期货与期权交易部门的前台首席交易员兼后台清算主管里森在计算机系统中开立名为冲销错账实为经营东京证券交易所日经 225 股票指数期货交易的秘密账户,通过做假账方式肆意调整在总行账户数据,虚构他英雄般的盈利信息,却把巨额亏损掩盖在秘密账户内。巴林银行内部审计监督没有能够及时发现他越权违规交易问题,新加坡和英国金融监管当局的多次现场稽核检查也长期对此漠然视之。1995 年 3 月,终因 14 亿美元巨额的清盘亏损,这家有 230 多年历史的老牌银行被迫宣布破产,终结了老牌巴林银行的生命。

【案例 2-6】 法国兴业银行巨额对冲交易案

2008 年 1 月 28 日,法国兴业银行公布了该行的"巨额对冲交易亏损案"。该行一名 31 岁的从事套汇交易的交易员热罗姆·凯维尔,由于他有过在后台工作的经历,对银行的计算机信息系统和监控流程十分熟悉,通过侵入该行信息系统,虚构对手交易,并无限放大其交易权限,擅自进行欧洲股指期货投资,最终导致银行 49 亿欧元(约合 71 亿美元)的税前巨额损失。

【案例 2-7】 烟台外部维护人员伪造修改数据案

2001 年 12 月,烟台市人民检察院依法对涉嫌伪造有价票证的犯罪嫌疑人乔某批准逮捕。乔某利用电信公司维护通信设施之机,通过修改数据库伪造 200 元电话卡 1 000 张,给电信公司造成 20 万元的经济损失。

【案例 2-8】 甘肃定西内部人员窃取资金案

2003 年 10 月 5 日 13 时 12 分,甘肃定西地区会宁邮政局的局系统维护人员张某偷把电缆线连接到该局的邮政储蓄专用网络上,利用笔记本电脑侵入邮政储蓄网络后,非法远程登录访问临洮县太石镇邮政储蓄所的计算机,破译密码之后进入操作系统,以营业员身份向其 8 月末预先在兰州利用假身份证开设的 8 个活期账户存入了 11 笔共计 83.5 万元的现金,并在退出系统前,删除了营业计算机的打印操作系统,造成机器黑屏和死机故障。事故发生后,临洮县太石镇邮政储蓄所的领导还以为是电脑故障。12 天之后的 10 月 17 日,电脑才经修复后重新使用,这时,工作人员发现打印出的报表储蓄余额与实际不符。经过对账发现,5 日 13 时发生了 11 笔交易,总额 83.5 万元的异地账户虚存(有交易记录但无实际现金)。当储蓄所几天后进一步与开户行联系时,发现存款已经分别于 6 日、11 日被人从兰州、西安两地取走 37.81 万元。他们意识到问题严重,于 10 月 28 日向临洮县公安局报案。

(2) 外部欺诈风险。

外部欺诈风险包括第三方通过密码破译、安装后门、嗅探、伪造和欺骗、关闭审计、拒绝服务等手段侵入和攻击系统,实行诈骗、盗用资产、违反纪律的行为,或者通过物理接触造成硬件、软件或数据的破坏。如今,黑客、商业间谍、破坏者都有可能导致外部欺诈风险,所利用的攻击手段已达数百种,随着攻击工具的完善与攻击方法自动化程度的提高,业余攻击者也能够完成复杂的攻击过程。

① 针对信息机密性的攻击方法主要有信息拦截技术、信息监听技术、社交工程、信息重定向技术、信息推理技术、电子邮件病毒传输技术等。

② 针对信息完整性的攻击方法主要有身份证攻击技术、会话劫持技术、程序异常输入技术等。

③ 针对信息可用性的攻击方法主要有拒绝服务攻击技术、分布式拒绝服务攻击技术等,常用的手段是消耗网络带宽、消耗内存、磁盘空间与 CPU 资源等[10]26。

【案例 2-9】　历史上第一个通过入侵银行电脑系统来获利的黑客案

1994 年,来自俄罗斯的黑客 Vladimir Levin(弗拉迪米·莱文)侵入花旗银行的电汇系统,搞到了几个大公司的账号和密码,把总额 1 070 万美金的巨款转移到自己位于美国、芬兰、荷兰、以色列和德国的账户。他是历史上第一个通过入侵银行电脑系统来获利的黑客。1995 年,他在英国被国际刑警逮捕。

【案例 2-10】　黑客入侵信用卡网络在全球提款近千万美元案

2009 年 11 月 10 日,美国司法部起诉一个由俄罗斯和东欧人组成的黑客集团。指控他们涉嫌入侵苏格兰皇家银行(RBS)旗下信用卡公司的计算机网络,伪造假卡,在不到 12 小时内,于全球至少 280 个城市共 2 100 部提款机提取逾 900 万美元现金,香港警方去年亦参与联合行动,拘捕两名提款人士。

【案例 2-11】　厦门黑客入侵商业银行网站案

2009 年 10 月 26 日,厦门市法院对一起"黑客"入侵银行系统窃取储户信息案件做出判决,被告人楼某利用自编的"黑客"程序和网上下载的任务自动加载程序,入侵多家商业银行网站,非法获取 755 名网上银行客户资料,并利用其中的部分信息复制银行卡,其行为构成非法获取计算机信息系统数据罪。

【案例 2-12】　美国历史上最严重的数据泄露案件

2009 年 8 月 17 日,一名迈阿密居民通过入侵零售商电脑盗取 1.3 亿张信用卡和借记卡信息,被起诉,其中包括哈特兰支付系统、零售连锁 7/11 公司和汉纳福德兄弟公司等。

【案例 2-13】　网站信息被窃引发银行信息丢失案

在国内某起网络银行案件中,犯罪分子攻破了一家小网站并窃取了该网站的客户信息,包括用户名、密码、银行卡号等,而该网站部分客户在普通网站上的密码和网上银行密码设置相同,给了犯罪分子可乘之机。

(3) 执行、交割与交易过程管理的风险。

主要指交易处理、流程管理失误,或与交易对手关系破裂而引发的风险。

交易数据输入错误、错误的信息交流、叙述错误。例如,网络系统由于"千年虫"问题,可能导致银行业务操作差错,如储户的存取款日期发生混乱、贷款与还款日期出错、利息的计算发生错误,从而引发银行资产损失或支付危机。

业务违规是指未被批准的账户录入、未经客户允许的交易、恶意透支等。例如,有时单位卡现金销户时,不按规定划往基本账户,由此造成银行的政策性风险。

【案例 2-14】　日本瑞穗证券公司错误指令案

2005 年 12 月,日本瑞穗证券公司误将客户的"以 61 万日元卖出 1 股 J-COM 公司股票"指令输入为"以每股 1 日元卖出 61 万股",东京股票交易所计算机系统对该公司取消下单的指令不能及时回应,导致错误的订单全部成交,结果瑞穗证券损失超过 400 亿日元。

(4) 服务外包引发的风险。

金融服务外包能够帮助金融企业全面提高信息产品的技术含量,缩短新产品的开发周期,全面提升 IT 服务水平,使企业能够专注于核心业务。但是,IT 外包并非十全十美,而是一把双刃剑,它在帮助金融企业提升服务水平的同时,也会带来一系列的不确定因素,从而使金融企业面临着长期的潜在风险。

① 服务提供商能否长期稳定地为金融企业提供高质量服务,对于信息系统故障能否及时响应并修复,以保障金融业务的连续性。

② 外包服务商在和银行密切往来过程中会获取一些银行的内部机密信息,给银行带来商业秘密泄露的风险。

③ 服务外包人员利用对系统熟悉、接触系统和了解系统漏洞的便利,非法入侵系统,恶意篡改数据与程序的行为。

④ 系统开发完成后,开发方为程序维护方便,可能会留有后门,这会给不法分子通过远程操作入侵系统留下可乘之机。

⑤ 服务外包人员在对系统维护时有意植入木马程序,恶意修改系统数据或程序。

⑥ 赋予超级用户过大的权限,使之同时具有业务操作与系统维护权限或是直接修改数据的权限。

2.2.6　金融交易中的风险点

在各种金融产品交易过程的各个环节,自始至终都可能存在风险,如操作员与客户的身份冒用、交易数据输入错误、程序应用错误、管理失误、法律文件不完备、未经批准访问客户账户、越权进行大额交易、合作伙伴的不当操作以及卖方纠纷等。图 2.4 给出了一般金融业务流程及相关的风险点[14]。

下面以银行卡的刷卡消费为例来了解交易过程各环节相应的信息安全风险。

1. 交易数据输入环节的风险

输入数据不完整、不准确、不真实或数据无效是本环节的风险点。交易数据的采集和审查环节介于客户层与服务层之间,这一环节要求采集的数据完整、准确、真实和有效,否则会对业务处理造成安全威胁。数据输入的过程会有意或无意地出现输入错误;磁卡的

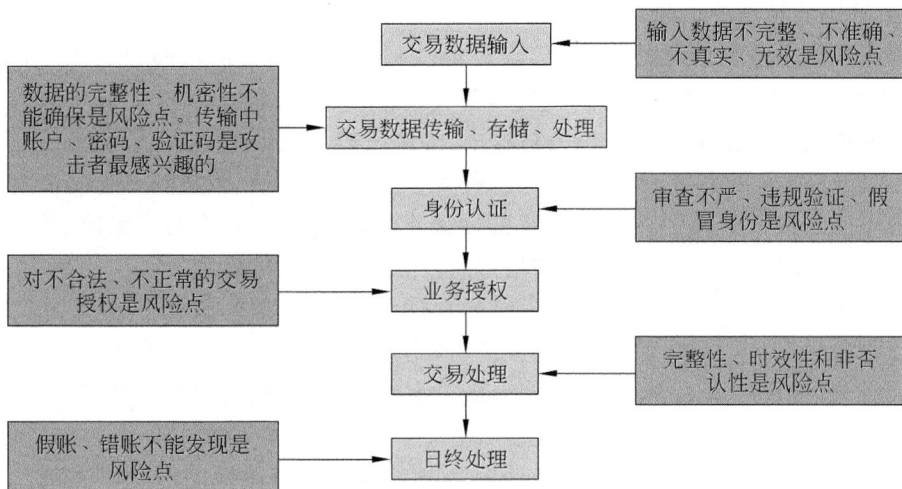

图 2.4 一般金融业务流程中的风险点

磁条有可能损坏,导致输入的数据出错。

2. 交易数据传输、存储与处理环节的风险

确保交易数据在传输、存储与处理过程中的完整性、机密性是本环节的风险点。而传输过程中客户的账户信息、密码、验证码通常是攻击者最感兴趣的对象。在交易数据传输、存储和处理环节,柜面业务处理系统必须保障其所处理数据信息的完整性和机密性。保护算法的脆弱或在管理过程中出现漏洞,很有可能造成客户资料信息的被盗泄露。

在通过电信网络进行资金转移的过程中,黑客有可能以欺诈的手段输入、截取、重放或修改交易信息。在信息传输过程中,有可能出现失败或随机错误。例如,对于 ATM机,黑客可以在通信联系中插入他自己的设备,进行下列攻击。

(1) 修改从 ATM 传到系统的提取请求信息中的现金数量,使 ATM 机支付多于记录的现金。

(2) 重复先前 ATM 机取款的物理过程,这样 ATM 又支付了一次,而在系统没有记录。

(3) 现金支付成功之后,产生一条消息"取消交易—现金支付失败",取消交易记录。

(4) 删除所有从银行到 ATM 的黑名单通知,然后在离线的时间里用一个已被止付的卡进行取款。

在信息系统中存储的数据,生命周期很长,因而所遭受的威胁可能比信息传输过程中遭受的威胁更大。存储在系统数据库中重要的交易数据可能遭到非法修改,这对金融业务来讲是非常致命的。网络黑客可能侵入业务系统,公开所盗窃的客户资料[10]28。

【案例 2-15】 窃取资产数据的案例

2005 年 6 月,美国万事达信用卡国际公司"信用卡第三方付款处理器"网络系统遭入侵,造成包括万事达、Visa 等各种信用卡的高达 4 000 多万用户的数据资料被窃,成为美国有史以来最大的个人信息泄密事件,其中有约 2.5 万中国用户被波及。

3. 身份认证环节的风险

对客户身份审查不严或验证违规,以及身份假冒是本环节的风险点。ATM、营业网点、网络银行等均为公共的使用渠道,使用环境公开,交易过程中身份认证环节的失败会带来较高的风险。在验证客户身份的过程中,如果审查制度不严,或工作人员未按程序进行操作,或验证技术失效,会导致恶意人员侵入系统,给金融企业或客户造成极大的安全威胁。由于磁条银行卡作为客户认证并进行业务操作的凭证,存在易于涂改、伪造和盗用的固有弊端,因而成为金融交易风险的集中点,风险种类多、数量大。

不法分子以高科技手段克隆同一卡号的银行卡,再进行密码破译。

客户相关信息(卡号、身份证、工作单位)被不法分子获悉可引发风险,如伪造假身份证被认证过关,进行挂失交易,从而冻结合法持卡人的账户,然后再重新办理一张新卡,盗取他人资金。

就身份认证来说,还存在用户对金融企业网点合法身份认证的问题。不法分子假冒金融企业网点,使金融企业或用户受到威胁的事件时有发生。

利用 ATM 使用环境管理薄弱的漏洞进行诈骗。例如,以 ATM 机所属银行的名义发布告示,诱惑储户将款项转账到其指定的银行卡账号里。

利用相关技术和管理漏洞,使用假 ATM 采集客户信息,进而进行虚假交易。

使用类似于银行网站或其他电子交易网站的网址进行诈骗。这种假冒的网站具有很强的隐蔽性,其域名通常与真实银行的域名相差一个字母,主页则与真实银行的页面非常相似,诱骗用户输入账号密码等信息,或者包含用于植入木马的恶意脚本。

【案例 2-16】　身份假冒案例

2003 年 6 月初,一名黑客盗用工商银行网站的公开邮箱,以"网络银行系统升级"的名义给网上银行注册客户发送邮件,索要注册客户的用户名和密码。为此,工商银行向用户发出重要安全提示,并采取了紧急应对措施。

2004 年,互联网上出现假冒的中国银行网站,恶意窃取客户输入的卡号、密码等信息。同年,互联网上还出现了假冒的工商银行网站,制作该黑网站的犯罪团伙通过要求储户更改密码、网上购物等手段盗取储户账号和密码,骗取网民钱财多达 80 余万元。

4. 业务授权环节的风险

对不合法、不正常的交易授权是本环节的风险点。在业务授权环节,系统会自动检查账户的合法性,不允许状态不正常的账户进行交易。允许交易状态不正常(挂失、冻结、支付)的账户进行交易,柜员(综合柜员)违反规定办理付款业务,或未发现读卡信息错误而发生串户,都会引起法律纠纷,造成资金损失。

在信用卡授权过程中,发卡行接收来自商户的请求,审核客户信息、检查客户信用额度,通过审核后,发送确认信息给该商户的收单行,并扣除客户的相应消费额度。一般来说,发卡行在确认该笔交易可接受后,会回一个代表同意的"授权码"给商户与其收单行,并记录在签账单上。发卡行一旦授权,就意味着对本次交易的认可,消费者今后任何拒付行为都将导致发卡行的资金损失。

业务授权系统有赖于数据采集系统提供客户信用数据。在很多情况下,金融应用系统往往只是手工操作的翻版,处理以账户为核心,各个应用之间基本是相互独立和分离的,数据无法有效共享。同时,还存在人为修改客户信用等级与信用数据的违规行为,因而很难对客户进行综合分析和判断。

由于授信程序本身存在缺陷或执行不严格,授权有可能被不同方式绕过。一种方式是恶意客户在短时间内有多笔借款交易同时发生,实现对消费贷款"化整为零";另一种方式是系统只是在用户接口处进行表面的复式记账,内部管理人员输入未经授权的交易,修改两条或多条记录,以绕过平衡控制。

5. 交易处理环节的风险

确保交易处理过程完整性、交易处理的及时性和非否认性是交易处理环节的风险点。

（1）完整性问题。

得到授权信息后,系统会调用相关程序作进一步的处理。在这一过程中,如出现线路故障、停电等意外事故,或者大量交易同时发生导致系统堵塞或故障,都可能会导致交易中断,造成账户之间的信息不对称问题。

转账代理方记通存账时,如系统突然发生故障,可能会造成账户之间的信息不对称问题:同一笔账连续记录数次方能成功或根本不能成功,而委托方却已经记录数笔。

操作员不熟悉记账程序也可能造成人为错账。如不注意及时复核,误将已成功账目当成未成功账目,造成人为重复入账。错账冲正操作失误,造成客户账户混乱。有时,操作员故意以错账冲正手段获取非法所得。

脱离人工控制环境,ATM 机容易受到攻击或产生意外错误。例如,开启取款口提示用户取款时,如果系统崩溃,很有可能已经将钱从账户中扣除,但却没出钱,或者已出钱但却没有从账户中扣除。

有些不法分子利用自制装置在 ATM 机出钞口设障,使 ATM 机吐出的钱卡在出钞口内,使现金不能吐出来,待客户离去后取下"装置"拿出现钞。

ATM 机吐钞后,如果客户仅仅抽走中间的一部分现金,而将上、下最外层的两张现金留在出钞口不取走,ATM 机会以为客户未取走现金而向账户主机发冲正交易,取消这笔交易,造成现金和尾箱不一致和银行的短款。

在电子货币业务中,如果电子货币具有广泛的通用性,就存在着不同发行者之间的债权债务清算问题。如果电子货币的某个发行者违约或破产,要确定由谁来承担电子货币所有者的损失。特别是电子货币从一个电子钱包转让到另一个电子钱包的系统中,情况更为复杂,很难确定谁是电子货币的发行者。发行者身份难以确定,风险也就无从承担,债权债务也就难以最终得到清偿。

（2）时效性问题。

金融交易处理的是资金,资金融通时间的长短意味着资金成本的高低。在现代经济社会中,缩短资金在途时间,提高资金使用效率,是充分发挥资金效益的有效手段。而要做到这一点,就必须对金融交易进行及时、有效、准确的处理,实现交易各方之间的沟通和数据记录的同时性,例如确定相对一致的前后台轧账时间。业务处理流程中,如果时间参数设置不当,会导致客户资金损失。例如,第三方支付中的资金沉淀问题:在第三方在线支付服务过程中,第三方支付服务商都是将用户的资金划转到自己的账户下,再按照约定的时间进行交割,资金沉淀的利息经常由支付服务商获得,这就存在服务商不按时支付,用户的资金存在寄存的风险,导致结款周期长,商户的资金周转率降低。挂起账户问题:当账户不平时,银行系统可通过挂起账户进行处理。但挂起账户是临时性的,根据银行规定,挂起时间为3天,如果经过3天时间,所挂起账户的问题仍未解决,则要进行调查。但某些恶意人员或机构有可能利用这一点,通过循环使用这3天的窗口期从事某些不正当活动,有可能给企业造成严重的后果。

随着社会的不断发展,金融信息瞬息万变,人们对信息传递的速度要求越来越高,金融信息的时效性越来越强。

(3) 不可否认性问题。

为防止事后可能出现的纠纷,交易过程应生成相关的凭证或证据,并妥善保存,以确保事后稽核和审计的需要,否则可能造成系统混乱、客户纠纷或诱发经济案件。

ATM机上的流水由流水打印机打印在纸上,一旦流水打印机发生故障或是缺纸,都将无法记录ATM机上的交易流水。如果在此情况下发生了ATM机出钞和主机扣账不平的问题,日后将较难进行核对。

在信用卡刷卡交易中,收单行接到确认后发送信息给商家,允许消费并记录,商家收到确认信息后,要求持卡人签名,完成交易。事后,商家即可凭有签名、卡号及发卡行授权的签账单向收单行清款。在签名过程中,如果底单采用的是无碳复写的纸张,不良商家可能将两套消费签单叠加,为某个虚假交易骗取持卡人的合法签名,从而不可避免地导致持卡人和发卡行之间的纠纷。因此,持卡人在签名过程中需要进行必要的检查。

6. 日终处理环节的风险

假账、错账不能被发现是本环节的风险点。在日终处理时,需要检查各种账目、账据、账款、账实、账表和内外账等的平衡关系,对交易记录进行确认和永久化处理。如果不进行明细的账务勾对、余额核对,则一些错账、假账不易被发现。一些不法分子正是利用这点内外勾结,采取伪造票据、制造假账等手段盗取资金。

对账是发现账务错误的一种有效手段。但是,涉及多个交易主体的对账往往比较复杂,有时候一笔账务的调整需要几个星期的时间,如果不及时对账,对实时清算的通存通兑账务将很难起到及时有效地防范、遏制风险和补救的作用。

2.3　金融信息安全的重要性

随着金融信息化、网络化的加速,网络业务的不断拓展,金融信息系统的风险和存在的问题也不断暴露,金融信息系统的安全问题越来越受到人们的普遍关注,金融信息系统安全的重要性与日俱增。金融信息安全面临很大的挑战,它关系到金融机构的生存和经营的成败,已经成为影响金融信息化进一步发展的重要因素,因此维护金融信息安全具有十分重要的意义。

1. 金融信息安全关系国家经济社会安全

金融是现代经济的核心,金融信息安全对国民经济快速健康稳定发展的重要性不言而喻。金融业尤其是银行业,作为国民经济的核心与枢纽,涉及社会生活的方方面面。金融信息系统的安全不仅是金融行业本身的安全问题,也与我国的经济安全、金融稳定、社会安全和国家安全紧密相连,金融信息系统的安全已成为我国金融信息化建设中具有战略意义的关键问题。

作为金融代表的银行业务关系到国计民生,在国民经济中的地位与作用十分重要。银行是货币信用机构,它通过吸收存款、发放贷款和办理结算等业务活动,实现其信用中介的作用,对促进国家的经济发展,搞活商品流通发挥着重要的枢纽作用。它筹集和分配国家经济建设所需的资金,管理国家的货币供应量,促进社会总供给与总需求的基本平衡,调节资金流向,优化资源配置,促进国民经济健康稳定与协调发展。银行能加速资金的周转,提供优质的金融服务,实现促进生产、对社会经济活动进行反映和监督的功能。

银行是与信息行业结合最为紧密的行业之一,银行本身就是经营各种信息的特殊行业,如客户信息、账户信息、交易信息、金融信息、产业信息、政策信息、资金信息、利率信息、汇率信息等。同时,银行也是一个信息科技高需求、高投入、高配置、高输出的产业,是信息市场交换的主要参与者,在采用先进的信息技术方面一直走在各行业的前列,与国内其他行业相比,我国金融行业的信息安全管理水平处于领先水平。

银行是社会的敏感部门,它通过生产和传递信息来提供金融服务,支配、引导社会资金流动。金融信息化的加速和信息网络化的推进,使得金融行业在国民经济中的地位进一步提高,其他行业对金融的依赖性进一步加强。但是越来越多的信息电子化,使金融信息系统内部采集、存储、传输、处理的信息量越来越大,信息的重要程度也越来越高。金融行业已经是信息最密集的行业,也是信息最不对称的行业,因此也是最容易发生危机的行业,金融信息系统的安全将直接影响整个社会经济活动的正常进行。如何确保这些关系到国计民生的金融信息数据的安全采集、安全存储、安全传输和安全处理,成为金融信息化建设面临的重要挑战。

2. 金融信息安全是金融企业持续发展的需要

安全是金融行业永远的话题。由于金融业务具有特殊性,要求金融信息系统必须是健壮的,即使在"带病"的情况下依然能够有足够的能力维持金融服务业务的正常运作,金融信息网络系统相关的软硬件支撑必须能保证 24 小时×365 天可靠运转。保障安全是金融信息化平稳快速发展的基础和前提,中国银监会主席刘明康在信息科技风险管理与评价审计工作会议上指出,根据近几年国际上出现的信息系统故障事件分析,如果银行信息系统中断 1 小时,将直接影响该行的基本支付业务;中断 1 天,将对其声誉造成极大伤害;中断 2～3 天以上不能恢复,将直接危及银行乃至整个金融系统的稳定。

随着计算机网络及通信技术的快速发展,任何组织要正常运营,都离不开信息资源的支撑。计算机网络技术在金融行业已经广泛应用,金融业务社会化、全球化、信息化、网络化是金融行业发展的必然趋势。信息技术与金融业务结合,可以明显地降低交易成本。据德国有关部门统计,同样一笔交易,通过银行柜台交易成本为 1.05 美元,电话交易成本为 57 美分,通过文传成本为 32 美分,而通过安全的网络交易则只需 10 美分。可见,安全的金融信息系统在金融业务中的应用、提高金融行业竞争能力等方面具有相当重要的作用。

金融行业的网络系统,覆盖范围广,硬件设备多,网络环境复杂。现今各金融企业为了提高自己的竞争优势,争取更大的经济效益,纷纷在丰富业务种类、完善服务功能、创新服务手段、提高服务效率等方面进行创新工作。电子联行、金卡工程、同城票据清算实现了各银行之间的网络沟通,极大地提高了效率。而要获得上述效益,就必须利用高科技手段,通过金融网络安全建设逐渐提升工作效率,扩大市场占有率,进而获得更好的效益。

随着金融信息化建设的深入,金融企业对信息安全的复杂性与重要性的认识也在逐步加深。金融企业已经意识到,一旦发生金融信息安全事件,不仅会影响企业本身业务的正常办理或造成财产方面的损失,使组织丧失竞争优势,失去市场(缺少了安全,客户必然会转向他们认为更安全的金融机构获得安全的金融服务),正常的商务活动会中断,对企业的声誉和市值产生负面影响,还可能会影响国家经济健康稳定地发展。金融企业已经认识到信息科技风险管理与控制水平的提高对金融信息安全的重要作用,已经从单一的信息安全转变为涵盖生产运行、应用研发、信息安全等方面的全面信息技术安全管理,已经或正在关注开发具有自主知识产权的信息安全技术与安全管理产品。只有这样,才能提高我国金融企业信息安全管理的技术与水平,及早发现与防止类似"微软后门"之类的威胁。当今,拥有知识产权的数量与质量是衡量一个国家、地区或企业竞争力的重要指标和参与经济全球化的重要基础[15]。

3. 金融信息安全是保护个人隐私与财产的需要

信息作为一种资产,是企业或组织进行正常商务运作和管理不可或缺的资源,也是企业财产和个人隐私等的重要载体。无论是个人、组织还是国家,保持关键信息资产的安全性都是非常重要的。

银行客户信息事关资金安全,客户信息如果被外泄,客户的资金可能被套取,客户的信息有可能被不法分子用于金融诈骗、洗黑钱以及盗取他人资金的不法行为,既直接构成金融犯罪,扰乱金融秩序,又会造成客户与公众心理的恐慌,不利于社会稳定。如个人信息被不法分子盗用,冒名办理信用卡,当事人在毫不知情的情况下突然收到银行的催款通知,这才发现有人用自己的名义办了信用卡并恶意透支。又如犯罪嫌疑人通过非法渠道获取他人信用卡的户名、卡号、密码、身份证号码、持卡人地址、联系电话等信息,冒名向银行电话挂失并申领新卡进行恶意透支,一夜之间银行账户被一洗而空。这类信用卡犯罪的案件在国内时有发生,作案手法层出不穷。这些信息泄露给客户财产与银行财产造成了巨大的损失,给用户个人的心理造成了伤害。

金融信息化与网络技术的推广普及,使得财产的概念除金钱、实物外,又增加了网络财富,网络账号、各种银行卡、电子货币等都是人们财产的体现,而这些虚拟财产都以信息形式在网络中流通并使用,网络信息安全直接关系到这些财产的安全。信息比例的加大使得社会对信息的真实程度、保密程度的要求不断提高,而网络化又使因虚假、泄密引起的信息危害程度呈指数级增大。

个人信息遭泄露后的危害极大,下面是个人信息泄露后一些可能遭受的危害[16]。

(1) 冒名办卡透支欠款。不法分子利用买来某人的个人信息,再办个假身份证,然后在网上骗取银行的信用,从银行办理出各种各样的信用卡,恶意透支消费,银行可能直接将欠费的催款单寄给身份证的主人,要他来还款。

(2) 账户钱款不翼而飞。不法分子在得到某个人的信息后,办一张假身份证,将该人的银行账户或信用卡账户挂失后重新补办银行账户或信用卡,设置新的密码,如果该人长时间不用卡,则账户里面的钱款说不定早已不翼而飞或透支了。

(3) 坑蒙拐骗乘虚而入。因为知道了你的个人信息,那些躲在暗处的人可能会冒充你的朋友、亲戚或同学,会费尽心机地想法子坑你、蒙你、拐你、骗你。有道是"明枪易躲,暗箭难防",稍不留神,可能就会落入坏人的圈套,上了他们的当。

(4) 以保护安全的名义骗财。有些胆大妄为的不法分子,假冒公安、法院等公信力高的机构的名义,报出你的个人信息,或说最近经常发生诈骗案件,提醒你某个账户不安全,要你转账,或说你有什么欠款,要你付款到某个账户,还告诉你一个相关机构的咨询或确认电话,你一打那个电话还会得到确认,然后你信以为真,转账了。虽然上当人不多,但时有耳闻。

(5) 案件事故从天而降。不法分子可能会利用你的个人信息干些见不得人的坏事,如果犯了什么案或发生什么事故,公安机关或交通管理部门可能会依据身份信息找到你的头上。这些案件事故的烦心事就来了,即使最后查清楚了,也会把你搞得精疲力竭,甚至你的名誉会受到损害。

(6) 垃圾短信源源不断,骚扰电话接二连三,垃圾邮件铺天盖地。这已经是非常普遍的事,会搞得你心烦而又无计可施。

上述种种,无不说明保护个人信息安全对个人来说多么重要。它直接关系到个人财产的安全和生活的稳定,也关系到社会的和谐稳定。

4. 加强金融信息安全是新《巴塞尔资本协议》的基本要求

2004 年公布的新《巴塞尔资本协议》中重新修订了银行风险的分类和定义,强调银行在进行风险管理的时候,不仅要重视传统的信用风险、市场风险、流动性风险,而且要将防范操作风险放在一个重要的地位,并将金融信息科技风险明确划入操作风险范畴,从而使金融信息科技风险管理成为银行全面风险管理体系中的重要组成部分。

2.4　金融信息安全的复杂性

2.4.1　金融信息系统本身的复杂性

金融信息系统由于地域分布广、设备种类与数量多、应用系统多而复杂、开放性等问题,除去信息安全技术与信息系统安全管理方面的问题引发金融信息安全风险外,就金融信息系统本身而言,下述问题也会是金融信息安全威胁的根源。

(1) 金融信息系统的复杂性。一个金融企业的金融信息系统是一个大型的网络系统,它往往由多个子网络和分系统互联而成,这增加了信息系统确认的难度,降低了对信息系统的安全信任度。

（2）金融信息系统的资源共享性。金融信息系统的资源共享使更多用户有机会存取数据,提高了存取控制的复杂度。

（3）金融信息系统的边界不可知性。金融信息系统的开放性使系统具有广泛的可存取性,这使得系统的边界具有不确定性,未知的、未经控制的恶意攻击给系统安全构成了严重威胁。

（4）金融信息系统的可攻击性。金融信息系统中的文件通常会经过多个节点进行传送,导致存在存取控制的安全性问题。

（5）传输路径的不确定性。在金融信息系统中,从一个节点到另一个节点存在多条路径,因用户无报文周游的控制权、报文传输的路径不确定,因此传输安全存在问题。

计算机系统的开放性、复杂性是金融信息系统存在信息安全的一个因素,要提高金融信息系统的开放程度,势必会降低系统的安全性,加大金融信息系统操作风险。另一方面,正如我们在前面的分析和许多案例中所看到的,对于一个备受各方关注的金融信息系统而言,既存在来自自然灾害、故障中断、操作失误或流程或软件不当等引起的安全事故,更有来自内外不法分子利用系统的各种漏洞（技术上与管理上的）对系统进行的形形色色的犯罪攻击。这些不同类型的安全隐患同样具有完全不同的特点,增加了系统安全防范的复杂性。

2.4.2　金融信息系统安全风险的科技特性

1. 广泛性

金融业服务对象构成复杂、分布广泛、人员众多复杂,管理难度大,成为金融信息安全的一个薄弱环节;金融业所提供的服务与个人、企业利益与国民经济息息相关。信息系统一旦出现故障,不仅会给个人、企业造成经济损失,还会在一定程度上影响整个国民经济的健康发展。

2. 潜伏性

由于银行业务高速增长、信息技术飞速发展以及同业间竞争的加剧,使得信息科技风险具有典型的潜伏性。安全风险的潜伏性,一是指金融企业因竞争的需要,不断开发新的金融产品,应用程序的开发越来越短,新系统的推出越来越快,往往安全隐患尚未完全彻底排除即已投入应用;二是系统在某些特定外部环境下的安全隐患容易被忽视,新的风险点会随着环境变化逐步暴露出来,比如,通过充分风险论证的生产系统,短期内无风险隐患,但随着生产环境的压力逐步扩大,系统的脆弱性会逐步暴露出来。

3. 动态性

信息系统安全的动态性是指今天也许是安全的系统,到明天也许可能会是不安全的。这一方面是由于前面的第二个原因所指出的系统潜伏的安全隐患当时没有被发现,随着操作系统和应用系统漏洞的不断发现,以及口令长时间不更改等情况的发生,整个系统的安全就受到了威胁;还有一个原因是黑客攻击技术与计算机病毒技术的提高会使一个原来安全的系统变得不安全。例如,一个具有高安全性的电子银行,随着病毒的不断变种、黑客技术的提高,新的安全问题就会暴露出来;一台装有最新防护设备的 ATM 机,犯罪分子通过对 ATM 的刻意研究揣摩,并采取一定的手段避开防护设备,就有可能采用新的手段犯罪。因此,金融信息科技的风险防控工作要求更加严格,不仅要充分考虑当前情况,更应该对将来可能发生的情况作全面充分的考虑,并及时对系统安全问题进行跟踪,进行定期整体安全评估,及时发现问题并解决,才能确保系统具有良好的安全性。

2.4.3　计算机金融犯罪的特性

计算机犯罪是一种新的社会犯罪现象,是伴随计算机系统运用而产生的,并且随信息化电子化运用范围日益广泛呈上升趋势。当前,我国针对金融信息系统的计算机犯罪呈现以下一些特征。

1. 犯罪原因多种多样,但以盗窃银行资金为主

金融信息系统的大部分信息与资金有关,犯罪分子对金融信息系统实施犯罪攻击,绝大部分以获取非法收益为目的,犯罪人往往自认为有能力突破系统的安全管理措施,逃避法律的追究,意图循捷径获取巨大利益。其次,有部分犯罪人是出于破坏计算机信息系统的目的,其动机可能是为了毁灭犯罪证据,或者由于工作、生活、人际关系等方面的原因而报复陷害。再次,还有一部分犯罪人出于“黑客”动机,即尝试破解安全性高的金融计算机信息系统,或者为了炫耀自己的计算机网络技术能力,而没有其他目的。由于出于“黑客”动机的犯罪具有高智能特点,社会一部分公众往往不仅不痛恨,反而十分钦佩犯罪人高超的技能和过人的智慧,对落案者甚至抱有同情心理,这种作案带来的“荣誉感和成就感”对青少年尤其具有吸引力。

2. 犯罪主体以内部操作人员(或内外勾结)为主

由于金融业务都是通过内部计算机网络完成的,所以了解金融业务流程、熟悉计算机系统运行原理、对金融内部控制链上存在的漏洞和计算机程序设计上的缺陷比较清楚的内部职员,往往比其他人员更容易了解软件的“硬伤”,更容易掌握犯罪的“窍门”,以达到犯罪的目的。据有关部门统计,我国金融系统发生的计算机犯罪案件,九成以上是内部人员或内外勾结作案的。从年龄结构来看,作案人主要是单位内部的计算机操作、复核和系统管理人员,其中 20～35 岁的年轻人占 90% 以上。从犯罪人社会地位来看,相当一部分犯罪人是金融系统内部具有一定管理职权的计算机系统管理人员,或者分管某部门的中层管理人员,也有一部分内部管理人员勾结单位外部人员,利用职务便利实施犯罪,从而也表现出职务犯罪和共同犯罪的特征。

3. 高技术智能犯罪

利用计算机实施金融诈骗是一种智能型犯罪,犯罪分子一般都具备基本的计算机专业知识和娴熟的计算机操作技能,同时又精通金融业务,善钻银行内部控制制度和程序缺陷的空子,采用篡改数据或修改原程序作案。从所受文化教育程度来看,这些犯罪分子往往受过较好的计算机技术、金融行业专业知识的教育或者培训,相当一部分人具有大学本科以上学历。他们要么是计算机程序设计人员,要么是计算机管理、操作、维护人员,有使用和接触电子设备的条件。作案者多采用高科技手段,有时也辅以其他多种方法。犯罪

分子作案前一般经过周密的预谋和精心准备,选择适当的犯罪时机和地点。

4. 作案隐蔽、潜伏期长

计算机的工作特性决定了计算机犯罪具有很大的隐蔽性,不易被人发觉。罪犯或者通过操作计算机非法输入,破译或盗用他人口令密码作案,篡改计算机原有的程序和数据;或者是金融系统内部员工,熟悉业务知识,知道内部管理的漏洞,在有利的环境条件下,利用合法账户进入计算机网络,在正常工作过程中逐步实施犯罪;这类犯罪行为能逃避计算机安全系统的监察,顺利地实施金融诈骗、盗窃、贪污、挪用公款等犯罪。这类犯罪不需要用粗笨的工具进行砸门撬锁,无须用暴力侵害犯罪对象,用不着伪造单据或涂改账本数据,只需具备计算机专业知识,能熟练编制计算机指令和数据,或专门编制计算机程序,就能伪造、篡改、删除计算机系统内原有的信息和数据,造成的是对"无形"信息的"无形"破坏,作案时往往不留痕迹或极易转移、销毁证据,短期内不易被发觉,即发现调查取证的难度较大,只在期末核查账目时才会发现问题,充裕的时间为犯罪分子销毁罪证或潜逃带来机会。有些精通计算机技术的犯罪高手,在作案时附加编制了一套销毁前面犯罪记录数据的程序,或另在系统内建立一套定时的或有条件的可执行程序,抹掉作案的程序记录,使破案相当困难。据统计,发达国家能及时发现的计算机犯罪也只有 10% 左右,而我国则更低。加之有部分被害单位鉴于破案率低,犯罪难以得到有效追究,加之担心企业信誉受损,或受到犯罪人的继续报复,对损失不大的案情往往不报案,这也使相当一部分犯罪行为得不到暴露。

5. 瞬时作案

利用金融信息系统实施金融诈骗,作案人员往往利用工作便利作案,无须事先准备,且作案迅速快捷,不易防范。有不少案件的发生是作案分子临时起意,利用操作员短时离开或代岗操作的机会作案。

6. 作案手段多样

金融计算机犯罪手段可谓"日新月异",他们往往采用篡改信息、伪造他人资料、数据欺诈、逻辑炸弹、冒名顶替、随意浏览、数据泄密等方法作案。随着网络技术的发展,近年来又出现电子扫描、电子跟踪、电子邮递、电子显示等技术的犯罪行为。作案者完全突破了时空界限,不仅可直接操纵计算机,还可采用拷贝、下载、上传等手段传播病毒,甚至还可借助微波、天线等遥控计算机,令人防不胜防。

7. 多次反复作案

金融信息系统犯罪的强隐蔽性也使得犯罪行为得以多次、连续进行。有些犯罪高手应用计算机处理采取少量多次的方式,将别人的银行资金自动转入自己的账户,经过计算机的多次反复运作,迅速窃取大量现金。有些犯罪人有着干一次也是干,十多次也是干,以及一万元是犯罪,百万元也是犯罪的赌博心态。一旦得手,就会多次连续作案,长时间作案。

8. 犯罪情节严重,社会危害性大

犯罪分子突破计算机安全防护系统后,盗窃的资金数量完全由犯罪分子任意输入,动

辄十几万、上百万元,行为肆无忌惮,数目触目惊心,导致了金融资金的巨大损失。据资料显示,近年我国最严重的一起金融计算机犯罪案件造成的经济损失高达 2 100 万元。有些金融计算机犯罪虽然不直接窃取金钱,但非法入侵造成计算机安全系统的破坏,而全面清理金融信息系统内部的原始数据和重新设置信息安全系统需耗费巨大的人力和财力,所以金融信息系统的计算机犯罪的危害性极大。另一方面,由于金融的特殊地位和其在保持社会稳定方面所起的重要作用,一旦发生金融信息系统的计算机犯罪,会带来一系列的连锁反应,引起储户的不满,再加上舆论导向的渲染,有可能造成不堪设想的后果。

2.4.4　金融信息安全的特性

从本节前 3 小节的分析可以看出,金融信息系统本身是十分复杂的,引发金融信息系统安全风险的原因是多样的,金融信息安全风险的表现形式是多样的,金融信息系统安全风险的特点多而复杂,这些因素导致金融信息安全呈现出十分复杂的特性,这些特性主要表现为全面性、相对性、动态性、周期性和社会性等几个方面[10]。

1. 金融信息安全的全面性

金融信息系统是一个复杂的计算机系统,其面临的威胁无处不在,可以是环境方面的、人员方面的、系统方面的、产品方面的等。具体来说,信息系统安全可以涉及以下几个层面。

(1) 物理安全:对网络与信息系统中物理装备的保护,如机房硬件、防电磁泄漏和信号插入、门卫检查等。

(2) 平台安全:操作系统和通用基础服务安全,主要用于防范黑客攻击。

(3) 运行安全:对网络与信息系统的运行过程和运行状态的保护。

(4) 通信安全:测试和优化通信线路和网络基础设施安全性、安装网络加密设施、设置通信加密软件、设置身份鉴别机制、设置并测试安全通道、测试各项网络协议运行漏洞。

(5) 应用安全:保障相关业务在计算机网络系统上安全运行。

(6) 数据安全:信息在数据收集、处理、存储、检索、传输、交换、显示、扩散等过程中的保护。例如,介质与载体安全保护、数据访问控制、系统数据访问控制检查、标识与鉴别、数据完整性、数据可用性、数据监控和审计、数据存储与备份安全。

(7) 内容安全:包括对信息在网络内流动中的选择性阻断,以保证信息流动的可控能力。主要涉及对信息的理解、分析和过滤。

为实现信息安全目标,既要考虑硬件、固件、系统软件、应用软件的安全,也要考虑与"人"相关的管理与操作安全;既要考虑系统运行的安全,又要考虑信息保护的安全;既要考虑恶意攻击的安全防范,又要考虑避免自然灾害和意外失误所造成的危害;既要考虑金融信息系统中各不相同的安全策略和安全机制所实现的安全功能及其安全性强度,又要考虑它们之间的相互匹配与协调。如果处理不好,有可能造成整个体系结构出现不必要的功能重复或者各个部分的安全特性互不兼容等问题。

还有,金融信息系统的安全实现需要用到跨学科的专业知识,不仅需要密码学、计算机安全、硬件抗干扰、形式化方法等方面的知识,也需要用到应用心理学、组织管理、审计方法和法律方面的知识[10]10。

2. 信息安全的相对性

金融信息安全相对性的一个基本表现为：任何实际系统的信息安全都只能建立在某些假设和信任基础之上。假设业务系统是完全封闭的,则它自然没有被攻击的可能,因而是安全的。在封闭的安全环境中,系统甚至可以同时处理绝密数据和公开数据,但在联网开放的条件下,互联就意味着危险。在现实中,系统的安全性常常会受到实现期限、财务、技术、社会、环境和法律方面的限制,从而导致信息安全具有相对性。

(1) 实现期限限制：实现期限限制包括许多类型。例如,某个安全项目的开发周期是否在管理层认可的期限内、安全措施是否在系统整个生命周期内有效、管理层容许的系统暴露在某一特定风险下的时间区间限制等。

(2) 财务限制：不计成本地实现“完全安全”的系统是不切实际的。大多数情况下,必须在系统预算和安全之间进行权衡,并由此导致系统必须接受一些安全风险。例如,银行核心系统使用大机系统运行不广为人知的操作系统,但迫于成本压力,在某些办公系统上也采用了一些普通的操作系统。

(3) 技术限制：为一些已有的系统进行安全加固时,经常会遇到程序或硬件不兼容的问题,导致系统不得不采用某些人工管理的手段来达到安全要求。有时,由于引入了更强的安全措施,会引起系统巨大的效率损失。例如,在没有引入身份证书的情况下,一笔网上交易只需花一分钟,而在需要验证身份证书的情况下,则可能需要花费 3 分钟,增加安全措施导致效率降低了 200%,这时可能需要牺牲一部分安全性来维持系统的正常运行。

(4) 社会限制：安全机制常常要求为一些操作增加复杂性,如果安全特征对用户来说是负担或者不友好,就存在不被使用或被错误使用的危险。例如,要求用户执行复杂的过程,记住冗长的数据串或引进过分的性能开销的安全特征会存在被用户拒绝使用的危险。

对于某个国家、地区、组织甚至组织内的一个部门,往往存在着一些风俗文化、宗教习惯等方面的限制因素。由于许多技术措施由活动着的人员执行,所以不能忽略这一点。如果相关人员不理解安全措施的必要性或带来文化上的冲突,随着时间的推移,安全措施会失效。在这里,重要的一点是要区别“合法”行为和“可接受”行为的区别,例如,一家公司以认证为目的,要求所有员工提供 DNA 样本或要求员工使用身份证号作为口令,这可能是合法的,但在心理上是令人无法接受的。这会使员工设法避开或攻破这些安全机制,导致比不采取这种安全机制更危险的后果,因为它造成了信息安全的假象。

(5) 环境限制：环境因素(例如空间大小、极端天气情况、自然和城市地理环境等)会影响安全措施的选择。

(6) 法律限制：《电子签名法》等信息安全法律因素会影响组织的安全目标和安全措施的选择。例如,《电子签名法》将伪造签名的风险从签名者一方转移到验证者一方,从而使得银行必须认真面对来自组织内外的欺诈风险,而不能简单地将欺诈风险转移到客户。像《消防法》、《劳动法》等普通的法律和条例,由于涉及信息系统运行环境、信息系统的开发者和使用者,所以对信息系统的安全实现也有重要的影响[10]11。

3. 信息安全的动态性

在不同的发展阶段,信息安全有不同的内涵。随着计算机技术的快速发展以及新安全应用的不断推出,会产生各种新的威胁形式。这些新出现的威胁有可能破坏原先设定的信息环境。如果保护机制不能随着外部环境或内部其他组件的改变而改变,则安全系统有可能失效。

例如,互联网广泛应用之前的操作系统主要面向个人用户或者是同一个组织里面的用户,很多操作系统默认安装时存在大量服务和用户账号,这与互联网广泛应用之后的情况是完全不同的。

业务规模和边界的扩大、模式的变革会导致新威胁模式的出现,原已解决的问题也会以另一种方式表现出来。20 年前,银行员工终身雇用,现在,由于金融机构的变革,很多临柜人员可能是临时性雇工,他们的工资很低并且经常跳槽。这表明,组织内部的威胁环境完全变了。在业务过程中,如果缺乏对新威胁模式的监控和沟通,加之设计糟糕的应用程序和心怀不满的员工,可能会造成灾难性的后果[10]12。

4. 信息安全的周期性

系统生命周期是信息安全动态性的一个表现,也是风险平衡过程在组织级的体现。它涉及反馈的一个交互式的过程,包括安全系统的启动、分析、设计、测试、部署、运行、维护、退出的完整过程。具体来说,安全系统生命周期分为以下几个阶段,如图 2.5 所示。

图 2.5　安全系统的生命周期

(1) 启动:本阶段要求清晰描述系统需求,确定系统目标。

(2) 开发:本阶段会对系统进行需求分析、设计、编码、规划、配置或其他一些建造工作。还包括确定安全要求,并将安全要求整合到系统体系结构中,并开发或采办必要的系统部件。

(3) 实施:本阶段对系统进行安装和测试,包括安全控制的安装/开启、安全测试和认可。

(4) 运行/维护:本阶段系统执行其职能。系统总是会因软硬件的增加或其他事件而不断发生变更。该阶段的活动包括安全运行与管理、业务连续性保证、监控和审计、安全恢复。

(5) 废弃:IT 系统生命周期的废弃阶段包括对信息、硬件和软件的处置。该阶段的活动包括移除、归档、丢弃或销毁信息,并对介质进行清除。该阶段通常与新系统的实施阶段同步完成。

除了废弃阶段,系统循环的每一个阶段都要向它的前一阶段做出反馈,并通过这个阶段影响之前的所有阶段。系统运行一段时间后,系统中的问题逐渐暴露出来,并可能不再适应新形势的需要。这时可能重新开始一个新系统的循环过程。

信息系统的这一动态变化源于信息安全满意度的周期性。一开始,系统遭到严重破坏,于是经理雇用安全专家进行处理,此后系统可能逐渐达到较高的安全满意度。随着时间的推移,情况可能会变得糟糕,如此周而复始。关于这一方面的一个有趣现象是,由于人的思想会跟着松懈,在技术上增加一项安全措施的效用可能会被抵消。这类似于汽车安全带的强制使用,由于在这项措施实行后,司机的行驶速度会加快,因而并没有减少交通风险。这也表明反馈机制可能会使风险平衡在一个不恰当的平衡点上[10]12。

5. 信息安全的社会性

根据信息系统的广义定义,信息系统可以包括系统开发和运行/维护人员、业务人员和管理层、客户、竞争者、监管者和政府。这些拥有、组织、开发、使用、评价、监管下层系统部件的人员和团体都具有社会性。

人为因素遍及信息系统整个生命周期的每一阶段,人可以决定系统的成败、公平性、正确性等。在信息技术无所不在的今天,我们面临的一个重要问题是忽视系统中的人为因素。

组织的价值取向和风险喜好会影响系统安全问题的处理方式。组织的风险回避和转移倾向会影响对客户投诉处理的公平性,导致组织的声誉受损。由于组织内部业务部门、IT 部门和安全人员沟通不畅,不同部分的访问控制系统虽然看起来是一个整体,但却会有漏洞。由于组织内部的权利和义务关系冲突,安全功能常常不能得到持续性的关注和分析。

对人员的能力、动机和素质的不合情理的假设会导致操作人员放松警惕,有可能出现大量的安全事件。由于所接受的培训有限,柜员操作不熟练可以导致业务出错;对系统维护,有些人可能不知道通常的删除不能移走文件内容,而只是将它们所占用的空间标记为再分配。由于缺乏足够的安全意识,可能导致大量低级的安全事故。例如,由于遭受"社交工程"攻击或不恰当地使用计算机,导致敏感信息泄露或恶意代码入侵。由于人事管理中缺乏有效的激励约束机制,在技术上没有有效的追究性机制,内部员工存在的大量道德风险也无法有效消除。

在很多情况下,一些常被疏忽的安全问题有可能导致企业承担相应的法律责任,尤其是安全问题涉及与企业密切联系的供应链和商业合作伙伴,或者涉及公司网站收集的客户信息时。比如,当某人登录 A 公司网站后,由于该网站缺乏充分的安全保护,使他能够利用 A 公司网站入侵到 B 公司的信息系统,并可能采取更进一步的破坏活动。尽管具体实施入侵活动的是作为第三者的黑客,但 B 公司仍然可以以受到损害为由起诉 A 公司,并会胜诉。所以,组织需要识别和分析影响安全的外部因素,并采取适当的措施,履行法律的、法规的、契约的义务。

业界普遍认为,信息安全是政府和企业必须携手面对的问题。国家安全策略应该对计算机信息系统安全保护、网络犯罪监管与惩治、电子商务运营监管、数字签名的法律效力及个人隐私保护等内容做出明确的要求与防治措施。我国政府出台的《中华人民共和国计算机信息系统安全保护条例》、《计算机信息系统安全等级保护工程管理要求》、《电子签名法》以及美国的《计算机安全法》和《政府信息安全修正法案》等,都是典型的计算机信息系统安全保护的法律。当前,电子银行蓬勃发展,但仍有法律问题需要解决。例如,跨行 ATM 出错导致客户损失,谁来负责任? 是发卡方、网络提供者、ATM 所属单位,还是持卡者本人? 对电子货币,由于发行主体可能脱离传统的银行体系,各当事人之间的法律关系更加复杂。因此,迫切需要建立起相应的法律,综合平衡国家利益、商业信息以及私人客户的利益,处理好电子交易各主体之间的法律关系[10]13。

练习与思考

1. 信息指的是什么? 什么是信息安全? 信息安全有哪些主要特征?

2. 信息安全机制中"进不来"的含义是什么?

3. 信息系统面临的威胁有哪几类? 试列举 5 种常见的信息安全威胁。

4. 什么是非授权访问? 它与黑客入侵攻击有什么区别?

5. 电脑病毒的特点有哪些? 你能说出几种电脑病毒及它们的危害吗?

6. 为什么金融信息系统会成为黑客与内部非法人员攻击的对象?

7. 信息系统脆弱性的含义是什么? 导致信息系统存在脆弱性的原因有哪些? 技术脆弱性与管理脆弱性的区别在哪里?

8. 请分别列举与教材中不同的银行系统故障、由业务操作引发的金融安全风险的案例。

9. 在银行 ATM 机取款交易中会有哪些风险点? 请列举一些案例。

10. 就银行客户来说,金融信息安全的重要性体现在哪些方面?

11. 金融信息安全体现在哪几个方面? 试从计算机金融犯罪的角度来分析金融信息安全的复杂性。

第 3 章

信息安全体系

随着金融业信息化的快速发展,金融业务系统对信息系统的依赖程度日益提高。同时,由于利益的驱动,针对金融业的安全威胁也越来越多,金融信息安全问题也越来越突出。面对严峻的金融信息安全形势,金融企业必须加强自身的信息安全保障工作,建立完善的信息安全机制,抵御来自外部和内部的各种安全攻击和安全威胁。金融企业需要根据国内外先进的信息安全管理机制和技术,结合企业本身的特点,建立高效的信息安全保障体系,以增强自身的信息安全风险防范能力。

3.1 金融信息安全体系概述

先进的信息技术和信息系统加速了社会和经济的发展,提高了劳动生产效率,也使得人们越来越依赖信息系统。金融信息作为一种无形的金融资产,已经成为人们宝贵的财富之一。为此,获取和处理金融信息的金融信息系统也已成为形形色色的黑客与计算机罪犯攻击的主要目标。金融信息安全问题已成为上至国家、政府、企业、组织,下至每个使用计算机和网络的个人都关注和面对的现实问题。为了保障金融信息系统的安全,需要根据国内外先进的信息安全管理机制,结合金融行业自身的特点,建立高效安全的金融信息安全保障体系,建立完整的金融信息安全策略,实施有效、合理的信息安全技术手段,以满足金融信息系统和金融信息的保密性、完整性和可用性等安全保护需求,以增强金融企业信息安全的防范能力。金融信息安全体系根据金融信息系统的安全目标,将确定的信息安全策略、为系统提供的信息安全服务和信息安全技术进行有效的组合,为金融信息系统提供全面而统一的安全服务,既能减少冗余,提高系统的可管理性和可扩展性,又能对金融信息系统安全保护的设计与实施进行指导。

就信息安全领域而言,人们对信息安全体系结构还没有完全统一的认识,我们在这里采用曾庆凯[17]17等在文中对信息安全体系广义的说法:信息安全体系结构是以保障组织(包括其信息系统)的工作使命为目标,而建立的一套体现安全策略的有关技术体系、组织体系和管理体系的资源集成和配置方案。它指导安全系统工程的实践,通过系统全生命周期的管理和维护,保证组织信息的保密性、完整性、可用性和其他安全需要。

信息安全体系是构成信息系统的组件、环境和人(用户和管理者)的物理安全、运行安全、数据安全、内容安全、应用安全、管理安全与信息资产安全的总和,是一个多维、多元素、多层次的、时变的非线性复杂系统,其最终安全目标是控制所论信息系统的总风险趋于稳定,并达到最小(绝对安全的信息系统是不存在的)。

信息安全体系结构的建立需要在特定的视觉角度下进行分析归纳,不同的视觉角度会形成不同的信息安全体系结构[1]9。

3.1.1　面向目标的知识体系结构

确保信息与信息系统的机密性、完整性与可用性是信息安全保障的 3 个主要目标(称为 CIA 三员组),信息安全机密性、完整性与可用性的概念出自信息安全技术评估标准(Information Technology Security Evaluation Criteria,ITSEC),也是信息安全的基本要素和信息安全建设应遵循的基本原则。围绕这 3 个基本目标逐步展开,可以完成对信息安全知识领域的涵盖。

图 3.1 给出了围绕信息安全的机密性、完整性与可用性知识体系结构的示意图。如图所示。密码学是这 3 个信息安全目标的共同基础,很多信息安全技术是围绕信息安全的机密性、完整性与可用性进行研究的,这些技术之间并非是完全不相关的,有些技术与知识是相互交叉的。

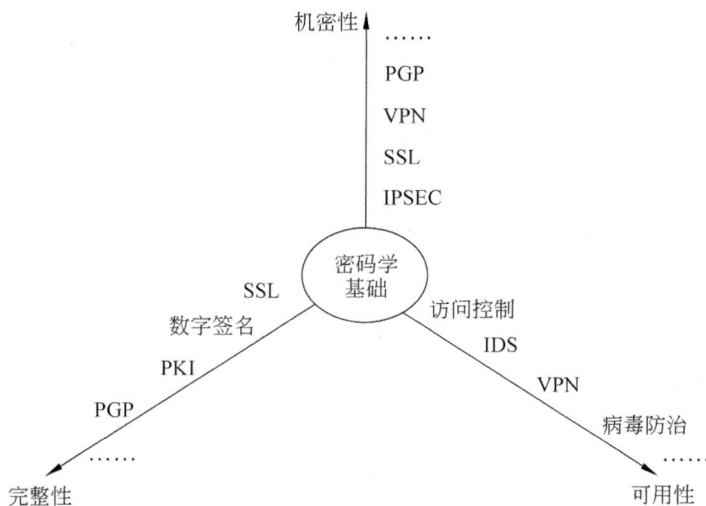

图 3.1　面向目标的知识体系结构

与信息安全 CIA 三员组相对应的是 DAD 三元组的概念,即泄露(Disclosure)、篡改(Alteration)和破坏(Destruction),实际上泄露、篡改与破坏是信息安全所面临的最普遍的 3 类威胁,是信息安全实践活动关注度最高的问题。

3.1.2　面向应用的层次型技术体系结构

金融信息系统是一个具有多层次拓扑结构的系统,在不同的层次有不同的安全问题,而对整个金融信息系统的安全需求是全方位的、整体的。因此,对金融信息系统的安全保护也需要采用分层次的拓扑防护措施,对系统做全方位的立体防护。

人员、信息与系统是金融信息系统的 3 个基本要素,组成金融信息系统的 3 个组成部分,如图 3.2 所示。

图 3.2　面向应用的层次型信息安全体系结构

针对这 3 个部分,有 5 个层次的安全问题,分别为针对系统部分的物理安全与运行安全,针对信息部分的数据安全和内容安全,以及针对人员部分的管理安全。如图 3.2 所示,这 5 个层次存在着一定的顺序关系,每个层次的安全均为上面的层次提供安全保证。没有下层的安全,上层的安全无从谈起。而每个层次的安全均依赖相应的安全技术措施来提供保障,这些安全技术措施从多角度、全方位保证整个金融信息系统的立体安全,如果某个层次的安全技术措施处置不当,整个金融信息系统的安全性会受到严重威胁。

1. 物理安全

物理安全是金融信息系统安全的基础,在整个金融信息安全体系中起着非常重要的作用,而物理安全的好坏直接影响到系统的运行安全、数据安全、内容安全与管理安全等层面。物理安全是指对金融信息系统的物理装备的保护,例如对环境、设备与介质的保护。物理安全所涉及的安全技术主要包括灾难防范、电磁泄漏防范、故障防范以及接入防范。灾难防范包括对火灾、水灾、地震、防盗、防雷击、防静电等灾难事故的防范;电磁泄露防范主要包括加扰处理、电磁屏障等;故障防范涵盖容错、容灾、备份和生存型技术等内容;接入防范是指为了防止通信线路非法的直接接入或无线信号的插入所采取的相关技术以及物理隔离等。要完善大型主机系统的安全管理,严格管理系统账户、有效控制系统服务,优化系统的配置,启用系统必要的安全控制措施,避免系统发生故障或遭受攻击;定期对主要或关键设备进行安全评估,检测它们的安全配置与存在的安全漏洞,及时修补,增强系统的抗攻击能力;提高系统入侵防护能力,安装入侵防护系统,防范入侵攻击和误操作行为的发生;根据业务需要对系统进行冗余设计,提高系统的抗风险能力;记录和管理主机的系统日志,以便日后对系统进行有效的日志跟踪审计;建立异地灾备中心,定期进行灾备系统切换演习等。

2. 运行安全

金融信息系统的运行安全是指对网络及信息系统的运行过程安全和运行状态安全的保护,主要涉及网络及信息系统的真实性、可控性、可用性等。确保金融信息系统运行安全的主要安全技术有身份认证、访问控制、防火墙、入侵检测、恶意代码防治、容侵技术、动态隔离、取证技术、安全审计、预警技术、反制技术以及操作系统安全等,内容繁杂并且在不断地变化和发展。通过完善操作员身份认证机制,验证操作员登录的合法性,加强密码管理,督促操作员定期更新密码,保证操作员密码的安全性;对用户的信息和口令进行严格的把关和控制,制定和完善系统操作员等级和角色管理体系,严格控制操作员与使用者对各类交易应用功能的使用权限;通过业务复核机制,对关键业务数据进行校验,保证业务数据的合法性;通过业务授权机制,实现对关键业务的监控,有效控制业务风险;建立自动预警机制,实时监控有关业务的运行情况,对系统运行过程中的异常情况及时告警;完善软件开发流程,制定符合金融业务实际情况的软件配置管理体制与软件质量保证机制,保证应用软件功能模块符合业务功能需求。

3. 数据安全

数据安全指对数据在收集、处理、存储、检索、传输、交换、显示、扩散等过程中的保护,保障数据在上述过程中依法授权使用,不被非法冒充、窃取、篡改、删除、抵赖。确保数据信息的机密性、真实性、完整性与不可否认性。确报数据安全的主要技术有密码、认证、鉴别、完整性验证、数字签名、PKI、安全传输协议及 VPN 等技术。在操作层面,通过关键数据域合法性检查、敏感数据屏蔽等安全措施保证数据的合法性与机密性;在数据传输过程中,通过链路加密、节点加密、端到端加密,在通信的 3 个不同层次保证数据的完整性和一致性;在数据库层面,通过访问控制、监控、记录数据库操作,分类管理数据库日志文件,以便日后对数据库操作进行审计,制定合适的磁盘冗余阵列存储方案,提高数据的容错能力,通过远程异地双机热备份提高数据的抗风险能力,制定相应的备份恢复策略以及应急计划,保证数据在遭遇破坏之后能迅速恢复;对于存放在数据库中的历史数据、涉及商业机密的数据,必须制定访问控制机制限制操作员对数据的随意访问。

4. 内容安全

内容安全指依据信息的具体内涵判断其是否违反特定安全策略,并采取相应的安全措施,对信息的机密性、真实性、可控性、可用性进行保护。内容安全主要有两个方面,一是指针对合法的信息内容加以安全保护,二是对非法的信息内容实施监管。内容安全的难点在于如何有效地理解信息内容,并甄别判断信息内容的合法性。它主要涉及的安全技术有文本识别、图像识别、音频视频识别、隐写术、数字水印以及内容过滤等技术。

经验告诉我们,系统安全和数据安全不是信息安全的全部问题,内容安全也是相当重要的。在将来,内容安全的重要性也许要大于系统安全。目前,网络上的"网络钓鱼"、"信用卡诈骗"、"知识产权侵犯"等安全威胁,都属于这类问题。这类问题如果处理不好,结果往往相当严重,有时甚至会危及社会稳定与国家安全。

5. 管理安全

管理安全指通过对人的信息行为的规范和约束,实现对信息的机密性、完整性、可用性以及可控性的保护。时至今日,"在信息安全中,人是第一位的"已经成为普遍接受的理念。三分技术七分管理,技术是实现的手段,对人的信息行为的管理是信息安全的关键所在。金融信息系统是一个包括横向、纵向连接的多级网络系统,运行着多个业务系统,其管理安全主要涉及安全策略、法律法规、技术标准、安全组织、安全教育等。

3.1.3　面向过程的信息安全保障体系结构

美国国防部提出的"信息安全保障体系"为信息系统安全体系提供了一个完整的设计理念，并很好地诠释了安全保障的内涵。如图 3.3 所示，信息安全保障体系包括 4 部分内容，即人们常提到的 PDRR 安全模型。

1. 保护（Protect）

所谓保护，是指采用可能的手段与安全措施，阻止攻击可以发生的条件形成，让攻击者无法顺利地入侵。应该依据不同等级的系统安全要求来完善系统的安全功能、安全机制。保护是被动防御，不可能完全阻止对信息系统的各种攻击行为。主要的安全保护技术包含信息保密技术、物理安全防护、访问控制技术、网络安全技术、操作系统安全技术以及病毒预防技术等。

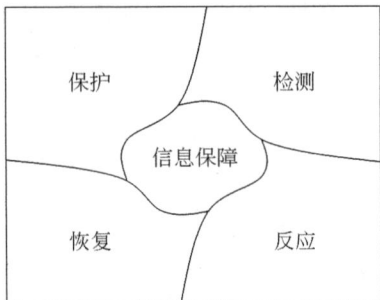

图 3.3　面向过程的信息安全保障体系

2. 检测（Detect）

检测是指依据相关安全策略，利用有关技术措施，针对可能被攻击者利用的信息系统的脆弱性，定期对系统进行具有一定实时性的检查，根据检查结果形成检测报告。检测是动态响应和加强防护的依据，通过不断地检测和监控网络及系统，及时发现新的漏洞与威胁，了解和评估系统的安全状态，通过循环反馈来及时作出有效的响应。主要的检测技术包括脆弱性扫描、入侵检测、恶意代码检测等。检测包括检查系统存在的脆弱性，在计算机系统运行过程中检查和测试信息是否发生泄露、系统是否遭到入侵，并找出泄露的原因和攻击的来源。如计算机网络入侵检测、信息传输检查、电子邮件监视、电磁泄漏辐射检测、屏蔽效果测试、磁介质消磁效果验证等。通过入侵检测发现入侵企图，尽早发现入侵行为，并予以预防。

3. 反应（React）

反应是在检测到安全漏洞之后须及时做出正确的响应，以便把系统调整到安全状态，对于危及安全的事件、行为、过程及时做出适当的响应处理，杜绝危害事件进一步扩大，力求使系统提供正常的服务，将信息系统受到的损失降到最小。主要的反应技术包括报警、跟踪、阻断、隔离以及反击等相关技术。反击又可分为取证和打击，其中取证是依据法律搜取攻击者的入侵证据，而打击是采取合法手段反制攻击者。

4. 恢复（Restore）

恢复是指当危害事件发生后，把系统恢复到原来的状态或比原来更安全的状态，将危害的损失降到最小。主要的恢复技术包括应急处理、漏洞修补、系统和数据备份、异常恢复以及入侵容忍等。

信息安全保障是一个完整的动态过程，而保护、检测、反应和恢复可以看做信息安全保障的 4 个子过程，这 4 个子过程分别在攻击行为的不同阶段为系统安全提供保障。保护是最基本的被动防御措施，也是第一道防线；检测的重要目的之一是针对突破"保护防线"后的入侵行为进行探测预警;而反应是在检测报警后针对入侵采取的控制措施;恢复是针对攻击入侵带来的破坏进行弥补,是最后的减灾方法。如果前面的保障过程有效地控制了攻击行为,恢复过程则无须进行。

同 PDRR 安全模型类似的有美国国际互联网安全系统公司提出的 P2DR 安全模型,如图 3.4 所示。

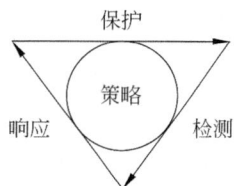

图 3.4　P2DR 安全模型

P2DR 安全模型包含 4 个主要部分:安全策略(Policy)、保护(Protection)、检测(Detection)和响应(Response)。除策略外,该模型的保护、检测与响应的意义与作用类似于 PDRR 模型的保护、检测与反应。P2DR 模型的核心是策略,所有的保护、检测和响应都是依据安全策略实施的。安全策略为系统的安全保护与安全管理提供支持手段和管理方向。策略体系的建立包括安全策略的制订、评估、执行等。制订行之有效的安全策略,取决于对信息系统的了解程度。P2DR 模型与传统安全模型的区别是它引进了时间的概念,对实现系统的安全、评价系统的安全状态给出了可操作性的描述。P2DR 模型的时间概念可以用下面的公式来表示。

$$P_t > D_t + R_t$$

其中,P_t 表示系统为了保护安全目标所设置的各种保护方式的有效防护时间,也可以认为是黑客攻击系统所花的时间;D_t 为检测时间,表示从攻击开始,系统能够检测到攻击并识别攻击类型所需的时间;R_t 为响应时间,表示发现攻击后,系统能做出足够响应并将系统调整到正常安全状态的时间。针对要保护的目标,如果上述公式能满足,表示防护时间大于检测时间加上响应时间,也就是入侵在到达安全目标之前就能被检测到并及时进行处理,则该防护是有效的。在不考虑保护的情况下(即假定 $P_t = 0$),可以把检测时间与响应时间之和称为系统的暴露时间 E_t,即

$$E_t = D_t + R_t$$

可以看出,暴露时间越短,系统的安全性越高。由此,系统安全的概念可表示为及时的检测、快速的响应和恢复就是安全。也就是说,难于量化的信息系统安全也可以通过时间指标,即防护时间 P_t、检测时间 D_t 与响应时间 R_t 来衡量,延长保护时间,缩短检测与响应时间,可以提高信息系统的安全性。

3.2　信息安全体系框架

信息安全保障体系包括技术体系、组织体系和管理体系,如表 3.1 所示。管理体系是思想,组织体系是运作,技术体系是工具,三者紧密配合,缺一不可,实现共同的信息系统安全目标。

3.2.1　技术体系

技术体系是金融信息系统提供全方位安全保护的技术保障系统,它通过在信息系统中部署相关的软硬件并正确地配置响应的安全功能来实现。技术体系由安全机制、安全服务、安全管理、安全标准 4 部分组成,为信息系统提供全面的技术保障服务。安全机制

表 3.1　信息安全保障体系

类型	子　类	措　施
技术体系	安全机制	加密、数字签名、访问控制、数据完整性、鉴别交换、通信业务填充、路由选择控制、公证、可信功能度、安全标记、事件检测、安全审计、跟踪、安全恢复、电磁辐射控制、抗电磁干扰等
	安全服务	鉴别/身份认证、访问控制、数据机密性、数据完整性、抗抵赖、可靠性、可用性、安全审计等
	安全管理	技术管理策略、系统安全管理、安全机制管理、安全服务管理、安全审计管理、安全恢复管理等
	安全标准	上述安全技术的实现依据、交互接口和评估标准
组织体系	机构	决策层：明确总体目标、决定重大事宜 管理层：根据决策层的决定全面规划、制定策略、设置岗位、协调各方处理事件等 执行层：按照管理层的要求和规定执行某个或几个特定安全事务
	岗位	负责某个或几个特定安全事务的职位
	人事	负责岗位上人员管理的部门
管理体系	法律	根据国家法律和行政法规,强制性约束相关主体的行为
	制度	依据部门的实际安全需求,具体化法律法规,制定规章制度,规范相关主体的行为
	培训	培训相关主体的法律法规、规章制度、岗位职责、操作规范、专业技术等知识,提高其安全意识、安全技能、业务素质等

实现特定的安全属性,安全服务通过采用一种或多种组合的安全机制实现所需的安全保护功能。1989 年,国际化标准组织(International Organization for Standardization,ISO)正式颁布了《信息处理系统、开放系统互联、基本参考模型——第 2 部分：安全体系结构》,即 ISO7498-2。在这个标准中描述的开放信息系统互联安全体系结构是一个普遍适用的安全体系结构,它提供了对开放互联系统中进行安全保护的一致性方法,对金融网络信息安全体系结构的设计具有重要的指导意义[1]12-14。

图 3.5 为 ISO7498-2 中给出的定义在 7 层安全协议之上的三维信息安全体系结构示意图,它定义了 5 大类安全服务和对 5 大类安全服务提供支持的 8 类安全机制,以及相应的开放式系统互联的安全管理。安全协议是以密码学为基础的应用层协议,在网络和分布式系统中提供各种安全服务(指网络应用中的主要安全防护措施),在信息安全系统中起着桥梁的作用。OSI 安全体系分别或同时在 OSI 协议层的一层或多层上为数据、信息内容和通信连接提供机密性、完整性和可用性保护,并为通信实体、通信连接与通信进程提供身份鉴别、访问控制、审计和抗抵赖保护,这些安全服务分别作用在通信平台、网络平台和应用平台上。

1. 安全服务(Security service)

安全服务指计算机信息网络系统提供的安全防护措施。国际标准化组织定义的安全服务包括鉴别服务、访问控制服务、数据机密性服务、数据完整性服务和抗抵赖性服务。

(1) 鉴别服务：也称认证服务,用于确保某个实体身份的可靠性。鉴别服务分为两类,一类为鉴别实体本身的身份,确保其真实性,称为实体鉴别;另一类为证明某个信息是

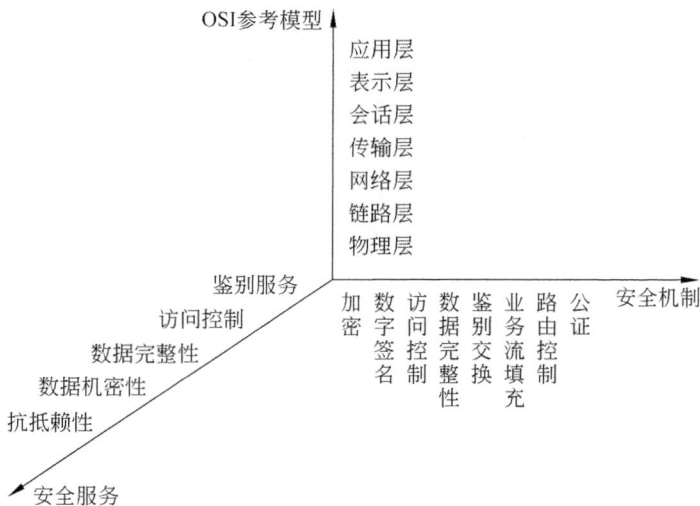

图 3.5　ISO7498-2 安全体系结构三维图

否来自于某个特定的实体,这种鉴别叫数据源鉴别。

(2) 访问控制服务:访问控制的目标是防止对任何资源的非授权访问,确保只有经过授权的实体才能访问受保护的资源。访问控制包括用户身份认证和用户权限确认,解决能否访问和可以使用到何种程度的问题。

(3) 数据机密性服务:确保只有经过授权的实体才能理解和利用系统受保护的信息,包括数据机密性服务和业务流机密性服务。数据机密性服务主要是采用加密手段,使得攻击者即使窃取了加密的数据,也很难得出有用的信息;业务流机密性服务则要使监听者很难从网络流量的变化中分析推出有关的敏感信息。

(4) 数据完整性服务:防止对数据的未授权的修改、插入或删除,以及数据在交换过程中的丢失。完整性服务使信息的接收者能够发现信息是否已被修改,是否被攻击者用假信息换掉。

(5) 抗抵赖性服务:也称抗否认性服务,用于防止发送方在发送数据后否认和接收方在收到数据后否认或伪造数据的行为。它有两种可能,即数据发送的不可否认性和数据接收的不可否认性。

2. 安全机制(Security Mechanism)

安全机制是用来实施安全服务的机制。安全机制既可以是具体的、特定的,也可以是通用的。国际标准化组织定义的安全机制有加密、数字签名、访问控制、数据完整性、鉴别交换、业务流填充、路由控制和公证等。

(1) 加密机制:用于保护数据的机密性,主要使用密码技术对数据进行加密,有对称加密、公钥加密。一般来说,加、解密算法是公开的,加密的安全性主要依赖于密钥的安全性和强度。

(2) 数字签名机制:使用特定密码技术标识信息产生的唯一来源,一般使用公钥密码技术,签名者使用私有信息对数据单元签名,验证者使用与签名者私有信息对应的公开信息验证签名的有效性。事后任何时候可以向第三方(法官、仲裁者)证明,只有私有信息唯一拥有者可以产生该签名。

（3）访问控制机制：按照事先定义的规则确定主体对客体的访问权限。访问控制机制能够确定访问主体的身份，并能够确定可以授予该主体的权限——访问资源的范围和访问的时间等。

（4）数据完整性机制：用于保护数据免受未经授权的修改，通过对数据附加信息——运用特定计算方法针对数据单元计算得到，使得能够发现对数据是否有修改，以防止数据被篡改或因各种原因产生的错误。

（5）鉴别交换机制：使用可鉴别信息（如口令、特征、密钥等）实现通信双方的实体身份鉴别（身份认证）。

（6）业务流填充机制：通过对业务流的填充，如站点间通信过程中没有数据交换时发送随机数据，对结构化数据经过随机变换后再传输等手段，加大对通信业务流的分析难度。针对的是对网络流量进行分析的攻击。有时候攻击者通过对通信双方数据流量的变化进行分析，根据流量的变化来推出一些有用的信息或线索。

（7）路由控制机制：能够动态地、预定选择数据报文传输通过网络的路径，保障使用物理上安全的子网、链路与中继节点。在大型的网络通信系统中，从源点到目的地往往存在多条路径，其中有些路径是安全的，有些路径是不安全的，路由控制机制可根据信息发送者的要求（安全标识），按照策略选择安全路径，以确保数据通信安全。

（8）公证机制：通信实体共同信任的第三方公证人，公证人掌握必要的信息，以一种可证实的方式提供所需的保证。在信息系统的通信中，并不是所有的用户都是诚实可信的，同时也可能由于设备故障等技术原因造成信息丢失、延迟等，用户之间很可能产生责任纠纷。为了解决纠纷，需要有一个各方都信任的第三方，以提供公证仲裁，借助数字签名、加密和完整性保护等机制为公证提供技术支持。

表 3.2 给出了 OSI 信息安全保障体系中安全服务与安全机制之间的对应关系，描述了各安全机制所能实现的安全服务。例如，加密机制可以用于实现鉴别服务、数据保密性服务与数据完整性等服务，而鉴别交换安全机制只能用于鉴别服务中对等实体的鉴别。

表 3.2　OSI 安全服务与安全机制之间的对应关系

安 全 服 务		安 全 机 制							
		加密	数字签名	访问控制	数据完整性	鉴别交换	业务填充	路由控制	公证
鉴别服务	对等实体鉴别	Y	Y			Y			
	数据源鉴别	Y	Y						
访问控制	访问控制服务			Y					
数据保密性	连接保密性	Y						Y	
	无连接保密性	Y						Y	
	选择字段保密性	Y							
	流量保密性	Y					Y	Y	

续表

安全服务		安全机制							
		加密	数字签名	访问控制	数据完整性	鉴别交换	业务填充	路由控制	公证
数据完整性	有恢复功能的连接完整性	Y			Y				
	无恢复功能连接完整性	Y			Y				
	选择字段连接完整性	Y			Y				
	无连接完整性	Y	Y		Y				
	选择字段非连接完整性	Y	Y		Y				
抗抵赖性	源发方抗抵赖		Y		Y				Y
	接收方抗抵赖		Y		Y				Y

表 3.3 则给出了 OSI 信息安全体系中安全服务与 7 层网络协议之间的配置关系，以实现网络数据传输的安全需求。在 OSI 7 层协议中，理论上除了会话层外，其他各层均可配置相应的安全服务。但是最合适配置安全服务的是物理层、网络层、传输层及应用层，其他各层一般不适宜配置安全服务[1]12-14。

表 3.3 安全服务与 OSI 各协议层之间的配置关系

安全服务		OSI 协议层						
	五大类	物理	链路	网络	传输	会话	表示	应用
鉴别	对等实体鉴别	—	—	Y	Y	—	—	Y
	数据源鉴别	—	—	Y	Y	—	—	Y
访问控制	访问控制服务	—	—	Y	Y	—	—	Y
	连接机密性	Y	Y	Y	Y	—	Y	Y
	无连接机密性	—	Y	Y	Y	—	Y	Y
	选择字段机密性	—	—	—	—	—	Y	Y
	流量机密性	—	—	—	—	—	Y	Y
数据完整性	有恢复功能的连接机密性	Y	—	Y	—	—	—	Y
	无恢复功能的连接机密性	—	—	—	Y	—	—	Y
	选择字段连接完整性	—	—	Y	Y	—	—	Y
	无连接完整性	—	—	—	—	—	—	Y
	选择字段非连接完整性	—	—	Y	Y	—	—	Y
抗抵赖性	源发方抗抵赖性	—	—	—	—	—	—	Y
	接收方抗抵赖性	—	—	—	—	—	—	Y

3.2.2 组织体系

组织体系是金融信息系统安全的组织保障系统,由机构、岗位和人事 3 个模块构成[17]19。

机构的设置分为 3 个层次:决策层、管理层和执行层。决策层是金融信息系统主体单位决定金融信息系统安全重大事宜的领导机构;管理层是决策层的日常管理机关,根据决策机构的决定全面规划并协调各方面力量,实施金融信息系统的安全方案,制定、修改安全策略,处理安全事故,设置与安全相关的岗位;执行层是在管理层的协调下具体负责某个或几个特定安全事务的一个群体,这个群体分布在金融信息系统的各个操作层或岗位上。

岗位是金融信息系统安全管理机关根据系统安全需要设定的负责某个或几个安全事务的职位。岗位在系统内部可以是具有垂直领导关系的若干层次的一个序列。一个人可以负责一个或几个安全岗位,但是一个人不得同时兼任安全岗位所对应的系统管理或具体业务岗位。岗位由管理机构设定,由人事机构管理。

人事机构是根据管理机构设定的岗位,对在岗人员进行素质教育、业绩考核和安全监督的机构。人事机构的全部管理活动在国家有关安全的法律、法规、政策规定范围内依法进行。

3.2.3 管理体系

管理是金融信息系统的灵魂,金融信息系统安全的管理体系由以下几部分组成[17]19。

1. 法律安全管理

法律安全管理是根据国家的相关法律、法规,对金融信息系统主体及其与外界关联行为的规范和约束。法律管理具有对金融信息系统主体行为的强制性约束,并且有明确的管理层次性。与安全有关的法律法规是金融信息系统安全的最高行为准则。

2. 制度安全管理

制度安全管理是金融信息系统内部依据国家、团体对系统的安全需求制定的一系列内部规章制度,主要内容包括安全管理和执行机构的行为规范、岗位设定及操作规范、岗位人员的素质要求及行为规范、内部关系与外部关系的行为规范等。制度管理是法律管理的形式化、具体化,是法律、法规与管理对象的接口。

3. 组织安全管理

组织安全管理是在组织内部建立跨部门的信息安全协调机构,以便在组织内管理信息安全,推动信息系统安全保障体系建设,识别与外部组织相关的安全风险,定义与分配信息安全职责,定期对信息安全工作组织评估,保护组织的商业机密,维护企业利益,制定组织信息系统安全策略,提高企业的抗风险能力。

4. 人员安全管理

人员安全管理通过安全教育培训提高全体员工的信息安全防范意识,普及信息安全管理知识,落实各项安全管理制度,发动大家共同保障信息系统安全。培训的内容包括相关法律法规的培训、内部制度培训、岗位操作培训、一般安全意识及与岗位相关的重点安全意识相结合的培训、业务素质与技能技巧培训等。培训的方式可以分为三类:一是管理层安全意识教育培训,帮助管理层了解国家在信息安全方面的法律法规及政策,提高对安全工作的认识,以便能够参与帮助指导安全建设工作;二是技术人员安全技能培训,学习安全管理理论知识和安全技术知识,帮助掌握安全管理理念、掌握安全产品操作维护和安全事件的处理能力,维护信息系统的安全;三是普通员工的安全意识培训,对广大信息系统用户进行安全意识教育培训,提高大家的安全意识,让全体员工都认识到信息安全工作的重要性,遵守信息安全的规章制度,共同维护网络与信息系统安全。

5. 系统运维管理

加强信息系统的日常操作维护管理;逐步建立和完善文档化的操作流程,规范变更管理流程,实施职责分离,分离开发、测试、生产环节;对第三方服务交付提出要求,确保第三方提供的服务符合协议要求;制定数据备份策略,确保信息的完整性和可用性;控制管理移动介质的使用和处置方式;确保与外部组织交换信息的安全;监控系统运行状况,对系统的异常运行情况及时预警;记录和管理系统日志、操作日志,确保系统运行的可审核性。

6. 安全审计管理

建立信息安全事故报告流程,确保使用持续有效的方法管理信息安全事故;确保信息系统符合法律法规的要求,定期进行信息安全检查,及时发现存在的安全问题并持续有效地改进。

3.3　信息安全防御模型

信息安全模型是表达特定安全策略或安全策略集合的模型,也称为安全策略模型。安全模型的目的是为了精确地描述信息系统的安全策略,保障信息安全必须能够适应安全需求、安全威胁以及安全环境的变化。没有一种技术可以完全消除信息系统及网络的安全隐患,系统的安全实际上是理想中的安全策略和实际执行之间的一个平衡。实现有效的信息安全保障,应该构建动态适应的、合理可行的主动信息安全防御模型。

主动的信息安全防御模型可以抽象为 6 个环节[18]17:风险评估(Evalutaion)、制定安全策略(Policy)、实施保护(Protection)、实时监测(Detection)、及时响应(Reaction)和快速恢复(Restoration),如图 3.6 所示。

该模型体现了通过对系统的安全风险进行评估,确定系统对系统安全的需求,并制定指导和控制整个系统安全保护的安全策略。信息安全体系在安全策略的指导之下,通过相应的保护、检测和响应等环节,将系统调整到相对最安全和风险最低的状态。模型体现了保护、检测、响应与恢复等环节的循环过程,形成对系统动态的、可适应的安全防护,达到使信息系统保持安全状态的目的。

1. 安全风险评估

对金融信息系统进行全面的安全风险评估,需要对金融信息系统的应用需求、网络基

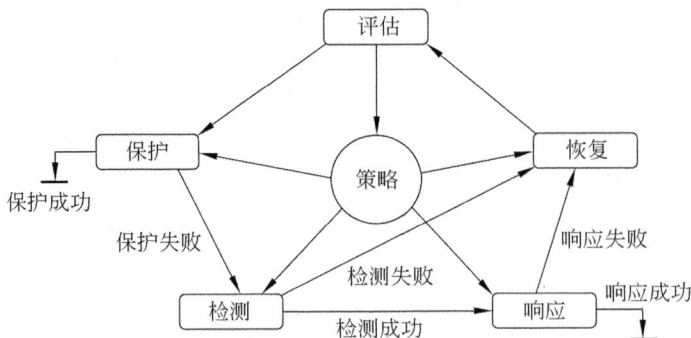

图 3.6　主动信息安全防御模型

础设施、内外环境、安全威胁、人员、政策法规、安全技术等各方面作全面的了解,并善于应用各种评估方法、手段和工具,对所论金融信息系统风险进行人工和自动分析,给出全面的风险评估。例如,可以使用自动扫描工具扫描内部网络拓扑、主机、服务器、防火墙、路由器配置,扫描操作系统、数据库、应用系统配置,利用缺陷扫描工具检测系统存在的漏洞或安全薄弱环节等。以便据此提出修复、补救、防护建议和措施,为安全策略的制定提供依据。

安全风险评估要分析威胁的来源与方式,分析系统的脆弱性,识别与评估信息资产与风险,考虑使用什么强度的保护措施可以消除、避免或转嫁风险,剩余的风险信息系统的主体能否承受。需要确定用户能够承受的适度风险,从而在此基础上考虑系统的设计、建设与运行,实现投资效益最大化,即安全保障投资与被保护资产成正比,而非盲目追求所谓的绝对安全(绝对安全不存在)。

2. 制定安全策略

安全策略是信息系统安全模型与安全保护的核心,防护、检测、响应与恢复各个环节都须依据安全策略来实施,安全策略为金融信息系统的安全管理与安全保护提供方向与支持手段。安全策略的依据为对系统进行检测所做出的系统安全需求。安全策略体系的建立包括安全策略的制订、评估、执行等,制订科学合理且切实可行的安全策略完全取决于对金融信息系统评估与了解的程度。

3. 实施安全保护

安全保护就是采用一切可能的方法、手段和技术防护信息系统与信息遭受安全威胁,减少或降低遭受入侵和攻击的可能,即通过安全保护使信息系统能实现保密性、完整性、可用性、可控性和抗抵赖性等安全属性。对信息系统与信息实施保护的典型措施如下。

(1) 提高信息系统的边界抵御能力。边界是不同安全区域的结合处,提高边界抵御能力是安全保护的一个重要内容。在网络环境下,界定信息系统的边界通常相当困难。一方面,随着业务的发展,信息系统是会不断扩张或变化的;另一方面,开放型的金融信息系统的网络基础设施边界无处不在。网络系统的边界保护通常将安全边界设在需要保护的信息或信息设施的周边。典型的边界保护有针对系统边界、网络边界和物理环境边界的保护等。例如,对存储和处理信息的计算机处理系统的外围,重点阻止诸如假冒、越权访问、线路窃听等试图"越界"的行为,通常使用包括数据加密、数据完整性保护、数字签名、主体认证、访问控制和公证仲裁等技术;针对网络边界保护,采用包括在内部和外部网络接口处设置防火墙、入侵检测等设备的方法;而对于物理环境边界保护,如机房安全,则采用包括防盗、防火、防水等安全保护技术。

(2) 信息处理环节保护。对信息处理环节的保护,包括计算机软硬件的保护技术,如使用计算机口令验证、数据库存取控制技术、审计跟踪技术、密码技术、防病毒技术等。

(3) 信息传输保护。在网络发达的今天,数据主要通过开放的网络环境传输,对信息传输的保护如下:一方面是对通信传输采取措施,如专网通信技术、跳频通信技术(扩展频谱通信技术)、光纤通信技术、辐射屏蔽和干扰技术等,以增加窃听难度;另一方面是对传递的信息使用密码技术进行保护,如使用加密技术,使窃听者即使截获信息也无法获悉真实内容,使用完整性保护技术,防止信息被篡改、伪造等。

4. 监测

保护可以防范和减少可能遭遇的威胁,但不能完全消除威胁。监测是在对系统实施保护之后,根据安全策略对信息系统实施监控和检测。监控是对系统运行状态进行监视和控制,发现异常,并作出可能的动态调整。检测是对已部署的系统及其安全防护进行检查测量,是动态响应和加强防护的依据,是强制落实安全策略的手段。通过不断地检测和监控网络和系统,发现新的威胁和弱点,通过循环反馈及时做出有效的响应。网络的安全风险是实时存在的,监测的对象主要为系统自身的脆弱性及外部威胁,可以利用检测工具了解和评估系统的安全状态。

检测包括检查系统的脆弱性;在计算机系统运行过程中,检查、测试信息是否发生泄露、系统是否遭到入侵,并找出泄露的原因和攻击的来源。如入侵检测、信息传输检查、电子邮件监视、电磁泄漏辐射检测、屏蔽效果测试、磁介质消磁效果验证等。

典型的检测技术(如入侵检测)是发现渗透企图和入侵行为。攻击者利用系统的各种漏洞,一旦突破边界防御系统,就可以对内部系统造成威胁,实施进一步攻击。入侵检测系统(IDS)是一个软硬件结合的系统,它的功能是检测出正在发生或已经发生的入侵事件,这些入侵已经成功地穿过防护防线。入侵检测的目的就是尽早发现入侵行为,并予以防范。入侵检测基于以下事实:通常入侵者的攻击行为与合法用户的正常行为明显不同,从而实现对入侵行为的检测和告警,以及对入侵的跟踪定位。IDS 一般分为主机的 HIDS(Host-based intrusion detection system——基于主机上的系统日志、审计数据等信息检测对主机系统的入侵)和基于网络的 NIDS(Network-based intrusion detection system——通过分析网络流量发现入侵内部网络行为)。

5. 响应

响应就是在已经发现一个攻击(入侵)事件发生之后所要进行的处理。检测到入侵之后,信息安全保障体系必须及时做出正确的响应,并且把系统调整到安全状态。对于危及安全的事件、行为、过程,及时做出处理,杜绝危害进一步扩大,力求系统保持提供正常的服务。例如,关闭或重启受到攻击的服务器、阻止可疑连接等。

6. 恢复

再完善的保护也难免百密一疏,一旦信息系统遭到破坏,应该能够在最短的时间内排除故障,将信息系统恢复到正常的(原来的)工作状态。恢复可以分为系统恢复和信息恢复,系统恢复是指修补安全事件所利用的系统缺陷,如采取系统升级、软件升级和打补丁等方法,去除系统漏洞或后门,不让攻击者再次利用这样的缺陷入侵。信息恢复是指恢复丢失的数据。数据丢失的原因可能是由于攻击者入侵,也可能是由于系统故障、自然灾害等,信息恢复就是从备份或归档的数据中恢复原来的数据。信息恢复取决于数据备份的效果,数据备份做得是否充分、及时,对信息恢复有很大的影响。因此,保证系统能够有效恢复的手段就是采用有效的系统备份。例如,当主系统出现故障后,切换启用备份系统。网络路由器出现故障,可以快速切换到备份路由器上;系统数据库服务器崩溃,能够快速切换到备份服务器上。当然,为了将系统切换所带来的损失减少到最小,备份系统与主系统应该能够做到实时备份和实时切换。

综上所述,信息安全保障应该具有动态性、过程性、全面性、层次性和平衡性等特点,模型可以描述为如下公式。

安全=风险分析+安全策略+保护实施+运行监测+实时响应+灾备恢复

主动防御并不能消除威胁,也不能避免威胁可能造成的破坏和损失。因此,主动安全防御模型中要解决紧急响应和异常处理问题。通过建立反应机制,提高实时性,形成快速响应的能力。同时更需要制订应急预案,做好应急方案的一切准备工作。若能够做到预警、预报、预测,则可以使信息安全保障体系更加完善,更好地实现动态适应性。

3.4　信息安全风险分析

信息安全风险分析评估是金融信息系统安全建设的出发点,是规划、建设、实施与完善金融信息安全建设与管理的基础与主要目标。网络信息安全防护采用的木桶原则,是指对信息进行均衡、全面的保护,"木桶的最大装水量取决于木桶最短的一块木板"。金融信息系统是一个复杂的计算机系统,它本身在物理上、操作上、应用上及管理上的种种漏洞构成了系统的脆弱性,尤其是开放型、业务多、有大量用户的金融信息系统自身的复杂性、资源共享性以及其为计算机犯罪主要目标的特性,使得单纯的技术保护防不胜防。因此,充分、全面、完整地对金融信息系统的安全漏洞、脆弱性和安全威胁进行全面细致的分析、评估和检测(包括模拟攻击),是实现金融信息系统安全保护的必要前提条件。

信息安全风险分析评估,是依据国家有关信息安全技术与安全管理的标准,运用科学的方法和手段,对信息系统及其处理、传输和存储信息的机密性、完整性和可用性等安全属性进行分析评价的过程。信息安全风险分析评估的目标是分析评估信息资产面临的威胁以及威胁利用系统脆弱性导致安全事件的可能性。结合安全事件所涉及资产的价值来判断安全事件一旦发生对金融企业造成的可能影响,并提出有针对性的安全防护措施,为防范和化解金融信息安全风险,将风险控制在可接受的水平,最大限度地保障金融信息系统的安全正常运行提供科学依据。通过信息安全风险分析评估确切地掌握金融信息系统的安全程度,分析安全威胁来自何方,安全风险有多大,加强金融信息安全保障工作应采取哪些措施,确定为此所要投入的人、财、物等资源,确认已采取的安全保护措施是否有效,才能提出按照相应信息安全等级进行安全建设和管理的依据。

信息安全风险分析评估包括安全风险分析与安全风险评价两个过程,安全风险分析是指全面识别金融信息系统的脆弱性、安全风险的类型与来源;安全风险评价是指依据安全风险标准估算风险水平,确定风险的严重程度。一般认为,与信息安全风险有关的因素主要包括系统的信息资产、信息系统的脆弱性、安全威胁与安全控制。

(1) 信息资产(Assets):指对金融企业具有价值的信息资源,是信息安全策略的保护对象。信息资产分为硬件、软件、数据、文档、服务能力、企业形象等种类。信息资产以多种形式存在,可以是有形的或无形的。

(2) 安全威胁(Threat):主要指可能导致信息资产或金融企业受到损害的安全事件的潜在因素。安全事件可能是蓄意的对信息资产的直接或间接的攻击,也可能是偶发事件,包括人为的威胁与自然的威胁。对安全威胁需要关注安全威胁的主体(威胁源)、安全威胁的能力、安全威胁的资源、威安全胁动机、安全威胁途径、安全威胁的可能性及安全威胁发生的后果。

(3) 系统脆弱性(Vulnerability):通常指信息资产本身存在的可能被潜在威胁所利用的缺陷或薄弱环节,如金融信息系统操作系统的漏洞等。安全威胁是外因,系统脆弱性是内因,脆弱性是信息资产本身所具有的(如系统没有及时打补丁、有后门等),安全威胁通过利用系统的脆弱性才能引发安全事件。

(4) 安全控制(Security Control):指用于消除或降低安全风险所采取的某种安全行为,包括措施、机制及程序等,例如防火墙、访问控制等。

图 3.7 给出了信息安全存在的风险因素之间的相互作用与相互影响。金融企业通过信息系统的运行完成自身众多的业务,信息系统由众多的信息资产组成;金融企业的业务对信息资产的依赖程度越高,信息资产的价值越大;资产的价值越大,信息系统所拥有的资产越多,系统面临的安全风险就越大;安全风险是由威胁引发的,资产面临的威胁越多,则安全风险越大,并可能演变成安全事件;威胁是利用系统的脆弱性来危害信息资产的,系统的脆弱性越多,威胁利用脆弱性的机会就越多,可能性就越高;安全风险的存在加之

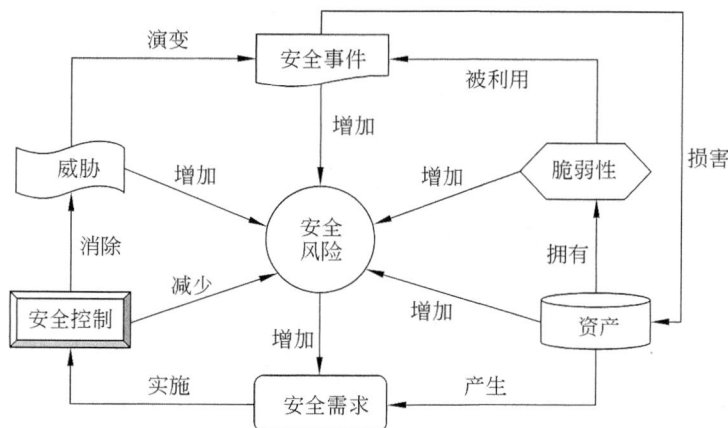

图 3.7　信息系统安全风险因素及它们之间的关系

对风险的认识引出安全需求(如果不认识风险,安全需求就无从谈起);安全需求可通过实施安全控制来得到满足,安全控制措施可以抵御或防护安全威胁,降低安全事件发生的可能性;在综合考虑安全成本与效益后,安全风险不可能也不必要降为零;实施了安全措施还会有残余风险,残余风险只要在可接受范围内就可以,如果残余风险超过金融企业可接受的水平,则需要进一步改善或完善安全控制措施。金融信息系统运行过程中,安全风险会随各种因素的变化呈动态调整演变的趋势,威胁、脆弱性、安全事件及信息资产等风险因素的增加均会扩大安全风险,需要不断地调整和改进安全控制措施,才能有效地降低安全风险。

安全风险评估可以采用定量分析和定性分析的方法。定量分析依据相关的统计数据,建立数学模型,并据此计算出分析对象的相关指标或数值的方法。定性分析则主要凭分析者的直觉、经验,以及分析对象过去和现在的延续状况及最新的信息资料,对分析对象的性质、特点、发展变化规律做出判断。风险分析的主要内容与过程如图 3.8 所示[18]24。

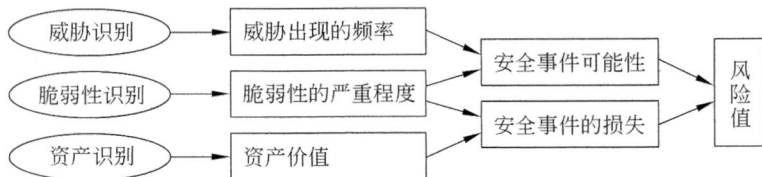

图 3.8　风险分析原理图

(1) 资产识别:对信息资产进行识别,估计与确定信息资产的价值。

(2) 识别威胁:分析信息资产可能遭受威胁的属性、来源、严重程度,并估计遭受威胁的概率。

(3) 脆弱性分析:对信息资产与系统脆弱性的严重程度进行分析并赋值。

(4) 安全事件可能性分析:根据可能遭受到的威胁及威胁利用脆弱性的难易程度判断安全事件发生的可能性。

(5) 损失分析:根据信息资产与系统脆弱性的严重程度及安全事件对信息资产价值所产生的影响估算安全事件的损失。

(6) 风险估计:根据安全事件发生的可能性及安全事件发生后可能造成的损失估算安全事件的风险。常用的估计安全事件风险的公式如下。

$$R_i(A_i, T_i, V_i) = P(T_i, V_i) \times F(A_i, T_i) \tag{3.1}$$

其中,A_i 表示第 i 个信息资产的价值,V_i 表示信息资产 i 的脆弱性,T_i 表示针对信息资产 i 脆弱性 V_i 的威胁;$P(T_i, V_i)$ 表示威胁 T_i 对信息资产 i 造成安全事件的概率,它同威胁的特性(强度)T_i 与信息资产的脆弱性程度 V_i 有关;$F(A_i, T_i)$ 表示威胁 T_i 一旦发生,会对信息资产 i 所造成的损失,它同信息资产 i 的价值 A_i 与威胁的强度 T_i 有关,$R_i(A_i, T_i, V_i)$ 表示威胁 T_i 利用信息资产 i 的脆弱性使信息资产所具有的风险。

由于一个系统存在很多的信息资产,不同的信息资产有不同的脆弱性(漏洞),面临不同的威胁(注意,有可能同一种信息资产会有并非一种的脆弱性,面临的威胁也不是单一

的),一个系统的总风险可以用下式描述

$$R_{total} = \sum_{i=1}^{N} R_i(A_i, V_i, T_i) = \sum_{i=1}^{N} P(T_i, V_i) \times F(A_i, T_i) \tag{3.2}$$

图 3.9 给出了系统安全风险评估的流程。

(1) 安全风险评估准备。

风险评估准备要完成以下工作。

① 确定安全风险评估的目标。

② 确定安全风险评估的范围。

③ 组建评估的管理和实施团队。

④ 进行信息系统调研。信息系统调研是确定评估对象的过程,可采用信息系统介绍、问卷调查、现场面谈、文档审查及使用工具自动扫描等方法,对信息系统的相关信息有全面的掌握与了解。

⑤ 确定安全评估依据、标准和方法。根据对信息系统具体的安全要求,对信息系统保护进行合理的定级,并由此确定对信息系统进行风险评估的角度。信息系统完成的使命不同,安全要求也不同,保护的等级也不同,风险评估的角度也会有所不同。

⑥ 获得企业高层管理对安全风险评估的支持。

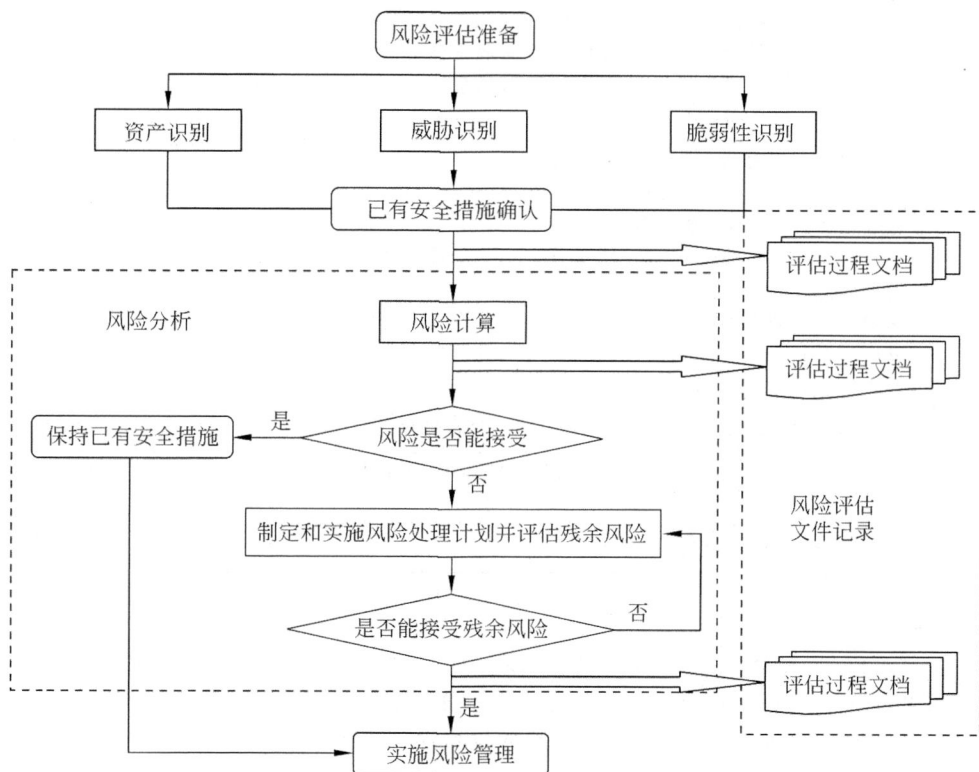

图 3.9　风险评估实施流程图

(2) 资产识别。

资产识别在于确定安全风险评估的对象,机密性、完整性和可用性是评价信息资产的

3个主要安全属性。在安全风险评估中,信息资产的价值不是以信息资产的经济价值来衡量,而是由信息资产在这3个安全属性上的达成程度或者其安全属性未达成时所造成的影响程度来决定的,与信息资产行使的使命有关。根据信息资产的表现形式,可将信息资产分为数据、软件、硬件、文档、服务能力、企业形象等类型,每一类资产又可细分为多种具体的产品,如硬件包括网络设备、终端设备、服务器、传输线路等。确定信息资产后,使用资产识别过程中得到的信息对每一种信息资产进行赋值。根据金融企业的安全需要,赋值的数字可以不同,如一些企业使用1~100的赋值方法,数字越大代表资产越重要,数字越小,危险的程度越低。也有的企业根据信息资产安全属性,从低到高赋1~5的值等。表3.4给出了信息资产通常的划分方法[19]。

表3.4　信息资产的识别与分类

分　类	示　　　例
数据	存储在各种信息媒介上的各种数据资料,包括源代码、数据库数据、系统文档及运行管理规程、计划、报告、用户手册等。
软件	系统软件:操作系统、语言包、工具软件、各种库。 应用软件:外部购买的应用软件、外包商开发的应用软件等。 资源程序:各种共享源代码、可执行程序、自行或合作开发的各种程序等。
服务	网络服务:各种网络设备、设施提供的网络连接服务。 信息服务:对外依赖该系统开展服务而取得业务收入的服务。 办公服务:为提高效率而开发的管理信息系统,它包括各种内部配置管理、文件流转管理服务等。
硬件	网络设备:路由器、网关、交换机等。 计算机设备:大型机、服务器、工作站、台式计算机、移动计算机等。 存储设备:磁带机、磁盘阵列等。 移动存储设备:磁带、光盘、软盘、U盘、移动硬盘等。 传输线路:光纤、双绞线等。 保障设备:动力保障设备(UPS、变电设备等)、空调、保险柜、文件柜,门禁、消防设施等。 安全保障设备:防火墙、入侵检测系统、身份验证等。 其他电子设备:打印机、复印机、扫描仪、传真机等。
文档	纸质的各种文件、传真、电报、财务报告、发展计划等。
人员	掌握重要信息和核心业务的人员,如主机维护主管、网络维护主管及应用项目经理及网络研发人员、组织的雇员与合同方的雇员等。
其他	企业形象、客户关系等。

　　(3) 威胁识别。

　　第2章已讲过,金融企业及其信息与信息系统面临多种多样的威胁(见2.2节)。企业在识别可能面临的现实威胁的同时,需要将不重要的威胁暂时放在一边,因为如果假定每种威胁都能够并且即将攻击系统的某项信息资产,问题会变得十分复杂。表3.5给出了常见信息安全的主要威胁[20]96。

　　威胁识别通过查看以往的安全事件记录,根据入侵检测情况和专家的经验,对信息系统可能面临的威胁进行识别,分析可能的威胁源(见表2.1)、威胁的动机和目的,以及威胁源具备的威胁能力,给出系统可能遭受的威胁列表。

表 3.5 信息安全的主要威胁

威 胁	实 例
1. 人为过失或失败行为	意外事故、员工过失
2. 侵害知识产权	盗版、版权侵害
3. 间谍或入侵蓄意行为	未授权访问和收集数据
4. 蓄意信息敲诈行为	以泄露信息为要挟进行勒索
5. 蓄意破坏行为	破坏系统或信息
6. 蓄意窃取行为	非法使用设备或信息
7. 蓄意软件攻击	病毒、蠕虫、宏、拒绝服务
8. 自然灾害	水灾、火灾、地震、雷电
9. 服务提供商的服务质量差	电源及 WAN 服务、后门
10. 技术硬件故障或错误	设备故障
11. 技术软件故障或错误	漏洞、代码问题、未知漏洞
12. 技术淘汰	陈旧或过时的技术

判断威胁出现的频率是威胁识别的重要工作,评估者应根据经验和有关的统计数据来进行判断。需要综合考虑下述 3 个方面的因素,来确定威胁出现的频率。

① 以往安全事件报告中出现过的威胁及其频率的统计。

② 实际环境中,通过检测工具以及各种日志发现的威胁及其频率的统计。

③ 近一两年来国际组织发布的对于整个社会或金融行业的威胁及其频率统计,以及发布的威胁预警。

威胁频率等级通常划分为 5 级,分别代表威胁出现频率的高低。等级数值越大,威胁出现的频率越高。表 3.6 给出了威胁出现频率的一种赋值方法[21]。

表 3.6 威胁出现频率赋值表

等级	标识	定 义
5	很高	威胁出现的频率很高,在大多数情况下几乎不可避免或者已被证实经常发生过。
4	高	威胁出现的频率较高,在大多数情况下很可能会发生或已被证实多次发生过。
3	中	威胁出现的频率中等,在某种情况下可能会发生或者被证实曾经发生过。
2	低	威胁出现的频率较低,一般不太可能发生,也没有被证实发生过。
1	很低	威胁几乎不可能发生,仅可能在非常罕见和例外的情况下发生。

表 3.7 则给出了由 Michael Whitman 教授对 1000 名高层计算机主管人员调查问卷得出的表 3.5 中的 12 类信息安全威胁的等级[20]97。问卷要求每位被访者对这 12 种威胁赋予威胁的重要性级别,级别分别用 1、2、3、4、5 五个级别表示,等级 5 表示非常重要。表的第 2 列给出了由被访者意见得到的每个威胁的平均等级,可以看出这 12 个威胁的平均

等级在 3.99 至 2.45 之间,其中蓄意软件攻击的威胁危害最大,危害的级别为 3.99。问卷还要求被访者列出这 12 个威胁中个人认为危害处于前 5 个的威胁,并根据危害性赋予这 5 个威胁 1、2、3、4、5 五个权重,即权重 5 表示危害处于第一位的威胁,权重 1 表示危害处于第五位的威胁。表的第 4 列给出的是由这 1000 位被访者对每项威胁给出的权重的总和,第 5 列是由此项调查得出的每项威胁的带权等级(它等于每项威胁的平均等级与总权重之和的乘积)。

表 3.7   信息安全威胁的带权等级

威　　胁	平均等级	Std. Dev	总权重	带权等级
1. 蓄意软件攻击	3.99	1.03	546	2178.4
2. 技术软件故障或错误	3.16	1.13	358	1129.9
3. 人为过失或失败行为	3.15	1.11	350	1101.0
4. 间谍或蓄意入侵行为	3.22	1.37	324	1043.6
5. 蓄意破坏行为	3.15	1.37	306	962.6
6. 技术硬件故障或错误	3.00	1.18	314	942.0
7. 蓄意窃取行为	3.07	1.30	226	694.5
8. 自然灾害	2.80	1.09	218	610.9
9. 侵害知识产权	2.72	1.21	181	494.8
10. 服务提供商的服务质量差	2.65	1.06	164	433.9
11. 技术淘汰	2.71	1.11	158	427.9
12. 蓄意信息敲诈行为	2.45	1.42	92	225.2

(4) 脆弱性识别。

本步骤识别系统存在的可能被威胁利用的漏洞或弱点,并对它们的严重程度进行评估。脆弱性通常存在于管理和技术两个层面(见表 2.2),可以从物理、网络、系统、应用等层次识别系统和信息资产存在的脆弱性,并与信息资产、威胁对应起来。可以通过漏洞扫描、主机检测等工具了解系统与信息资产存在的技术脆弱性,通过查阅文档、人工核查发现管理可能存在的脆弱性,通过渗透测试了解系统深层的脆弱性。通过专家经验对整个系统的薄弱环节进行分析,明确系统可能被威胁利用的管理和技术方面的脆弱性情况,建立漏洞列表。例如,假定系统 DMZ 中的边缘路由器是一项资产,对该路由器可能存在的漏洞进行分析,可以得出表 3.8 的漏洞列表[20]99。

就具体的信息系统来说,不同层次的脆弱性是不同的,出现的安全问题会不同,内容如下。

① 物理层安全问题:该层次的安全问题主要体现在通信线路的可靠性(线路备份、网管软件、传输介质),软硬件设备的安全性(替换设备、拆卸设备、增加设备),设备应用安全、设备的备份、防灾害能力,防干扰能力,防电磁能力,设备的运行环境(温度、湿度、烟尘),不间断电源保障等。

表 3.8　一台假想的 DMZ 路由器脆弱性评估

威　　胁	路由器可能存在的漏洞
1. 蓄意软件攻击	因特网协议易受拒绝服务的攻击。 如果不采取适当的控制,外部 IP 跟踪活动会泄露敏感信息。
2. 人为过失或失败行为	如果发生配置错误,员工或者承包者会造成中断。
3. 技术软件故障或错误	商家提供的路由软件可能失败或中断。
4. 技术硬件故障或错误	硬件可能出现故障或中断。
5. 服务提供商的服务质量差	通常可能发生电力系统故障。 如果没有提供合适的电力调节,排除故障的时间可能会延长。
6. 间谍或入侵蓄意行为	这项信息资产本身没有价值,但是如果这个设备被破坏,它保护的其他资产可能会遭到攻击。
7. 蓄意窃取行为	这项信息资产本身没有价值,但是如果这个设备被破坏,它保护的其他资产可能会遭到攻击。
8. 蓄意破坏行为	因特网协议易受拒绝服务的攻击。 这个设备是毁损或者隐蔽破坏的目标。
9. 技术淘汰	如果这项资产没有仔细检查和定期更新,就会达不到厂家为提供服务所必需的条件。
10. 自然灾害	如果没有进行合适的控制,机构中的所有信息资产都会遭到自然灾害的破坏。
11. 侵害知识产权	这项信息资产本身没有价值,但是如果这个设备被破坏,它保护的其他资产可能会遭到攻击。
12. 蓄意信息敲诈行为	这项信息资产本身没有价值,但是如果这个设备被破坏,它保护的其他资产可能会遭到攻击。

② 系统层安全问题:该层次的安全问题来自网络内使用的操作系统的安全,如Unix、Windows NT 等。主要表现在 3 方面:一是操作系统本身的缺陷带来的不安全因素,主要包括身份认证、访问控制、系统漏洞等;二是操作系统的安全配置问题;三是病毒对操作系统的威胁。除操作系统外,还包括网络系统软件、服务器系统软件、访问控制、权限分配、漏洞扫描、防入侵、加密和认证。

③ 网络层安全问题:该层次的安全问题主要体现在网络身份认证、网络资源的访问控制、数据传输的保密与完整性、远程接入的安全、域名系统的安全、路由系统的安全、入侵检测的手段、网络设施防病毒等。

④ 应用层安全问题:该层次的安全问题主要由提供服务所采用的软件和数据的安全性产生,包括应用程序和平台安全、加密和认证、Web 服务、电子邮件系统、DNS、防病毒等。

⑤ 管理层安全问题:安全管理包括安全技术和设备的管理、安全管理制度、部门与人员的组织规则、对安全设备的访问控制措施、安全设备配置和设置的政策、审批的权限等。

可以根据对资产的损害程度、技术实现的难易程度、弱点的流行程度,采用等级方式,对已识别的脆弱性的严重程度进行赋值。有些脆弱性可能是很多弱点反映的同一问题,应综合考虑这些弱点,最终确定某一脆弱性的严重程度。对某个资产,技术脆弱性的严重程度受到组织管理脆弱性的影响。因此,资产脆弱性的赋值还应参考技术管理和组织管理脆弱性的严重程度。表 3.9 给出了脆弱性严重程度赋值的一种方法[21]17。

表 3.9　脆弱性严重程度赋值表

等　　级	标　识	定　　义
5	很高	如果被威胁利用,将对资产造成完全损害。
4	高	如果被威胁利用,将对资产造成重大损害。
3	中	如果被威胁利用,将对资产造成一定损害。
2	低	如果被威胁利用,将对资产造成较小损害。
1	很低	如果被威胁利用,对资产造成的损害可以忽略。

(5) 已有安全控制措施的确认。

要了解金融信息系统潜在威胁利用系统脆弱性造成损失的可能性,必须考虑信息系统已实施的控制措施。本步骤的目的是对信息系统已实施的或计划实施的安全控制措施进行核查,以了解信息系统已有安全控制的强度,明确安全措施解决了系统中哪些脆弱性,缓解了哪些风险,还会有哪些风险。

安全措施可以分为预防性安全措施和保护性安全措施。预防性安全措施可以降低威胁利用脆弱性导致安全事件发生的可能性,如入侵检测系统;保护性安全措施可以减少因安全事件发生对信息系统造成的影响,如业务持续性计划。

(6) 安全风险分析。

本步骤的目的是分析确定某个威胁或脆弱性产生的特定安全事件对信息系统造成影响的程度(等级)。安全风险分析是一个反复计算、评估、确认的过程,包括以下内容。

① 安全风险计算:根据上述完成的信息资产识别、威胁识别、脆弱性识别,以及对已有安全措施的确认后,综合安全事件所作用信息资产的价值及脆弱性的严重程度,判断安全事件造成的损失对组织的影响,即安全风险。通过公式计算并描绘出威胁利用脆弱性导致安全事件的可能性、损失的影响(系统或信息在完整性、可用性和保密性等安全属性受影响的级别)和风险值。

② 风险结果判定:计算每种信息资产面临的风险值,对安全风险评估的结果进行等级化处理。

③ 安全风险处理计划:对不可接受的安全风险评估结果,应根据导致该安全风险的信息资产的脆弱性,制定或调整风险控制措施,明确应采取的补充安全措施、评估新措施的预期效果、确定责任部门、实施条件和实施的进度安排等。

安全风险等级划分为 5 级,等级越高,风险越大。评估者应根据所采用的风险计算方法为每个等级设定风险值范围,并对所有安全风险分析结果进行等级处理。表 3.10 提供了一种风险等级划分方法[21]19。金融企业应当综合考虑安全风险控制成本与安全风险造成的影响,提出一个可接受安全风险的阈值。对某些安全风险,如果评估值小于或等于可接受的安全风险阈值,则是可接受风险,可保持已有的安全措施;如果评估值大于可接受安全风险阈值,则该安全风险是企业不可接受的,需要采取进一步的安全措施来降低、控制该安全风险。安全措施的选择应同时兼顾管理与技术两个方面。

表 3.10　安全风险等级划分表

等　级	标　识	描　述
5	很高	一旦发生将使系统遭受非常严重的破坏,组织利益受到非常严重的损失。
4	高	如果发生将使系统遭受严重破坏,组织利益严重受损。
3	中	发生后将使系统受到较重破坏,组织利益受到一定损失。
2	低	发生后将使系统受到的破坏程度和利益损失一般。
1	很低	即使发生只会使系统受到较小的破坏。

在安全风险评估的相应环节,应撰写完成相应的评估文件。风险评估文件包括在整个风险评估过程中产生的评估过程文档和评估结果文档。表 3.11 给出了安全风险可能的评估文件列表[21]20。

表 3.11　风险评估文件列表

序号	文件类型	文件要求
1	风险评估计划	阐述风险评估的目标、范围、团队、评估方法、评估结果的形式和实施进度等。
2	风险评估程序	明确评估目的、职责、过程、相关的文件要求,并且准备实施评估需要的文档。
3	资产识别清单	根据企业在风险评估程序中所确定的资产分类方法进行资产识别,形成资产识别清单,清单中应明确各资产的责任部门/责任人。
4	重要资产清单	根据资产识别和赋值的结果,形成重要资产列表,包括重要资产名称、描述、类型、重要程度、责任部门/责任人等。
5	威胁列表	根据威胁识别和赋值的结果,形成威胁列表,包括威胁名称、种类、来源、动机及出现频率等。
6	脆弱性列表	根据脆弱性识别和赋值的结果形成脆弱性列表,包括脆弱性名称、描述、类型及严重程度。
7	已有安全措施确认表	根据已采取的安全措施确认的结果形成已有安全措施确认表,包括已有安全措施名称、类型、功能描述及实施效果等。
8	风险评估报告	对整个风险评估过程和结果进行总结,详细说明被评估对象,风险评估方法,资产、威胁、脆弱性的识别结果,风险分析、风险统计和结论等内容。
9	风险处理计划	对评估结果中不可接受的风险制定风险处理计划,选择适当的控制目标及安全措施,明确责任、进度、资源,并通过对残余风险的评价确保所选安全措施的有效性。
10	风险评估记录	根据企业的风险评估程序文件记录对重要资产的风险评估过程。

应当注意,信息安全风险分析评估不应只在网络与信息系统的设计阶段,在系统的验收和运行维护阶段,也都应该进行系统的风险分析评估。在规划设计阶段,风险分析评估可以明确系统的安全需求与安全目标;在验收阶段,信息安全风险分析评估验证已实施的安全措施能否实现安全目标,需要哪些改进和补充;在运行维护阶段,通过定期进行安全

风险分析评估,可以检验安全措施的落实情况、安全措施的有效性以及对安全环境变化的适应性,以保障安全目标的实现。当安全形势发生重大变化或网络与信息系统有重大变更时,也要及时进行信息安全风险分析评估。没有准确及时的安全风险分析评估,将使得企业无法对其信息系统的安全状况作出准确的判断。

练习与思考

1. 什么是信息安全体系? 信息安全体系的安全目标是什么? 信息安全体系的 3 个基本要素是什么?

2. 面向应用的层次型信息安全技术体系有哪 3 个层次,每个层次关注什么样的信息安全问题?

3. 信息系统的数据安全关注什么样的安全?

4. 信息安全 PDRR 模型的 PDRR 具体是什么含义? 同信息安全的具体关系是什么?

5. 信息安全保障体系由哪几个部分组成? 其中的技术体系又由哪几个部分组成? 有哪些安全机制?

6. 什么是信息安全模型? 信息安全模型的作用是什么? 信息安全模型包括哪 6 个环节?

7. 与信息安全风险相关的主要因素有哪些? 哪些资产是信息安全保护的资产? 评价信息资产时需要考虑哪 3 个属性?

8. 请写出评估信息安全事件风险的公式。式中各个量的物理意义是什么?

第4章

信息安全技术

金融信息系统的安全需要信息安全机制与信息安全技术的支持。所谓信息安全技术，就是维护信息安全的技术。常见的信息安全技术有防火墙、访问控制、身份认证、入侵检测系统、病毒防护、虚拟专用网（VPN）、安全审计、数据加密、电子签名、内容安全等。

4.1 物理层安全技术

金融信息系统的物理层安全是指从物理上保证系统中各种硬件设备的实体安全和运行环境的安全，确保金融信息网络与系统的机密性、可用性、完整性等安全属性，这需要对人员、硬件以及控制信息在所有状态下（传输、存储与处理）的支持系统的元素和资源提供物理保护。如果攻击者获得被控制设备的物理访问权，就可以绕过对此设备的大多数基于逻辑技术的控制。例如，如果计算机系统的硬盘很容易被偷走，那么存储在硬盘上的信息也会被容易地偷走，系统中相应的保护磁盘信息泄露的一些技术安全措施等于白设。物理层安全技术用来解决两个问题，一是针对金融信息系统硬件设备等系统实体的保护，二是针对可能造成信息泄露的物理问题的防范。相应的安全保护技术有物理访问控制，防灾（防火、防雷电等），防盗，防静电，防电磁泄漏，容错容灾等技术。

4.1.1 物理访问控制

所谓物理访问控制，是指不允许或禁止非授权的人员进入系统中被保护对象（人员、业务处理、系统设备、机房、库房等）所在的场所或区域，其目的是最小化物理威胁的攻击，相应的安全措施有设立警示区、隔离区、专用机房与配电室、警卫、证章标识、ID 卡、密码门锁、电子监控、警报和安装报警系统（如有源或无源的红外报警器、微波报警器）等。这些安全控制措施的使用需要根据被保护对象的安全保护级别来确定，对于金融企业来说，设备、人员、机构分布广，业务种类多，不同业务、不同场所或区域的安全保护级别不同。有些场所与区域可以采用一种安全控制措施，而有些场所与区域，由于安全保护级别的要求高，则可能需要综合应用若干安全访问控制措施。具体选择什么样的物理访问控制措施,既要考虑安全措施的安全保护效果、设置或建设这些措施的经济成本,还要考虑采取这些措施后对企业经营业务与企业形象的影响。还有一点要注意,所有这些物理安全控制措施是死的,所有这些物理安全控制措施还是会有漏洞(脆弱性)的,这些措施要真正发挥效用,还要有企业员工的安全意识。如 ID 卡可以被复制或被盗,密码锁的密码可能被破解,还有出现所谓"跟进"的问题,即在有权进入的雇员进入限制区域时,攻击者利用机会跟进(如由 ID 卡或密码锁控制进出的门禁),再寻机作案。只有员工时刻保持高度的警惕性,才能实施这些安全控制措施的保护效果,最小化物理威胁的攻击。

防范被盗的一个有效措施是禁止某些员工将个人电脑、硬盘、U 盘等存有机密信息的设备带出有物理访问控制措施的区域,因为这些设备一旦因带出区域而发生失窃(可能性很高),其后果将相当严重。如果确实非要把这些设备带出保护区域,也要有严格的安全保护措施。对丢失或被盗的个人计算机提供安全保护的一项新技术为 CompuTrace 软件[20]313,它可以存储在电脑的硬件中。当计算机连接在 Internet 上时,该软件定期向集中式监视中心报告它自己和安装该软件的计算机序列号。如果计算机报告被盗,该软件就会跟踪计算机的当前位置,并可能找回来。该软件的功能十分强大,在系统上是检测不到的,即使盗贼知道安装了该软件也毫无办法。而且即使被盗计算机被格式化,重装了操作系统,该软件仍会保留。

4.1.2　防灾

灾害的发生常会造成系统设备的故障、损坏,严重时会出现系统瘫痪的灾难性后果。可能对系统或设备造成损害的灾害主要有火灾、水灾、地震与春夏时的雷击等。由于水灾或地震发生的概率较小,而一旦发生时造成的危害又较大,对水灾或地震灾害,通常采用建异地备灾中心的安全保护措施,这里主要讨论对火灾及雷击的安全保护措施或技术。

1. 防火

火灾是一种稍不注意就容易发生的物理安全威胁,而且一旦发生,会造成较大的系统资产或人员伤亡的损失。因此,对火灾威胁,必须有周密的安全措施。计算机机房发生火灾,一般会由电气原因、人为因素或外部火灾蔓延引起。电气设备和线路因为短路、过载、接触不良、绝缘层破坏或静电等原因引起打火而导致火灾;人为事故是指由于操作人员不慎、吸烟等原因,导致易燃物着火形成火灾;外部火灾蔓延是指由于外部房间或其他建筑物起火蔓延而形成的灾害。

防范火灾的措施如下。

(1)计算机中心应设置在远离散发有害气体及生产、储存腐蚀性物体和易燃易爆物品的地方,也不宜设在落雷区、矿区地层断裂带、地震高发区和低洼潮湿的地方,还要避开强电磁场、强振动源的地方,同时必须保证自然环境清洁、交通运输方便以及电水供应充足方便。

(2)建筑物的耐火等级要严格遵守国家标准,机房与其他房间要用防火墙分隔封闭,装修、装饰材料要用不燃或阻燃材料,信息存储设备应安装在单独的房间,资料架和资料柜应用不可燃材料制作。

(3) 要建立不间断供电系统或自备供电系统,以确保出现供电故障时系统的连续运行。计算机系统应有专用供电线路,电气设备的安装和检修、改线应严格符合电气防火的要求。

(4) 所有工作场所应严禁吸烟和随意动火。

(5) 设置火灾检测自动报警系统,配备必要的灭火设备或安装自动灭火系统。火灾检测系统用于检测火灾发生的 3 个必要环境条件:温度、可燃物和氧气;便携式灭火器对刚引发的小型火源的灭火比较有效,但根据起火原因不同,需要配置不同类型的灭火器,并针对具体起火原因选用合适的灭火器,以便尽快把火源扑灭。便携式灭火器可以控制的火源类型分成如下等级[20]303。

A 类:用于扑灭一般易燃物引发的火源,如木材、纸张、纺织品、橡胶制品和垃圾等。使用阻断易燃物燃烧的工具就可扑灭这类火源。

B 类:用于扑灭易燃液体或气体燃烧引发的火源,如溶剂、汽油、油漆等。隔离氧气和火就可扑灭这类火源。

C 类:用于扑灭电力设备与电气设备引发的火源,也可以使用不导电的工具扑灭,但绝对不能用水来灭这类火源。

D 类:用于扑灭由易燃金属引发的火源,如镁、锂、钠等。

2. 防雷击

电子设备的广泛应用,给现代闪电保护技术提出了更高的要求,传统的利用引雷机理的常规避雷针,不但不能满足电子设备对避雷的安全需求,反而会增加雷击的概率,还会产生感应雷,而感应雷是破坏电子信息设备的主要杀手。

雷电防范需要根据电气及微电子设备的不同功能及不同的受保护程序和所属保护层来确定防护要点,进行分类保护,常见的防雷击措施如下[1]50。

(1) 接闪:接闪就是让在一定范围内出现的闪电能量按照人们设计的通道泄放到大地中去。避雷针就是一种主动接闪装置,其功能就是把闪电电流导入大地,避雷线与避雷带是在避雷针基础上发展起来的。采用避雷针是最首要、最基本的防雷措施。

(2) 接地:接地就是让已经纳入防雷系统的闪电能量泄放入大地。接地是防雷系统中最基本的环节,接地不好,所有防雷措施的防雷效果就无法发挥,还会引来相反的效果,良好的接地才能有效地降低引下线上的电压,避免发生雷击事件。

(3) 分流:分流通过在接地线与其他一切从室外引入的导线(如电源线、电话线、信号线、天线的馈线等)之间并联一个适当的避雷器,用以将雷电发生时在这些线路上形成的闪电电流引入大地。当直接雷或感应雷在这些线路上产生的过电压沿着线路通过并联的避雷器时,避雷器的电阻突然降低,这些线路与地线直接连接,引导电流入地。由于雷电电流再分流之后仍会有少量电流沿导线进入设备,这对于不耐高压的微电子设备来说仍有危险,所以这类设备需要采用多级分流技术。

(4) 屏蔽:屏蔽就是用金属网、箔、壳、管等导体把需要保护的对象包围起来,阻隔闪电的脉冲电场从空间入侵的通道。屏蔽是防止雷电电磁脉冲辐射对电子设备影响的最有效方法。

3. 防静电

静电是一种客观的自然现象,产生的方式很多,如接触、摩擦、冲流等。静电是一种电能,静电产生后,由于未能释放而保留在物体内,具有很高的电位(能量不大),会产生放电火花而引发火灾,能在不知不觉中使大规模集成电路损坏[1]50。

防范静电的措施主要如下。

(1) 控制温、湿度:把温度、湿度控制在 18～28℃、40%～65% 的范围内,使含尘粒子处于非导电、非导磁性和非腐蚀性的状态。

(2) 颗粒物控制:每升直径大于 $0.5\mu m$ 的颗粒物应少于 3 500 个,每升直径大于 $5\mu m$ 的颗粒物应少于 30 个。

(3) 铺垫要求:如采用地板下布线方式,应铺设防静电活动地板;如采用架空布线方式,宜采用静电耗散材料作为铺垫物。

(4) 墙壁、顶棚、工作台和坐椅要求:墙壁和顶棚表面应光滑平整,减少积尘、避免眩光,允许采用具有防静电性能的墙纸和防静电涂料。可选用铝合金箔材做表面装饰材料。工作台、椅、终端台应是防静电的。

(5) 静电保护接地:防静电活动地板金属支架、墙壁、顶棚的金属层都应接静电地,使整个通信机房形成一个屏蔽罩,通信设备的静电地、终端操作台地线分别接到总地线母体汇流排上,静电保护接地电阻应不大于 10Ω。

(6) 人员操作要求:操作者必须进行静电保护培训后才能操作。

(7) 其他措施:必要时装设离子静电消除器,以消除绝缘材料上的静电和降低机房内静电电压。定期对静电防护设施进行检验与维护。

4.1.3　防信息泄露

除去本节第一部分介绍的攻击者有可能突破物理访问控制,通过盗窃计算机、硬盘、U 盘等存有数据的设备导致数据泄露外,在物理层面,还有两种途径可能导致信息泄露,这就是电磁辐射泄露和通过窃听导致信息泄露。

1. 防电磁辐射泄露

计算机和其他电子设备一样,工作时会产生电磁发射。电磁发射可能被高灵敏的接收设备接受并进行分析、还原,造成计算机信息的泄露。常用的防电磁泄露的方法如下。

(1) 屏蔽法:又称空域防护法,主要用来屏蔽辐射及干扰信号。通过屏蔽,将辐射电磁场与接收器隔离开,使辐射电磁场在到达接收器时强度降低到最低限度,以达到控制辐射的目的。屏蔽法是对空间辐射电磁场控制的最有效和最基本的方法,机房屏蔽就是这种方法应用的典型例子。

(2) 频域法:本法主要用于保护正常的电磁发射免受干扰。频域法利用要接收的信号与干扰信号所占有的频域不同,对频域进行控制,即利用系统的频率特性,将需要的频率成分(信号、电源的工作交流频率)加以接收,而将干扰的频率加以剔除。

(3) 时域法:当干扰信号非常强,不易受抑制但又在一定时间内阵发存在时,可采用时域法,即正常信号的传输采用时间回避的方法。

2. 防窃听

窃听是指采用非法手段获取未经授权的信息。这里的窃听不仅仅指听,而是指借助于技术设备与技术手段,窃取声音、数据、文字、图像等信息的非法行为。根据窃听对象的不同,分别有有线、无线、辐射与网络等窃听技术。

有线窃听主要通过对有线通信线路的秘密入侵,如搭线、插接等来收集信息;无线窃听则采用相关设备,侵入其感兴趣的无线通信线路来截取相关信息;辐射窃听是指利用各种电子设备存在的电磁泄漏,收集电磁信号并还原,以得到所需要的信息;计算机网络窃听主要通过在网络的特殊位置安装窃听软件,接收能够收到的信息,并分析还原得到原始信息。

对窃听的防护,一是通过物理搜索检查及时发现窃听装置,二是对原始信息进行特殊处理,以达到清除窃听行为或使窃听者无法获取信息的真实内容。防窃听技术一般可分为检测和防御,前者主要指主动检查是否存在窃听行为或窃听设备,可以采用电缆加压技术、电磁辐射检测技术等;基于密码技术的对原始信息加密则属于防御技术,其确保信息即使被窃取也无法还原出原来的信息;另一种防止直接窃听的方法为使用光纤通信,因为插接这类电缆进行窃听的难度很大。

4.1.4　容错容灾

服务的不间断,即保持业务的持续性,是当今金融业数据存储需要考虑的一个极为重要的因素。系统故障的出现可能导致业务停顿,客户满意度降低,失去客户甚至大量的资金流失,金融企业的竞争力也会因此大打折扣。然而,任何信息系统都存在脆弱性,其运行的可靠性时刻受到威胁。为了保证信息系统运行可靠,人们经过长期探索,总结出了避错、纠错、容错三条途径。避错是完善设计和建设,试图构建一个不会发生故障的系统,但这是不现实的,十全十美的系统是不存在的。因此人们不得不用纠错作为避错的补充,一旦出现安全事故,可以通过检测、排除等方法来消除故障,并使系统恢复到正常的安全状态。

容错是第三条途径,就是让系统具有抵抗错误的能力,即允许系统出错发生故障,但系统不会被中断或被修改,并且不会因故障而出现运行结果的差错。

常用的数据容错技术主要有以下几种。

(1) 设备备份:系统备份两套相同的部件,在正常状态下,一个运行,一个空闲。当正常的部件出现故障时,立即启动备件,保证系统连续运行。

(2) 镜像:指把一份工作交给两个相同的部件同时执行,其中一个出现故障时,另一个部件继续工作。

(3) 复现:又称延迟镜像,与镜像一样,需要两个系统,其中有一个为主系统,另一个为辅助系统,辅助系统从主系统中接收数据,所以辅助系统接收的数据较主系统的数据接收有一定的延迟。当主系统出现故障,辅助系统只能在尽可能接近故障点的地方开始工作。与镜像两系统同时运行相比,复现在同一时间只需运行管理一套设备。

(4) 负载均衡:指将一个任务分解成多个子任务,分配给不同的服务器完成,通过减轻每个部件的工作量来增加系统的稳定性。

　　容灾主要针对火灾、水灾、地震等重大自然灾害以及暴乱、恐怖活动等对金融信息系统的威胁。尤其随着金融企业数据的大集中,数据集中带来了方便的经营管理,能有效控制外部风险,增强规模效益,但同时也带来了风险集中,数据中心的风险骤然加大。随着银行对计算机依赖程度的增强和数据中心规模壮大,这种风险更加突出,一旦数据中心遭到灾难性打击停止服务,将引起大范围银行业务停顿或瘫痪,甚至引起法律纠纷和社会动荡。

　　对于灾难,除了采取必要的措施应付可能发生的破坏情况之外,还需要有灾难应急和恢复计划,以便当灾难真正发生时可以用来恢复。为保障业务的连续性,金融机构需要重点建设与灾难备份、应急响应、安全监控相关的基础设施与应用工具。对付灾难的解决方案有两类,一是对服务的维护与恢复,二是保护或恢复丢失的、被破坏的或删除的信息。

　　建设灾备系统可以有效保证金融企业信息系统服务的连续性。对于金融企业来说,业务的连续性与对数据的高可靠性要求,要求灾备系统须具有高的恢复时间目标(Recovery time object,RTO)和高的恢复点目标(Recovery point object,RPO,指恢复时容任数据损失的程度)。因此,金融企业在建设灾备系统时,一般采用建灾备中心的方案,并可采用基于磁盘阵列的数据远程复制与基于数据库的数据远程复制技术。

　　基于磁盘阵列的数据远程复制:适用于在异地建远程的灾备中心,在正常情况下,应用运行在主中心的计算机系统上,数据也存放在主中心的存储系统中,主中心存储系统保存的数据通过通信链路实时地复制到备份中心的存储系统中,保证主、备份中心数据的实时一致性。当主中心因灾出现故障无法正常工作时,备份中心可以立即接管业务,并且确保数据最大的完整性。

　　基于数据库的数据远程复制:数据库复制技术是随近年服务器处理速度的提高而得到应用的灾备复制技术,其原理为利用运行于服务器上的库管理软件收集所有对库的写入操作,库管理软件通过 IP 网络,将所有写入库数据传输到备份中心数据库管理软件,然后远端的库管理软件将接收的数据按照写入的顺序存入磁盘。库复制方式可以实现快速的数据复制,而对系统不会产生很大的影响,同时由于数据传输依赖目前使用最多的 IP 网络,因此对灾备系统的建设和维护都非常方便,并可降低在通信线路上的投资,因此在建设远距离灾备中心方面很有优势。

　　对于中小型金融企业,或对 RTO 和 RPO 要求不是太高的企业,可以采用数据备份和恢复来实现灾难备份,这种形式的灾难备份由数据备份系统、磁带库设备与离线磁带管理系统等部分组成。工作原理是备份系统通过定期的数据备份,将关键的数据备份到磁带库中,通过离线磁带管理系统,将备份数据复制到另外的磁带中,然后把复制的磁带出库,离线的磁带被运送到预定的磁带存放地,对离线磁带的管理由独立的管理系统实现,通过这样一套系统实现企业的灾难备份系统。

4.2　网络层安全技术

　　计算机网络安全是金融信息安全的一个非常重要的方面。由于计算机网络的存在,攻击者很容易通过网络非法入侵他人的网络系统、计算机系统,非法访问网络上的信息资源并窃取其中相关的数据信息。

通常网络分为内部网络和外部网络(也称公共网络),内部网络是一个企业或单位构建的承载内部应用的网络,通常通过路由器与外部网络相连,内部网络与外部网络成为安全边界,对安全边界的监控是网络安全的重要内容。需要通过网络风险评估确定网络安全面临哪些威胁、存在哪些安全风险;根据评估结果制定网络安全策略,安全策略应该是全面的、动态的,能够涵盖网络通信节点、通信协议、终端系统等各个环节;根据安全策略,对网络实施全面安全保护,运用防火墙、认证系统等隔离内外网,对网络访问者进行认证等;同时,防范和保护并不能消除威胁和攻击,尤其是人为的攻击,因此需要实时监测手段,监控检查网络安全状态,发现网络入侵、攻击等行为;针对网络攻击安全等事件,应能够及时做出响应,切断入侵连接,隔离非法行为;对于由于攻击遭到损坏的系统,能够快速有效地恢复,保障系统正常工作。

主要的网络安全技术有防火墙技术、虚拟专用网(VPN)技术和安全网关技术。

4.2.1　防火墙技术

防火墙的概念源于人们在建筑物之间设置的隔墙,发生火灾时,这道墙可以防止火灾的蔓延。网络信息安全防范中的防火墙借用了建筑物之间防火墙的概念,并起着类似建筑物防火墙的作用。网络安全防火墙是一个由软件与硬件组合而成的设备,设置在计算机网络的内部网与外部网之间的连接处,如图 4.1 所示,保护内部网络免遭外部非法用户通过外部网络的入侵。

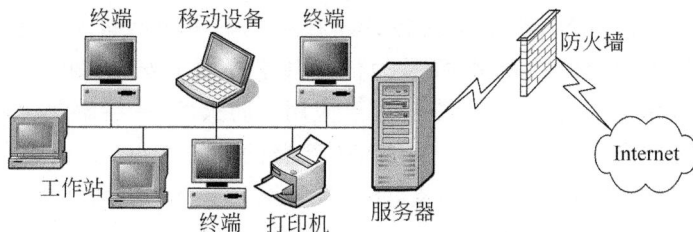

图 4.1　网络防火墙示意图

防火墙作为信息系统网络安全防御体系中的第一道防线,主要目标是有效地控制内、外网之间的网络数据流量,做到御敌于外。要实现这一目标,防火墙自身要有很强的抗攻击免疫能力,这是防火墙能够担当网络安全卫士的先决条件。防火墙位于内部网络与外部网络的连接处,即处于内部网络的边缘,内网与外网之间所有的数据交换流量都要经过防火墙,因此防火墙就像一个卫士一样,每时每刻都有可能面对攻击者、非法用户的入侵。面对外来的攻击,防火墙自身必须具备非常强的抗攻击能力。其次,防火墙只允许符合安全策略要求的数据流通过,以实现对内部网络的安全保护。防火墙最基本的功能是确保流入流量的合法性,这可以通过设置规则,过滤通过防火墙的数据流,实现规划的网络安全策略,这部分功能一般由软件系统来完成。

防火墙作为重要的网络安全设备,主要有以下功能。

(1) 网络流量过滤:流量过滤是防火墙最主要的功能,通过在防火墙上进行安全规则配置,将流经防火墙但不符合安全策略的数据流过滤掉。安全规则是依据安全策略,根据协议数据类型精心设置的,防火墙依据规则,对进出的数据流进行严格的检查,只有符合安全规则的数据流量才能通过,大大提高了内部网络的安全性。

(2) 网络审计监控:由于防火墙处于网络的边界,能记录下所有经过它的访问并生成网络访问日志,同时也能提供网络使用情况的统计数据。当出现可疑的网络访问时,防火墙能及时报警,并提供可疑访问的详细信息。此外,由于防火墙所处位置的特殊性,通过它可以收集网络使用和误用的情况,由这些信息可以了解防火墙是否能够抵挡攻击者的探测和攻击,了解防火墙的控制是否足够。

(3) 形成集中式安全管理:目前,防火墙产品能够支持多种安全服务,通过将口令、加密、身份认证、审计等安全服务配置在防火墙上,形成集中式安全管理。同将网络安全风险分散到各个主机上分别管理相比,防火墙的集中安全管理更经济,也更有利于管理维护。

(4) 多功能网络技术支持服务:目前,很多防火墙具备支持 NAT 技术、DMZ 技术及 VPN 技术的多种功能。网络地址翻译(Network Address Translation,NAT)是缓解地址空间短缺的一种技术,既可以解决 IP 地址资源不足的问题,还可以隐藏内部网络结构;而 DMZ(Demilitarized zone)用于解决安装防火墙后外部网络不能访问内部网络服务器,而企业有些信息需要向外部提供的问题,DMZ 在企业的内部网络与外部网络之间设立一个缓冲区,这个区域放置一些企业可以公开的服务器设施,如企业 Web 服务器、FTP 服务器等;VPN(Virtual private network)是一种虚拟私有网络技术,对需要在网上传输的数据进行加密保护,通过 VPN 技术,企业将分布在各地的局域网有机地连成一个整体,不仅省去了租用专用通信线路的费用,而且为信息共享提供了安全保障。图 4.2 为一个典型的企业防火墙应用实例,该企业网络中由于应用了防火墙,一举解决了网络流量过滤与审计、地址短缺、远程安全内网访问以及 DMZ 部署问题。可见,防火墙在企业网络构建中起到十分重要的作用,同时由于其支持了多项网络技术,使网络的拓扑结构得到了简化[1]108-109。

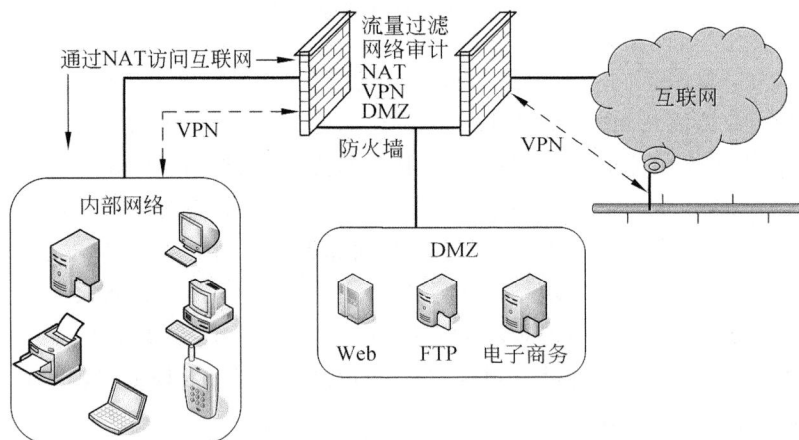

图 4.2　典型的企业防火墙应用示意图

根据实现技术,防护墙可以分为 3 类:包过滤、代理服务和状态监测。

(1) 包过滤技术:包过滤(Packet filtering)是最早使用的一种防火墙技术,它对通过防火墙的每个数据包包头的源地址、目的地址、端口号、协议类型等标志信息进行检查,并与防火墙中预先设定的过滤规则进行比对,一旦发现某个数据包信息的某个或多个内容与过滤规则匹配并且条件为"阻止"的时候,这个数据包就被不允许通过而丢弃。因此,包过滤防火墙主要工作在网络层和传输层如图 4.3 所示。而采用包过滤技术的防火墙,其对网络安全保护的程度取决于过滤规则的设置。

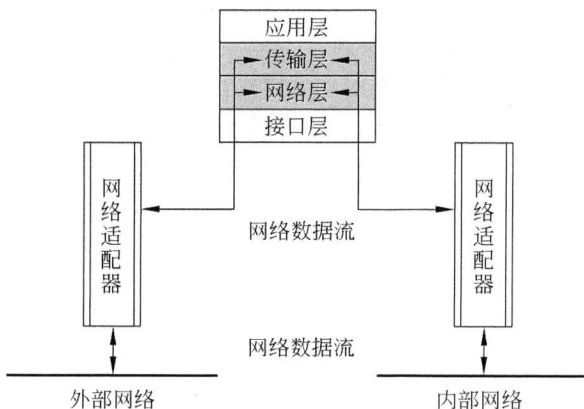

图 4.3　包过滤防火墙工作示意图

包过滤技术有静态与动态之分,静态包过滤技术只能根据预先设置的过滤规则进行判断过滤,一旦有在预定规则中没有设定的有害数据包请求通过,防火墙就不能发挥保护作用。动态过滤技术在保持原有静态过滤技术和过滤规则的基础上,通过对已与计算机连接的报文传输进行跟踪并作出判断,在发现威胁的情况下能自动产生新的临时过滤规则,或对已有的过滤规则进行修改更新,从而终止该有害数据的继续传输。由于动态包过滤需要消耗额外的资源与时间来提取数据包内容进行判断处理,所以与静态包过滤相比,动态包过滤机制的运行效率低。

包过滤型防火墙的优点为网络性能损失小、可扩展性好、易于实现,加之包过滤防火墙产品廉价,能适应众多网络安全的应用需求。然而,由于防火墙的性能与规则的数量成反比,过滤规则不可能定义得过细;另外,由于这种防火墙基于网络层的分组头信息进行检查并实现过滤机制,对封装在分组中的数据内容一般不作检查,也就不会感知具体的应用内容,容易受到 IP 欺骗等攻击;此外,它只能工作于网络层与传输层,并不能识别更高层协议中的有害数据,所以它有一定的局限性。

(2) 代理服务技术:代理服务(Proxy server)技术是针对包过滤技术不能提供完善的数据保护而出现的防火墙技术,它不同于包过滤技术工作在网络层与传输层,而是利用"应用协议分析"(Application protocol analysis),直接工作在系统的上层——应用层。它被用于对应用层的服务进行控制,可以在内部网络向外部网络请求服务时起到中间转接的作用。当外界数据进入代理防火墙(代理服务器)的客户端时,"应用协议分析"模块便根据应用层协议处理这个数据,通过预置的规则,对这个数据提供的信息进行安全检查,对数据是否有害作出判断。对合法无害的外部数据,代理服务器会向内部网络提出服务请求,而内部网络也只接受代理服务器提出的服务请求,拒绝外部网络任何节点的直接请求,工作原理如图 4.4 所示。由于代理防火墙工作在应用层,因而还可以实现双向限制,即在过滤外部网络有害数据的同时也可以监控内部网络流出的数据,防止内部网络重要信息的泄露。又由于代理防火墙采用的是代理机制,内外部网络之间的数据交流都需要先经过代理服务器的安全检查,内外部网络的计算机不能直接连接交流,能够有效地实现防火墙内外计算机系统的隔离,具有很好的安全性,还可以用于较强的数据流监控、过滤、记录、审计和报告的功能。缺点是对于每一种应用服务(Web、FTP、E-mail 等),都必须为其设计一个代理软件模块来进行安全控制,而每一种网络应用服务的安全问题各不相同,具体分析、实现比较困难;另外,数据通过代理防火墙时,相应的代理软件模块要运行一套复杂的协议分析机制,对数据进行分析和还原,要消耗一定的时间,因而不可避免地会产生一定的延迟。在网络吞吐量不是很大的情况下,这不是问题,但在数据交换频繁时,代理防火墙就可能成为整个网络的瓶颈,甚至会出现阻塞而出现整个网络瘫痪的局面。

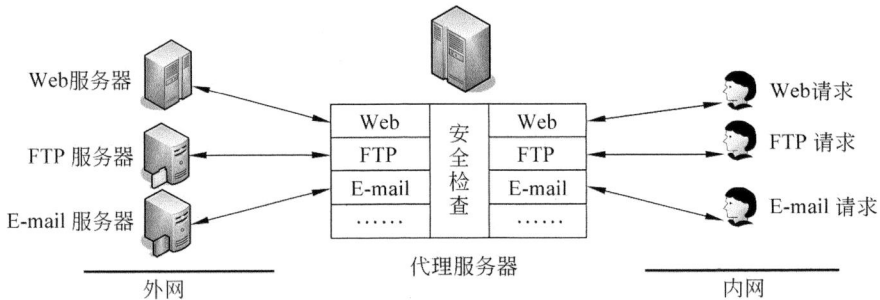

图 4.4　代理服务防火墙工作示意图

(3) 状态检测技术:状态检测(Statefull inspection)防火墙采用了状态检测包过滤的技术,是传统包过滤上的功能扩展,是第三代防火墙技术,能对网络通信的各层实行检测。同包过滤技术一样,它能够检测通过 IP 地址、端口号以及 TCP 标记,过滤进出的数据包。状态检测防火墙在网络层还有一个检查引擎,截获数据包并抽取出与应用层状态有关的信息,并以此为依据决定对该连接是接受还是拒绝。状态检测防火墙一般也包括一些代理级的服务,它们提供附加的对特定应用程序数据内容的支持。它不依靠与应用层有关的代理,而是依靠某种算法来识别进出的应用层数据,这些算法通过已知合法数据包的模式来比较进出数据包的数据流,从理论上能比应用级代理在过滤数据包上更有效。状态监视器的监视模块支持多种协议和应用程序,可方便地实现应用和服务的扩充。此外,它还可监测 RPC 和 UDP 端口信息,而包过滤和代理都不支持此类端口。这样,通过对各层进行监测,状态监视器实现网络安全的目的。目前多使用状态监测防火墙,它对用户透明,在 OSI 最高层上加密数据,而无须修改客户端程序,也无须对每个需在防火墙上运行的服务额外增加一个代理。

状态检测防火墙虽然工作在 OSI 协议的较低层,但它检测所有应用层的数据包,从中提取有用信息,如 IP 地址、端口号、数据内容等,安全性得到很大提高;由于状态检测防火墙是在 OSI 协议的低层,而不是在上层处理通过防火墙的所有的数据包,减少了在高层协议头的开销,执行效率有很大提高;另外,在这种防火墙中,一旦一个连接建立起来,就不用再对这个连接做更多工作,系统可以去处理别的连接,执行效率明显提高;状态检测防火墙不区分每个具体的应用,只是根据从数据包中提取出的信息、对应的安全策略及过滤规则处理数据包,当有一个新的应用时,它能动态产生新的应用规则,而不用另外写代码,所以具有很好的适应性和扩展性;状态检测防火墙不仅支持基于 TCP 的应用,而且支持基于无连接协议的应用,如 RPC,基于 UDP 的应用(DNS、WAIS、Archie 等)等,配置方便,应用范围广。状态检测防火墙虽然继承了包过滤防火墙和代理服务防火墙的优点,克服了它们的缺点,但它仍只是检测数据包的第三层信息,无法彻底识别数据包中大量的垃圾邮件、广告以及木马程序等。

4.2.2 虚拟专用网(VPN)技术

VPN 属于远程访问技术,简单地说,就是利用公网链路架设私有网络。例如,公司员工出差到外地,他想访问企业内网的服务器资源,这种访问就属于远程访问。怎么才能让外地员工访问到内网资源呢?VPN 的解决方法是在内部网络中架设一台 VPN 服务器,VPN 服务器有两块网卡,一块连接内网,一块连接公共用网。外地员工在当地连上互联网后,通过互联网找到企业的 VPN 服务器,然后以 VPN 服务器作为跳板进入企业内部网。为了保证数据安全,VPN 服务器和客户机之间的通信数据都进行了加密处理。有了数据加密,就可以认为数据是在一条专用的数据链路上进行安全传输,就如同专门架设了一个专用网络一样。但实际上,VPN 使用的是互联网上的公用链路,因此只能称为虚拟专用网。即 VPN 实质上就是利用加密技术在公网上封装出一个数据通信隧道。有了 VPN 技术,用户无论是在外地出差还是在家中办公,只要能上互联网,就能利用 VPN 方便地访问企业内网资源。

实现 VPN 的最关键部分是在公网上建立虚信道,而建立虚信道是利用隧道技术实现的。隧道是利用一种协议传输另一种协议的技术,即用隧道协议来完成对另一种协议的数据报文的封装、传输和解封三个过程。如图 4.5 所示,隧道技术的基本过程是在源局域网与公用网的接口处,将要传输的数据封装在一种可以在公用网上传输的数据格式中,在目的地局域网与公网的接口处将数据解封装,取出负载并转发到最终目的地。被封装的数据包在公用互联网络上传递时所经过的逻辑路径称为隧道。

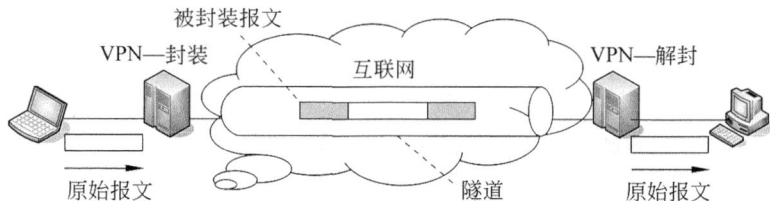

图 4.5 VPN 隧道示意图

根据 VPN 应用的类型,VPN 服务大致分为 3 类:Access VPN,用于帮助远程用户同企业的内部网络建立起安全网络连接;Internet VPN,用于企业的分支机构同企业总部的内部网络建立起可信的安全网络连接;Extranet VPN,用于在企业的商业伙伴与企业之间建立起可信的安全网络连接。图 4.6 给出了这 3 类 VPN 的图示。

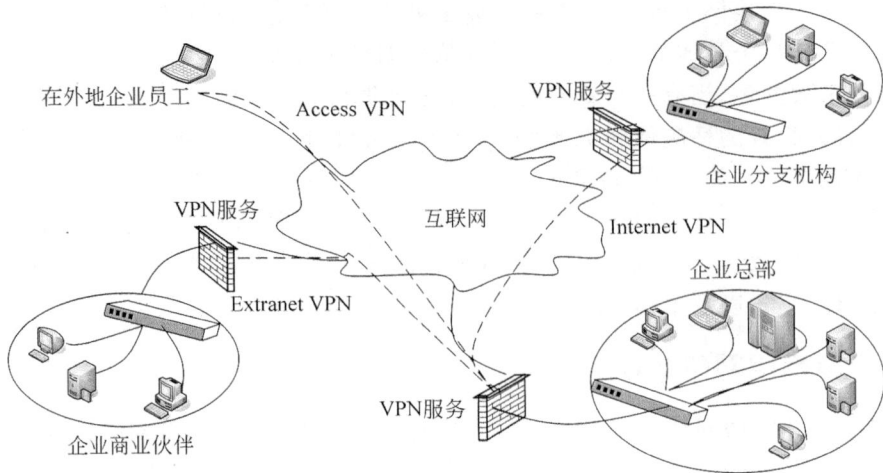

图 4.6   3 类 VPN 示意图

4.2.3   新一代安全网关

伴随着网络规模的不断扩张,网络用户的迅速增加,我们的日常生活对网络的依赖性不断增加,以应用为目标或载体的网络安全威胁日益增多。传统的防火墙等安全网关主要是基于 OSI 协议 1、2 层(链路层与网络层)的包过滤技术与基于 4 层(传输层)的状态检测技术(关于 OSI 协议的 7 个层次见图 3.5),可以用于 4 层以下的安全防护,无法对应用安全风险进行有效的监控、管理和防护。因此,四层以上各种各样的应用,如 Web 网站、邮件服务器、P2P 下载、炒股软件等逐渐成为了网络安全难以监控的非管理区。一方面是因为应用的种类繁多、形式多样,包括 Smart tunnel 等各种技术可以随意改变应用的端口,各种攻击伪装技术可以仿冒各种应用软件,使得传统以静态端口或者特征为检测机制的安全网关毫无办法,另一方面对应用层安全检测需要消耗安全网关大量的计算资源,没有好的硬件架构和软件算法,应用级防护将导致安全网关转发性能严重不足,从而丧失其实用价值。图 4.7 给出了传统安全网关防护范围示意图。

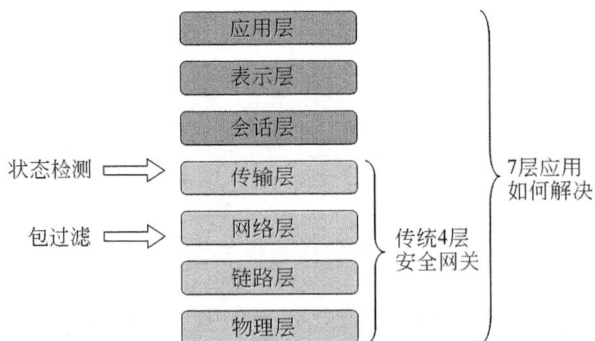

图 4.7   传统安全网关保护示意图

新一代安全网关是在传统网关 4 层防护的基础上发展起来的新安全网关,它利用多种检测技术,满足从链路层到应用层的全面检测,确保应用级的安全保护:利用多核CPU 的并行处理能力和强大的网络处理能力等技术,构建高效的硬件架构体系,解决在复杂检测防护技术下的应用层性能问题;它采用状态检测、智能协议识别(Nstocus intelligent protocol recognition,NIPR)、智能内容识别(Nstocus intelligent content recognition,NICR)3 种核心检测技术,作为 2～7 层安全威胁全面检测的核心技术,并对这些算法在不同层次的应用进行了优化;对于防火墙、防病毒、攻击防护、网页过滤等安全威胁,它采用统一的防护策略,将应用层复杂的防护功能融合起来,实现对多设备之间、不同安全产品之间的集中管理和策略统一,作为一个整体,实现对网络的全方位保护。

4.3　系统层安全技术

系统层安全主要包括发现系统漏洞,安装补丁堵塞漏洞,阻止内部用户或外部用户、黑客攻击、非法或越权使用、篡改系统资源,发现与清除病毒,阻止病毒在系统中的传播。主要的系统安全技术有安全扫描技术、入侵监测技术和病毒防治技术等。

4.3.1　安全扫描技术

安全扫描技术是一类重要的网络安全技术。安全扫描技术与防火墙、入侵检测系统互相配合,能够有效提高网络系统的安全性。通过对网络的扫描,网络管理员可以了解网络的安全配置和运行的应用服务,及时发现安全漏洞,客观评估网络风险等级。网络管理员可以根据扫描的结果更正网络安全漏洞和系统中的错误配置,在黑客攻击前进行防范。如果说防火墙和网络监控系统是被动的防御手段,那么安全扫描就是一种主动的防范措施,可以有效避免黑客攻击行为,做到防患于未然。

安全扫描技术主要分为两类:主机安全扫描技术和网络安全扫描技术。主机安全扫描技术是通过执行一些脚本文件,模拟对系统进行攻击的行为并记录系统的反应,从而发现其中的漏洞。而网络安全扫描技术主要针对系统中不合适的脆弱口令,以及针对其他同安全规则抵触的对象进行检查等。

(1) 主机扫描。目的在于确定在目标网络上的主机是否可达,常用的扫描手段有ICMP Echo 扫描、Broadcast ICMP 扫描等。ICMP Echo 扫描利用 Ping 命令向主机发送ICMP Echo Request(ICMP 回应请求)数据包,等待回复的 ICMP Echo Reply(ICMP 回应应答)数据包。如果能收到回答,则表明目标系统是可达的,否则表明目标系统已经不可达或发送的数据包被中间设备(如防火墙)滤掉。

(2) 端口扫描。当确定了目标主机可达后,就可以使用端口扫描技术,发现目标主机的开放端口,包括网络协议和各种应用监听的端口。端口扫描向目标主机的 TCP/IP 服务端口发送探测数据包,并记录目标主机的响应。通过分析响应来判断服务端口是打开还是关闭,就可以得知端口提供的服务或信息。端口扫描也可以通过捕获主机或服务器的流入流出 IP 数据包来监视主机的运行情况,它仅能对接收到的数据进行分析,帮助我们发现目标主机的某些内在弱点,而不会提供进入一个系统的详细步骤。端口扫描主要有经典的全连接扫描器以及半连接(SYN)扫描。此外还有间接扫描和秘密扫描等。

① 全连接扫描:它是 TCP 端口扫描的基础,现有的全连接扫描有 TCP connect()扫描和 TCP 反向 ident 扫描,这是两种开放扫描。以 TCP connect()扫描为例,扫描主机通过 TCP/IP 协议的三次握手与目标主机的指定端口建立一次完整的连接,连接由系统调用 connect 开始。如果端口开放,则连接将建立成功;否则表示这个端口不可用,即该端口没有提供服务。这种扫描的优点是稳定可靠,不需要特殊的权限;缺点是扫描方式不隐蔽,服务日志会记录下大量密集的连接和错误记录,容易被防火墙发现和屏蔽。

② 分段扫描:分段扫描不直接发送 TCP 探测数据包,而是将数据包分为两个较小的 IP 段,从而将一个 TCP 头分成几个小的数据包发送,使包过滤设备很难探测到这类扫描。这种扫描隐蔽性好,可穿越防火墙,但有时某些程序在处理这些小数据包时会出现异常,数据包可能被丢弃。

③ 半连接扫描:这是一类介于全连接扫描的开放性与分段扫描的隐蔽性中间的半开放扫描。以 TCP SYN 扫描为例,该扫描向目标主机端口发送 SYN 包,如果应答是 RST 包,则说明端口是关闭的;如果应答中包含 SYN 和 ACK 包,则说明目标端口处于监听状态,再传送一个 RST 包给目标机,停止建立连接。由于在 SYN 扫描时,全连接尚未建立,因而称为半连接扫描。该扫描的优点是隐蔽性好于全连接扫描,一般系统对这种半连接扫描很少记录,缺点是在大部分操作系统下,发送主机需要构造适用于这种扫描的 IP 包。通常情况下,构造 SYN 数据包需要超级用户或者授权用户访问专门的系统调用。

4.3.2 入侵检测技术

1. 入侵检测概述

防火墙就像一道门,它可以为信息系统提供一定程度的安全保护,但并非是绝对安全的,因为它无法阻止来自系统内部或利用系统后门的攻击者,也无法阻止内部的低授权用户的越权行为。统计数据表明,超过 65% 的系统攻击来自于系统内部。安全扫描技术在扫描时可以发现系统存在的漏洞,但不能对系统进行实时扫描。入侵检测系统(Intrusion detection system,IDS)作为防火墙的补充,用于实时发现和抵御黑客对系统的攻击。

入侵是指任何企图危及信息系统资源的完整性、保密性和可用性的活动。入侵检测是指对入侵行为的发现、拦截、告警和响应。它通过在计算机信息系统的若干关键点处进行信息采集,并对收集到的信息进行分析,判断系统是否存在违反系统安全策略的行为和系统被攻击的迹象,并可通过和防火墙等进行联动,对入侵或攻击作出响应。入侵检测的目标是识别系统内部人员与外部非法入侵者的非法使用、滥用系统资源的行为。实现信息系统入侵检测目标的系统称为入侵检测系统,它由硬件与相关软件组成。

对于入侵检测,下面几个概念是基本的。

(1)事件:当系统遭到入侵或出现较大的变化时,称为发生安全事件,简称事件。IDS 的最主要功能就是及时检测到事件的发生,尤其是那些可能给系统或主机带来安全威胁的事件。

(2)报警:当事件发生时,IDS 通过某种方式及时通知系统管理员事件情况,称为报警。

（3）响应：当 IDS 报警后，系统管理员对事件及时作出的处理称为响应。IDS 也可以和其他安全设备一起，依据报警信息自动采取安全措施阻断入侵行为，称为联动响应。

（4）误用：指不正当使用计算机或系统，并对系统安全构成威胁的一类行为。

（5）异常：当主机或系统出现偏离行为模型的事件时，称为异常（行为模型：对主机或系统的正常行为，通过采样、分析所建立的描述正常行为轮廓的模型，称为行为模型）。

（6）入侵特征：通过对某种入侵行为的事件过程进行分析研究得出的可以分辨出该入侵攻击事件的特征关键字，这些特征关键字称为该类入侵攻击的入侵特征。

（7）感应器：配置在系统或网络某些关键位置，用于收集系统信息或用户行为信息的软、硬件称为感应器，感应器的性能直接决定 IDS 检测的准确率。

一个通用的入侵检测系统由图 4.8 所示的模型给出，它由事件产生器、事件分析器、响应单元与事件数据库组成。它的工作过程如下。

（1）事件产生器通过感应器进行信息收集，并将收集的信息传送给事件分析器与事件数据库。收集的信息内容包括系统与网络的数据及用户活动的状态和行为。

（2）事件分析器对事件产生器传送过来的信息进行分析，并与事件数据库中的入侵特征进行比对，产生分析结果。当分析得出有入侵特征时，通知响应单元。分析的技术通常有模式匹配、统计分析和完整性分析。

（3）响应单元接到分析器的分析结果后，会根据入侵的特征产生报警，由系统管理员作出响应，或由检测系统根据预先定义的相应措施启动联动响应，如切断连接、终止进程或改变文件属性等。

图 4.9 给出了一个入侵检测系统的基本构成，它由探测器与控制台两部分组成。根据每个系统的用途不同，可以配有一个、两个或多个感应器。感应器的作用在于对主机或网络进行监视、发现攻击，并报告控制台的控制器，控制器的作用在于接受感应器传送过来的报警信息，并对感应器实施控制，它具有警报信息查询、探测器管理、事件数据库管理与用户管理的功能。

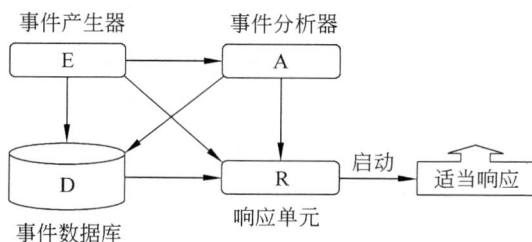

图 4.8　一般入侵检测系统模型　　　　图 4.9　入侵探测器基本结构

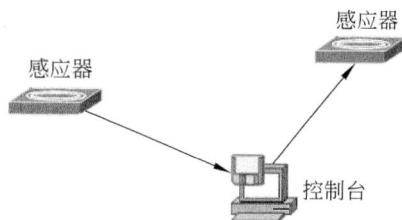

作为信息系统一种积极主动的安全防护工具，入侵检测系统提供了对内部工具、外部攻击和错误操作的实时检测防护，在系统受到危害之前进行拦截、报警和响应。其主要功能包括如下几个方面：

（1）检测、记录并分析用户、系统和网络的活动变化。

（2）核查系统的配置和漏洞。

（3）评估系统关键资源和数据文件的完整性。

（4）识别已知的攻击行为。

（5）统计分析异常行为。

（6）管理操作系统日志，识别违反安全策略的用户活动。

发现入侵企图或异常现象是入侵检测系统的核心功能，主要有两种思路：一是对进出网络系统或主机的数据流进行监控，分析是否存在对系统的入侵行为；二是评估系统关键资源和数据文件的完整性，判断系统是否已经遭受了攻击。前者的作用在于入侵行为发生时及时发现，从而通过响应避免系统遭到攻击；后者通常是在遭到入侵时没能及时发现和阻止，虽然攻击的行为已经发生，但可以通过攻击留下的痕迹了解攻击行为的一些细节，把它们记录下来并存储到数据库中，避免以后再遭受类似的攻击。入侵检测系统作为一种主动防御技术，还需具备记录、报警与响应的功能，即在检测到入侵攻击后，即应有根据入侵攻击的类型采取相应的措施来阻止或响应攻击的能力。

2. 入侵检测系统的类型

入侵检测系统有不同的分类方法。根据采用检测技术的不同，有基于误用检测（Misuse detection）的入侵检测系统和基于异常检测（Anomaly detection）入侵检测系统。所谓误用检测，是根据事先定义出的已知的入侵攻击行为的入侵特征，将检测到的攻击数据与之匹配，根据匹配程度来判断是否发生了误用攻击行为；而异常检测是根据使用者的行为或资源使用情况与正常状态下的标准特征（活动轮廓）之间的偏差来判断是否遭到入侵，偏差高于阈值则发生异常。根据数据源的不同，则可以把入侵检测系统分为基于主机的入侵检测系统（Host-based intrusion detection system，HIDS）和基于网络的入侵检测系统（Network-based intrusion detection system，NIDS）。下面对这两类入侵系统作一简单介绍。

（1）基于主机的入侵检测。

主机型入侵检测系统是安装在服务器或 PC 上的软件，用于检测所保护主机上发生的入侵行为，主要检测内部人员的误用、攻击以及成功避开传统的系统保护方法而渗透到系统内部的入侵攻击活动，结构模型如图 4.10 所示。数据源主要是主机系统日志、应用程序的事件日志、系统调用、端口调用和安全审计记录等，从所在的主机上收集信息并进行分析，通过查询、监听当前系统的各种资源的使用、运行状态，发现系统资源中被非法使用或修改的事件，检测到入侵行为后可及时与操作系统协同阻止入侵行为的继续。

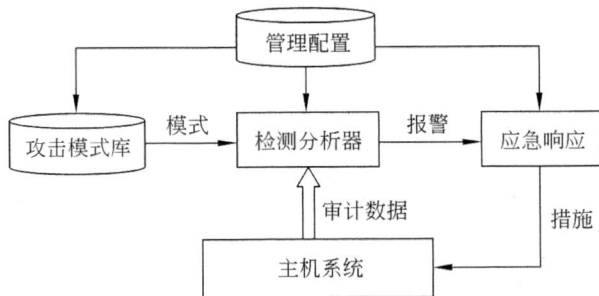

图 4.10　基于主机的入侵检测系统结构模型

　　基于主机的入侵检测系统的性价比较高,不需要增加专门的硬件平台,当主机数量少时,性价比尤其突出;检测准确率高,主要用于检测用户在系统中的行为活动,如对敏感文件、目录或端口的访问,这些行为能够准确地反映系统实时的状态,便于区分正常的行为和非法的行为;对网络流量不敏感,不会因为网络流量的增加而丢掉对网络行为的监视,适合加密环境下的入侵检测。该类检测系统的缺点是需要在每个主机上安装入侵检测系统,一个系统只能保护其所保护的主机,不能检测其他主机或网络系统上发生的入侵行为;维护比较复杂。

　　(2) 基于网络的入侵检测系统。

　　基于网络的入侵检测系统通过部署在一些网络关键位置的感应器,如网络入口处(路由器)或网络核心交换处(核心交换路由),通过检测网络上所有的往来报文,按照协议分析其是否具有已知的入侵特征模式,来判别是否存在入侵行为。当发现某些可疑的现象时,报告网络中可能存在的入侵或非法使用者信息。基于网络的入侵检测系统的结构模型如图 4.11 所示。

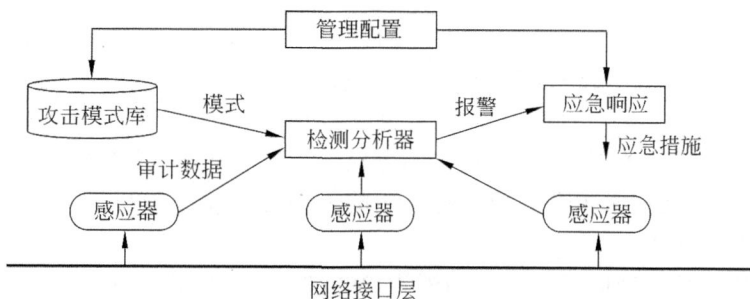

图 4.11　基于网络的入侵检测系统结构模型

　　形象地说,网络型入侵检测系统是网络智能摄像机,能够捕获并记录网络上的所有数据,分析并提炼出可疑的、异常的网络数据;它还是 X 光机,能够穿透一些巧妙的伪装,抓住实际的内容。它还能够对入侵行为自动地进行反击,如阻断连接、关闭通道等。图 4.12 给出了基于网络入侵检测系统部署的图示。

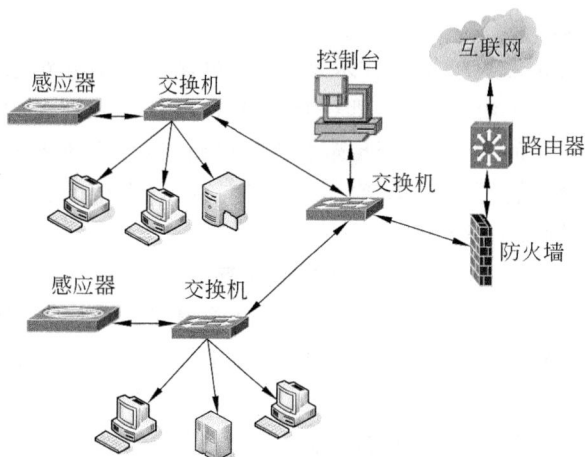

图 4.12　基于网络的入侵检测系统部署示意图

还有其他的一些分类方法。如按系统的结构分类，可以有集中式、等级式与分布式3 种入侵检测系统。集中式入侵检测系统有多个分布于不同主机上的审计程序，但只有一个中央入侵检测服务器；等级式入侵检测系统对信息系统确定了若干个分等级的监控区域，每个入侵检测系统负责一个区域的监控分析，然后将该区域的分析结果上传给上一级的入侵检测系统；分布式入侵检测系统将中央检测服务器的任务分配给多个基于主机的入侵检测系统，这些入侵检测系统不分等级，各司其职，负责监控其所属主机的活动。按照系统设计目标分类，有的入侵检测系统只提供记账功能，其他功能由系统操作人员完成，有的提供相应功能，根据所做出的判断自动采取相应的措施。也有按响应方式分类的，有主动响应和被动响应两类入侵检测系统。有按照同步技术区分的，分为间隔批任务处理型入侵检测系统和实时连续型入侵检测系统，前者一次只处理特定时间段内的信息，并以文件的形式传送给分析器，在入侵发生时将结果反馈给用户；后者则在事件一发生时就将信息传送给分析器，并立即得到处理和反应。

3．入侵检测分析技术

入侵检测系统中的检测分析器应用入侵检测分析技术对感应器采集并传送过来的信息，进行分析和判别，因而入侵检测分析技术是入侵检测系统的关键技术之一。入侵检测分析技术主要关注入侵攻击的特征提取、合并和推理，技术种类繁多，涉及许多相关学科。根据这些技术分析的目的不同，可以把它们分成误用检测技术、异常检测技术和入侵诱骗技术，本部分在这 3 类技术中各介绍一种常用的入侵检测分析技术。

（1）模式匹配技术。

模式匹配技术是一种应用最广泛的误用检测技术。该技术通过建立一个入侵攻击特征库，对收集到的信息进行特征提取，并与特征库中已知的入侵攻击特征进行比对，来发现不符合安全策略的入侵攻击行为。该方法的优点是只须收集相关的数据集合，显著减少系统负担，且技术已相当成熟，检测准确率和效率都相当高。缺点是需要不断对系统进行升级（增加新发现的入侵攻击模式特征），以对付不断出现的黑客攻击手法，对入侵攻击特征库中不存在的入侵攻击无法检测。

其他的误用入侵技术还有专家系统、状态转换分析与模型推理等技术和方法。

（2）统计分析技术。

统计分析是常用的异常入侵检测技术，它支持对每一个系统对象，包括系统用户和系统主体建立正常使用的历史统计描述，即统计系统对象正常使用时的一些测量特性，如访问次数、网络流量等，并对所建立的统计描述定期更新，以便及时反映出用户行为随时间推移而产生的变化。测量属性的平均值将被用来与网络、系统的行为进行比较，任何观察值超出正常值范围时，则认为入侵发生。

入侵检测统计分析方法常用的统计分析模型有下述几种。

① 可操作模型：该模型假设异常行为可通过测量结果与一些固定指标相比较来断定，固定指标可以根据经验值或一段时间内的统计平均得到。例如，在短时间内多次登录失败，可能是口令尝试攻击。

② 均值、方差模型：计算参数的均值与方差，设定置信区间，当测量值超过置信区间时，表明有可能是异常。

③ 多变量模型：该模型是可操作模型的扩充,可操作模型只考察一个变量,而多变量模型则需要对输入信息的多个参数同时实施检测分析,并根据这些参数,对相关标准值的偏离情况作出是否存在异常行为的判断。

④ 马尔可夫过程模型：将每种类型事件定义为系统状态,用状态转移矩阵来表示状态的变化。当一个事件发生时,如果状态矩阵转移的概率较小,则可能是异常事件。

⑤ 时间序列分析模型：将事件和资源耗用根据时间先后排成序列,如果一个新事件在该时间发生的概率较低,则该事件可能是异常入侵事件。

异常检测技术在检测盗用者和未知外部入侵时有很好的效果,即可以检测到未知的入侵以及盗用他人账号的入侵行为,不需要系统先验知识,具有自适应和自学习的功能。但其不足也是明显的,一是漏报、误报率高,入侵者可以通过逐渐改变自己的行为模式来逃避检测,合法用户正常行为的突然改变会造成误报误警。其次,统计算法的计算量庞大,效率比较低,而且统计点的选取和参考库的建立比较困难,难以确定评判正常与异常的阈值,阈值过高或过低会造成误报或漏报。

其他的异常入侵检测技术还有预测技术与基于人工智能的异常检测技术,如神经网络技术、遗传算法、数据挖掘技术等。

(3) 完整性分析技术。

完整性分析技术主要关注系统中的某些特定对象是否遭到入侵攻击并被更改,这些对象包括重要的日志、文件及目录等内容。它利用强有力的加密机制,通过检查系统的当前系统配置,诸如系统文件的内容或者系统表,来识别特定对象的微小变化,并确定系统是否已经或者可能会遭到破坏。完整性分析技术的优点是不管模式匹配方法和统计分析方法是否已经发现了入侵,只要是成功的攻击导致了文件或其他对象的任何改变,它都能够发现。缺点是一般以定时批处理方式实现,很少用于实时处理。

(4) 密罐技术。

密罐(Honeypot)技术是一种入侵诱骗技术,其目的是发现恶意的攻击和入侵。密罐技术需要设置一个包含漏洞的诱骗系统,通过模拟一个或多个易受攻击的主机,给攻击者提供一个容易攻击的目标。密罐的作用是为外界提供虚假的服务,拖延攻击者对真正目标的攻击,让攻击者在密罐上浪费时间。密罐的价值在于被扫描、攻击和攻陷,但它并不提供具备信息价值的服务,所有流入/流出密罐的流量都可能预示了扫描、攻击和攻陷,从而使系统尽可能详尽地捕捉、收集、监视并控制入侵者的活动。从而发现甚至定位入侵者,发现攻击模式、手段和方法,进而发现配置系统的缺陷和漏洞,以便完善安全配置管理,消除安全隐患。

密罐可以运行任何的操作系统和任意数量的服务,密罐上配置的服务决定了攻击者可用的损害和探测系统的媒介。根据密罐实现机制的不同,以及配置密罐环境的不同,有高交互密罐与低交互密罐之分。

① 高交互密罐：一个高交互密罐是一个配置了真实操作系统和服务的计算机系统,为攻击者提供一个可以交互的真实系统。但这一真实系统在网络中没有常规任务,也无固定的活动用户。因此,每个与高交互密罐的交互都是可疑的,所有出入密罐的网络流量、系统的活动都被记录下来,以备日后分析。高交互密罐运行真实的操作系统,带有系

统所有已知或未知的安全漏洞,攻击者与真实的系统和真实的服务交互,使得系统管理者能够捕获大量的威胁信息,发现被攻击者利用的漏洞,监视他们的按键,找到他们的工具,搞清他们的动机。因此,即使攻击者利用了未知的系统漏洞,通过分析其入侵过程和行为,可以发现其使用的方法和手段,即发现所谓的"零日攻击"。高交互密罐的不足是增加了系统风险,由于攻击者可以完全地访问操作系统,他们有可能利用其对系统的熟悉程度进一步损害其他非密罐系统。此外,高交互密罐的维护量大,必须随时进行细心的监视。

② 低交互密罐:低交互密罐是使用特定软件工具模拟操作系统、网络堆栈或某些特殊应用程序的一部分功能,是一种伪装的系统密罐。低交互密罐允许攻击者与目标系统进行有限的交互,允许管理员了解关于攻击的主要定量信息。低交互密罐提供的交互程度应该是"刚好够用",欺骗攻击者或自动化攻击工具——如一个寻找特定文件并危害服务器的蠕虫。低交互密罐可以模拟伪造出各种系统漏洞,入侵这样的漏洞,只能是在一个程序框架里打转,即使成功"渗透",对系统本身也没有损害。

4.3.3 防病毒技术

1. 计算机病毒概述

在网络高度发达的信息时代,黑客与病毒成了信息系统安全的主要威胁。尤其是计算机病毒,已在网络与个人计算机中泛滥成灾,造成了巨大的损失与危害,成为普遍存在的信息安全问题。计算机病毒的破坏行为主要有攻击系统数据区,攻击各类文件,攻击系统内存,干扰系统运行,使运行速度下降,攻击与毁坏磁盘,扰乱屏幕显示、键盘,攻击CMOS,干扰打印机等。图 4.13 给出了病毒所造成危害的情况[22]。

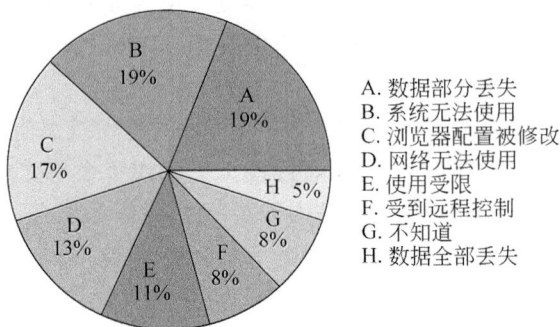

A. 数据部分丢失
B. 系统无法使用
C. 浏览器配置被修改
D. 网络无法使用
E. 使用受限
F. 受到远程控制
G. 不知道
H. 数据全部丢失

图 4.13　病毒危害情况

计算机病毒的来源多种多样,有的是计算机工作人员或业余爱好者为了纯粹寻开心而制造出来的,有的则是软件公司对自己的产品被非法复制而制造的报复性惩罚,因为他们发现病毒比加密对付非法复制更有效且更有威胁,这种情况助长了病毒的传播。还有一种情况就是蓄意破坏,它分为个人行为和政府行为两种。个人行为多为雇员对雇主的报复行为,而政府行为则是有组织的战略战术手段(据说在海湾战争中,一个秘密机构曾对伊拉克的通信系统进行了有计划的病毒攻击,一度使伊拉克的国防通信陷于瘫痪)。另外,还有些病毒是用于研究或实验而设计的"有用"程序,由于某种原因失去控制扩散出实验室或研究所,从而成为危害四方的计算机病毒。

《中华人民共和国计算机信息系统安全保护条例》把病毒定义为"编制或者在计算机程序中插入的破坏计算机功能或者破坏数据,影响计算机使用并且能够自我复制的一组计算机指令或者程序代码"。计算机病毒是一个程序,一段可执行代码。就像生物病毒一样,计算机病毒有独特的复制能力。计算机病毒可以很快地蔓延,又常常难以根除。它们能把自身附着在各种类型的文件上。当染毒文件被复制或从一个用户传送到另一个用户时,它们就随同该文件一起蔓延开来。它不仅能降低系统与计算机的性能、破坏计算机系统,而且还能够传染给其他系统。计算机病毒具有下面几个明显特征。

(1) 破坏性:任何计算机病毒感染了系统后,都会对系统产生不同程度的影响。发作时,轻则占用系统资源,影响计算机运行速度,降低计算机工作效率,使用户不能正常使用计算机;重则破坏用户计算机的数据,甚至破坏计算机硬件,给用户带来巨大的损失。

(2) 传染性:病毒不但本身具有破坏性,更有害的是具有传染性,这也是病毒的基本特征,是判断一个程序是否为计算机病毒的最重要特征。一旦病毒被复制或产生变种,其传染速度之快令人难以想象,病毒可以通过很多传染渠道,如网络、电子邮件、磁盘、U 盘等迅速传播。

(3) 寄生性:一般情况下,计算机病毒都不是独立存在的,而是寄生在其他的程序中,当执行这个程序时,病毒代码就会被执行并发作。而在未启动该中毒程序之前,它是不易被发觉的。

(4) 隐蔽性:计算机病毒具有很强的隐蔽性,它通常附在正常的程序之中,或藏在磁盘隐秘的地方,有些病毒采用了极其高明的手段来隐藏自己,如使用透明图标、注册表内的相似字符等。而且有的病毒在感染了系统之后,计算机系统仍能正常工作,用户不会感到有任何异常,在这种情况下,普通用户无法在正常的情况下发现病毒。

(5) 潜伏性(触发性):大部分病毒感染系统之后不会马上发作,而是隐藏在系统中,就像定时炸弹一样,只有在满足特定条件时才被触发。例如黑色星期五病毒,不到预定时间,用户就不会觉察出异常。一旦遇到 13 日并且是星期五,病毒就会被激活并且对系统进行破坏;又如 CIH 病毒,它在每月的 26 日发作。

2. 现代网络病毒

计算机病毒有很多的分类方法。例如,按病毒存在的媒体,可以分为网络病毒、文件病毒、引导型病毒和混合型病毒;按病毒传染的方法,可分为引导扇区传染病毒、执行文件传染病毒和网络传染病毒;按病毒的破坏能力,可划分为无害型病毒、无危险病毒、危险型病毒和非常危险型病毒;按病毒所采用的算法,可分为伴随型病毒、蠕虫型病毒、寄生型病毒、练习型病毒、诡秘型病毒和幽灵病毒;按病毒的攻击目标,可以分为 DOS 病毒、Windows 病毒和其他系统病毒;按病毒的链接方式,可分为源码型病毒、嵌入型病毒、外壳型病毒、操作系统型病毒。图 4.14 是根据网络病毒与单机病毒给出的一个分类。本部分就蠕虫病毒和木马病毒两类网络病毒作简单介绍。

(1) 蠕虫病毒。蠕虫(worm)病毒主要通过网络传播,具有极强的自我复制能力、传播性和破坏性。它与一般的计算机病毒不同,一般的计算机病毒需要寄生在其他文件中,通过感染其他文件进行传播。蠕虫病毒不采用将自身附加到其他程序中的方式来复制自己,它是通过在互联网环境下复制自身进行传播,传播的目标是互联网内的所有计算机,

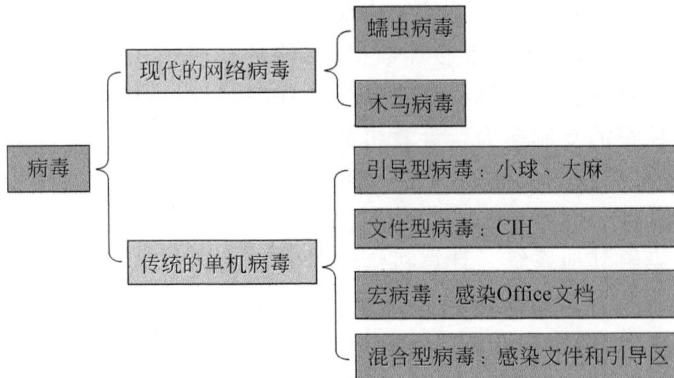

图 4.14　病毒的一种分类

传播途径主要包括局域网内的共享文件、电子邮件、网络中的恶意网页和大量存在着漏洞的服务器等。近年较为流行的蠕虫病毒有 Morris 蠕虫、红色代码（Code red）、尼姆达（Nimda）、求职病毒、熊猫烧香、SQL 蠕虫等。图 4.15 给出了尼姆达病毒的 4 种主要传播途径。

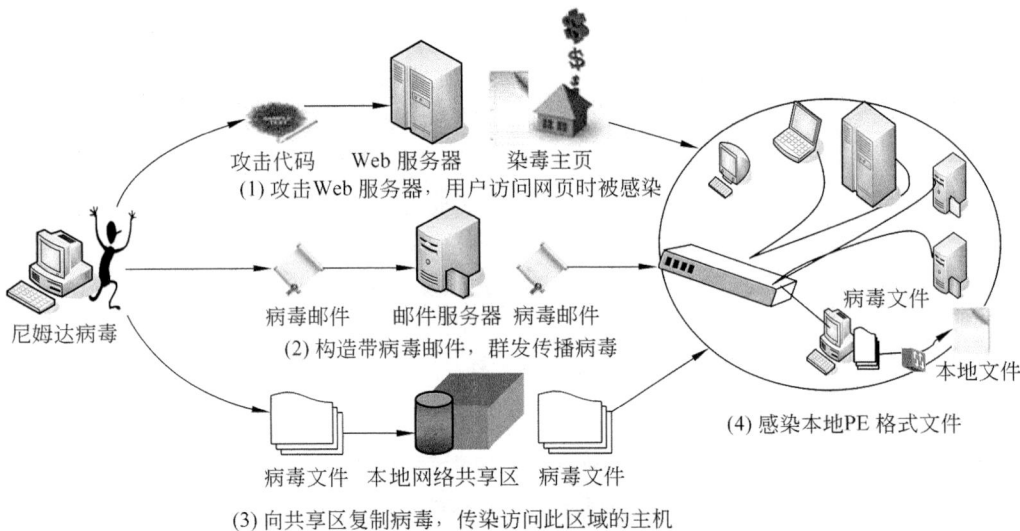

图 4.15　尼姆达病毒的 4 种主要传播途径

（2）木马病毒。木马（Horse）病毒是一种基于远程控制的黑客工具，一般不会对计算机产生直接的危害，而是通过网络任意地控制其他计算机，利（占）用其他计算机资源，从事窃取用户账号、密码及相关秘密信息的行为。木马病毒的传播方式主要通过电子邮件、被挂载木马的网页以及捆绑了木马程序的应用软件。比较著名的木马病毒有 BackOrifice（BO）、Netspy（网络精灵）和 Glacier（冰河）等。

3. 病毒防治

计算机防治病毒的主要技术有检测和清除，用于及时发现并清除病毒[1]89-91。

（1）检测技术。

病毒检测的作用在于能及时准确地发现病毒，并及时清除病毒。病毒检测主要有特征代码法、校验和法、行为监测法与虚拟机法等。这些方法依据原理不同，实现时所需开销不同，检测的范围不同，各有所长。

① 特征代码法：对每种已知的病毒抽取出能反映出该病毒特征的代码，如它进行破坏、传播和隐藏性等，组成查毒软件的各种病毒的特征代码库。显然，特征代码库中的特征代码种类越多，软件能查出的病毒就越多。特征代码法的优点是检测准确率高、快速，可识别病毒名称，是检测已知病毒最简单、开销最小的方法；缺点是不能检测未知病毒、变种病毒和隐蔽性病毒，需要定期更新病毒特征库，具有一定的滞后性。

② 校验和法：对某些重要文件在正常状态下进行计算，取得其校验和并存入资料库，以后定期检查，对这些文件进行校验，并与原来保存的校验和进行比较，如不一致，则可能被病毒感染。校验和法既可发现已知病毒，也可发现未知病毒、变种病毒，但对于文件内容由正常程序引起的改变，会出现误报，无法检测出隐蔽性病毒。

③ 行为监测法：利用病毒的特有行为特征来监测病毒的方法。通过对病毒的观察、研究、总结，可以得出一些行为是病毒比较特殊的共同行为，当一个可疑程序运行时，监视其行为，若发现类似病毒的行为，立即报警。该方法的优点是能相当准确地预报识别未知的多数病毒，缺点是归纳病毒特殊的共同行为特征较为困难，可能会误报，不能识别病毒名称。

④ 虚拟机法：这是一种反病毒前沿技术，接近于人工分析，智能化程度高。它用软件模拟一个虚拟的病毒执行环境，如虚拟一个 CPU，同样也虚拟 CPU 的各个寄存器，甚至将硬件端口也虚拟出来。将病毒放到虚拟机环境中执行，则病毒的传染与破坏等动作会被反映出来。虚拟机法的优点是可识别未知病毒，病毒定位准确，误报率低，缺点是执行较慢，消耗系统资源较高。

（2）清除。

清除病毒分为使用防病毒软件清除和手动清除两种方法。防毒软件由安全厂商精心研制，可以有效查杀绝大多数病毒。防病毒软件对检测到的病毒一般采用三种方法处理，分别是清除、删除和隔离。清除是指对中毒的文件采取清除病毒，但保留文件的处理方法；删除是将中毒文件整个删除的处理方法；隔离则是在发现病毒后，不能确认清除处理会带来什么样的后果，又不想直接删除中毒文件，只好采取监视病毒并阻止病毒运行的处理方法。如果某类病毒用清除、删除与隔离都无效时，对个人用户来说，重新格式化硬盘、重建系统是最后的有效选择。

手动清除病毒一般需要具备一定的专业知识，了解病毒的特点，有针对性地采取相应的措施。网络病毒手动清除的过程大致如下。

① 立即使用 BROADCAST 命令，通知所有用户退网，关闭文件服务器。

② 用带有写保护的、"干净"的系统盘启动系统管理员工作站，并立即清除本机病毒。

③ 用带有写保护的、"干净"的系统盘启动文件服务器，系统管理员登录后，使用DISABLE LOGIN 命令禁止其他用户登录。

④ 将文件服务器硬盘中的重要资料备份到"干净的"软盘上。

⑤ 用杀毒软件扫描服务器上所有文件,删除被病毒感染的文件,重新安装被删文件。

⑥ 用杀毒软件扫描并清除所有可能染上病毒的软盘或备份文件中的病毒。

⑦ 用杀毒软件扫描并清除所有的有盘工作站硬盘上的病毒。

⑧ 在确信病毒已经彻底清除后,重新启动网络和工作站。

（3）邮件病毒防杀技术。

邮件病毒防杀技术是基于网络环境的嵌入式查杀病毒技术。它采用智能邮件客户端代理 SMCP(smart mail client proxy)技术,该技术具有完善的邮件解码技术,能对邮件的各部分,包括附件文件进行病毒扫描;清除病毒后,能将无毒的邮件数据重新编码,传送给邮件客户端,并且能够更改主题、添加查毒报告附件;具有完善的网络监控功能,能在邮件到达邮件客户端之前就进行拦截,让病毒无机可乘;具备垃圾邮件处理功能,自动过滤垃圾邮件,有效地避免网络堵塞。

对计算机系统监测和清除是发现和清除病毒的重要手段。但提高病毒的防范意识,养成定期对系统升级、安装补丁堵塞漏洞等措施,是避免系统中毒,确保系统安全运行的更重要环节。这一部分的内容,我们将在下一章金融信息安全管理部分加以叙述。

4.4　应用层安全技术

4.4.1　身份认证技术

身份认证(Authentification)是系统证实用户的真实身份与其所声称的身份是否相符的过程,以确定该用户是否具有对某种资源的访问和使用权限。身份认证技术在信息安全中处于非常重要的地位,是其他安全机制的基础。只有实现了有效的身份认证,才能保证访问控制、安全审计、入侵监测等安全机制的有效实施。

身份认证主要依据特定用户所特有的并可以验证的特定信息,主要通过以下 3 种方式展开。

（1）用户所知道的或所掌握的信息,如密码、口令等。

（2）用户所拥有的特定的东西,如身份证、护照、账号等。

（3）用户所具有的个人特征,如指纹、笔迹、DNA、虹膜等。

目前,实现身份认证的技术主要有基于口令的认证技术、基于密码的认证技术和基于生物特征的认证技术。根据认证所需的条件,有仅需要一个条件的单因子认证技术、需要两个认证条件的双因子认证技术和需要多个条件的多因子认证技术。根据认证数据的状态,可以分为静态数据认证(Static data authentication)和动态数据认证(Dynamic data authentication)。静态数据认证是指用于识别用户身份的认证数据事先已产生并保存在特定的存储介质上,认证时提取该数据进行核实认证;而动态数据认证用于识别用户身份的认证数据不断动态变化,每次认证使用不同的认证数据,即动态密码。动态密码是由一种称为动态令牌的专用设备产生,可以是硬件也可以是软件,其产生动态密码的算法与认证服务器采用的算法相同。

1. 口令认证技术

口令认证技术通过比较用户输入的口令与系统内预存的口令是否一致来判断其身

份,口令认证简单灵活,是常用的一种身份认证方法。但由于口令容易泄露,安全性相对较差。为了防止攻击者破译或猜出口令,选择的口令应满足以下要求。

(1) 口令长度要适中。

(2) 不回送显示。

(3) 对口令的输入应作好记录和报告。

(4) 错误输入次数超过阈值时应自动断开连接。

(5) 注意口令存储的安全性。

当前,最基本、最常用的身份认证技术就是"用户名＋静态口令"的静态口令认证。这种认证通常分为两个阶段:第一阶段是身份识别阶段,确认认证对象是谁;第二阶段是身份验证阶段,获取身份信息进行验证。静态口令认证具有用户使用简单、方便,线路上传输的数据量小,后台服务器数据调用少,速度快,实现的成本低等特征,但在口令强度、口令传输、口令验证、口令存储等许多环节都存在严重的安全隐患,是一种不十分安全的认证技术。

实现动态口令认证的技术有口令表认证技术和一次性口令认证技术。

(1) 口令表认证技术要求用户事先提供一张记录有一系列口令的表,并将表存储在系统中,系统为该表设计了一个指针,用于指明下次用户登录时应使用的口令。

(2) 一次性口令认证技术使用户在每次注册时使用不同的口令,其实现机制主要有两种方式:挑战/应答(Challenge-Response)方式和时间同步(Time synchronization)机制。目前,挑战/应答机制使用最多,其工作原理是:当服务器收到登录者的登录申请后,即产生一个挑战信息,发送给用户,用户在客户端输入只有自己知道的通行密语,给予应答,并由一次性口令计算器产生一个 OTP,此 OTP 通过网络传送到服务器,服务器再校验此口令。若此 OTP 被认证成功,则客户被授权访问服务器,而此 OTP 将不再被使用。由于客户端用户用以产生 OTP 口令的通行密语不在网上传输,也不存储在服务器端与客户端的任何地方,只有使用者本人知道,故此秘密口令不会被窃取。即使此 OTP 口令在网络传输过程中被捕获,也无法再次使用。

2. 依靠可信第三方的对称密钥认证技术

基于对称密码认证技术,要求申请方与验证方共享密钥,通过共享密钥来维系彼此的信任关系,对于网络系统,一般采用可信第三方的认证技术。在这种认证技术中,所有用户有一个共同信任的第三方,此第三方被称为认证服务方。每个使用者都需要在认证服务器(Authentication server,AS)上完成注册(注册是指将其用于身份认证的"信物",如证据或凭证的特征记录并存储),AS 保存每个用户的特征信息,并与每个用户共享一个对称密钥。下面以用户 A 要求与用户 B 进行安全通信为例来说明这种认证技术的认证过程。(1)用户 A 通知 KDC(AS 的密钥分配中心,主要功能为用户生成并分发通信密钥 K_a,K_b 与 K_s)要与用户 B 进行安全通信;(2)KDC 告知 A 会话的密钥 K_s(K_s 是认证成功后,用户 A 与用户 B 之间用于通信的密钥)和需转发给用户 B 的信息,为保证传输安全,将发送给 A 的信息使用其与用户 A 共享的密钥 K_a 进行加密,将发送给用户 B 的信息用其与用户 B 共享的密钥 K_b 进行加密;(3)用户 A 将 KDC 发给他的信息转发给用户

B；(4)用户 B 给用户 A 发送一个用密钥 K_s 加密的挑战信息,记为 N_2,并等待 A 的认证信息；(5)用户 A 用密钥 K_s 将挑战信息还原后,根据事先的约定 $f(x)$ 计算 $f(N_2)$,再用密钥 K_s 加密后回应用户 B 的挑战,完成认证。认证完成得到确认后,用户 A 与用户 B 之间就可以使用密钥 K_s,在网络之间进行加密通信。

3. 基于生物特征的认证技术

基于生物特征的认证技术主要利用个人的特征来进行身份认证,这些个人特征有指纹、笔迹、语音、DNA、虹膜、视网膜等。由于个人特征都具有因人而异和随身携带的特点,难以伪造和不会丢失,非常适合用于个人身份的认证。

指纹认证：指纹认证利用人类指纹的"人人不同"与"终身不变"的独特性,通过特殊的光电扫描和计算机图像处理技术,对活体指纹进行采集、分析与对比,自动、快速、准确地确认出个人身份。指纹认证过程如图 4.16 所示。

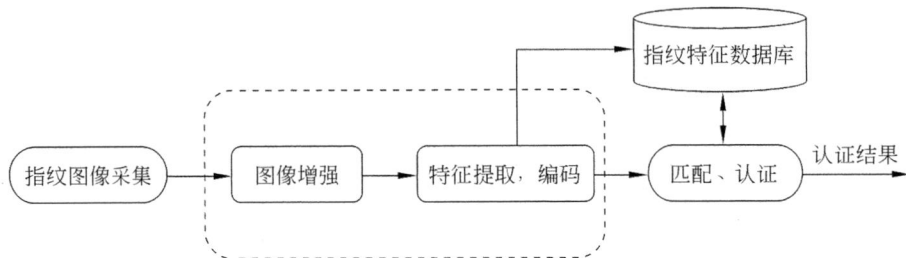

图 4.16　指纹认证过程

指纹认证的过程同口令认证的过程类似。口令认证时,用户需要输入口令,与注册时预先存入系统的用户口令进行比对来确认身份的正确性。指纹认证时,用户需要借助指纹图形采集系统,输入自己的指纹,并与预先注册时存入系统的指纹特征进行比对来确认身份。无论是注册还是在用户申请登录时,系统都要对采集的用户指纹进行处理,这包括图像增强与图像的特征提取。图像增强的目的是便于图像的特征提取,对提取的指纹图像特征再进行编码,形成二进制数据。注册时,系统会把这些体现用户指纹特征的二进制编码数据存入系统。用户申请登录时,系统同样将用户输入的指纹图像进行图像增强、特征提取与特征编码操作,并与存在系统指纹特征库中的用户指纹特征进行比对,确认验证用户的身份。

类似的生物特征认证技术还有虹膜认证、语音认证等。一般来说,满足以下条件的生物特征都可以作为身份认证的依据。

(1) 普遍性：每一个人都应该具有这一特征。

(2) 唯一性：每一个人在这一特征上有不同的表现。

(3) 稳定性：这一特征不会随着年龄的增长和生活环境的改变而改变。

(4) 易采集性：这一特征应该便于采集和保存。

(5) 可接受性：人们应能够接受这种生物识别方式。

4. 零知识证明身份认证技术

零知识证明(Zero-knowledge Proof)身份认证是在 20 世纪 80 年代初出现的一种身

份认证技术。零知识证明是指证明者能够在不向验证者提供任何有用信息的情况下,使验证者相信某个论断是正确的。图 4.17 可用以说明零知识证明的概念。

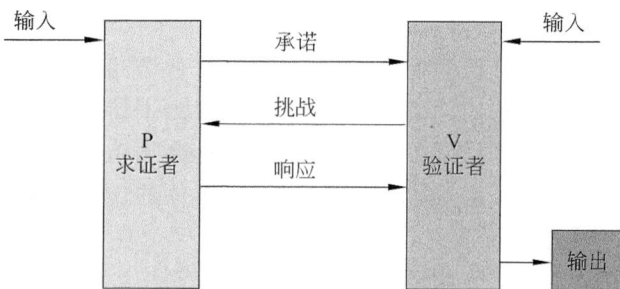

图中的 C 与 D 之间存在一道密门,只有知道咒语的人才能打开通过。设 P(Prover)知道咒语,并希望证实这一事实,但不希望泄露其掌握的咒语,我们称其为求证者,他在验证开始时站在图中 B 处。设 V(Verifier)为验证这一事实的验证者,他站在图中的 A 处,并保持不动。验证开始,V 随机要求 P 或向右从 C 经密门经 D 回到 B,向左从 D 经密门经 C 回到 B。如果 P 每次能按 V 的要求回到 B 处,这就证明了 P 知道咒语这一事实。由于证明的过程中,验证者 P 没有向验证者 V 透露咒语的任何信息,称这种证明为零知识证明。

零知识证明实质上是一种涉及两方或多方的协议,即两方或多方完成一项任务所需采取的一系列步骤。求证者向验证者证明并使验证者相信自己知道某一消息或拥有某一物品,但证明过程不需要向验证者泄露。零知识证明分为交互式零知识证明和非交互式零知识证明两种类型,我们在这里对交互式零知识证明作简单介绍。

交互式零知识证明:零知识证明协议可定义为求证者(Prover,简称 P)和验证者(Verifier,简称 V),其过程如图 4.18 所示。交互式零知识证明是由这样一组协议确定的:求证者与验证者共享输入(函数或者值),如果验证者检查求证者对验证者的每一个挑战,其响应都是正确的,这个协议才输出接受(Accept),否则输出拒绝(Reject)。在零知识证明过程结束后,P 只告诉 V 关于某一个断言成立的信息,而 V 不能从交互式证明协议中获得其他任何信息。即使在协议中使用欺骗手段,V 也不可能揭露其信息。这一概念其实就是零知识证明的定义。这就充分体现了零知识性的含义:无论 V 采取任何手段,当 P 的声称是真的,且 P 不违背协议时,V 除了接受 P 的结论以外,得不到其他额外的信息。

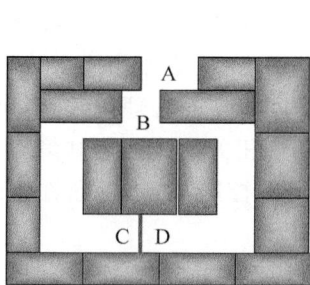

图 4.17　零知识证明的示意图　　　图 4.18　交互式零知识证明

4.4.2　访问控制技术

身份认证技术解决了是否允许"用户"进入系统的问题,但允许用户使用系统的哪些资源,则需要由用户控制来确定。系统中的资源有信息资源、处理资源、通信资源等,访问一种资源意味着从这种资源中得到信息、修改资源或者用其完成某种功能。访问控制在访问者(称为主体)与访问目标(称为客体)之间接入一种安全机制,验证访问者的权限、控制受保护的目标,以免对其进行非法使用和操纵。访问控制对提高信息系统的安全性起到至关重要的作用。图 4.19 给出了访问控制的示意图。由图可以看出,访问控制由发出访问申请的主体、被访问的客体与访问控制策略 3 部分组成。

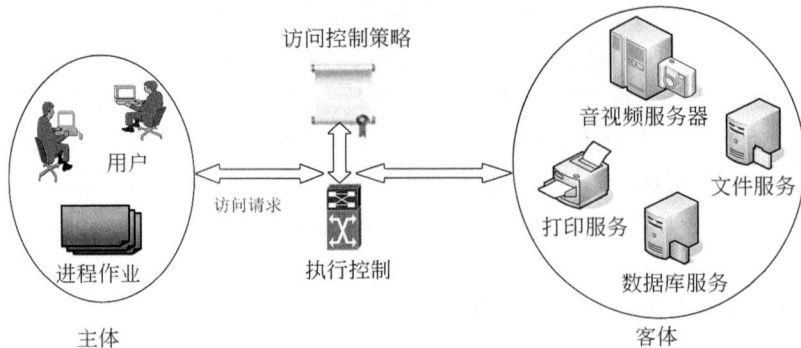

图 4.19　访问控制示意图

(1) 主体(Subject):指提出访问请求的实体,可以是用户或其他代理用户行为的实体(如进程、作业与程序等),主体是动作的发起者,但不一定是动作的执行者。访问者的访问请求中包含了访问者的信息、访问请求信息、访问目标信息、上下文信息。其中访问者信息指用户的身份、权限信息等,访问请求信息包括访问动作等信息;目标信息包括资源的等级、敏感程度等信息;上下文信息主要指影响决策的应用端环境,如会话的有效期等。

(2) 客体(Object):指可以接受主体访问的被动实体,如信息、资源、对象等。

(3) 访问控制策略(Access Control Policy):指主体对客体访问的规则集合,以表明哪些用户具有访问某个客体的权限,这个集合直接决定了主体是否可以对客体实施特定的访问。

如图 4.19 所示,主体对于客体的每一次访问请求,访问控制系统均要审核该次访问请求是否符合访问控制策略,只允许符合访问控制策略的访问请求,拒绝那些违反访问控制策略的非法访问请求。图 4.19 也给出了访问控制系统对访问请求的处理过程,当访问控制系统接到访问主体的访问请求后,会从访问控制策略库查询相关的访问控制策略,再依据查询的结果,就访问主体对访问客体的访问执行相应的访问控制,如是否允许访问、允许哪些访问等。

从上面的介绍可以看出,在访问控制中,访问控制策略是最重要的决策因素,访问控制策略直接影响访问控制系统实施效果的好坏。制定访问控制策略的过程实际上就是为主体对客体访问的授权过程。目前通用的访问控制策略有自主访问控制策略、强制访问控制策略和基于角色的访问控制策略。

1. 自主访问控制

自主访问控制(Discretionary Access Control,DAC)又称任选访问控制,它根据主体的身份和运行访问的权限进行决策。所谓自主,是指具有某种访问能力的主体能够自主地将访问权限的某个子集授予其他主体。自主访问控制策略允许合法的授权用户以用户或用户组的身份来访问系统控制策略许可的客体,同时阻止非授权用户访问客体,某些用户还可以自主地把其所拥有的对客体访问权限授予其他用户。在实现上,首先要对用户的身份进行认证鉴别,然后按照访问控制列表所赋予用户的权限,允许或限制用户访问客体资源。主体控制权限的修改通常由特权用户或特权用户组实现。

自主访问控制对用户提供灵活的访问方式,使 DAC 得到广泛使用,但也因此使得这种访问控制策略提供的安全保护级别较低,不能给系统中的数据提供充分的保护。

DAC 通常使用访问控制表(Access Control Lists,ACL)、访问控制能力表(Access Control Capabilty Lists,ACCL)和访问控制矩阵(Access Control Matrix,ACM)来分配和控制用户的访问权限[1]68。

ACL 是以客体为中心建立的访问控制列表,系统为每个客体制定一个授权用户的列表,并确定每个用户对客体的使用权限。图 4.20 给出了 ACL 控制列表的图示。图中 Own、R 与 W 分别表示用户被控制策略所授予的管理操作、阅读操作与写操作的权力。例如,对于系统资源客体 1,用户张同时被授予了这三种权力,而用户王对客体 1 只有阅读与写的操作权,用户李对客体 1 只有阅读操作的权力。类似可以看出,对资源客体 2 与客体 3,每个用户被授予的操作权限。

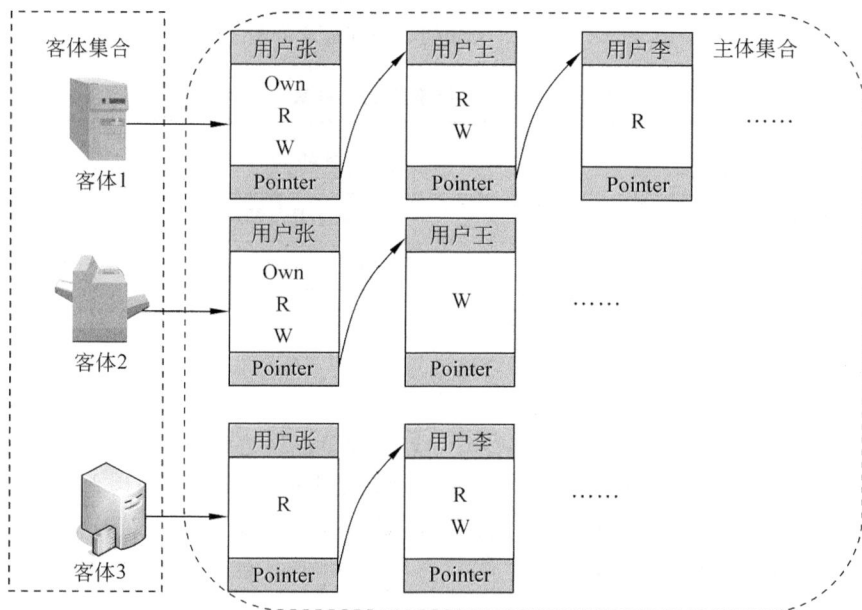

图 4.20　ACL 控制列表示意图

ACCL 是以访问主体为中心建立访问权限列表,对每个访问主体,列表给出其对系统资源中各客体的访问权限,可以把用户所具有的权限看做用户对系统各资源的操作能力。

图 4.21 给出了 ACCL 控制列表的图示,如图所示,用户张对客体 1 和客体 2 同被授予阅读、写作及管理这三种操作的权限,而对客体 3 只被授予阅读的权限。

ACM 采用矩阵形式定义主体用户与客体资源之间的授权关系。表 4.1 给出了用矩阵表示的图 4.21 给出的访问控制策略。其中矩阵的每一列给出了对系统客体资源的访问控制描述,而每一行则给出了每一授权用户对相关客体资源的访问权限(即主体对客体的访问能力)。

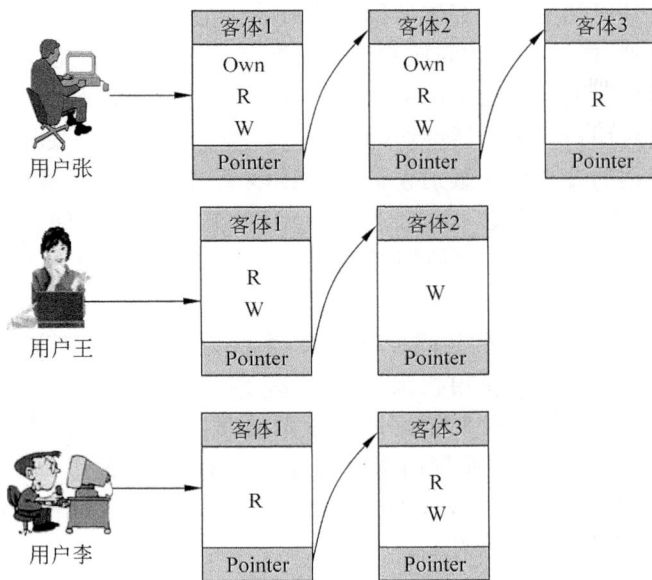

图 4.21 ACCL 访问控制列表示意图

表 4.1 自主控制策略的矩阵表示

客体 主体	客体 1	客体 2	客体 3
用户张	Own, R, W	Own, R, W	R
用户王	R, W	W	
用户李	R		R, W

2. 强制访问控制

强制访问控制(Mandatory Access Control,MAC)策略也称基于规则的安全策略,是一种多级访问控制策略。在强制访问控制中,系统通过安全级来强制地约束主体对资源客体的访问。对一个安全区域的资源,访问控制基于能自动实施的系统规则,规则描述了允许访问的条件,系统机制通过检查主体与客体的相关信息来决定主体是否可以访问客体。

为了将这样的规则付诸实施,系统将用户主体和客体资源赋予一定的安全级别,如绝密级(Top Secrete,TS),秘密级(Secrete,S),机密级(Confidential,C),限制级(Restricted,RS)与无级别级(Unclassified,U)。用户不能改变自身和客体的安全级别,只有管理员才能够确定用户和组的访问权限。在实施访问控制时,系统先对访问主体和受控客体的安全级别属性进行比较,再决定访问主体能否访问该受控客体。

为了描述 MAC 的访问控制策略,我们分别用 SC(s)与 SC(o)来表示访问主体 s 所具有的安全级别与被访问客体 o 的安全级别,s 表示一个具体的访问主体,如用户张或用户王,o 表示一个具体的被访问客体,如某个数据库或某个文件。例如,SC(用户张)=机密级,表示用户张的安全级别是机密级,而 SC(数据库)=秘密级,表示被访问客体数据库的安全级别是秘密级。但在对控制策略进行一般具体描述时,我们用 SC(s)和 SC(o)分别表示访问主体 s 与被访问客体 o 的安全级别,并把它们应用于具体的主体对被访客体的访问请求。利用这种描述方式,强制性安全控制策略定义的主体对被访问客体的访问可以有下面 4 种方式。

(1) 向下读(Read Down,RD):当主体的安全级别高于被访客体的安全级别,即 SC(s)≥SC(o)时,允许主体对被访客体进行阅读的操作。

(2) 向上读(Read Up,RU):当主体的安全级别低于被访客体的安全级别,即 SC(s)≤SC(o)时,允许主体对被访客体进行阅读的操作。

(3) 向下写(Write Down,WD):当主体的安全级别高于被访客体的安全级别,即 SC(s)≥SC(o)时,允许主体对被访客体进行写的操作。

(4) 向上写(Write Up,WU):当主体的安全级别低于被访客体的安全级别,即 SC(s)≤ SC(o)时,允许主体对被访客体进行写的操作。

采用其中不同的访问控制模式就形成不同的强制访问控制策略。根据对系统安全性要求的不同,有不同的强制访问控制策略,我们这里介绍关注机密性的 BLP(Bell-LaPadula)强制访问控制策略模型和关注完整性的 Biba 强制访问控制策略模型。

BLP 模型关注信息资源的机密性,对主体与被访问客体按机密性进行分级,访问控制策略具有只允许向下读、向上写的特点,对客体信息的阅读权限进行约束。向下读可以有效防止低级别的用户和进程访问安全级别比他们高的信息资源,向上写表明安全级别高的用户和进程不能向比他安全级别低的信息资源进行写的操作,这可以防止高级别的主体向低级别的主体发送信息。这样的安全控制规则在于低级别主体可以向高级别主体发送信息,但不能向低级别主体发送信息。BLP 访问控制模型的优点是机密性高,可以有效地控制机密信息向下泄露,不足是忽略了信息的完整性,使非法、越权篡改成为可能。

Biba 模型与 BLP 模型相对应,其访问控制策略的目标是防止高完整性等级的客体被低等级主体的非法修改,因而 Biba 强制访问控制模型被称为 BLP 模型的对偶模型。Biba 模型对访问主体和被访问客体按完整性分级,具有禁止向上“写”和禁止向下“读”的特点。禁止向上“写”的意思是:当且仅当访问主体的完备性级别不小于被访客体的完备性级别时,即 SC(s)≥SC(o),才允许进行写的操作,而禁止向下“读”意味着:当且仅当访问主体的完备性级别低于被访客体的完备性级别时,才被赋予阅读操作。禁止向上“写”可以使得完整性级别高的文件一定由完整性级别高的主体或进程所产生,以保证完整性级别高的文件不会被完整性级别低的文件或完整性级别低的进程中的信息所覆盖。从这个强制访问控制策略可以看出,低级别主体不能修改高级别的信息,但可以阅读。Biba 模型在强调信息完备性的同时,却忽视了信息的机密性。

3. 基于角色的访问控制

自主访问控制策略与强制访问控制策略属于传统的访问控制策略,DAC 虽然支持用户自主地把自己所拥有的对客体访问权限授予其他用户的做法,但在企业的组织结构或是系统的安全需求发生大的变化时,就需要进行大量烦琐的授权工作,效率低。以有 10 000 个访问主体与 1 000 个被访问客体为例,需要配置 10 000×1 000＝1 000 000 次,如每次配置需要 1 秒,每天工作 8 小时,则需要 347.2 天方能完成整个控制策略的配置。如按每人每月工作 24 天算,需要 14 个员工全员工作一个月才基本完成。也因为策略配置的复杂性,容易发生错误,会造成一些意想不到的安全漏洞。MAC 授权形式虽然相对简单,工作量较小,但缺少灵活性,尤其不适合访问控制规则比较复杂的系统。大型金融机构拥有员工数量多,地理分布分散,系统复杂,对这类系统可以采用基于角色的访问控制策略(Role-based access control,RBAC),它能较好地综合 DAC 和 MAC 的特点。

RBAC 控制策略的基本思想是将访问许可权分配给一定的角色(Role)。在信息系统中,大多数用户可以归入若干个不同的类别。例如,银行企业可以将其员工分为柜员、主管、支行行长、分行行长等类别,根据他们工作活动和所担负的责任,赋予他们不同的角色。可以把角色理解为一个与特定工作活动相关联的行为与责任的集合,系统根据用户的特权属性,为其指派适当的角色,角色指派关系 RA 是用户与角色之间多对多的关系。角色根据系统上下文的实际环境,具有一定的层次关系。以银行为例,可以定义为出纳员、分行管理者、系统管理者、审计员、顾客等角色。

(1) 出纳员可以被授予修改顾客的账号记录(包括存款、取款、转账等),并允许查询所有账号的注册项。

(2) 分行管理者可以被授予修改顾客的账号记录(包括存款与取款,但不包括规定的资金数目的范围),并允许查询所有账号的注册项,也允许创建与终止账号。

(3) 系统管理者通常被授予询问系统的注册项和开关系统,但不允许修改用户的账号信息。

(4) 审计员被允许阅读系统中的任何信息,但不允许作任何修改。

(5) 顾客只被授予询问其自身账号的注册项。

角色的引入可以将用户主体与被访问客体与访问的权限隔离,如图 4.22 所示。系统根据众多用户的活动和责任,将其分成若干不同的角色,并为每个角色赋予相应的对系统的访问权限。用户与被访客体无直接的联系,他只有通过系统的角色分配才享有角色所对应的访问权限,也就是说,用户在请求访问系统时,系统会根据他的身份信息,给他指派一定的角色,他也就获得了该角色所拥有的对系统的访问权限。也就是说,用户通过饰演不同的角色来获得角色所拥有的对系统的访问许可权。因此,用户不能像在 DAC 模型那样,可以自主地将自身的访问权限授予别的用户。

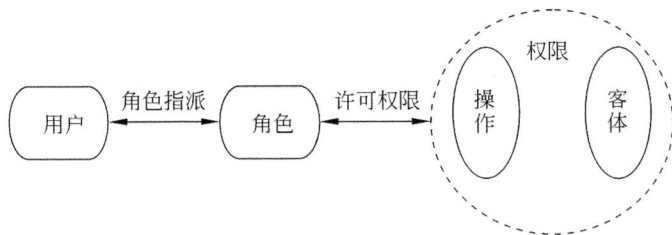

图 4.22　基于角色的访问控制模型

RBAC 在体系结构上有许多优势,具有灵活性、方便性和安全性的特点,目前在大型数据库系统的权限管理中得到普遍应用。

在各种访问控制策略中,访问控制策略的制定实施都是围绕访问主体、被访问客体和操作权限三者之间的关系展开的。制定具体的访问控制策略时,通常都会遵守下述 3 个基本原则。

- 最小特权原则:指主体执行操作时,按照主体所需权力的最小化原则分配给主体权限,这样可以最大限度地限制主体实施授权行为,可以避免来自突发事件和错误操作带来的危险。
- 最小泄露原则:指主体执行操作时,按照主体所需要知道信息的最小化原则分配给主体访问权限。
- 多级安全策略:指主体和客体间的数据流方向必须受到安全等级的约束,以避免敏感信息的扩散。对于具有安全级别的信息资源,只有安全级别比它高的主体才能对其访问。

4.4.3　安全审计技术

防火墙、入侵检测、身份认证、访问控制等网络安全技术可以实现对网络信息系统异常行为的监测和管理,如对网络连接和访问的合法性与权限进行控制、监测网络攻击事件等,但是不能监控利用网络系统的漏洞、后门进行的入侵攻击,无法监控系统内容的变化和已获授权的正常内部网络行为,因此对系统存在漏洞、后门或正常网络访问行为导致的信息泄密事件、网络资源滥用行为,表现出无能为力,难以实现针对内容、行为的监控管理及安全事件的跟踪、追查与取证。安全审计是对入侵检测、访问控制等信息系统安全技术的补充,是访问控制的一个重要内容。图 4.23 给出了安全审计与应用层其他安全技术的关系。

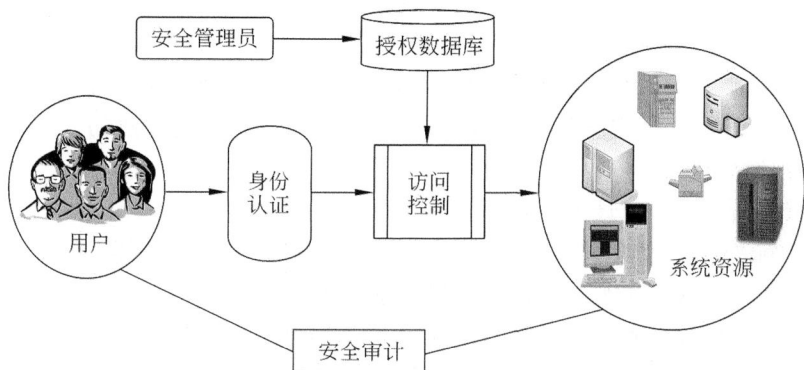

图 4.23　安全审计与其他安全技术的关系

安全审计能够严密监视网络上、系统内发生的各类操作,发现其中异常的操作和破坏性的尝试,并对违规的操作进行报警和阻断。同时,信息安全审计系统又是一个高度安全的系统,任何黑客或内部人员都无法改变它的记录,即使网络意外瘫痪,审计系统的记录仍旧保持完整。因此,有人将信息安全审计系统比喻为飞机上使用的"黑匣子"。它能够帮助我们对网络安全进行实时监控,及时发现整个网络上的动态,发现网络入侵和违规行为,忠实记录网络上发生的一切,提供取证手段,不但能够监视和控制来自外部的入侵,还能够监视来自内部人员的违规与破坏行动。因此,信息安全审计系统是保证网络安全必不可少的一种手段。

安全审计是对系统记录和过程的检查和审计,审计会对用户使用何种信息资源、使用的时间以及如何使用(执行何种操作)进行记录与监控,可辅助辨别分析网络上未经授权的活动和攻击,及时发现和阻止网络上的非法行为,有效地保障系统运行安全可靠,从而达到信息保护和系统保护的目标;通过安全审计,可以对网络上相关设备的运行状态进行了解,通过对入侵攻击的分析,报告那些可能与系统控制不适应的消息,测试安全策略是否充足,及时发现系统运行过程中存在的问题,证实安全策略的一致性,为运行策略的维护提供依据,提出安全策略修改的建议;安全审计能够再现原有的进程和问题、搜集证据,这对于系统的数据恢复、责任追查与起诉攻击者非常必要。

安全审计追踪可自动记录信息系统中发生的一些重要安全事件,如入侵持续地试验不同的口令,以企图接入系统。记录此事件应包括试图联机的每个用户,以及所有工作站的网站地址和时间。安全审计跟踪对管理员的活动也会记录,以便于事后对入侵事件进行分析研究。有些入侵攻击的成功可能是由于管理员的错误所造成的,如管理员误将根访问权给了其他用户。审计追踪是对入侵行为检测的一个基本工具,审计追踪可以实现多种与系统安全相关的目标。内容如下。

(1)维护与强化个人职能(Individual accountability):如果用户知道他们在信息系统的行为活动会被记录在安全审计日志中,他们就会意识到需要为自身的行为负责,因而也就不太会违反安全策略或有意绕过安全控制的措施。

(2)实现事件重建(Reconstruction of events):在发生故障后,审计追踪可以用于重建事件和数据恢复。通过审查系统活动的审计追踪,可以比较容易地评估故障损失,确定故障发生的时间、原因和过程。通过对审计追踪记录的分析,就可以重建系统和协助恢复数据文件;同时还有可能避免不再发生类似的故障。

(3)入侵检测:审计追踪记录可以用于协助入侵检测。如果将安全审计追踪的每一笔记录都进行上下文分析,就可以实时发现或过后预防对系统的非法访问,也可以探测到病毒扩散和网络攻击。

(4)故障分析:安全审计追踪可以用于实时审计或监控。

根据国际标准化组织(ISO)和国际电工委员会(IEC)发表的《信息技术安全性评估通用准则2.0版》,俗称CC准则,一个信息网络系统的安全审计系统应该具有下列几项功能:安全审计自动响应功能、安全审计数据生成功能、安全审计分析功能、安全审计浏览功能、安全审计事件存储功能和安全审计事件选择功能等。内容如下。

(1)安全审计自动响应功能。该功能定义在被测事件指示出一个潜在的安全攻击时作出的响应,包括报警或行动。例如包括实时报警的生成、违例进程的终止、中断服务、用户账号的失效等。根据安全事件的不同,安全审计系统将作出不同的响应。其响应方式可以是增加、删除、修改等操作。

(2)安全审计数据生成功能。指记录与安全相关事件的出现,包括鉴别安全审计层次、列举可被安全审计的事件类型,以及鉴别由各种安全审计记录类型提供的相关安全审计信息的最小集合。系统可定义可安全审计事件清单,每个可安全审计事件对应于某个事件级别,如低级、中级、高级。对于每一条安全审计记录,通常应包含安全事件发生的日期、时间、事件类型、主题标识、执行结果（成功、失败）、引起该安全事件的用户标识等信息，以及与每一个审计时间相关的安全审计信息。

（3）安全审计分析功能。此功能通过分析信息系统的活动和安全审计记录数据来寻找可能的或真正的安全违规操作。它可以用于入侵检测或对安全违规的自动响应。当一个安全事件集出现或累计出现一定次数时，可以确定一个违规的发生，并执行安全审计分析。安全事件的集合能够由经授权的用户进行增加、修改或删除等操作。需要进行安全审计分析的类型一般如下。

① 潜在攻击分析：安全审计系统能用一系列的规则监控审计事件，并根据这些规则指示信息系统的潜在攻击。

② 基于模板的异常检测：检测信息系统不同等级用户的活动记录，当用户的活动等级超过限定的权限时，能指示此为一个潜在的攻击。

③ 简单攻击试探：当发现一个系统安全事件与一个表示对信息系统潜在攻击的签名事件匹配时，能指示此为一个潜在的攻击。

④ 复杂攻击试探：当发现一个系统事件或事件序列与一个表示对信息系统潜在攻击的签名事件匹配时，能指示此为一个潜在的攻击。

（4）安全审计浏览功能。该功能要求安全审计系统能够使授权用户有效地浏览安全审计记录数据，授权用户的等级不同，对审计记录浏览的权限也不同。

（5）安全审计事件选择功能。指对安全审计事件的集合能够进行维护、检查或修改。可以选择对哪些安全属性进行审计，例如与目标标识、用户标识、主体标识、主机标识或事件类型有关的属性。系统管理员将能够有选择地在个人识别的基础上审计任何一个或多个用户的活动。

（6）安全审计事件存储功能。指能提供控制措施，防止由于资源的不可用导致安全审计数据的丢失。能够创造、维护、访问它所保护的对象的审计踪迹，并保护其不被修改、非授权访问或破坏。安全审计数据将受到保护，直至授权用户对它进行访问。它能确保某个指定量度的审计记录被维护，并不受以下事件的影响：审计存储用尽、审计存储故障与非法攻击等。系统能够在审计存储即将用尽或审计存储发生故障时采取相应的动作，确保审计数据的存储。

安全审计的目的之一，在于安全事件发生后，能通过事件分析明确问题产生的根源，并应用有针对性的整改措施，以避免类似事件再次发生。因此，在安全事件被发现或发生后，安全审计系统需要对安全事件进行分析，在分析的基础上产生安全审计报告，指明安全事件产生的原因，并提出对问题的处理意见或改进建议。

常见的安全审计技术主要有 4 类，分别是基于日志的审计技术、基于代理的审计技术、基于网络监听的审计技术、基于网关的审计技术[23]。

（1）基于日志的审计技术。

该技术通常是通过数据库自身功能实现，通过配置数据库的自审计功能，即可实现对数据库的审计，其典型部署如图 4.24 所示。该技术能够对网络操作及本地操作数据库的行为进行审计，由于依托现有数据库管理系统，兼容性很好。但在数据库系统上开启自身日志审计，对数据库系统的性能有影响，特别是在大流量情况下，损耗较大；此外，日志审计需要到每一台被审计主机上进行配置和查看,较难进行统一的审计策略配置和日志分析。

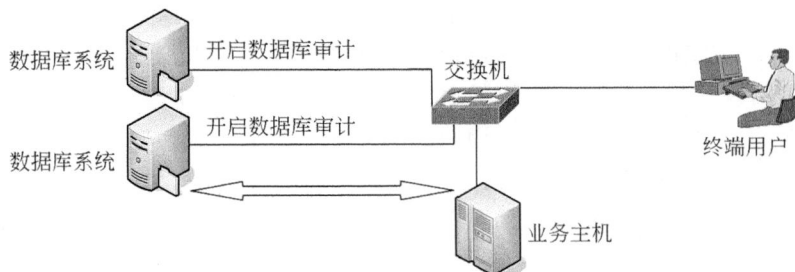

图 4.24   日志审计技术部署示意图

(2)基于代理的审计技术。

该技术通过在数据库系统上安装相应的审计代理来实现审计策略的配置和审计日志的采集,如图 4.25 所示。该技术与日志审计技术类似,最大的不同是需要在被审计主机上安装代理程序。代理审计技术从审计粒度上要优于日志审计,但性能上的损耗要大于日志审计技术,同时原数据库系统的稳定性、可靠性等性能或多或少会受一定的影响。

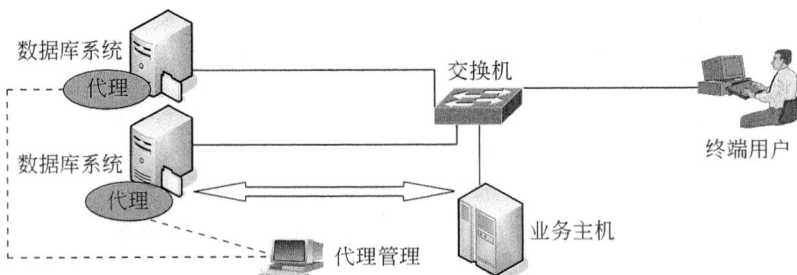

图 4.25   代理审计技术部署示意图

(3)基于网络监听的审计技术。

该技术通过将对数据库系统的访问流镜像到交换机某个端口,然后通过专用硬件设备对端口流量进行分析和还原,实现对数据库访问的审计,其典型部署如图 4.26 所示。该技术的最大优点是与数据库系统无直接关联,部署过程不会给数据库系统带来性能上的负担,即使出现故障,也不会影响数据库系统的正常运行,具备易部署、无风险的特点;但只能审计到时间、源 IP、源端口、目的 IP、目的端口等信息,无法对内容进行审计。不

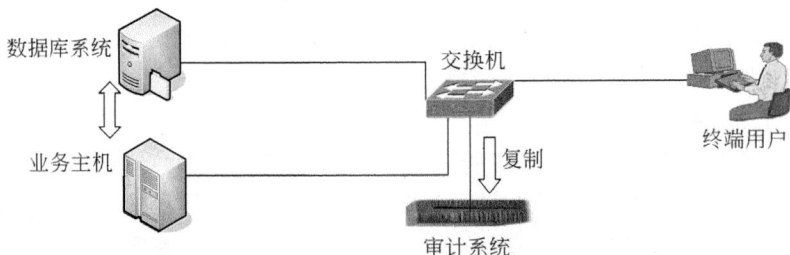

图 4.26   网络监听审计技术部署示意图

过,在大多数业务环境下,因为数据库系统对业务性能的要求远高于对数据传输加密的要求,很少采用加密通信方式访问数据库服务端口的情况,故网络监听审计技术在实际数据库审计项目中的应用非常广泛。

（4）基于网关的审计技术。

该技术通过在数据库系统前部署网关设备,通过在线截获并转发到数据库的流量而实现审计,其部署如图 4.27 所示。这种技术主要应用在对数据库运维审计的情况下,不能覆盖所有对数据库访问行为的审计。

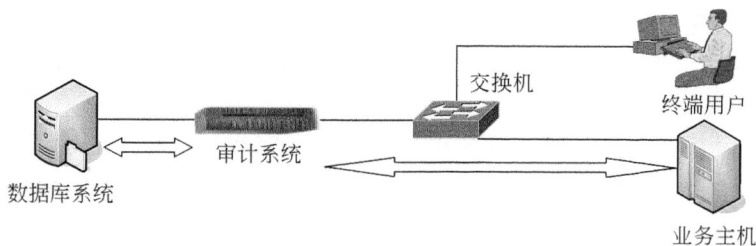

图 4.27　网关审计技术部署示意图

4.5　数据安全技术

数据作为信息的重要载体,其安全问题在信息安全中占有非常重要的地位,是信息安全的重要目标之一。数据安全有两方面的含义:一是数据本身的安全,主要采用现代加密算法对数据进行主动保护,如保护数据的机密性、完整性、不可否认性和抗抵赖性等;二是数据防护的安全,主要通过采用现代信息存储手段,对数据进行主动防护,如通过数据备份、数据恢复等手段保证数据的安全。本节主要介绍数据传输的安全保护技术,包括数据加密技术、数字签名技术以及数据备份与数据恢复技术。

4.5.1　数据加密技术

数据加密就是在数据传输中使用加密技术,对传输中的敏感数据流加密,使可以读懂的明文变为无法识别的密文。而当密文到达用户终端时,再经过解密恢复成原来的明文,采用这种加密技术可以有效防止信息在传输途中被窃听、泄露、篡改和破坏。图 4.28 给出了数据加密传输的示意图。

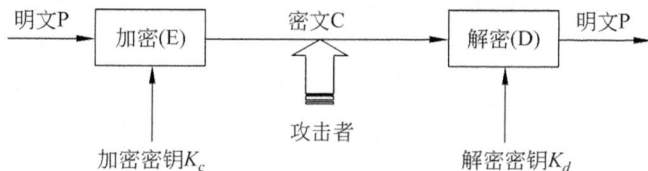

图 4.28　数据加密示意图

1. 数据加密概述

数据加密的几个基本概念如下。

(1) 明文：准备被加密的原有信息（报文），以及被成功解密后的信息。

(2) 加密：把信息从一个可以被理解的明文形式，利用加密算法转换成一个错乱的、不可被理解的密文形式的过程，称为加密，加密转换采用加密密钥。

(3) 密文：经过加密后得到的不可被理解的信息。

(4) 解密：将密文还原成原明文的过程，解密需要采用解密密钥。

(5) 密钥：加密与解密时所使用的专门信息。

(6) 密码算法：加密和解密转换所使用的规则（数学函数），有加密算法和解密算法。

(7) 加密系统：用于加密和解密的信息处理系统。

(8) 加密过程：利用某种算法并使用某种密钥来完成信息转换的过程。

根据密钥类型的不同，加密算法可分为对称加密算法（私钥密码体系）和非对称加密算法（公钥密码体系）。内容如下。

(1) 对称加密算法：这是一种应用较早的加密算法，技术成熟。在对称加密算法中，数据发送方把明文和加密密钥一起经过特定的加密算法转换，使其变成复杂的不能被任何人理解的密文发送给接收方。接收方收到密文后，要想解读原明文，则需要使用同加密方加密相同的密钥及相同加密算法的逆算法对密文进行解密，才能使其恢复成可读明文。在这类对称加密算法中，加密和解密使用的密钥相同，发送与接收双方都使用同一密钥，分别对信息进行加密和解密，这就要求解密方事先必须知道发送方加密的密钥。对称加密算法的特点是算法公开、计算量小，加密速度快，加密效率高。不足之处是发送与接收双方使用同一密钥，安全性得不到充分保证。此外，每对用户每次使用对称加密算法时，都需要使用其他人不知道的唯一密钥（即一次一个密钥），这会使得送接双方所拥有的密钥数量呈几何级数增长，密钥管理成为用户的负担。目前常用的对称密钥算法有数据加密标准 DES 和高级加密标准 AES，DES 的密钥长度为 56 位，就目前的计算机运行速度，一天就可以破解；AES 的密钥长度是 128 位，加密强度高。

(2) 不对称加密算法：该算法使用两把完全不同但又相互匹配的密钥——公钥和私钥。在使用不对称算法加密文件时，只有使用匹配的公钥与私钥，才能完成对明文的加密和解密过程。加密明文时采用公钥加密，解密时使用私钥才能完成，而且发送方（加密者）只知道公钥，不知道私钥，而接收方（解密者）是唯一知道私钥的人。在采用不对称算法加密并传输文件时，接收方先要随机生成相互匹配的公钥与私钥，然后把用于加密的公钥发送给发送方，并保留私钥。发送方在收到用于加密的公钥后，将需要传送的文件明文用公钥进行加密，再将加密后的密文发送给接收方，接收方收到密文后，再用私钥对其进行解密，得到所需信息的原文明文。不对称加密算法的安全性高，特别适用于分布式系统中，在分布式系统中的应用十分广泛。但加密解密算法复杂，加密解密的速度慢，因此这种方法更适用于小数据量加密，或需要在网络系统中传输的数据加密。常用的不对称加密算法有 RSA 算法和美国国家标准局提出的 DSA 算法。

2. 数据加密标准算法

数据加密标准（Data Encryption Standard，DES）算法是 20 世纪 70 年代由 IBM 公司

的 W. Tuchman 和 C. Meyers 研制出来的一种对明文进行分组加密的算法,因它符合美国国家标准局(NBS)在 1973 年公布的下述加密算法设计要求,1975 年被美国国家标准局公布为数据加密标准。内容如下。

(1) 加密算法必须能提供高的安全性。

(2) 加密算法必须有详细的说明,并易于理解。

(3) 加密算法的安全性取决于密钥,不依赖于算法。

(4) 加密算法适用于所有用户。

(5) 加密算法适用于不同应用场合。

(6) 加密算法必须高效、经济。

(7) 加密算法必须能被证实有效。

(8) 加密算法必须是可出口的。

之后,DES 算法得到了广泛的应用。近几年来,由于密码攻击技术的发展和分析能力的提高,DES 算法的安全性受到了严重挑战。随后出现的很多加密算法都是在 DES 加密算法原理的基础上发展得来的。由于 DES 算法的结构和变换比较复杂,本部分我们通过介绍简化的 DES 算法(简记为 S-DES 算法)来理解加密算法的基本原理。

S-DES 加密算法输入为一个 8 位的二进制明文组和一个 10 位的二进制密钥(在网络传输的明文数据通常为二进制数组),输出为一个加密后的 8 位二进制密文组和两个 8 位的二进制密钥。具体内容如下。

(1) S-DES 密钥的产生。

密码算法的安全性依赖于算法所产生的密钥,S-DES 密码算法密钥的产生需要输入一个 10 位二进制的密钥,经算法应用两个换位函数 $P10$ 与 $P8$,以及两个循环左移位函数 $LS1$ 和 $LS2$,生成两个分别用于加密和解密的密钥。

换位函数 $P10$ 是这样一个函数,如果将它应用于某个 10 位的二进制数,该二进制数在不同位置上的数将要进行如下的换位。记该 10 位二进制数为

$$X = k_1 k_2 k_3 k_4 k_5 k_6 k_7 k_8 k_9 k_{10} \tag{4.1}$$

这里,k_1 表示 X 的第一位数字,k_2 表示 X 的第二位数字,其他类似。例如,$X = 1010000010$,则有 $k_1 = 1, k_2 = 0, k_3 = 1 \cdots\cdots k_{10} = 0$。对 10 位二进制数 X,应用换位函数 $P10$ 得

$$Y = P10(X) \tag{4.2}$$

这里,Y 还是一个 10 位的二进制数,它在每个位置上的数字由 X 在不同位置的数字换位而来,具体同 X 位数的关系为

$$Y = k_3 k_5 k_2 k_7 k_4 k_{10} k_1 k_9 k_8 k_6 \tag{4.3}$$

也就是说,换位函数 $P10$ 将 10 位二进制数 X 的第一位移至第七位,第二位移至第三位,第三位移至第一位……将所有在 10 个位置上的数字按(4-1)-(4-3)确定的规则换位后,得到一个新的 10 位二进制数。可以把(4-1)-(4-3)的换位函数简记为

$$P10(X) = P10(k_1 k_2 k_3 k_4 k_5 k_6 k_7 k_8 k_9 k_{10}) = k_3 k_5 k_2 k_7 k_4 k_{10} k_1 k_9 k_8 k_6 = Y \tag{4.4}$$

$P8$ 是类似的换位函数,但它有一个取舍功能,它的输入是一个 10 位的二进制数,但输出的是一个 8 位二进制数(即需要舍弃 2 个位数)。它的换位与舍弃规则如下。

$$P8(X) = P8(k_1k_2k_3k_4k_5k_6k_7k_8k_9k_{10}) = k_6k_3k_7k_4k_8k_5k_{10}k_9 = y \qquad (4.5)$$

$LS1$ 与 $LS2$ 是两个循环左移位函数，它们的输入是 5 位二进制数，输出也是 5 位二进制数，它们的作用是分别将输入的 5 位二进制数的各个位置上的顺序向左移动一位与向左移动两位，具体可表示为

$$LS1(X) = LS1(k_1k_2k_3k_4k_5) = k_2k_3k_4k_5k_1 = Y \qquad (4.6)$$

$$LS2(X) = LS2(k_1k_2k_3k_4k_5) = k_3k_4k_5k_1k_2 = Y \qquad (4.7)$$

例如，设 $X = 01100$，则有

$$LS1(X) = LS1(01100) = 11000$$

$$LS2(X) = LS2(01100) = 10001$$

下面是 S-DES 算法产生密钥的过程。

步骤 1：输入 10 位二进制数，记为 X。

步骤 2：对 X 应用换位函数 $P10$ 得换位后的 10 位二进制数 Y，即有 $Y = P10(X)$。

步骤 3：将 10 位二进制数 Y 按前五位和后五位分成两个 5 位二进制数，分别记为 Y_L、Y_R。

步骤 4：对两个五位二进制数 Y_L、Y_R 应用循环左移位函数 $LS1$，得两个新的五位二进制数，记为 Z_{L1}、Z_{R1}，即 $Z_{L1} = LS1(Y_L)$，$Z_{R1} = LS1(Y_R)$。再将 Z_{L1}、Z_{R1} 合并成一个 10 位二进制数，记为 $Z_1 = Z_{L1}Z_{R1}$，然后对 Z_1 应用换位取舍函数 $P8$ 产生第一个密钥，记为 K_1，即 $K_1 = P8(Z_1)$。

步骤 5：对步骤 4 产生的两个五位二进制数 Z_{L1}、Z_{R2} 应用循环左移位函数 $LS2$，得两个新的五位二进制数，记为 Z_{L2}、Z_{R2}，即 $Z_{L2} = LS2(Z_{L1})$，$Z_{R2} = LS2(Z_{R1})$，再将 Z_{L2}、Z_{R2} 合并成一个 10 位二进制数，记为 $Z_2 = Z_{L2}Z_{R2}$，然后对 Z_2 应用换位取舍函数 $P8$ 产生第二个密钥，记为 K_2，即 $K_2 = P8(Z_2)$。

例：设在步骤 1 输入的 10 位二进制数为 $X = 1010000010$。

则在步骤 2 有 $Y = P10(X) = 1000001100$。

在步骤 3 有 $Y_L = 10000$，$Y_R = 01100$。

在步骤 4 有 $Z_{L1} = LS1(Y_L) = 00001$，$Z_{R1} = LS1(Y_R) = 11000$；

$\quad Z_1 = 0000111000$，$K_1 = P8(Z_1) = 10100100$。

在步骤 5 有：$Z_{L2} = LS2(Z_{L1}) = 00100$，$Z_{R2} = LS2(Z_{R1}) = 00011$；

$\quad Z_2 = 0010000011$，$K_2 = P8(Z_2) = 01000011$。

该密码算法输出的两个 8 位二进制密钥分别为 $K_1 = 10100100$，$K_2 = 01000011$。

图 4.29 给出了 S-DES 密码算法产生密钥的流程图。

（2）S-DES 密码算法的加密过程。

S-DES 密码算法对明文加密产生密文的过程是把二进制表示的明文按 8 位二进制分组，再逐组加密。下面我们以一个 8 位二进制数的加密过程为例，给出 S-DES 算法对明文的加密过程。S-DES 对 8 位二进制数组的加密过程需要用到 6 个函数与异或运算，这 6 个函数是初始换位函数 IP、末尾换位函数 IP^{-1}、扩张函数 EP、换位函数 $P4$ 与两个盒函数 $S0$ 与 $S1$，下面先对这 6 个函数与异或运算加以介绍。

初始换位函数 IP、末尾换位函数 IP^{-1} 以及换位函数 $P4$ 与前面的换位函数的功能相

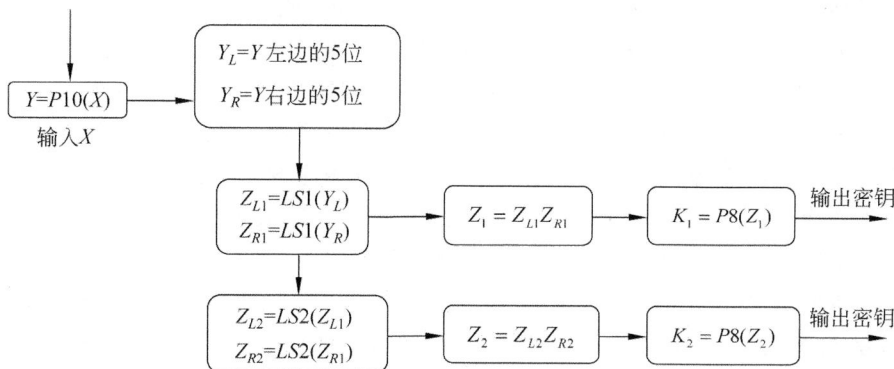

图 4.29 S-DES 密码算法产生密钥流程图

似,它们的作用就是对输入的二进制数各个位置上的数进行交换,其中 IP、IP^{-1} 的输入是 8 位二进制数,输出也是 8 位二进制数,$P4$ 的输入是 4 位二进制数,输出也是 4 位二进制数,它们定义的位置交换如下。

$$IP(k_1 k_2 k_3 k_4 k_5 k_6 k_7 k_8) = k_2 k_6 k_3 k_1 k_4 k_8 k_5 k_7 \qquad (4.8)$$

$$IP^{-1}(k_1 k_2 k_3 k_4 k_5 k_6 k_7 k_8) = k_4 k_1 k_3 k_5 k_7 k_2 k_8 k_6 \qquad (4.9)$$

$$P4(k_1 k_2 k_3 k_4) = k_2 k_4 k_3 k_1 \qquad (4.10)$$

需要注意的是,初始换位函数 IP 与末尾换位函数 IP^{-1} 互为逆函数。也就是说,如果一个 8 位二进制数 X 应用初始换位函数 IP 后得 Y,如再对 Y 应用末尾换位函数 IP^{-1},就会得到原来的 8 位二进制数 X,即有

$$Y = IP(X), \quad X = IP^{-1}(Y) \qquad (4.11)$$

这也就是我们把末尾换位函数写成 IP^{-1} 的原因。式(4.11)可以改写成

$$X = IP^{-1}(IP(X)) \qquad (4.12)$$

扩张函数 EP 的功能在于将一个输入的 4 位二进制数扩张为一个 8 位二进制数,其扩张的规则如下。

$$EP(k_1 k_2 k_3 k_4) = k_4 k_1 k_2 k_3 k_2 k_3 k_4 k_1 \qquad (4.13)$$

盒函数 $S0$ 与 $S1$ 的作用,是将输入的 4 位二进制数,利用 $S0$ 和 $S1$ 各自的索引矩阵各自产生并输出一个 2 位二进制数,$S0$ 和 $S1$ 的索引矩阵如下。

$$S0 = \begin{matrix} & 0 & 1 & 2 & 3 \ (\text{列号}) \\ 0 & 1 & 0 & 3 & 2 \\ 1 & 3 & 2 & 1 & 0 \\ 2 & 0 & 2 & 1 & 3 \\ 3 & 3 & 1 & 3 & 2 \end{matrix} \qquad S1 = \begin{matrix} & 0 & 1 & 2 & 3 \ (\text{列号}) \\ 0 & 0 & 1 & 2 & 3 \\ 1 & 2 & 0 & 1 & 3 \\ 2 & 3 & 0 & 1 & 0 \\ 3 & 2 & 1 & 0 & 3 \end{matrix}$$

（行号）　　　　　　　　　　　　　（行号）

其中,在方括号外面的 0、1、2、3 分别用于指明矩阵的第几行(位于左侧)与第几列(位于顶部)。盒函数 $S0$ 与 $S1$ 按下述规则,从输入的 4 位二进制数产生输出的 2 位二进制数。将输入的 4 位二进制数的第 1 位与第 4 位、第 2 位与第 3 位各自组合成 2 个 2 位二进制数,再将他们转化成相应的 2 个十进制数,前者的十进制数给出了矩阵的行号,记为 i,后者的

十进制数给出了矩阵的列号,记为 j,再从相应的矩阵 S0 或 S1 中查找第 i 行第 j 列的元素,记为 $(S0)_{ij}$ 或 $(S1)_{ij}$,并将它们转化成相应的 2 位二进制数,就是盒函数 S0 或 S1 的输出。(注意:十进制数 0、1、2、3,它们相应的 2 位二进制数为:0-00,1-01,2-10,3-11)。下面我们以输入 4 位二进制数 $X=0100$ 为例,来说明盒函数 S0 与 S1 的应用过程。将 X 的第 1 位与第 4 位组合得到的 2 位二进制数为 00,它相应的十进制数为 0,将 X 的第 2 位与第 3 位组合得到的 2 位二进制数为 10,它相应的十进制数为 2。因此,如果把 X 作为盒函数 S0 的输入,我们需要查找矩阵 S0 的第 0 行第 3 列元素,它是十进制数 3,与它相应的 2 位二进制数是 11,因而将 $X=0100$ 输入盒函数 S0,其输出是 2 位二进制数 11。如果把 X 作为盒函数 S1 的输入,我们需要查找矩阵 S1 的第 0 行第 3 列元素,它是十进制数 2,与它相应的 2 位二进制数是 10,因而将 $X=0100$ 输入盒函数 S1,其输出是 2 位二进制数 10。

异或运算:同加减乘除的运算相类似,异或(xor)也是一个数学运算,通常用符号"$+$"表示加法运算,异或运算则用符号"$\wedge$"表示。异或运算的规则如下。

真"异或"假的结果是真——真 $\wedge$ 假=真;

假"异或"真的结果是真——假 $\wedge$ 真=真;

真"异或"真的结果是假——真 $\wedge$ 真=假;

假"异或"假的结果是假——假 $\wedge$ 假=假。

其意义是两个不相同的数值异或结果是真,两个相同的数值异或结果是假。在二进制数中,通常用 1 表示真,用 0 表示假。这时上述运算规则在二进制中可表示为

$$1 \wedge 0 = 1;$$
$$0 \wedge 1 = 1;$$
$$1 \wedge 1 = 0;$$
$$0 \wedge 0 = 0。$$

例如,对 2 个 5 位二进制数 10010,01010 进行按位异或运算的结果如下。

$$
\begin{array}{r}
10010 \\
异或 \quad 01010 \\
\hline
11000
\end{array}
$$

基于上述 6 个函数与异或运算,S-DES 算法对一个 8 位二进制数的加密过程可描述如下。

步骤 1:输入 8 位二进制数(明文),记为 X。

步骤 2:对 X 应用初始换位,即 $Y=IP(X)$。

步骤 3:将 8 位二进制数 Y 按左 4 位与右 4 位分为两部分,记为 Y_L、Y_R。

步骤 4:步骤 4.1:对 Y_R 应用扩张函数,得 8 位二进制数:$Z_R=EP(Y_R)$。

步骤 4.2:将 Z_R 与 S-DES 产生的密钥 K_1 进行异或运算,得 $A=Z_R \wedge K_1$。

步骤 4.3:将 8 位二进制数 A 按左 4 位与右 4 位分为两部分,记为 A_L、A_R。

步骤 4.4:对 A_L 应用盒函数 S0,生成一个 2 位二进制数 J_1,对 A_R 应用盒函数 S1,生成一个 2 位二进制数 J_2,将 J_1、J_2 合并生成一个 4 位二进制数 $J=J_1 J_2$。

步骤 4.5：对 J 应用换位函数 $P4$，得一新 4 位二进制数 $E＝P4(J)$。

步骤 4.6：对 E 与 Y_L 进行异或运算，生成 4 位二进制数 $G＝E\wedge Y_L$。

步骤 5：步骤 5.1：对 G 应用扩张函数，得 8 位二进制数：$G_E＝EP(G)$。

步骤 5.2：对 G_E 与 S-DES 产生的密钥 K_2 进行异或运算，得 $B＝G_E\wedge K_2$。

步骤 5.3：将 8 位二进制数 B 按左 4 位与右 4 位分为两部分，记为 B_L、B_R。

步骤 5.4：对 B_L 应用盒函数 $S0$，生成一个 2 位二进制数 H_1，对 B_R 应用盒函数 $S1$，生成一个 2 位二进制数 H_2，将 H_1、H_2 合并生成一个 4 位二进制数 $H＝H_1 H_2$。

步骤 5.5：对 H 应用换位函数 $P4$，得一新 4 位二进制数 $N＝P4(H)$。

步骤 5.6：对 N 与 Y_R 进行异或运算，生成 4 位二进制数 $Q＝N\wedge Y_R$。

步骤 6：将 Q 与 G 合并得一 8 位二进制数 $R＝QG$。

步骤 7：对 R 应用末尾置换，得 8 位二进制的密文 $M＝IP^{-1}(R)$。

下面我们以输入 $X＝10110011$ 为例来说明 S-DES 算法的加密过程，其中用到的密钥为前面密钥算法算例产生的 $K_1＝10100100$ 和 $K_2＝01000011$。

步骤 1：输入 $X＝10110011$。

步骤 2：$Y＝IP(X)＝00111101$。

步骤 3：$Y_L＝0011,Y_R＝1101$。

步骤 4：步骤 4.1：$Z_R＝EP(Y_R)＝11101011$。

步骤 4.2：$A＝K_1\wedge Z_R＝10100100\wedge 11101011＝01001111$。

步骤 4.3：$A_L＝0100,A_R＝1111$。

步骤 4.4：$J_1＝S0(A_L)＝11,J_2＝S1(A_R)＝11,J＝J_1 J_2＝1111$。

步骤 4.5：$E＝P4(J)＝1111$。

步骤 4.6：$G＝E\wedge Y_L＝1111\wedge 0011＝1100$。

步骤 5：步骤 5.1：$G_E＝EP(G)＝01101001$。

步骤 5.2：$B＝G_E\wedge K_2＝01101001\wedge 01000011＝00101010$。

步骤 5.3：$B_L＝0010,B_R＝1010$。

步骤 5.4：$H_1＝S0(B_L)＝00,H_2＝S1(B_R)＝00,H＝H_1 H_2＝0000$。

步骤 5.5：$N＝P4(H)＝0000$。

步骤 5.6：$Q＝N\wedge Y_R＝0000\wedge 1101＝1101$。

步骤 6：$R＝QG＝11011100$。

步骤 7：$M＝IP^{-1}(R)＝11010101$。（M 就是经 S-DES 算法加密后的密文。）

图 4.30 给出了 S-DES 算法将明文生成密文的流程图。

DES 加密算法对二进制数组表示的明文采用分组加密的方法，每次加密 64 位二进制数组，密钥的长度为 64，但有效密钥为 56 位（因为每个字节（每个字节有 8 位，64 位共 8 个字节）的第 8 位用于做奇偶校验）。加密者输入 64 位密钥，DES 算法调用密钥生成算法，产生 16 个 48 位二进制数的子密钥，这些子密钥用于 DES 算法的加密过程；DES 算法对 64 位二进制明文加密的过程共执行 16 轮相同的换位操作加异或运算，每轮操作调用

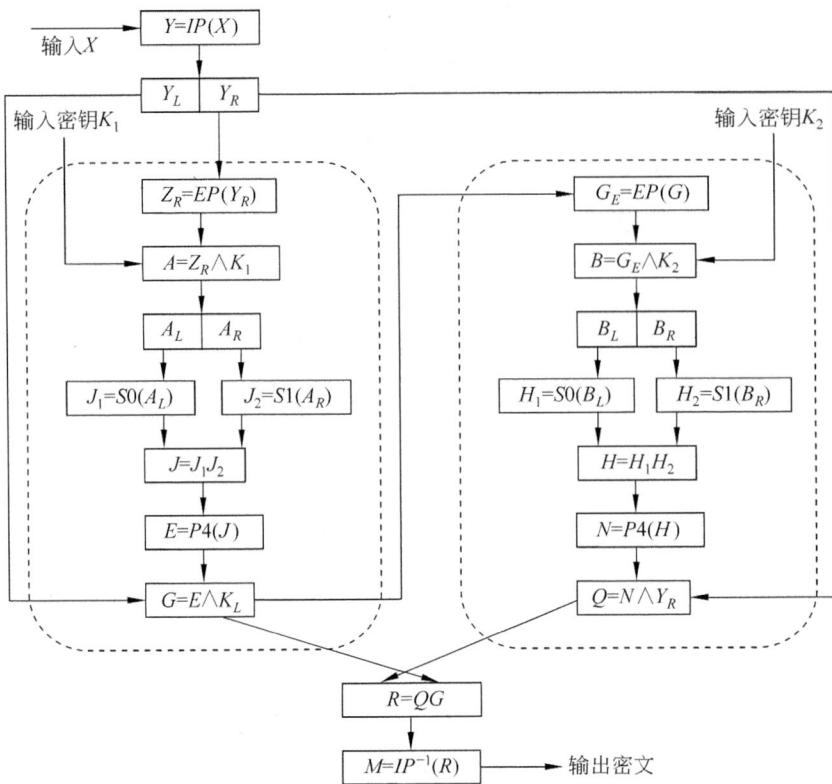

图 4.30　S-DES 算法将明文生成密文的流程图

一个子密钥。解密过程与加密过程非常相似,唯一的区别在于调用子密钥的顺序刚好相反。

（3）DES 加密算法的安全性。

在 20 多年的应用中,DES 加密算法没有发现严重的缺陷。盒函数 $S0$ 与 $S1$ 是 DES 的核心,也是 DES 加密算法最敏感的部分,其设计原理至今讳莫如深,甚显神秘。所有的替换都是固定的,但又没有明显的理由说明为什么这样做。一个好的加密算法应具有良好的雪崩效应,即明文或密钥的微小变化将对密文产生很大的影响。如果明文或输入密钥的某一位发生变化,会导致密文的很多位发生变化,DES 加密算法就具有这样的雪崩效应:两条仅有一位不同的明文,使用相同的密钥,仅经过 3 轮操作,所产生的两个密文已有 21 位不同;一条明文,使用两个仅有一位不同的输入密钥,经过数论操作之后,就有半数的位不同[18]51。

DES 加密算法的主要安全弱点是密钥较短,仅有 56 位。1990 年,Biham 和 Shamir 提出了差分分析方法,采用明文攻击,选用 2^{47} 个明文,最终找到了可用的密码;1993 年,Matsui 利用线性分析方法,选用 2^{43} 个明文,破译了密码;2004 年,Biryukov 提出多重线性分析方法,将破译密码所需的明文从 2^{43} 减少到 2^{41}。2000 年初,由电子边疆基金会组织研制的 DES 解密机,以 22.5 小时的时间,就将 DES 加密算法成功破译。

4.5.2　数字签名技术

1. 数字签名概述

数字签名技术作为一项重要的安全技术,在金融信息安全,包括身份认证、数据完整性、抗抵赖性、可用性和可控性方面起着极为重要的作用。习惯上,书面文件上的手写签名有两个功能:(1)确认文件是谁签发的或谁签收的,可以防止发送的抵赖和接收的抵赖;(2)因为签名不易仿冒,因而可以用于鉴别文件的真实性。对在网络之间传输的文件采用数字签名技术,具有手写签名类似的功能,但数字签名不是手写签名的拷贝或影印。

数字签名是只有信息的发送者才能产生,别人无法伪造的一段数字串,是对发送者发送信息真实性的一个证明。ISO 7489-2 标准把数字签名定义为:附加在数据单元上的一些数据,或者是对数据单元所做的密码变换,这种数据或变换允许数据单元的接收者用以确认数据单元的完整性,并保护数据,防止被人(如接收者)伪造。

2. 数字签名基本要求

数字签名是通过一个单向函数,对要传送的报文进行处理后得到的。用以认证报文来源,并核实报文是否发生过变化的一个字母数字串。数字签名可以解决否认、伪造、篡改及冒充等问题。类似于手写签名,数字签名应满足下述基本要求。

(1) 接收方能够确认或证实发送方的签名,但不能伪造签名。

(2) 发送方向接收方发出数字签名后,就不能再否认他所签发的信息,以保证他不能抵赖之前的发送行为。

(3) 接收方对已收到签名信息的行为也不能否认,即有收报认证。

(4) 第三者可以确认发收双方之间的信息传递过程,但不能伪造这一过程。

3. 数字签名的基本原理

数字签名(Digital signature)的实现通常采用非对称加密算法或不可逆加密算法。与对称加密算法不同,非对称加密算法的加密和解密过程分别通过两个不同的密钥来实现,其中一个密钥是只有发送方私有的,用于生成数字签名的,称为私钥。如果没有产生签名的私钥,要伪造该数字签名或否认该数字签名,在计算上是不可能的。另一个与私钥对应的密钥,是发送方与接收方共有的供接收方用于对数字签名解密的,称为公钥。

在采用非对称密码算法产生数字签名时,信息发送方首先通过运行散列函数生成一个被发送报文的信息文摘,然后再运行非对称加密算法生成公钥与私钥,并用其私钥对这个信息文摘进行加密,以形成发送方的数字签名,这个数字签名及公钥将作为被发送报文的附件,随同报文(加密或不加密)一起发送给接收方。接收方在收到报文及附件后,首先运行和发送方相同的散列函数,生成报文的信息文摘,然后用公钥,对发送方发来的数字签名进行解密,产生原始报文的信息文摘,通过比较两个信息文摘是否相同,就可以确认发送方和报文的准确性。

采用单向不可逆加密算法进行数字签名,则双方不需要任何密钥。数据的发送方在发送数据的同时,利用单向的不可逆加密算法或者其他信息文摘算法生成所传输数据的信息文摘,并把该信息文摘作为数字签名,随同数据一起发送给接收方。接收方在收到数据密文的同时,也收到该数据的数字签名,使用同样的不可逆加密算法(或者其他信息文摘算法)生成接收到数据的数字签名,并把该签名和接收到的数字签名进行比对,如果两者完全相同,则说明数据在传输过程中未被修改,数据完整性得到保证。

4. 数字签名的作用

数字签名机制作为保障网络信息安全的手段之一,可以解决伪造、抵赖、冒充和篡改的问题。它可以替代传统的手工签名与印章,其主要作用有下面几点。

(1) 防冒充(伪造):由于私钥只有签名者自己知道,其他人不可能伪造对传送报文的签名。

(2) 身份鉴别:传统的手工签名一般是双方直接见面的,身份自可一清二楚。网上金融交易的双方很可能素昧平生,相隔千里。因此,双方能方便而可靠地确认对方的身份是在网上进行交易的前提。银行、信用卡公司为了做到安全、保密、可靠地开展金融服务,也需要进行身份认证。对电子商务的销售商来说,他们也需要把客户身份与信用卡的认证工作交由银行来完成。

(3) 防篡改:交易的文件是不能被修改的。例如,某种货物的订单,供货方在收到订单之后发现货价大幅上涨,如果他能改动订单内容,将订购数减少,则可受益,而订货方会因此蒙受损失。传统的手工签名,如果要签署一个有 200 页的合同,存在仅在合同末页签名还是在每页签名的问题,如仅在末页签名,会有其中几页被偷换的风险。而数字签名与原报文形成一个混合的整体数据,如被篡改,两者的信息文摘会不一致,从而保证了数据的完整性和不可篡改性。

(4) 防抵赖:由于金融市场的行情瞬息变化,交易一旦达成是不能被否认的,否则必然会损害其中一方的利益。还以订货单为例,订货时货价较低,但收到订单后货价上涨,如果供货方能否认收到订单的实际时间,甚至干脆否认收到订单这个事实,则订货方将会蒙受损失,因此交易过程的各个环节都必须是不可否认的。在数字签名体制中,要求接收方返回一个表示收到的签名,给发送方或者是可信的第三方,如此操作,加上发送方的数字签名,可以实现防止双方之中的任何一方出现抵赖的情况。

(5) 防重放:如在日常生活中,A 向 B 借了钱,同时写了一张借条给 B,当 A 还钱时,肯定要向 B 索回他写的借条撕毁,以防 B 凭借条要求 A 再次还钱。在数字签名中,可以采用对签名报文添加流水号、时戳等技术,可以防止重放攻击。

5. 数字签名加密算法

(1) 不可逆加密算法。

不可逆加密算法的特征是加密过程中不需要使用密钥。输入明文后,由系统直接调用不可逆加密算法,处理成密文,这种加密后的密文无法被任何密钥解密。要解密只有重新输入原明文,并再次经过同样不可逆加密算法处理,得到相同的加密密文并被系统重新识别,才能真正解密。由此可以看出,如果说有密钥的话,不可逆加密算法的"密钥"是输入的明文自身,而所谓解密,实际上就是重新加密一次。不可逆加密算法不存在密钥保管和密钥分发的问题,非常适合分布式网络系统,但因加密计算复杂,工作量相当繁重,通常只在数据量有限的情形下使用。

（2）Hash 算法。

也称消息摘要或单向转换算法，是一种不可逆加密算法，能对不同长度的输入报文生成长度固定的输出，即一个单独的 128 256 位的大数，这个大数就是原报文的信息文摘。称它为单向转换算法，原因如下。

① 通信双方必须在通信的两个端头处各自执行 Hash 函数计算。

② 使用 Hash 函数很容易从消息计算出消息摘要，但以目前计算机的运算能力，其逆向反演过程，几乎不可实现。

一个安全的 Hash 散列函数 H 具有以下属性。

- H 能够应用到大小不一的报文上。
- H 对任何输入报文，生成的信息文摘的长度是相同的，即输出大小固定。
- 对于任意输入的报文 x，信息文摘 H(x) 的计算相对简单。
- 对于任一给定的信息文摘 h＝H(x)，要发现它相应的报文 x，在计算上是做不到的。
- 在计算上不可能发现两个报文 x 与 y，它们的信息文摘 H(x) 与 H(y) 完全相同。

Hash 散列本身就是所谓加密检查，通信双方必须各自执行函数计算来验证消息。举例来说，发送方首先使用 Hash 算法计算消息检查和，然后把计算结果 A 封装进数据包中一起发送；接收方再对所接收的消息执行 Hash 算法，计算得出结果 B，并把 B 与 A 进行比较。如果消息在传输中遭篡改，致使 B 与 A 不一致，接收方丢弃该数据包。

有两种最常用的 Hash 函数：MD5（消息摘要5）和 SHA 安全 Hash 算法。

6. 数字签名的过程

（1）发送方签名的过程。

① 发送方先运行非对称加密算法，生成公钥与私钥。如图 4.31 所示。

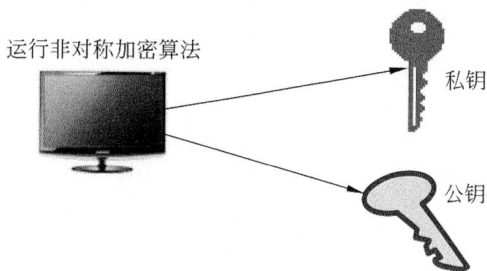

图 4.31　生成私钥与公钥

② 将原报文明文 S 应用单向 Hash 函数生成定长的信息文摘 S。如图 4.32 所示。

图 4.32　发送方生成报文信息文摘

③ 利用私钥，将信息文摘 S 加密生成数字签名 S，并将数字签名 S 附在报文 S 上。如图 4.33 所示。（注：需要将报文用加密传输时，要将报文加密，再将数字签名附在报文密文后。）

④ 发送方通过网络，将数字签名与报文以及解密的公钥发送给接收方。如图 4.34 所示。

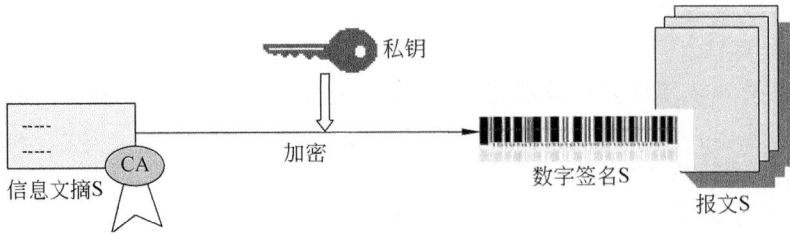

图 4.33 用私钥对信息文摘 S 加密生成数字签名 S,并附在报文后面

图 4.34 传送报文、数字签名与公钥

(2) 接收方验证过程。

① 将接收到的公钥、数字签名 S 与报文 R 分离。如图 4.35 所示。（注：原报文 S 经网络传输后到达接收方,记为报文 R,数字签名 S 因不能被篡改,故仍记为 S。）

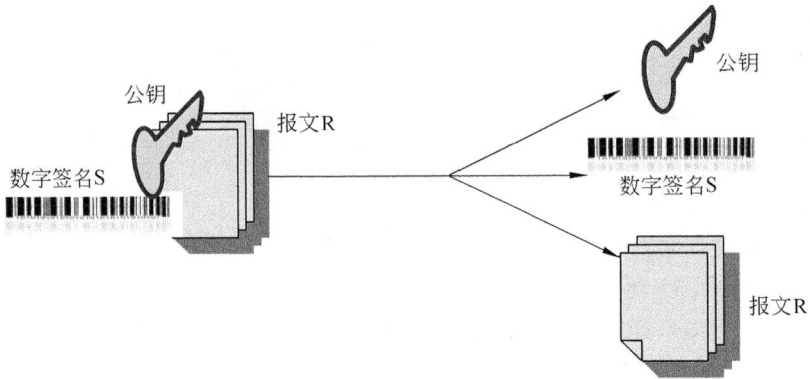

图 4.35 分离公钥、数字签名 S 与报文 R

② 用公钥对数字签名 S 解密生成信息文摘 S。如图 4.36 所示。

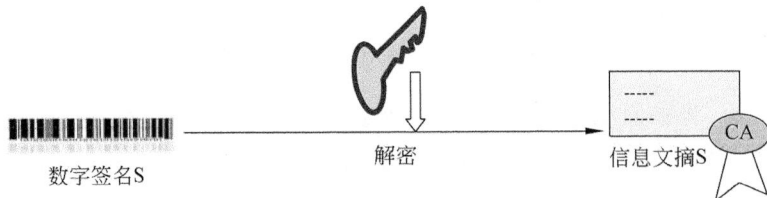

图 4.36 解密数字签名 S,得信息文摘 S

③ 对收到的报文 R,应用同发送方同样的单向 Hash 函数生成定长的信息文摘 R。如图 4.37 所示。

图 4.37　接收方生成收到报文 R 的信息文摘 R

④ 比较接收到的信息文摘 S 与由收到报文生成的信息文摘 R,如果两者相同,则说明报文在传输过程中没有遭受篡改攻击,否则报文已被篡改,应丢弃,如图 4.38 所示。

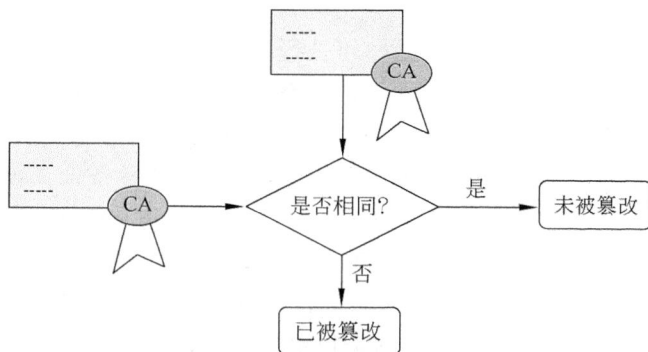

图 4.38　将两个信息文摘进行比对

4.5.3　数据备份与恢复技术

1. 数据备份技术

数据备份是对预防灾难、系统崩溃、数据丢失的最好保护措施,可以有效地保证数据的一致性和完整性。备份就是把计算机系统硬盘上的数据通过适当的方式复制一份,并保存在另一个位置,以便必要时重新调入计算机系统使用,这个位置可以是本地计算机的磁盘,也可以是其他计算机的磁盘,还可以是其他存储媒体,如移动磁盘、磁带、光盘等。数据备份的目的就是一旦正在使用的磁盘发生故障或数据丢失时,备份数据可以通过相应的工具软件,最大限度地恢复原有系统或数据,以最大限度地减小损失。

数据备份需要备份系统,数据备份系统一定要选择与操作系统有着 100% 兼容性、有成功应用的成熟产品,能够提供定时自动备份,出现异常情况时会给出警告,备份速度与还原速度要快。

备份的介质主要有两种:磁带备份与磁盘备份。磁带备份的优点是存储容量大、价格便宜,可移动保存,防震且经久耐用。但是存取速度慢,在数据恢复时无法选择某一盘磁带的某块磁记录区域上的数据,必须整盘磁带全部恢复,恢复时间长,易被磁头磨损。磁盘备份的优点是磁盘容量大,可靠性高,可以读取在磁盘上任意位置存储的数据,不必像磁带那样需要将磁带转动过去读取,通常作为实时热备份的理想存储介质。但是,由于磁盘一直处于带电运转状态,增加了电力消耗,也不能脱机移动保存。除了磁带与磁盘外,还有磁鼓和光盘两种存储介质可用。磁鼓的最大特点是存取速度快,可作为热备份的存储设备;光盘也是一种常用的存储备份设备,但由于单张光盘的容量有限,用光盘作备份介质时,一般使用光盘塔。

备份方式有完全备份、增量备份和差异备份 3 种。完全备份就是对全部数据进行备份,备份的数据最完全,一个最新的完全备份磁带可以用来完全还原某一时刻的服务器。增量备份就是只把最近新生成的或修改过的数据备份,时间是从上次完全备份或增量备份开始计算。由于备份数据量少,备份速度较快,必须使用完全备份磁带和所有后续的增量备份来还原服务器。差异备份是对上次完全备份之后所有发生改变的数据进行备份,而不同于增量备份是从上次备份的时间开始计算,要还原整个服务器,需要一个完全备份磁带和最新的差异备份磁带。

备份模式决定了对于要备份的数据如何进行备份,有联机备份和脱机备份两种方法来执行数据备份。联机备份在系统处于联机状态时进行备份,执行备份时用户仍可访问数据,因此,联机备份造成的中断最小。联机备份通常用于必须保持全天可用的应用程序。脱机备份是在系统和服务处于脱机状态下进行备份,此种备份在需要系统快照或者应用程序不支持联机备份时使用。联机和脱机备份模式两者适用于不同的备份方式。

备份连接方式有 3 种:存储设备与服务器直接相连接,称为 DAS,这种情况不占用局域网带宽,但必须在服务器上手动管理存储设备;存储设备直接联入现有的 TCP/IP 的局域网络中,称为 NAS,NAS 是企业常用的备份解决方案,它采用企业局域网备份软件;将各种存储设备集中起来形成一个存储网络,以便于数据的集中管理,称这样的网络为 SAN。

备份位置分为本地备份与异地备份。本地备份指将备份数据和原始数据放置于同一地理位置,如同一房间、同一建筑、同一城市,本地备份技术难度小、投资少;异地备份指将备份数据与原始数据放置在距离较远的两个地理位置,如两个城市、两个国家,距离至少在几十公里以上。异地备份技术难度高,投资多,可以预防自然灾害造成的危害。目前常用的异地远程备份方式如下:用远程磁带库或光盘库进行定期磁带备份数据,即将数据传送到远程备份中心制作完整的备份磁带或光盘,采用磁带备份数据,运行服务器需要实时向远程备份系统发送关键数据;远程数据库备份,就是在与主数据库所在服务器相分离的备份系统上建立主数据库的一个复制;采用网络数据镜像方式,这种方式是对系统的数据库数据和所需跟踪的重要目标文件的更新进行监控和跟踪,并将更新日志实时通过网络传送到备份系统,备份系统则根据日志对磁盘进行更新。

备份策略:要做好备份工作,仅选择一个好的备份软件及备份硬件是远远不够的,还要根据实际的数据环境制定一个高效的备份策略。在备份介质的选择上,磁带与磁盘各有自己的优缺点,一种有效的备份方案是同时选择磁盘与磁带两种介质,其中磁盘作为日常的在线备份介质,只进行间隔时间短、备份频繁的备份工作,而磁带仅仅作为较长时间才进行一次的完全备份介质,并移出放置在其他房间保存。在数据量小的情况下,可以采用每次都完全备份的策略,在数据量大的情况下,每次都完全备份的过程就不一定能在规定时间内完成,这就要选择完全备份与增量备份或差异备份相结合的备份策略了。例如,可以在每周或每月做一次完全备份,在每天做一次增量备份或差异备份。在数据的重要性有高低之分时,对重要性高的数据要缩短备份时间,重要性低的数据按照正常或延长的时间备份。这样可以减轻备份系统的负担,将多数资源用于重要数据的保护。在数据的分布位置上,有些数据分别存储在各个客户终端的硬盘中,有些数据是集中存储在数据服务器中。分别存储的数据较难管理,一般只对集中存储的数据进行备份操作。如果有分别存储的数据需要备份,可以将它们上传到数据中心,再统一备份。在备份时间选择上,一般选择在下班以后的空闲时间,但是对于 24 小时×7 模式运行的信息系统,就需要把备份时间分隔成若干小的时间段,并选择快速备份,以减少备份所需时间。可以选择智能化的备份策略,对运行过程中的系统资源和网络资源的使用率进行实时监控和判断,一旦发现合适的空闲资源,就自动触发备份操作。

2. 数据恢复技术

数据备份活动并不是孤立的一项工作,它与数据恢复息息相关。数据恢复是指在数据内容受到破坏或删除后,能够将数据还原到受损前的状态,保证数据完整性和可用性。一旦数据受到意外损坏,就需要相应的数据恢复技术挽回损失。在数据损坏和丢失的情况下,数据恢复过程主要考虑数据恢复的先后顺序,一般来说,与日常业务密切相关的数据必须优先恢复,容易恢复的数据先恢复。

可以将数据恢复分为两种情况。如果是因为计算机病毒破坏、人为破坏或人为操作失误造成当前的系统数据丢失或损坏,但存储数据的介质没有遭到破坏,原始的备份数据也保存完好,这时使用备份软件或应用程序的还原功能,基本上就可以恢复所损坏的数据;如果是当前的数据和原始的备份数据都遭到破坏,甚至存储介质也出现故障,这种情况会引起灾难性后果。这时就要立即禁止对存储介质进行任何新的操作,并可以采用下面无备份系统的数据恢复技术尽可能多地进行数据恢复。

有备份系统的数据恢复:在数据做好备份的前提下,可以针对数据被破坏的具体情况采用不同的恢复技术。如果只是在某个日期之后产生的数据被损坏,那么将这个日期到当前所做的所有增量备份或差异备份数据逐个进行恢复。如果数据全部被损坏,恢复步骤是首选将最后一次做的完全备份数据进行恢复,然后再从最后一次完全备份的日期算起,按照备份日期的远近,逐一恢复还原增量备份或差异备份数据。备份系统中通常集成有相应的数据恢复模块,可以制定多种数据恢复策略,完成数据的完全恢复或部分恢复。

无备份系统的数据恢复:在无备份系统的情况下,需要专业的数据恢复工具来恢复数据。如果文件做了误删除操作或者对硬盘格式化时,要马上停止任何写入操作,用恢复软件进行分区或全盘恢复,往往可以还原大部分的数据。当存储介质无法被系统识别时,可以通过专业的数据恢复公司恢复,这些公司配置了专业的硬件维修和数据恢复设备,在数据未受到破坏的情况下基本可以恢复回来。要注意的是,应该先抢救那些最有把握能恢复的数据,且在恢复的过程中能做好恢复的备份,恢复一点,备份一点。

在数据恢复过程中,在进行每一步操作之前就考虑好做完该步之后能达到什么目的,可能造成什么后果,能不能回退至上一状态。特别是对于一些破坏性操作,一定要考虑周到。在条件允许的情况下,可以在操作之前对要恢复的数据进行镜像备份,以防止数据恢复失败和操作失误。

4.6　内容安全技术

4.6.1　内容安全概述

本章前述各节的信息安全技术从信息系统的物理层面和逻辑层面对系统的网络与信息数据的安全提供保护。在信息系统中,另一个十分重要的安全问题是在网络中传输数据的内容安全。内容安全属于高层的应用安全范畴,指数据以一定的形式组成为信息交流实体时,对于该信息实体的合法性、健康性与完整性的有效控制。钓鱼网站、垃圾邮件、非法信息的传播,非法电子出版物、虚假欺骗等事件严重地影响了信息系统的安全运行和发展,造成对用户的伤害,有时会危害到社会稳定和国家安全。如互联网中有大量公开的信息,如某人的姓名、工作单位、地址、电话号码等。由于这些公开信息的获取途径简单、成本非常低,在某些情况下,会被整合并可能被滥用。例如,某些公司会利用这些数据乃至非法获得的信用卡信息,作为商业信息在网上出售,还有些不法集团会利用这些信息进行诈骗。有些人将一些特定的信息向特定相关人或组织进行传播,以妨碍相关人或组织的正常生活或运行。很多具有知识产权的音乐、视频被广泛传播,造成知识产权被侵犯。

根据 Ferris Research 研究报告,垃圾电子邮件每年除对美国、欧洲企业分别造成高达 89 亿美元和 25 亿美元的损失,另将花掉欧美服务供应商 5 亿美元的资源。研究表明,美国企业所损失的 89 亿美元中,有 40 亿美元是员工因删除垃圾邮件而减少的生产力,平均删除 1 封垃圾邮件得花 4.4 秒钟,另有 37 亿美元是企业花在添购频宽及性能更佳的伺服器,以应对庞大的资料流量,其余损失则是公司为降低员工因垃圾邮件产生的困扰,替员工提出的支援部分。垃圾邮件对网民的影响主要表现为上网费和电话费大幅增加。处于被动地位的网民,不得不为下载这些垃圾邮件支付网络使用费。

对网上信息内容的有效管理和控制,阻止不良信息的非法传播,确保网上信息内容的健康和起积极引导作用,已成为网络应用发展的必然趋势。内容安全是信息安全的落脚点。信息内容安全主要包含两方面的含义,一是对合法的信息内容加以安全保护,二是对非法的信息内容实施有效的监管。

内容安全的意义如下。

(1) 提高网络用户及网站的使用效率。网络用户经常遇到垃圾邮件、流氓软件等恶意干扰,网站中也存在某些用户发布一些恶意言论的情况。内容安全有望提供技术上的解决方案,包括对电子邮件等网络信息进行信息过滤,通过预先过滤不良信息减少手工处理各类无用信息所花费的时间与精力,从而有效提高网络的使用效率。

(2) 净化网络空间。互联网的快速发展,在满足广大群众对文化生活日益丰富的需求的同时,也传播着各种不良信息。例如,传播格调低下的文字、图片、侵犯知识产权的盗版影音与软件、不负责任地传播未经证实的消息,甚至别有用心地散布虚假消息以制造恐慌气氛等。

各种违法犯罪活动也利用网络作为传播的新场所,出现了各种网络诈骗活动与网络恐怖活动。上述种种情况,都需要更为完善的信息处理技术,尽早或尽量准确地发现安全隐患,以提高预防保护能力,降低各种不良活动发生的可能性或减少其带来的损失。

4.6.2 内容安全监测技术

信息内容安全监测是内容安全的一个重要方面。所谓内容安全监测,就是对网络中的数据流进行检测和控制,过滤并剔除那些虚假欺骗、非法及垃圾邮件等有害的网络信息。

进行信息内容安全监测,首先要制定内容安全监测的总体策略。首先要制定过滤规则,即确定哪些信息是非法的,应予禁止,但又不会影响那些合法信息在网络的正常传递。其次是对违规信息的处理规则。由于网络信息流量巨大,而内容安全监测既要能过滤禁止违规有害信息,又要保证用户的正常使用,对网络系统信息内容安全监测是相当复杂的。图 4.39 给出了内容安全监测系统模型,系统可以分为两部分:监测策略和监测处理或监测实施。监测策略是指依据监管要求制定的监管规则和规范,包括数据获取的策略、特征数据库、过滤规则和对违规信息的处理规则;监管实施是指依据监测策略具体实施监测的程序模块,包括数据获取、协议分析、内容分析、数据过滤与违规数据的处理。

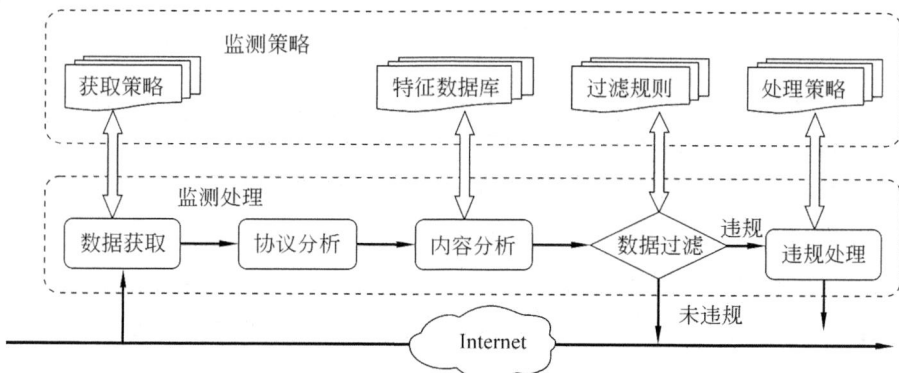

图 4.39 内容安全监测系统模型

1. 内容监测策略

内容监管需求是制定内容监测策略的依据,其中数据获取策略主要确定监测对象的范围、采用什么方式来获取检测数据;特征数据库是用于判断信息内容是否违规的特征值,如关键词、敏感字符串与图片等;过滤规则指依据信息内容包含特征值的情况判断信息内容是否违规并将进行处理的规则;违规处理策略是指对违规的信息或违规的载体(网站或网络连接)进行具体处置的策略,如禁止对该网站的访问、拦截有关网络连接或将信息删除等。

2. 数据获取技术

(1)网络环境下的数据获取方法。网络数据采集是指从网络收集数据的过程,它是进行后续信息分析处理的基础。如何快速、准确地获取所需要的信息,是面向内容的网络安全监控的首要环节。数据捕获就是通过旁路方式截获某个数据包,以便进行进一步分析还原处理的一种技术。图 4.40 给出了网络数据获取的一个图示。网络上的数据有静态和动态之分,网络信息的获取有主动获取与被动获取两种。主动数据获取指通过主动访问有关网络连接来获得数据内容,主要采用搜索引擎,如 Google、Baidu 等,它是根据 HTTP 协议,直接从 Web 站点上采集或下载信息。被动获取通常是将用于采集网络数据报文的监听设备的网卡工作于混杂模式下,然后直接连接到网络的特定关键部位进行获取,在这种模式下,可以确保监听设备接收所有流经它的数据包。

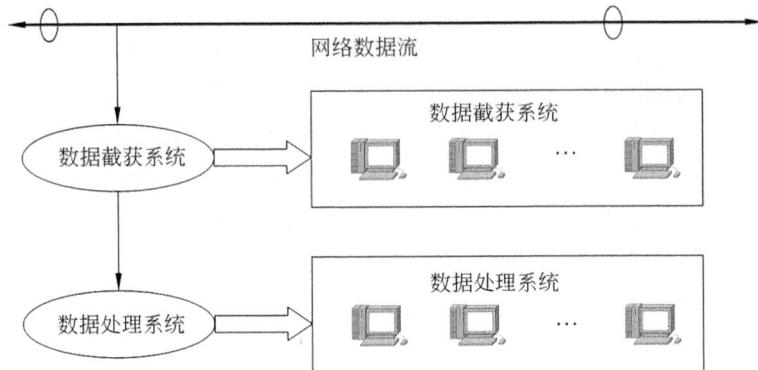

图 4.40 网络数据获取技术示意图

(2) 用户数据包捕获机制。目前,这种机制多采用旁路处理的办法来解决。一般而言,数据包是按照网卡、设备驱动层、数据链路层、网络层、传输层、应用层的顺序依次向上传输。数据包捕获机制就是在数据链路层额外增加一个旁路处理,过滤、缓冲流经它的数据包,最后送到应用程序进行分析。

3. 协议分析技术

协议分析就是"利用互联网上协议的高度规范性,将捕获到的网络数据包进行逐层协议解析和分析,并将分析结果保存及显示的技术"。在分析时,可以模拟 TCP/IP 四层协议栈的方式,从底层开始向上分析每个数据包。最后根据协议分析的用途,将分析结果进行协议异常比较或者显示出来,以供用户查看。在网络信息内容监测系统中,将数据包进行协议分析的目的是为了应用数据的还原。经过协议分析后,就会获得每一个数据包的概要信息,这样就能对网络中的每一个数据包有个大概的了解,并根据这些信息,对数据包进一步还原。目前常用的数据包分析技术有两种:即无状态分析技术和有状态分析技术。无状态分析技术的特点是由系统提供规则集,根据规则集中的规则,对所接收到的数据包进行分析检查,其优点是不需要保持每个数据包的状态,从而减少内存的消耗,缺点是需要消耗大量的 CPU 计算时间且规则不能随着状态动态改变。而有状态分析技术在分析时会提取与连接有关的状态信息,如协议类型号、IP 地址及端口号等,保持这些状态信息并与其他数据包关联,大大提高数据采集、分析的效率和速度,优化系统性能,且可以根据数据包的状态动态修改规则。

应用数据还原技术也称为协议还原技术,是对协议分析技术的一种升级。它在对底层协议进行解析的基础上,主要对应用层的协议进行分析,并且不止针对某一个数据包,而主要针对由某些数据包组成的应用层会话,将整个会话过程以一种比较清晰的方式显示出来。它首先对每个网络数据包进行传输层到网络层的协议分析,然后根据会话的属性,对这些数据包进行重组,再分析每个应用层会话,最后将整个会话过程及其数据内容显示或者保存。它包含两个步骤,即会话重聚与会话还原。会话重聚就是把会话中包含的数据包片段提取出来,并进行重组、排序。而会话还原就是还原和显示某一个会话的具体内容,它模拟应用层协议的工作过程,并建立和维护应用层协议的通信状态。

4. 内容分析技术

网络信息内容监测的目的是要发现其中的非法信息。由于应用数据还原技术会生成大量的结果文件,要在其中查找想要的信息是非常困难的。另外,在无线网络中,由于网络流量较大,且因无线网络本身的原因,其中会存在数量庞大的小数据包,而且数据重传的可能性较大,因此数据捕获程序存在很大的压力,数据的捕获不够完整。此时,应用数据还原技术可能无法完整地展示会话过程,严重时甚至生成可读性比较差的结果文件。针对以上这些情况,在网络信息内容监测系统中,不仅需要协议分析和还原,还需要内容分析和过滤技术。根据信息内容的类别,内容分析与过滤技术主要有文本内容分析和图像内容分析。网络信息内容监测中,主要需要的是对还原的结果文件的检索过滤,因此在网络信息监测系统中使用最广泛的内容分析与过滤技术就是关键词或字符串匹配技术。这种技术一般和特征数据库联合使用,用户在使用精确特征匹配检索之前,需要先建立用于检索的特征数据库,将某些关心的关键词、文本字符串、图像特征与音频特征等加到特征数据库中,并对这些特征设置好关联关系。一般情况下,还要在数据库中规定当这些关键特征检索匹配时所采取的操作,即过滤规则。建立特征数据库之后的工作就是采用精确的串匹配算法,对欲检索的文本进行检索,如果找到和关键特征匹配的文本,则根据过滤规则的规定执行相应的操作。

下面介绍字符串匹配算法。

字符串匹配算法也称模式匹配算法,是指在一个文本字符串中查找是否包含用户指定的字符串,即所谓的字符串匹配是计算机进行信息处理的一个基本问题。它在信息检索、信息处理等方面有重要的应用前景。在文本过滤系统处理过程中,存在着大量的文本处理操作。字符串查找是非常重要且最耗时的工作之一,它贯穿于自动摘要系统处理的各个阶段。文档结构分析阶段中数万种标号的识别;主题抽取阶段中各种字串(论题提示字串、高频字串、主题敏感词等)的匹配识别;摘要生成与修饰阶段中特定模式的匹配识别等。因此,高效的字符串查找算法是网络信息内容安全监测技术体系中的关键技术之一。根据一次查找字符串模式的多少,字符串匹配分为单模式匹配和多模式匹配。单模式匹配指一次从待查文本中查找一个特定的字符串,例如一个关键词,如果在待查文本字符串中查找到等于指定字符串的子串,称匹配成功,并返回与显示在文本中出现该子字符串的位置,否则匹配失败。单模式匹配算法有 BF(Brute-Force)算法、KMP(Knuth Morris Pratt)算法、BM(Boyer-Moore)算法与 BMH(Boyer Moore Horspool)算法。多模式匹配则是一次从待查文本中查找多个不同的字符串,如多个关键字。在文本分析处理中,大多数情况需要在文本中一次查找多个字符模式,如果采用单模式匹配算法,则需要对文本进行多次查找,一次查找一个字符串,显然会导致效率低、速度慢的结果。多模式匹配可以避免这类问题,经典的多模式匹配算法有基于有限自动机的 DFSA(Deterministic Finite State Authomata)算法、AC(Aho-Corasick)算法等。这些多模式匹配算法的主要特点,就是通过一次扫描检索待查文本就可以找到其包含的所有指定的子字符串,搜索的速度与指定子字符串的数目无关,而只与其对文本的扫描速度有关。由于数据特征一般包含多个关键词,因此多模式匹配算法以高效性多见于信息内容检测系统。特征检索的结果将作为是否违规判别的主要依据,提供给过滤处理,进行违规判定及违规处理程序。

5. 过滤与违规处理

过滤就是根据内容分析的结果,判断所分析的信息内容是否违规,并允许不违规的数据流通过,而对违规的数据内容,根据违规的严重程度进行违规处理。违规判定的原理是将内容分析过程中特征搜索的结果与过滤规则进行比较,判断所检信息内容是否违规。违规规则实际上就是违规内容所具有的特征,称为敏感特征。每个敏感特征由敏感特征值和特征敏感度(特征值对违规的影响程度,也可以看作敏感特征值的权重)两个属性来描述。特征搜索的结果具有敏感特征值的广度(包含相异敏感特征值的数量)和敏感特征值的深度(包含同一特征值的数量)两个指标。违规判定算法针对这两个指标进行计算,根据计算结果是否符合过滤策略中某个规则来判定是否违规,如一个或两个指标超过事先指定的阈值,甚至只要包含某个特征值即可判定违规等。

违规处理目前采用的方法有报警、封锁 IP、阻断连接等。报警就是通知有关人员违规事件的具体情况,封锁 IP 地址一般是指利用防火墙等网络设备阻断对有关 IP 地址的访问,而阻断连接是针对某个特定访问连接实施阻断,从阻断的依据上,有基于 IP 地址的阻断和基于内容的阻断;从实现的方式上,有软件阻断和硬件阻断;从阻断方法上,分为数据包重定向和数据包丢弃。

4.6.3　反垃圾邮件技术

1. 垃圾邮件概述

随着因特网的不断普及,国内的网络用户数呈指数级增长。其中电子邮件是 Internet 所有服务中最基本的服务,超过 80% 的网络用户使用电子邮件服务。它为人们的工作、生活、娱乐提供了极大的便利。在充分享受电子邮件带来的便捷、实时和廉价优势的同时,网络时代的人们也饱尝垃圾邮件带来的烦恼。几乎每个人的信箱都充斥着大量来历不明的邮件,垃圾邮件像瘟疫一样蔓延、污染网络环境,影响网络的正常通信。

垃圾邮件数量的增长速度如此之快的原因在于,首先,垃圾邮件一直被吹捧为是一种最有效却最廉价的广告形式。邮件地址列表很容易买到,也很容易从因特网上搜集,有些企业为了工作需要,在 Web 站点列出了员工的电子邮件地址,这使得编辑一个邮件地址数据库变得非常廉价和容易。获取者使用一个廉价的邮件软件,按数据库中的邮件地址自动发送出去即可,非常简单。其次,传统的控制方法无法有效地过滤垃圾邮件,使得终端用户经常收到来自不同地方的商业广告。垃圾邮件制造者是通过邮件报头欺骗,对邮件主题和内容进行处理以及利用第三方服务器转发来达到目的的。一个常见的垃圾邮件伪装方法是利用网络中的开放式 SMTP 服务器进行转发。如果网络中的一台 SMTP 服务器没有被配置为禁止转发电子邮件,那么它将可能成为被垃圾邮件制造者利用的对象。

对垃圾邮件的定义可以是：那些人们不愿意接收的电子邮件。内容如下。

（1）收件人事先没有提出要求或者同意接收的广告、电子刊物、各种形式的宣传品等宣传性的电子邮件。

（2）收件人无法拒收的电子邮件。

（3）隐藏发件人身份、地址、标题等信息的电子邮件。

（4）含有虚假的信息源、发件人、路由等信息的电子邮件。

普通用户的电子邮箱是怎么成为垃圾邮件目标的呢？有很多原因。比如在网站、论坛等地方注册了邮件地址，病毒等在你朋友邮箱中找到了你的电子邮箱，对邮件提供商进行的用户枚举等。通常情况下，越少暴露电子邮件地址，越少接收到垃圾邮件，使用时间越短，越少接收到垃圾邮件。一些无奈的用户就选择了放弃自己的邮箱而更换新的电子邮箱。

垃圾邮件给互联网以及广大使用者带来了很大的问题，这种问题不仅仅是人们需要花费时间来处理垃圾邮件、占用系统资源等，同时也带来了很多安全问题。

垃圾邮件占用了大量网络资源与网络带宽，大量消耗服务器 CPU 时间，一些邮件服务器因为安全性差，被作为垃圾邮件转发站，被警告、封 IP 等事件时有发生。垃圾邮件的大量传播大量消耗了网络资源，使得正常的业务运作变得缓慢。随着国际上反垃圾邮件的发展，组织间的黑名单共享，使得无辜服务器被更大范围屏蔽，这无疑会给正常用户的使用造成严重问题。滥发的垃圾邮件侵犯了收件人的隐私权，耗费了收件人的时间和精力。

垃圾邮件和黑客攻击、病毒等的结合也越来越密切，垃圾邮件已成为病毒、木马程序的载体，被黑客利用，进行网络攻击。比如，SoBig 蠕虫就安装开放的、可以用来支持邮件转发的代理。随着垃圾邮件的演变，用恶意代码或者监视软件等来支持垃圾邮件的行为已经明显增加了。2003 年 12 月 31 日，巴西的一个黑客组织发送包含恶意 JavaScript 脚本的垃圾邮件给数百万用户，那些通过 Hotmail 来浏览这些垃圾邮件的人们在不知不觉中已经泄露了他们的账号。另外一个例子，近来 IE 的 URL 显示问题，在主机名前添加"%01"，可以隐藏真实的主机地址，被发布之后几个星期内，地址就会出现在垃圾邮件中了。

越来越具有欺骗性的病毒邮件让很多企业深受其害，有时会严重影响企业服务形象。企业即便采取了很好的网络保护策略，依然很难避免，越来越多的安全事件都是因为邮件产生的，可能是病毒、木马或者其他恶意程序。对 Phishing 的假冒诡计，普通使用者的确很难作出正确的判断，但是造成的损失却是很直接的。

2. 反垃圾邮件技术

对于垃圾邮件的处理，目前常用的技术有过滤、验证查询和挑战等。过滤技术是最简单而又最直接的垃圾邮件处理技术，主要用于邮件接收系统辨别和处理垃圾邮件；验证查询技术是通过密码验证与查询等方法来判断邮件是否为垃圾邮件，而基于挑战的反垃圾技术通过延缓邮件的处理过程来阻碍发送大量的邮件。

（1）过滤技术。

过滤（Filter）是一种最简单却又很直接的垃圾邮件处理技术。这种技术主要用于接收系统（MUA，如 Outlook express；或者 MTA，如 Sendmail）来辨别和处理垃圾邮件。从应用情况来看,这种技术也是使用最广泛的。比如很多邮件服务器上的反垃圾邮件插件、反垃圾邮件网关、客户端上的反垃圾邮件功能等,都是采用的过滤技术。

① 黑白名单过滤。

黑名单(Black List,BL)是已知的垃圾邮件发送者的 IP 地址或邮件地址列表,而白名单(White List)是可信任的邮件发送者的 IP 地址或者邮件地址列表。现在有很多组织都在做垃圾邮件的黑名单,即将那些经常发送垃圾邮件的 IP 地址(甚至 IP 地址范围)收集在一起,做成 BL,比如目前影响较大的反垃圾邮件组织 Spamhaus 的 SBL(Spamhaus Black List)。一个 BL 可以在很大范围内共享。许多 ISP 正在采用一些组织的 BL 来阻止接收垃圾邮件。白名单则与黑名单相反,从白名单上的邮件地址或者 IP 地址发送过来的邮件可以完全接收。

目前,很多邮件接收端都采用了黑白名单的方式来处理垃圾邮件,包括 MUA 和 MTA。当然,在 MTA 中使用得更广泛,这样可以有效地减少服务器的负担。BL 技术也有明显的缺陷,因为不能在 BL 中包含所有(即便是大量)的 IP 地址,而且垃圾邮件发送者很容易通过不同的 IP 地址来制造垃圾。

② 内容过滤。

内容过滤通过对邮件发件人与收件人的地址、邮件的标题、正文及附件的内容进行搜索,查看是否具有垃圾邮件的特征,来判定垃圾邮件。常见的有关键词过滤、规则过滤与贝叶斯过滤技术。

• 关键词过滤。

关键词过滤技术首先需要创建一些简单或复杂的与垃圾邮件关联的单词表,来识别和处理垃圾邮件,通过在邮件内容中搜索是否包含单词表中的关键词来判定是否为垃圾邮件。比如某些关键词大量出现在垃圾邮件中,像一些病毒的邮件标题,如 test。这种方式比较类似反病毒软件利用的病毒特征一样。可以说,这是一种简单的内容过滤方式,来处理垃圾邮件,它的基础是必须创建一个庞大的过滤关键词列表。

关键词过滤技术的一个明显缺陷是过滤能力同关键词有明显联系,关键词列表也会造成错报的可能性;另外,采用关键词过滤技术来处理邮件会消耗比较多的系统资源,并且一般躲避关键词的技术,比如拆词、组词,就很容易绕过这种过滤技术。

• 规则过滤技术。

规则过滤技术首先需要根据某些特征(比如单词、词组、位置、大小、附件等)信息形成过滤规则库,通过这些规则来描述垃圾邮件,就如 IDS 中描述一条入侵事件一样。要使这种过滤器有效,就需要很好地维护一个有效的过滤规则库。

• 贝叶斯(Bayesian)过滤技术。

相对于关键词与规则过滤技术来说,贝叶斯过滤技术是一种智能化且相对复杂的内容过滤技术,也是一种使用广泛的内容过滤技术。贝叶斯过滤技术的过程是对邮件进行评分(score),来判定是否为垃圾邮件,而评分的原理就是采用机器学习算法,对大量的垃圾邮件与正常邮件进行学习,分别得到垃圾邮件与正常邮件的特征元素(最简单的特征元素为单词,复杂的特征元素有短语)。对邮件进行检查时,同时检查邮件中的垃圾邮件的特征元素与正常邮件的特征元素,针对每个垃圾邮件特征元素,根据其特征值和权重给出一个正分数,针对每个正常邮件特征元素,同样根据该元素的特征值和特征权重给予一个负的分数值,最后将所有正分与负分相加,得到邮件的一个总分,通过这个分数来判定是否为垃圾邮件。

贝叶斯过滤技术计算特征的来源通常是邮件正文中的单词,邮件头(发送者、传递路径等),其他表现,比如 HTML 编码(如颜色等)、词组、短语以及 meta 信息,比如特殊短语出现位置等。例如,如果正常邮件中经常出现有单词 AAA,但基本不在垃圾邮件中出现的话,那么,AAA 表示垃圾邮件的概率就接近 0,反之亦然。

贝叶斯过滤技术尽管实现了智能自动识别垃圾邮件的功能,但是依然存在下述一些不适应的问题:特征元素列表需要通过对大量垃圾邮件或者正常邮件的学习获得。因此,要提高识别垃圾邮件的效果,就要从大量已知是否垃圾的邮件中来学习,这降低了过滤效率,因为对于不同人来说,正常邮件的特征元素是不一样的;获得特征元素分析的邮件数量多少是一个关键。如果垃圾邮件发送者也适应了这些特征,就可能让垃圾邮件更像正常邮件,这时就需要动态更改过滤特征。每个特征元素分数的计算应该是基于一种很好的评价,但还会有随意性。比如,特征就可能不会适应垃圾邮件的单词变化,也不会适应某个用户的需要。

图 4.41 给出了综合应用黑白名单过滤与内容过滤的反垃圾邮件处理系统。其中,邮件队列中邮件的来源有三种形式:邮件服务器、邮件客户端或网络设备的数据流复制。经过滤,正常的邮件将被发送到邮件的接收者,如为垃圾邮件,或被删除,或通知接收者该邮件为垃圾邮件。

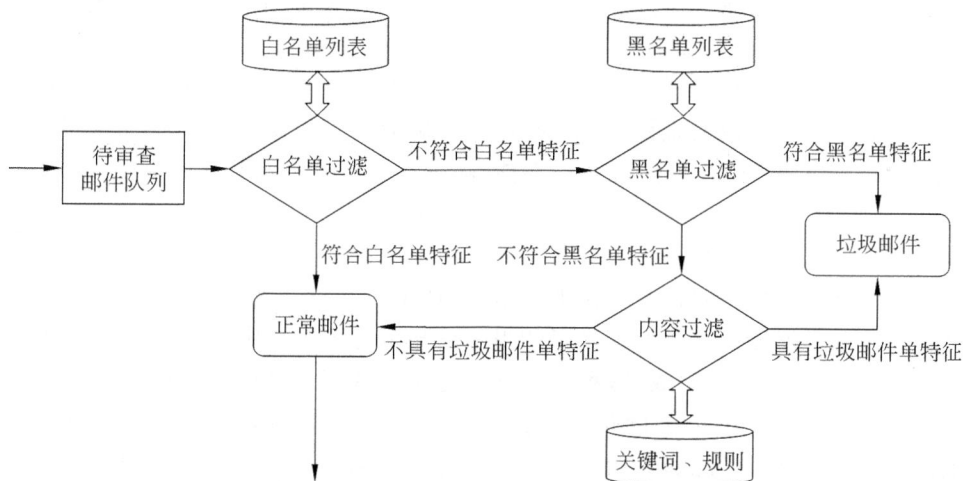

图 4.41　采用过滤技术的反垃圾邮件系统

(2) 验证查询技术。

垃圾邮件一般都是使用伪造的发送者地址发送,极少数垃圾邮件用真实地址发送。垃圾邮件发送者伪造邮件有下面几个原因:一是因为行为是违法的,二是因为垃圾邮件不受欢迎,三是因为受 ISP 的限制。验证查询技术通过验证或查询邮件是否为伪造来判定垃圾邮件。

① DKIM(DomainKeys Identified Mail)技术。

该技术基于雅虎的 DomainKeys 验证技术和思科的 Internet Identified Mail 技术。雅虎的 DomainKeys 利用公共密钥密码术验证电子邮件发件人。发送系统生成一个签名,并把签名插入电子邮件标题,而接收系统利用 DNS 发布的一个公共密钥验证这个签名。思科的验证技术同样也利用密码术,但它把签名和电子邮件消息本身关联。发送服务器为电子邮件消息签名,并把签名和用于生成签名的公共密钥插入一个新标题。而接收系统验证这个用于为电子邮件消息签名的公共密钥是授权给这个发件地址使用的。

DKIM 把这两个验证系统进行组合。它使用和 DomainKeys 相同的方式,用 DNS 发布的公共密钥验证签名,又利用思科的标题签名技术确保一致性。

DKIM 给邮件提供一种机制来同时验证每个域邮件发送者和消息的完整性。一旦域能被验证,就用来同邮件中的发送者地址作比较检测伪造。如果是伪造,那么可能是 spam 或者是欺骗邮件,就可以被丢弃。如果不是伪造的,并且域是已知的,可为其建立起良好的声誉,并绑定到反垃圾邮件策略系统中,也可以在服务提供商之间共享,甚至直接提供给用户。

② FairUCE(Fair use of Unsolicited Commercial E-mail)技术。

该技术由 IBM 开发,使用网络领域的内置身份管理工具,通过分析电子邮件域名过滤并封锁垃圾邮件。

FairUCE 把收到的邮件同其源头的 IP 地址相链接——在电子邮件地址、电子邮件域和发送邮件的计算机之间建立起一种联系,以确定电子邮件的合法性。比如采用 SPF 或者其他方法。如果能够找到关系,那么检查接收方的黑白名单以及域名名称,以此决定对该邮件的操作,比如接收、拒绝等。

FairUCE 还有一个功能,就是通过溯源找到垃圾邮件的发送源头,并且将那些传递过来的垃圾邮件再转回给发送源头,以此来打击垃圾邮件发送者。这种做法利弊都有。好处就是能够影响垃圾邮件发送源头的性能,坏处就是可能打击到正常服务器(比如被利用的)的正常工作,同时该功能又复制了大量垃圾流量。

③ 指纹技术。

作为一种反垃圾邮件的新技术,"邮件指纹"技术越来越受到人们的青睐,这种新技术给每封发送的电子邮件信息增加扩张了的报头信息。这种报头中会包含一种独特的签名信息,它由相应的加密算法生成,这种算法基于电子邮件用户身份的特有识别信息以及邮件的时间识别信息等。外部电子邮件器通常返回原始信息的传输指令,称为"报头信息",其中包括新指纹的扩展信息和原始信息的一部分。这就允许服务器检测签名信息,以确定电子邮件是合法的用户信息还是垃圾邮件制造者的伪造返回消息。其目的是利用邮件指纹阻止垃圾邮件风暴。当然,这种新技术不可能解决所有问题,但可以保证采用这种技术的邮件服务器免受垃圾邮件的淹没。

(3) 挑战技术。

垃圾邮件发送者使用一些自动邮件发送软件,每天可以产生数百万的邮件。挑战的技术通过延缓邮件处理过程,将可以阻碍大量邮件发送。那些只发送少量邮件的正常用户不会受到明显的影响。

① 挑战-响应(Challenge-Response,CR)技术。

应用该技术的系统会保留着许可发送者的列表。一个新的邮件发送者发来的邮件将被临时保留下来而不立即被传递,然后向这个邮件发送者返回一封包含挑战的邮件(挑战可以是连接 URL 或者是要求回复)。对于那些使用假邮件地址的垃圾邮件来说,它们不可能接收到挑战,而如果使用真实邮件地址,又不可能回复所有的挑战。如果挑战-响应能顺利完成,则新的发送者将被加入到许可发送者列表中。

但是,CR 系统也有其局限性,例如 CR 死锁。假如在用户乙处的用户甲希望用户乙帮忙给朋友丙发送一个邮件。用户乙发送一个邮件给用户丙,用户丙的 CR 系统会临时中断邮件并发送给用户乙一个挑战。但用户乙的 CR 系统又会中断用户丙那里发送出来的挑战邮件,并发送自己的挑战。结果就是,双方用户都没有接收到挑战,因而双方也无法回复邮件,而且双方也无法知道在挑战过程中发生了问题。因此,如果双方都使用 CR 系统的话,他们就可能根本无法进行沟通。

② 计算性挑战方案(Computational Challenge,CC)。

计算性挑战方案通过有意增加发送邮件的“费用”(例如“时间”)来拖延邮件发送的时间。目前,多数 CC 系统使用复杂的算法来有意拖延时间。对于单个用户来说,这种拖延很难被察觉,但是对于发送大量邮件的垃圾邮件发送者来说,这就意味着要花费很多时间。但是,即便如此,CC 系统还是会影响快速通信而不仅仅影响垃圾邮件。这些局限包括不平等影响,计算性挑战是以 CPU、内存和网络为基础的,比如在 1GHz 的计算机上挑战可能花费 10 秒,但是在 500MHz 上就需要花费 20 秒了。邮件列表,许多邮件列表都有数千甚至数百万的接收者,用 CC 系统来处理邮件列表是不现实的,如果垃圾邮件发送者有办法通过合法的邮件列表来绕过挑战,他们也就有办法绕过其他挑战了。

4.6.4　数字水印技术

1. 数字水印技术概述

前述的信息数据安全技术基本都是以密码学理论为基础,其保护方式都是将文件加密成密文,使非法用户即使能截取也不能解读。但随着计算机处理能力的快速提高,这种通过不断增加密钥长度来提高系统密级的方法变得越来越不安全。

数字水印(Digital Watermarking)是一种信息隐藏技术,基于经典的密写术。日常生活中,人们为了鉴别纸币的真伪,通常会将纸币对着光源,查找纸币中是否有有关的图像信息显示,这就是我们熟悉的“水印”。采用水印技术防伪,是因为水印有其独特的性质:第一,水印是一种几乎不可见的印记,必须放置于特定环境下才能被看到,不影响物品的质量与使用;第二,水印的制作和复制比较复杂,需要特殊的工艺和材料,而且印刷品上的水印很难被去掉。因此水印也常被应用于诸如支票、证书、护照、发票等重要印刷品中来防伪。借鉴普通水印的含义与功效,数字水印通过在数字文本、图像、音频、视频等数字作品中嵌入秘密信息,以保护数字作品的版权或信息、跟踪盗版行为以及提供作品的附加信息。

嵌入数字作品中的数字水印具有以下基本特性:1)隐蔽性:在数字作品中嵌入数字水印不会引起原来数字作品质量的明显下降,即看不到数字水印的存在。2)安全性:数字水印信息隐藏于数据而非文件头中,加入水印和检测水印的方法对没有授权的第三方是保密的,而且不会被轻易破解(数字水印需要加密),文件格式的变换不会导致水印数据的丢失。3)鲁棒性:所谓鲁棒性,是指被保护的信息在经历多种无意或有意的信号处理过程后,如传输,压缩,滤波,图像的几何变换(平移、伸缩、旋转、剪裁等处理),数字水印仍能保持完整性或仍能被准确地鉴别和提取。

2. 数字水印技术的应用

(1)票据防伪。水印可用于打印票据和电子票据的防伪。随着高质量图像输入输出设备的发展,特别是精度超过 1 200dpi 的彩色喷墨、激光打印机和高精度彩色复印机的出现,货币、支票以及其他票据的伪造变得更加容易。据美国官方报道,仅在 1997 年截获的价值 4 000 万美元的假钞中,用高精度彩色打印机制造的小面额假钞就占 19%,这个数字是 1995 年的 9.05 倍。目前,美国、日本以及荷兰都已开始研究用于票据防伪的数字水印技术。其中麻省理工学院媒体实验室受美国财政部委托,已经开始研究在彩色打印机、复印机输出的每幅图像中加入唯一的、不可见的数字水印,需要时可以实时地从扫描票据中判断水印的有无,快速辨识真伪。另一方面,在从传统商务向电子商务转化的过程中,会出现大量过渡性的电子文件,如各种纸质票据的扫描图像等。即使在网络安全技术成熟以后,各种电子票据也还需要一些非密码的认证方式。数字水印技术可以为各种票据提供不可见的认证标志,从而大大增加了伪造的难度。

数字水印技术在文档(电子文档、印刷品等)的真伪认证上面也有很大用途。例如,对政府部门签发的红头文件,文件认证的传统方法是鉴别文件的纸张、印章或钢印是否符合规范和标准,缺点是纸张、印章或钢印都容易被伪造。使用数字水印技术则可以有效解决这个问题。以数字水印作为信息载体,将某些信息添加到红头文件中,使得文件不仅有印章或钢印,而且有难以察觉的数字水印信息,从而大大增加了文件被伪造的难度。将数字水印信息添加到文档中,也意味着某些信息可以在文档中被写入两次。例如,护照持有人的名字在护照中被明显印刷出来,也可以在头像中作为数字水印被隐藏起来,如果某人想通过更换头像来伪造一份护照,那么通过扫描护照就有可能检测出隐藏在头像中的水印信息与打印在护照上的姓名不符,从而发现被伪造的护照。

(2)通信安全:数字水印技术还可以应用于信息的安全通信。由于人们很难觉察到数字水印信息在多媒体数据中的存在,某些重要信息在传输的过程中就可以隐藏在普通的多媒体数据中,从而避开第三方的窃听和监控。据国外媒体报道,恐怖分子头目本·拉登就曾利用公开发布的数字水印技术,将给基地组织的指令通过数字水印隐藏在普通数码相片中,然后发布到一些网站的 BBS 上,基地组织成员则根据约定好的规则,将数码相片中的数字水印信息提取出来。与普通的电话通信、电子邮件通信以及加密通信相比,这种做法隐蔽性高,不容易监控,而且很难被察觉。

(3)知识产权保护:随着计算机和互联网的发展,越来越多的艺术作品、发明或创意都开始以多媒体数据的形式表达,比如用数码相机摄影,用数字影院看电影,用 MP3 播放器听音乐,用计算机画画等。所有活动涉及的多媒体数据都蕴涵了大量价值不菲的信息。与作者创作这些多媒体数据所花费的艰辛相比,篡改、伪造、复制和非法发布原创作品,在信息时代变成了一件轻而易举的事情。任何人都可以轻而易举地创建多媒体数据的复制,与原始数据比较,复制出的多媒体数据不会有任何质量上的损失,即可以完整地"克隆"多媒体数据。因此数字作品(如电脑美术、扫描图像、数字音乐、视频、三维动画)的版权保护是一个亟待解决的问题。"数字水印"技术利用数据隐藏原理,使版权标志不可见或不可听,既不损害原作品,又达到了版权保护的目的。例如,画家可以使用数字水印,将自己的名字添加到作品中,来完成著作权的标识。同样,音像公司也可以把公司的名字、标志等信息添加到出版的磁带、CD 碟片中。通过跟踪多媒体数据中的数字水印信息来保护多媒体数据的版权。

(4) 媒体数据的访问控制和复制控制:比如 CD 数据盘中秘密的数字水印信息,可以有条件地控制什么样的人可以访问该 CD 盘中的内容。将水印信息加入 DVD 数据中,DVD 播放机可通过检测 DVD 数据中的水印信息,判断其合法性和可复制性。

3. 数字水印的分类

根据水印的特性,可以将数字水印分为鲁棒水印和脆弱性水印。

(1) 鲁棒水印(Robust Watermarking)。

鲁棒水印主要应用于数字作品中,标志著作版权信息,要求嵌入的水印能够抵抗常见编辑处理和有损压缩。利用这种水印技术在数字作品中嵌入创建者或所有者的标示信息,或者嵌入购买者的标示(即序列号)。在发生版权纠纷时,创建者或所有者的信息用于标示数据的版权所有者,而序列号用于标示违反协议而为盗版提供多媒体数据的用户。鲁棒性数字水印技术除了要求它能在一般数字作品的处理(如过滤、加噪声、替换、压缩等)中生存外,还能抵抗一些恶意攻击。

(2) 脆弱性水印(Fragile Watermarking)。

脆弱性水印主要用于完整性保护,要求对信号的改动很敏感,即当被保护的信息内容发生改变时,这些水印的信息就会发生一定程度的改变,从而可以根据水印的状态来判断数据是否被篡改。

在数字水印技术中,水印的数据量和水印的鲁棒性构成了一对矛盾。从主观上讲,理想的水印算法应该既能隐藏大量的数据,又可以抗击各种信道噪声和信号变形。然而实际中,这两个指标往往不能同时实现,不过这并不会影响数字水印技术的应用,因为实际应用中,人们一般只注重其中的一个方面。如果是为了隐藏通信,数据量显然是最重要的,由于通信方式极为隐蔽,遭遇敌方篡改攻击的可能性很小,因而对鲁棒性要求不高。但对于保证被保护的数字作品安全来说,情况则刚好相反,各种保密的数据随时面临着被盗取和篡改的风险,所以鲁棒性十分重要,此时隐藏数据量的要求居于次要地位。

数字水印还有其他一些分类方法。如按水印所附载体,可分为图像水印、音频水印、视频水印、文本水印以及网络水印等;按数字水印的内容,可分为有意义水印和无意义水印,前者是指水印本身也是某个数字图像或数字音频片段,而后者只对应于一个序列号;按数字水印的用途,则可分为票据防伪水印、版权保护水印和隐蔽标识水印;按数字水印隐藏的位置,可分为时(空)域水印、频域水印、时/频域数字水印和时间/尺度域水印;按对水印的检测要求,可分为需要原始数据才能检测的明文水印和不需要原始数据而只需要密钥就可检测的盲水印。

4. 数字水印技术的基本原理

一个数字水印方案一般包括 3 个基本方面：水印的生成、水印的嵌入和水印的检测与提取[24]。

（1）水印的生成。

数字水印的生成是指选择有意义的数据，应用特定的算法生成待嵌入的水印信息。这些数据可以是文字、序列号、数字图像等。图 4.42 给出了水印生成的模型。

图 4.42　水印生成模型

水印生成的方法可基于伪随机、混沌、模糊、自适应等。通常采用伪随机数发生器或混沌系统来生成水印，采用伪随机序列作为水印能提高水印的安全性与鲁棒性，而使用混沌系统来生成水印则有很好的保密性。

（2）水印的嵌入。

水印嵌入就是将生成的水印信息嵌入到原始载体数据中，图 4.43 给出了水印信息嵌入的一般模型。模型的输入是原始文件、上一步生成的水印信息以及嵌入密钥（公钥或私钥）。输出是经嵌入算法嵌入水印后的含水印文件。嵌入密钥可用于增强文件的安全性，避免未授权的恢复和修复水印。

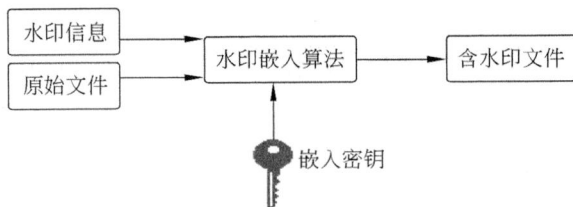

图 4.43　水印嵌入模型

（3）水印的检测与提取。

水印检测是指利用检测密钥，通过一定的算法判断可疑数字作品是否含有指定的水印，而水印的提取是利用密钥通过一定算法（往往是嵌入算法的逆算法）提取可疑数字作品中的每个印记，水印的检测一般在水印的提取之前，图 4.44 给出了水印检测与水印提取的过程。水印的检测方式有盲水印检测与非盲水印检测，盲水印检测是指检测时不需要原始数字文件与原始水印信息的参与，直接检测被测文件中是否存在水印的检测方式；而非盲水印检测则需要原始数字文件与原始水印信息参与的检测，两者的区别在图中用虚线框表示。水印的提取主要针对不可见水印，可见水印一般不需要提取，可以直接由视觉识别。

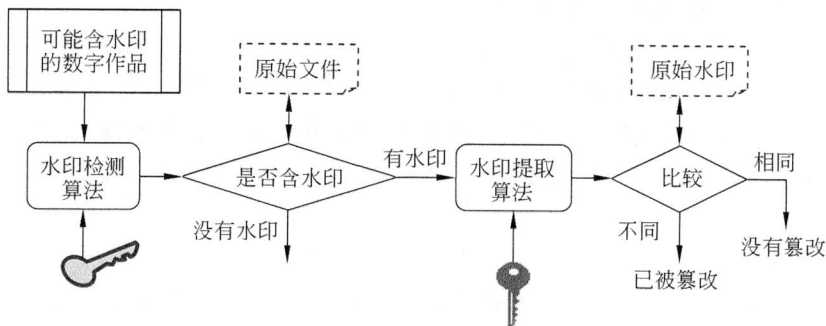

图 4.44　水印的检测与提取模型

5. 数字水印的嵌入算法

近年来,数字水印技术有了很大的进步,出现了很多的嵌入算法,可以分为时空域算法、变换域算法和压缩域算法 3 类。这些算法主要针对图像数据与音频数据,面向文本数据的数字水印算法虽然受到特征的限制,但最近也有了较大的进步。

(1) 时空域算法。

时空域算法在图像的像素上直接进行,通过直接修改图像的像素来嵌入数字水印,或者说在媒体信号的时间空域或空间空域上实现水印嵌入。空域算法相对简单,嵌入水印容量大,计算效率高,实时性较强,但鲁棒性不如变换算法与压缩算法。比较典型的时空域算法有最低有效位(Least Significant Bits,LSB)算法,Patchwork 算法和文本微调算法等。最低有效位算法将水印信息嵌入到随机选择的图像点中最不重要的像素位上,这保证嵌入的水印是不可见的,且嵌入的水印容量大,但也正是由于使用了图像的 LSB 位,算法的鲁棒性差,水印信息容易被滤波、图像量化、几何变形等操作破坏。Patchwork 算法用一个密钥初始化一个伪随机数发生器,根据伪随机数发生器的输出,随机选择 n 个像素对,记它们的灰度值为 (a_i, b_i),对所有的像素对,将 a_i 加 1,b_i 减 1,就完成了水印信息的嵌入,这样整个图像的平均亮度保持不变。适当地调整参数,Patchwork 算法对 JPEG 压缩、FIR 滤波以及图像裁剪有一定的抵抗力,但该方法嵌入的信息量有限。文本微调算法用于在 PS 或 PDF 文档中隐藏数字水印,主要通过轻微改变字符间距、行距和字符特征等方法来嵌入水印。这种水印能抵御攻击,其安全主要靠隐蔽性来保证。

(2) 变换域算法。

变换域算法是在图像的变换域进行水印嵌入,也就是将原始图像经过给定的正交变换,将水印嵌入到图像变换的系数中去。在变换中嵌入的数字水印能量可以扩展到空间域的所有像素上,有利于实现水印的不可感知性,还可以增强水印的鲁棒性。变换算法的优点是物理意义清晰,可充分利用人类的感知特性,不可见性与鲁棒性好。常用的变换有离散余弦变换(Discrete Cosine Transform,DCT)、离散小波变换(Discrete Wavelet Transform,DWT)、离散傅里叶变换(Discrete Fourier Transform,DFT)等。DCT 变换算法的主要思想是先计算图像的离散余弦变换(DCT),然后在图像的 DCT 变换域上选择中低频系数,叠加数字水印信息。之所以选择中低频系数,是因为人眼的感觉主要集中在这一频段,攻击者在破坏水印的过程中,不可避免地会引起图像质量的严重下降,一般的图像处理过程也不会改变这部分数据。该算法不仅在视觉上具有数字水印的不可察觉性,而且鲁棒性也非常好,可经受有损 JPEG 压缩、滤波、D/A 和 A/D 转换及量化等信号处理,也可经受一般的几何变换,如缩放、平移与旋转等操作。DFT 方法是利用离散傅里叶变换图像的幅值和相位嵌入水印信息的方法,在幅值与相位满足特定条件下,数字水印既能嵌入到媒体信号的幅值上,也能嵌入到相位上。在幅值或相位中嵌入水印有不同的优点。

（3）压缩域算法。

压缩域算法就是直接将水印嵌入到压缩位流或索引中。这些方法主要有 JPEG 压缩域、MPEG 压缩域和 VQ 压缩域三大类。基于 JPEG 和 MPEG 标准的压缩域数字水印系统不仅可以节省大量的完全解码和重新编码过程,而且在数字电视广播及 VOD(Video on Demand)中有很大的实用价值。相应地,水印检测和提取也可以直接在压缩域数据中进行。

练习与思考

1. 信息安全需要哪几个层面的信息安全技术来保障? 物理层安全技术的作用是什么?

2. 网络层安全技术有哪些? 什么是虚拟专用网(VPN)技术? 它是怎样实现对系统的安全保护的?

3. 入侵检测技术的作用是什么? 入侵检测的目标是什么? 入侵检测系统的主要功能有哪些? 入侵检测系统有哪两个类型? 它们的区别有哪些?

4. 计算机病毒有哪些特征? 计算机病毒有哪些分类方法? 哪些病毒是现代网络病毒? 给出几个现代网络病毒的例子。从网上找出一两个网络病毒造成损失的案例。

5. 防病毒软件对检测到的病毒有哪些处理方法? 它们的区别是什么?

6. 有哪几种身份认证技术? 口令认证技术是怎样进行身份认证的? 口令表认证与一次性口令认证有什么区别?

7. 零知识证明认证是怎样实现身份认证的?

8. 访问控制的作用是什么? 访问控制由哪几部分组成? 有哪几种访问控制策略? 它们各有什么特点? 对金融信息系统可以采用什么样的访问控制策略? 为什么?

9. 安全审计的作用有哪些? 一个信息网络系统的安全审计系统应该有哪些功能?

10. 什么叫数据传输安全保护技术? 有哪些数据传输安全保护技术? 什么叫数据加密? 什么叫密钥?

11. 数字签名的作用是什么? 数字签名技术应满足哪些要求?

12. 数据备份的作用是什么? 试给出几种可用于数据备份的介质,完全备份、增量备份和差异备份的差别在哪里?

13. 内容安全与数据安全的区别在哪里? 有哪些内容安全技术?

14. 什么样的邮件是垃圾邮件? 有哪些反垃圾邮件技术? 黑白名单过滤技术是怎样来确定垃圾邮件的?

第5章

信息安全管理

5.1 信息安全管理概述

随着人类社会进入信息时代,金融信息化进程不断加快,互联网在信息全球化过程中扮演越来越重要的角色,通信、计算机等高科技手段在金融业得到越来越广泛的运用。然而,信息和网络技术的推广应用在给人们带来方便的同时,信息安全的问题也越来越突出,利用信息网络技术的金融犯罪也在迅速增长。金融业,尤其是银行、证券等行业的金融信息系统,已经成为国家重要基础设施,这些信息系统的安全运行直接关系到国家的安全、人民的利益和社会的稳定。为确保信息系统的安全,防火墙、访问控制、身份认证、数据加密、病毒防治等信息安全技术和信息安全产品在不断地进步与发展。然而,大量客户信息泄露或信息系统被黑客入侵攻击并造成损失的信息安全事故报道不时见诸网络与媒体,这表明仅靠信息安全技术并不能完全保证信息系统的整体安全,还需要有效的信息安全管理来支持和补充,才能确保信息安全技术发挥其应有的安全作用,真正实现信息系统整体安全。

信息安全需求可以分为信息安全技术需求和信息安全管理需求两个方面。人们从信息安全领域的多年实践中,逐渐认识到安全管理在信息安全中的重要性高于技术层面,"三分技术,七分管理"的理念在业界中已经达成共识。

5.1.1 信息安全管理的概念

所谓信息安全管理,是指"通过维护信息的机密性、完整性和可用性等来管理和保护信息资产的安全与业务持续性的一项体制,是对信息安全保障进行指导、规范和管理的一系列活动和过程"。信息安全管理是信息安全中的重要概念,信息安全管理控制措施与信息安全技术控制措施一起构成了信息安全防护措施的全部。信息安全管理是在信息安全这一特定领域的管理活动,指为完成信息安全保障核心任务,实现既定的信息与信息系统安全目标,针对特定信息安全相关工作对象,遵循确定的原则,按照规定程序,运用恰当的方法,所进行的与信息系统安全相关的计划、组织、指挥、协调和控制等活动。

　　从信息和系统的保障职责来看,信息安全管理就是要充分界定或规定信息或系统的拥有者、使用者、管理者、控制者,明确利益各方的安全责任,特别是明确各方的安全承诺,通过规章制度约束各方的权利与义务,保证各方安全利益最大化和信息系统的安全运行。从信息或系统本身的属性来看,信息安全是信息系统的自然属性之一,信息安全管理就是要根据信息系统的全局利益、局部利益等实际矛盾构成,运用风险管理的手段全面权衡信息的保密性、完整性、可用性等信息安全的属性,提出合理保障信息安全的要求,体系化地管理信息安全的保障手段[25]。

　　信息安全管理涉及信息安全各个方面,包括制定信息安全政策、风险评估、控制目标与控制方式选择、制定规范操作流程、对人员进行安全意识培训等一系列工作。信息安全管理是信息安全保障体系建设的重要组成部分,对于保护信息资产、降低信息系统安全风险、指导信息安全体系建设具有重要作用,是信息安全技术成功应用的重要支撑。

5.1.2　信息安全管理的重要性

　　长期以来,人们保障信息安全的手段偏重于依靠技术,从早期的加密技术、数据备份、病毒防护到近期网络环境下的防火墙、入侵检测和身份认证等。新的安全技术和产品不断涌现,消费者也更加相信安全产品。但事实上,仅仅依靠技术和产品保障信息安全的愿望却往往难尽如人意,很多复杂、多变的安全威胁和隐患仅靠产品是无法消除的。一方面,许多安全技术与安全产品并非是十分安全的,例如,安全网站公布的系统漏洞就是很好的明证;另一方面,复杂的信息安全技术和产品只有在完善的管理下才能发挥作用,例如,即使在网络边界部署了防火墙,但如因风险分析欠缺,或系统管理员经验不足等原因,造成防火墙配置不当出现漏洞,其安全功效将会受到影响。因此,人们在信息安全领域总结出了"三分技术,七分管理"的实践经验和原则[26]。

　　对实际发生的信息安全事件的统计也凸显了信息安全管理因素的重要性。据有关部门统计,在所有的计算机与信息系统安全事件中,约有52%是人为因素造成的,25%是由火灾、水灾等自然灾害引起的,技术错误占10%,组织内部人员作案占10%,仅有3%左右是由外部不法人员攻击造成的。简单归类,属于管理方面的原因比重高达70%以上,而这些安全问题中的95%是可以通过科学的信息安全管理来避免的。因此,信息安全管理已成为信息安全保障能力的重要基础,加强安全管理已成为提高信息系统安全保障能力的可靠保证,也是金融信息系统安全体系建设的重点。当然,只有将有效的安全管理自始至终贯彻落实于安全建设的方方面面,信息安全的长期性和稳定性才能有所保证。

　　当前,在金融机构中,从银行账目到不动产登记,大部分记录都是电子化的,并且随着网络购物的兴起和发展,各种交易也日益电子化,信息技术与信息系统对金融企业的组织形态、治理结构、管理机制、运作流程和商业模式的影响日益深化,银行等金融机构对信息技术和信息系统的依赖性日益增强[10]36。金融信息化带来的是银行业务信息系统在网络结构、业务关系、角色关系等方面的复杂化。而越复杂的系统,其安全风险就越高。因此,金融信息安全的重要性也与日俱增,它关系到金融机构的生存和经营成败。金融企业必须加强自身的信息安全保障工作,建立完善的安全机制,以抵御外来及内在的信息安全威胁。为提升我国金融企业整体信息安全管理水平和抗风险能力,需要根据国内外先进信息安全管理机制,结合金融行业自身特点来建立高效的信息安全保障体系,以增强金融企业的信息安全风险防范能力。综上所述,信息安全管理在金融企业中显得尤为重要。

5.1.3　信息安全管理的内容与要素

信息安全管理是对一个组织中信息系统的生存周期全过程实施符合安全等责任要求的管理,其管理内容包括以下 11 个方面[17]45。

(1) 落实安全管理机构及安全管理人员,明确角色与职责,制定安全计划。

(2) 开发安全策略。

(3) 实施风险管理。

(4) 制定业务持续性计划和灾难恢复计划。

(5) 选择与实施安全措施。

(6) 保证配置、变量的正确与安全。

(7) 进行安全审计。

(8) 保证维护支持。

(9) 进行监控、检查,处理安全事件。

(10) 安全意识与安全教育。

(11) 人员安全管理。

根据 GB/T20269—2006 标准,信息安全管理的要素包括以下内容。

(1) 策略和制度管理。信息系统的安全管理需要明确信息系统的安全管理目标和范围,不同安全等级应选择满足基本的、较完整的、系统化的、强制保护的或专控保护的管理目标与范围,并根据保护等级制定与发布总体安全管理策略。

(2) 机构和人员管理。应根据安全等级要求,建立安全管理机构、信息安全领导小组,明确安全管理部门职责,考核、审查与配备安全管理人员,并组织信息安全意识培养教育和安全技术培训。

(3) 风险管理。风险管理包括风险管理要求、风险管理策略、风险分析和评估、资产识别和分析、风险评估的管理等方面的要求。

(4) 环境和资源安全管理。环境和资源安全管理包括机房安全管理、办公环境安全管理、资产清单管理、资产的分类与标识、介质管理和设备管理等方面的要求。

(5) 运行和维护管理。运行和维护管理同样要求根据安全等级的不同,对信息系统的用户进行分类要求,对运行操作、运行维护、外包服务和安全机制保障提出不同的要求,并建立安全集中管理机制。

(6) 业务连续性管理。业务连续性管理包括备份和恢复要求,安全事件处理的内容、报告和响应,应急处理、应急计划等方面。

(7) 监督和检查管理。监督和检查管理包括法律要求、依从性检查、审计及监管控制,以及责任认定等方面。

(8) 生存周期管理。生存周期管理包括规划和立项管理、建设过程管理,以及系统启用和终止管理等方面。

5.1.4　信息安全管理的原则

信息安全管理应遵循以下原则[27]。

(1) 基于安全需求原则。组织机构应根据其信息系统担负的使命,积累的信息资产的重要性,可能受到的威胁及面临的风险分析安全需求,按照信息系统等级保护要求确定相应的信息系统安全保护等级,遵从相应等级的规范要求,从全局上恰当地平衡安全投入与效果。

(2) 主要领导负责原则。主要领导应确立组织统一的信息安全保障的宗旨和政策,负责提高员工的安全意识,组织有效的安全保障队伍,调动并优化配置必要的资源,协调安全管理工作与各部门工作的关系,并确保其落实、有效。

(3) 全员参与原则。信息系统所有相关人员应普遍参与信息系统的安全管理,并与相关方面协同、协调,共同保障信息系统安全。

(4) 系统方法原则。按照系统工程的要求,识别和理解信息安全保障相互关联的层面和过程,采用管理和技术结合的方法,提高实现安全保障目标的有效性和效率。

(5) 持续改进原则。安全管理是一种动态反馈过程,贯穿整个安全管理的生存周期,随着安全需求和系统脆弱性的时空分布变化、威胁程度的提高、系统环境的变化以及对系统安全认识的深化等,应及时地将现有的安全策略、风险接受程度和保护措施进行复查、修改、调整,以至提升安全管理等级,维护和持续改进信息安全管理体系的有效性。

(6) 依法管理原则。信息安全管理工作主要体现为管理行为,应保证信息系统安全管理主体合法、管理行为合法、管理内容合法、管理程序合法。对安全事件的处理,应由授权者适时发布准确一致的有关信息,避免带来不良的社会影响。

(7) 分权和授权原则。对特定职能或责任领域的管理功能实施分离、独立审计等实行分权,避免权力过分集中所带来的隐患,以减小未授权的修改或滥用系统资源的机会。任何实体(如用户、管理员、进程、应用或系统)仅享有该实体需要完成其任务所必须的权限,不应享有任何多余权限。

(8) 选用成熟技术原则。成熟的技术具有较好的可靠性和稳定性,采用新技术时要重视其成熟的程度,并应首先局部试点然后逐步推广,以减少或避免可能出现的失误。

(9) 分级保护原则。按等级划分标准确定信息系统的安全保护等级,实行分级保护;对多个子系统构成的大型信息系统,确定系统的基本安全保护等级,并根据实际安全需求分别确定各子系统的安全保护等级,实行多级安全保护。

(10) 管理与技术并重原则。坚持积极防御和综合防范,全面提高信息系统安全防护能力,立足国情,采用管理与技术相结合、管理科学性和技术前瞻性结合的方法,保障信息系统的安全性达到所要求的目标。

(11) 自保护和国家监管结合原则。对信息系统安全实行自保护和国家保护相结合。组织机构要对自己的信息系统安全保护负责,政府相关部门有责任对信息系统的安全进行指导、监督和检查,形成自管、自查、自评和国家监管相结合的管理模式,提高信息系统的安全保护能力和水平,保障国家信息安全。

5.1.5　信息安全管理体系

　　信息安全源于有效的管理,使技术发挥最佳效果的基础是要有一定的信息安全管理体系,只有在建立防范的基础上,加强预警、监控和安全反击,才能使信息系统的安全维持在一个较高的水平之上。因此,安全管理体系的建设是确保信息系统安全的重要基础,是金融信息系统安全保障体系建设最为重要的一环。为在金融信息系统中建立全新的安全管理机制,最可行的做法是技术与管理并重,安全管理法规、措施和制度与整体安全解决方案相结合,并辅之以相应的安全管理工具,构建科学、合理的安全管理体系。

　　信息安全管理体系是金融企业管理体系的一个重要组成部分,是金融企业在整体或特定范围内建立信息安全方针和目标,以及为实现这些目标所采取方法的体系。信息安全管理体系是指基于风险评估方法,建立、实施、运行、监视、评审、保持和改进信息安全的体系,是一个组织整个管理系统的一部分,包括建立、实施、操作、监视、复查、维护和改进等一系列的管理活动,并且表现为组织结构、策略方针、计划活动、目标与原则、人员与责任、过程与方法、资源等诸多要素的集合。信息安全管理体系是一个系统化、程序化和文件化的管理体系,体系的建立要基于系统、全面和科学的安全风险评估。信息安全管理体系体现了预防控制为主的思想,强调遵守国家有关信息安全的法律、法规及其他合同方要求,强调全过程和动态控制,强调根据控制费用与风险平衡的原则合理选择安全控制方式,以确保信息的保密性、完整性和可用性[28]。

　　下面以金融信息系统为例,说明安全管理体系的构建。金融信息系统安全管理体系是在金融信息系统安全保障整体解决方案基础上构建的,它包括信息安全法规、措施和制度,安全管理平台及信息安全培训和安全队伍建设[29],如图 5.1 所示。

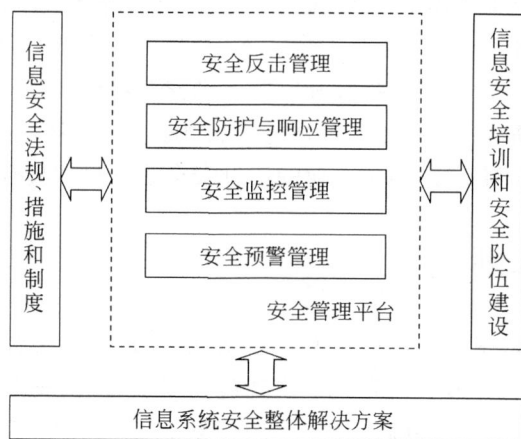

图 5.1　金融信息系统安全管理体系

　　安全管理平台是通过采用技术手段实施金融信息系统安全管理的平台,它包括安全预警管理、安全监控管理、安全防护与响应管理和安全反击管理。

（1）安全预警管理。安全预警管理的功能由预警系统实现。通过该系统,可以在安全风险动态威胁和影响金融信息系统前事先传送相关的警示,让管理员采取主动步骤,在安全风险影响运作前加以拦阻,从而预防全网业务中断、效能损失或对其公众信誉造成危害,达到提前保护自己的目的。安全预警系统通过追踪最新的攻击技术,分析威胁信息,以辨识出真正潜在的攻击,迅速响应并提供定制化的威胁分析及个性化的漏洞和恶意代码告警服务,帮助降低风险,防患于未然。

（2）安全监控管理。通过安全监控功能可以实时监控金融信息系统的安全态势、发生了哪些攻击、出现了什么异常、系统存在什么漏洞以及产生了哪些危险日志等。因此,安全监控功能对于金融信息系统的安全保障体系是至关重要的。

（3）安全防护与响应管理。在金融信息系统的安全系统中,由于安全的异构属性,会采用不同的安全技术和不同厂家的安全产品来实现安全防护的目的。通过安全防护与响应管理,可以及时响应和优化整个系统安全防护策略;最直接的响应就是提供多种方式,如用报警灯、邮件、手机短信等向安全管理员报警,然后将日志保存在本地数据库或者异地数据库中。

（4）安全反击管理。安全反击管理包括安全事件的取证管理和安全事件的追踪反击。

① 安全事件的取证管理。取证在网络与信息系统安全事件的调查中是非常有用的工具,通过对系统安全事件的存储和分析,实现对安全事件的取证管理,给相关调查人员提供安全事件的直接取证。

② 安全事件的追踪反击。通过资源状态分析、关联分析、专家系统分析等有效手段,检测到攻击类型,并定位攻击源。随后,系统自动对目标进行扫描,并将扫描结果告知安全管理员,并提示安全管理员查询知识库,从中提取有效手段,对攻击源进行反击控制。

建立健全的信息安全管理体系,对于金融企业的经营、管理与发展意义重大。首先,信息安全管理体系的建设将提高员工信息安全意识,规范员工的操作行为,从整体上提升金融企业的信息安全管理水平,提高业务持续开展的信息安全保障能力。其次,信息安全管理体系的建设可以有效地提高对信息技术风险的管控能力。通过与信息安全等级保护、信息技术风险评估等工作的融合与衔接,金融企业的信息安全管理更加具有科学性和系统性。

5.2　信息安全规划

好的信息安全管理始于合理的信息安全规划,制定较为完整合理的信息安全规划,以指导信息安全保障工作的开展。信息安全规划包括风险管理、安全策略和安全教育,这三个组件是企业信息安全规划的基础。风险管理识别企业的资产,评估威胁这些资产的信息安全风险,评估假定这些信息安全风险成为现实时企业所承受的灾难和损失。通过降低信息安全风险(如安装防护措施),避免风险,转嫁风险(如买保险),接受风险(基于投入/产出比考虑)等多种信息安全风险管理方式得到的结果,来协助管理部门根据企业的业务目标和业务发展特点制定企业信息安全策略。

5.2.1　信息安全规划的设计原则

对企业信息安全进行规划设计时,应遵循以下 9 项原则[30]87。

(1) 木桶原则。信息系统安全的木桶原则是指对信息系统进行均衡、全面的保护。"木桶的最大容积取决于木桶最短的一块木板"。信息系统是一个复杂的计算机系统,它本身在物理上、操作上和管理上的种种漏洞构成了系统安全的脆弱性,尤其是金融信息系统这样的多用户、地域广、应用复杂的系统,资源共享性使单纯的信息安全防护技术防不胜防,攻击者使用"最易渗透原则",必然在系统中寻找最薄弱的环节进行攻击。因此,充分、全面、完整地对信息系统的安全漏洞和安全威胁进行分析、评估和检测(包括模拟攻击),是设计信息安全系统的必要前提条件。信息安全机制和信息安全服务设计的首要目的是防止最常用的攻击手段,根本目的是提高整个系统的"安全最低点"的安全性能。

(2) 整体性原则。要求在信息系统发生被攻击、入侵破坏事件的情况下,必须确保金融信息系统服务的连续性,并尽可能快地恢复信息系统。因此,信息安全系统应该包括安全防护机制、安全检测机制和安全恢复机制。安全防护机制根据系统存在的可能安全威胁采取相应的防护措施,避免非法的入侵攻击;安全检测机制对信息系统的运行情况进行检测,及时发现并制止对系统进行的攻击。

(3) 平衡原则。对于任何信息系统,绝对安全难以达到,也没有必要。信息安全体系的设计要正确处理需求、风险与代价的关系,力求做到安全性、可用性与可实现的平衡。评价信息是否安全,没有绝对的评判标准和衡量指标,只能取决于系统的用户需求和具体的应用环境、系统的规模与规范,以及系统的性质与信息资产的重要程度。

(4) 标准化与一致性原则。金融信息系统是一个庞大复杂的系统,其安全体系的设计必须遵循有关信息安全的标准,如 ISO 17799 国际信息安全管理标准。应确保各个分系统的一致性,使整个系统安全地互联互通、信息共享。

(5) 管理与技术相结合的原则。信息安全体系是一个复杂的系统工程,涉及人、技术、操作等要素,单靠技术或单靠管理都不可能实现。因此,必须将各种安全技术与运行管理机制、人员思想与技术培训、安全规章制度相结合。

(6) 统筹规划、分步实施原则。由于政策规定、服务需求的不明朗,环境、条件、时间的变化,攻击手段的进步,安全防护技术不可能一步到位,因此需要在一个相对全面的安全规划下,根据系统的实际需求,先建立基本的安全体系,保证基本的、必须的安全性。今后再随着系统规模的扩大与应用的增加,系统复杂程度的变化,网络攻击的改进及系统漏洞的不断发现,调整并增强系统的安全防护能力,确保整个系统最根本的安全需求。

(7) 等级性原则。信息系统的安全是分为不同等级的,包括对信息保密的等级,对用户授权的等级,对网络系统安全程度的等级,对系统实现结构的分级(应用层、网络层、链路层等),因而需要针对不同级别的安全对象,提供全面、可选的安全算法和安全体制,以满足网络中不同层次和不同级别的实际安全需求。

(8) 动态发展原则。需要根据信息系统安全的变化不断调整安全措施,适应新的系统安全环境,满足新的系统安全需求。

（9）易操作性原则。安全防护措施需要人去完成，如果措施过于复杂，对人的要求过高，本身就降低了安全性。其次，措施的采用不能影响系统的正常运行。

5.2.2　安全规划基本构成

一个完整的信息安全规划应包括系统安全规划、系统安全规划的更新与阶段性行动计划。

（1）系统安全规划。系统安全规划是对企业信息系统安全的一个全面规划，用来描述信息系统安全的目标、安全要求和满足安全目标应采取的安全措施。安全规划应经企业高层领导审核批准后，分步骤实施。

（2）系统安全规划的更新。信息系统安全是一个动态的过程，系统规划应定期审核并修订，以发现并解决计划在实施过程中或安全评估中发现的问题，当系统发生重大变更时，应及时对系统安全规划进行更新。信息安全规划的修改要严格遵守相关的策略和流程，并经主管领导批准。

（3）阶段性行动计划。信息系统的生命周期有不同的阶段，在每一个阶段信息系统的安全需求是不同的，要对每个阶段编制、开发或更新信息系统的行动计划。编制开发和更新信息系统的活动和进程计划，并将已计划的、已实施的和经过评估的行为文件化，以减少或消除系统中已知的脆弱性。活动和进程计划是在安全控制措施评估结果、安全影响分析和持续性监控活动的基础上进行更新。

5.2.3　信息安全规划内容

1. 信息安全管理体系及其特点

信息安全体系包括安全管理体系和安全技术体系，两者是保障信息系统安全不可分割的两个部分，大多数情况下，技术和管理要求互相提供支撑，以确保各自功能的正确实现。

构建安全管理体系的主要目的是管理信息系统中各种角色的活动。文档化的管理体系从政策、制度、规范、流程以及日志等方面监督、控制各类角色在系统日常运行维护工作中的各种活动。

安全管理体系由安全管理组织、人员安全管理、系统建设管理、系统运维管理、业务持续性管理和安全审计管理6个部分组成。

安全技术体系的主要目的是为信息系统提供各种技术安全机制，主要是通过在信息系统中部署软硬件并正确配置其功能来实现。安全技术体系由基础设施安全、网络安全、主机安全、应用安全和数据安全等层面组成。

2. 信息安全建设方法

参照国际标准 ISO 17799/ISO 27001 信息安全管理标准，建立信息安全管理体系（简称 ISMS）的具体内容如下。

（1）计划。建立 ISMS 的政策、目标、过程及相关程序以管理风险并改进信息安全，使结果与组织整体政策和目标相一致。

（2）执行。ISMS 的政策、控制措施、过程与流程的实施与操作。

（3）查核。监督与审查 ISMS,依据 ISMS 政策、目标及实际经验,以评鉴与测量过程绩效,并将结果回报管理层加以审查。

（4）行动。维持与改进 ISMS,依据内部 ISMS 稽核与管理层审查或其他相关信息结果,采取纠正与预防措施,以达成信息安全管理系统持续改进。

5.2.4　金融机构信息安全管理实施内容

1. 信息安全组织建设

信息安全管理组织建设是在机构内部组建信息安全管理机构,以便在企业内管理信息安全,识别与外部组织相关的安全风险,定义和分配信息安全职责,定期对信息安全工作进行评审。信息安全管理机构应由企业内主管信息安全的领导、负责具体工作的网络、安全管理人员组成,具有领导本企业信息安全工作、制定信息安全策略、监督管理等职能。组建的信息安全管理机构有明确的信息安全管理职能(包括物理安全管理、身份鉴别管理、访问控制管理、安全审计管理、安全教育与培训等)。组建的信息管理机构自上而下,分级负责,责任到人,责任清楚。

信息安全管理机构中的安全管理人员应分权负责,系统管理员、安全管理员、安全审计员等分别由不同的人担任,不能兼职。各种设备与系统由相关的管理责任人负责,应有信息资产清单,并明文规定责任人的职责、责任人对其管理的设备及责任。

以银行为例,对于具有使用面广、信息安全等级要求高的银行来说,银行可以建立信息安全管理委员会,该机构的主要职责包括推动信息系统安全保障体系建设;周期性地对系统信息安全风险进行识别和评估;保护商业秘密和技术机密,维护企业利益;制定信息系统安全策略,提高企业抗风险能力[31]。

2. 人员安全管理

金融机构各项经营和管理业务的运作是依靠在各级部门的员工来具体实施的,他们既是计算机信息系统安全管理的主体,也是信息安全系统安全管理的对象。所以,要实现信息系统的安全运行,首先要对员工进行安全教育和培训,提高员工的安全意识,这样才能有效地预防各种信息安全事件和事故的发生。

（1）安全意识。

一项实施得最少但最有益的计划是安全意识计划。计算机系统用户缺乏防范意识,会给外部欺诈者提供机会,导致信息泄露和大量的低级安全事故。例如,操作员在某种特定的场景下,可能会根据电话中所下达的指令来修改系统口令,这样,攻击者只要知道某台计算机的使用者的姓名就可入侵系统。安全意识计划在于使用户每天工作时都能首先考虑信息安全。在提高了安全意识后,企业员工知道安全问题的严肃性,就能够防止和降低安全事件发生时产生的影响。安全意识教育与培训主要包括以下内容。

① 组织的信息安全方针与控制目标。

② 安全职责、安全程序及安全管理规章制度。

③ 适用于信息安全的法律法规。

④ 防范恶意软件。

⑤ 与安全有关的其他内容。

（2）安全教育。

来自员工的信息安全威胁，通常是由于安全意识淡薄、对信息安全方针不理解或专业技能不足等原因。为确保员工意识到信息安全的威胁和隐患，并使他们正常工作时遵守组织的信息安全方针，需要组织提供必要的安全教育和培训。组织中的每个人都需要信息安全的培训和认识教育，但不是组织中的每个成员都需要信息安全的正式学位或者证书。当管理人员觉得某种正规教育比较适当时，员工就可以考察高等教育或者继续教育机构的可用课程。许多大学都开设有信息安全的正式课程。

（3）安全培训。

未经训练的人员对系统会造成巨大的威胁。比如，某操作员并没有意识到封存备份磁带之前必须对该磁带的内容进行校验。当攻击者删除一些关键性的系统文件时，则会出现灾难后果：所备份磁带都无法读出。因此，管理层应加强对从业人员，特别是一线员工的业务培训，促使员工熟练掌握各业务环节的操作规范，确保操作人员对启动程序和其他操作业务足够熟悉，减少或避免出现操作失误。安全培训为从业人员提供详细的信息和交流指导，帮助他们安全地履行职责。信息安全管理人员可以进行特定的室内培训，或者将培训计划外包。

对员工的安全培训方式可以分为 3 个层面：一是管理层安全意识教育培训，帮助管理层了解国家在信息安全方面的政策和法规，提高他们对信息安全工作的认识，从而能够指导和支持企业信息安全建设工作；二是对技术人员的安全技能培训，学习安全管理知识和安全技术知识，掌握安全管理理念、安全产品操作维护和安全事件的处理能力，全面准确地维护信息系统的安全；三是普通员工的安全意识培训，通过对广大信息系统用户进行安全意识培训，提高大家的安全意识，让全体员工都意识到信息安全工作的重要性，共同维护网络和信息安全。

除了通过安全教育与培训来提高员工的信息安全意识，对员工的安全管理措施与制度也是必不可少的。员工的安全管理包括工作岗位安全分级以及对人员审查、员工岗位变动、员工离职、保密协议与条款、第三方人员安全与人员处罚等方面的管理。

（4）工作岗位安全分级。

制定并实施工作岗位安全分级的制度，明确不同岗位的安全要求与安全责任，并定期复核与修订。

（5）人员审查。

结合不同安全岗位级别与相关的法律法规，制定有关人员背景审查的制度与流程，并以此进行人员审查与核实。

（6）保密协议与条款。

在对需要访问信息与信息系统的人员进行访问授权之前，要签署安全保密协议，明确其行为规范及违反条款应承担的责任。

（7）员工岗位变动。

制定员工岗位变动时的安全措施，如重新发放身份卡、关闭原有账号、创建新账号、更改系统访问权限等。

（8）员工离职。

明确规定和指派职责，以处理离职员工合同终止事宜；及时删除或封堵离职员工对系统或信息的访问权限（包括物理和逻辑访问），及时更改离职员工知晓的账户密码，并将员工离职信息及时通知有关部门与有关人员。

（9）第三方人员安全。

建立针对第三方人员的安全需求，并不断监督其遵守安全要求的情况，以确保足够的安全。同第三方签订安全协议，条款应覆盖第三方在访问、处理、通信、管理组织信息或信息处理设施、增加产品或服务等活动中所有相关的安全要求，并清晰界定其安全角色和责任。

（10）处罚。

建立正规的处罚程序，对未遵守信息安全规定与流程的员工进行处罚或制裁。

3. 系统建设安全管理

关注在信息系统集成项目、软件开发项目中的信息安全。进行信息安全需求分析和规划，系统开发需要进行输入数据的验证、处理过程的信息完整性、输出数据的确认，以防止应用系统信息的错误、丢失、未授权的修改或误用。通过加密手段保护重要信息的机密性、完整性和可用性。确保系统文件的安全，建立软件开发规范，实施变更控制。

4. 系统运维管理

系统运维管理在于加强对信息系统日常操作维护的管理来提高系统的安全性。这包括如下内容。(1)逐步建立和完善文档化的操作流程、规范变更管理流程，实施职责分离、分离开发、测试和生产环境；(2)对第三方交付提出要求，对第三方实施必要的监控，以确保第三方提供的服务符合协议要求；(3)系统规划应充分考虑系统的发展与未来容量和性能的要求，对项目建设按照标准进行验收；(4)制定数据备份策略，确保信息的完整性和可用性；(5)控制和管理移动介质的使用和处置方式；(6)确保与外部组织信息交换的安全，为业务的连续运行提供安全保障；(7)监控系统运行状况，对系统的异常运行情况及时预警；(8)记录和管理系统日志、操作日志，确保系统运行的可审核性。

5. 业务持续性管理

业务持续性管理的控制目标是防止业务活动中断，保证重要业务流程不受重大故障灾难的影响。为了实现这一控制目标，应该执行业务连续性管理程序，通过与预防性的恢复性措施相结合，将灾难和安全事故造成的影响降低到可以接受的水平；应该对灾难事故、安全故障和服务损失所造成的结果进行分析；应当制定并实施紧急事件处理计划，确保能够在要求的时间内恢复业务流程，并应当保持这种计划，使之成为其他管理程序的一部分；业务持续性管理还应当包括相关的管理测试来识别并减少风险，限制毁灭性事件的后果，确保重要操作及时恢复。

为了在整个组织内保持业务的连续性,应当有适当的管理程序,将以下要素集成在一起[28]67。

(1) 根据风险的可能性及其影响,推断组织所面临的风险。

(2) 确定关键业务流程中涉及的所有资产。

(3) 推断由信息安全事故引起的业务中断对业务可能产生的影响,并且建立信息处理设施的业务目标。

(4) 考虑购买相应的保险,该保险可以形成业务连续性过程的一部分,也可以作为运行风险管理的一部分。

(5) 确定和考虑实施进一步的风险预防和减缓控制措施。

(6) 确定足够的财务的、组织的、技术的和环境的资源去满足特定的信息安全需求。

(7) 确保人员的安全,保护信息处理设备和组织资产。

(8) 按照已商定的业务持续性策略,制定应对信息安全要求的业务连续性计划,并将其形成文档。

(9) 定期测试和更新已有的计划和过程。

(10) 确保业务连续性的管理包含在组织的结构和过程中。业务连续性管理过程的职责应分配给组织范围内的适当级别的管理层。

要确保业务的连续性,应该首先确定可能引起业务流程中断的事件,如设备故障、人为错误、盗窃、水灾、火灾、恐怖事件等。然后再进行风险评估,确定中断可能造成的影响,如破坏程度和恢复时间。完成风险评估后,应根据风险评估结果,制定业务连续性战略,确定业务连续性总体规划。

6. 系统安全审计管理

建立信息安全事故报告流程,确保使用持续有效的方法管理信息安全事故;确保信息系统符合法律法规要求,定期进行信息安全检查与评估工作,及时发现存在的安全隐患和安全问题,并持续有效地改进。

5.3 信息安全风险评估

面对当今日益增长的信息系统安全需求,单靠技术手段是不可能从根本上解决信息系统安全问题的,信息系统的安全更应从系统工程的角度来看待。而在这项系统工程中,信息安全风险分析评估占有重要地位,它是信息系统安全的基础和前提。通过信息安全风险分析评估,可以了解系统目前与未来的风险所在,评估这些风险可能带来的安全威胁与影响程度,为信息安全策略的确定、信息系统的建立及系统安全运行提供依据。信息安全风险分析评估成为一个越来越紧迫的问题,已引起各发达国家的高度重视,提出必须实现风险分析评估的制度化,认为有效的风险分析评估的缺乏将会造成信息、安全需求与安全解决方案之间的严重脱节[32]。

随着金融信息化的不断深入,信息化给国内商业银行带来利益的同时,也带来了新的安全问题,信息系统本身的不安全因素和人为的攻击破坏及安全管理制度的不完善或执行不到位等,都潜伏着很多安全隐患。特别是业务数据的集中处理,使业务服务的连续性风险随之集中,大到自然灾害、设计规划不当,小到意外的人为操作错误,都可能导致系统故障,威胁银行的业务开展和对外声誉。因此,各家银行急需建立完善的信息安全保障体系,信息安全风险的分析评估也显得特别重要。

近年来,信息安全风险分析评估的研究已经发展成为一门融合了信息安全、运筹学、管理学、社会学等综合知识的新学科。信息安全风险分析评估已成为衡量信息系统安全性的一种重要手段,进而为信息系统建设以及管理决策提供非常重要的依据。

5.3.1　信息安全风险评估的概念

信息安全风险分析评估是指依据有关信息安全技术标准和准则,对信息系统及由其处理、传输和存储信息的保密性、完整性和可用性等安全属性进行全面、科学的分析和评价的过程。信息安全风险分析评估将对信息系统的脆弱性、信息系统面临的威胁以及脆弱性被威胁源利用后所产生的实际负面影响进行分析、评价,并根据信息安全事件发生的可能性及负面影响的程度来识别信息系统的安全风险[33]。

信息安全风险分析评估的目标是评估信息资产面临的威胁以及威胁利用资产的脆弱性导致安全事件的可能性。结合安全事件所涉及的资产价值来判断安全事件一旦发生对机构造成的影响,并提出有针对性的防护措施。为防范和化解信息安全风险,将风险控制在可接受的水平,最大限度地保障网络和信息系统安全正常运行提供科学依据。

通过系统周密的系统分析和评估,可以导出信息系统风险的安全需求,实现信息系统风险的安全控制,从而建立一个可靠、有效的风险控制体系,保障信息系统的动态安全。因此,信息系统安全风险分析评估是建立信息安全保障体系的必要前提,目前正越来越受到人们的重视。

5.3.2　信息安全风险评估的目的和意义

信息安全风险是由于信息资产的重要性,人为或自然的威胁利用信息系统及其管理体系的脆弱性,导致安全事件一旦发生所造成的影响。信息安全风险分析评估有助于认清信息安全环境和信息安全状况,提高信息安全保障能力,其目的和意义主要体现在以下几方面[34]。

(1) 信息安全风险分析评估是科学分析并确定风险的过程

任何系统的安全性都可以通过风险的大小来衡量,科学地分析系统的安全风险,综合平衡风险和代价,构成了风险评估的基本过程。

(2) 信息安全风险分析评估是信息安全建设的起点

所有信息安全建设应该基于信息安全风险分析评估,只有正确地、全面地识别风险、分析风险,才能在预防风险、控制风险、减少风险、转移风险之间做出正确的决策,决定调动多少资源、以什么样的代价、采取什么样的应对措施化解风险、控制风险。

(3) 信息安全风险分析评估是需求主导和突出重点原则的具体体现

风险是客观存在的,试图完全消灭风险是不现实的。要根据信息及信息系统的价值、威胁的大小和可能出现问题的严重程度,以及在信息化建设不同阶段的信息安全要求,坚持从实际出发、需求主导、突出重点、分组防护,科学分析评估风险并有效地控制风险。

(4) 信息安全风险分析评估是组织机构实现信息系统安全的重要步骤

通过信息安全风险分析评估,可全面、准确地了解组织机构的安全现状,发现系统的安全及其可能的危害,分析信息系统的安全需求,找出目前的安全策略和实际需求的差距,为决策者提供制定安全策略、构建安全体系以及确定有效的安全措施、选择可靠的安全产品、设计积极防御的技术体系、建立全面的安全防护层次,提供严谨的安全理论依据和完整、规范的指导模型。

5.3.3 信息安全风险模型

风险是威胁利用信息系统的漏洞,引起一些事故,对信息财富造成一些不良影响的可能性。风险管理是信息安全管理的核心,风险及其相关概念揭示了信息安全问题产生的原因,也提出了信息安全解决方案的需求。信息安全风险分析评估各要素之间的关系如图 5.2 所示[35]。

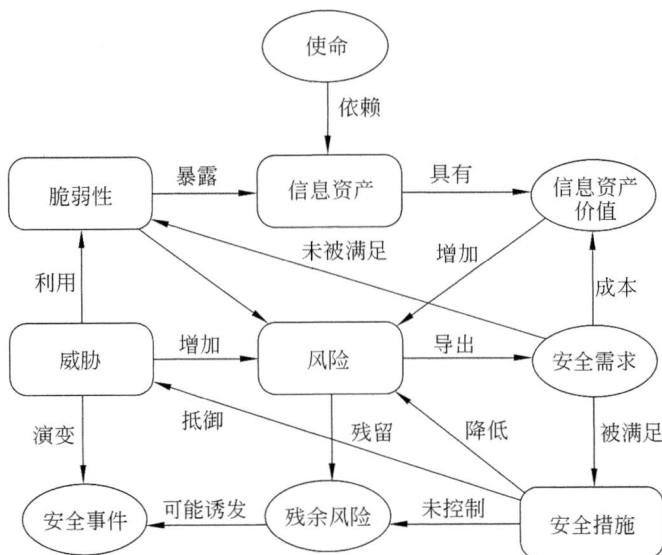

图 5.2 信息安全风险要素及其相互关系

图 5.2 中方框部分的内容为风险评估的基本要素,椭圆部分的内容是与这些要素相关的属性。风险评估围绕其基本要素展开,在对这些要素的评估过程中,需要充分考虑业务战略、资产价值、安全需求、安全事件、残余风险等与这些基本要素相关的各类属性。信息安全风险评估各要素的内涵如下。

(1) 使命:一个组织通过信息技术手段实现的工作任务。一个组织的使命对信息系统和信息的依赖程度越高,风险评估的任务就越重要。

(2) 信息资产:通过信息化建设积累起来的信息系统、信息、生产或服务能力、人员能力和赢得的信誉等,这是需要保护的对象。只有信息资产得到保护,组织的使命才可以实现。

（3）信息资产价值:信息资产价值可通过信息资产的敏感程度、重要程度和关键程度来表示,这里指的信息资产价值不一定是购买时的货币价值。信息资产价值与使命联系紧密。信息安全的投入是有成本的,信息安全投入应适当,与信息资产的价值应适宜。

（4）威胁:一个组织的信息资产的安全可能受到的侵害。威胁由多种属性来刻画,包括威胁的主体（威胁源）、能力、资源、动机、途径、可能性和后果。如果没有威胁,就不会有安全事件。

（5）脆弱性:信息资产及其安全措施在安全方面的不足和弱点,也常常被称为漏洞。威胁是外因,而脆弱性是内因,外因要通过内因起作用。脆弱性是信息资产本身所具有的(例如系统没有打补丁),威胁要利用脆弱性才能造成安全事件。

（6）安全事件:如果威胁主体能够产生威胁,利用信息资产及其安全措施的脆弱性,实际产生的危害情况,称之为安全事件。

（7）风险:由于系统存在脆弱性,人为或自然的威胁导致安全事件发生的可能性及其造成的影响。风险由安全事件发生的可能性及其造成的影响两种因素来衡量。

（8）残余风险:采取了安全措施,提高了信息安全保障能力后,仍然可能存在的风险。

（9）安全需求:为保证组织的使命能够正常行使,在信息安全保障措施方面提出的要求。

（10）安全措施:对付威胁,减少脆弱性,保护信息资产,限制意外事件的影响,检测、响应意外事件,促进灾难恢复和打击信息犯罪而实施的各种方案、规程和机制的总称。

信息安全中存在的风险因素之间相互作用、相互影响。各个风险要素之间的相互关系为:组织通过安全措施来对信息资产加以保护,对脆弱性加以弥补,从而可降低风险;实施了安全措施后,威胁只能形成残余风险;对资产的保护往往需要多个安全措施共同起作用;某些情况下,也可能会有多个脆弱性被同时利用;脆弱性与威胁是独立的,威胁要利用脆弱性才能造成安全事件,但有时某些脆弱性可以没有对应的威胁,这可能是由于这个威胁不在考虑的范围内,或者这个威胁的影响极小,以至忽略不计;采取安全措施的目的是控制风险,将残余风险限制在能够接受的程度内[19]。

5.3.4　信息安全风险评估方法

我们已经在 3.3 节学习了信息安全评估的流程与风险分析的过程,本小节我们学习信息安全风险评估的方法。信息安全风险分析评估的操作范围可以是整个组织,也可以是组织中的某一个部门,或者是独立的信息系统、特定的系统组件和服务等。针对不同的情况,选择适当的风险评估方法,对有效完成评估工作十分重要。实践操作中经常使用的风险评估方法包括基线风险评估、详细风险评估、组合风险评估[1]45 等。

（1）基线风险评估。

基线风险评估是组织根据自己的实际情况（所在行业、业务环境与性质）,对信息系统进行安全基线检查（将现有的安全措施与安全基线规定的措施相比较，找出其中的差距），得出基本的安全需求，通过选择并实施标准的安全措施来削减和控制风险。所谓的安全基线，是在诸多标准规范中规定的一组安全措施或惯例，这些措施或惯例适用于特定环境下的所有系统，可以满足基本的安全需求，能使系统达到一定的安全防护水平。

基线评估的优点是需要的资源少、周期短、操作简单等。缺点是安全基线水平的高低难以设定、管理与安全相关的变更可能有困难等。

（2）详细风险评估。

详细风险评估就是对资产、威胁及脆弱性进行详细的识别和评估，根据风险评估结果来识别和选择安全措施。这种评估途径集中体现了风险管理的思想，即通过识别资产的风险并将风险降低到可接受的水平，以此证明管理者所采取的安全控制是适当的。

详细风险评估的优点是对信息安全风险有一个精确的认识，从而可以更精确地识别出组织目前的安全水平和安全需求；可以从详细的风险评估中获得额外信息，使与组织变革相关的安全管理受益。详细风险评估的缺点是非常耗费资源（包括时间、精力和技术）。因此，组织应该仔细设定待评估的信息资产范围，以减少工作量。

（3）组合风险评估。

组合风险评估首先使用基线风险评估，识别信息安全管理体系范围内具有潜在高风险或对业务运作来说极为关键的资产，然后根据基线风险评估的结果，将信息安全管理体系范围内的资产分为两类：一类需要应用详细风险评估，以达到适当保护；另一类通过基线评估选择安全控制措施，就可以满足组织需要。

组合风险评估将基线风险评估和详细风险评估的优势结合起来，既节省了评估所耗费的资源，又能确保获得一个全面、系统的评估结果。而且组织的资源和资金能够应用到最能发挥作用的地方，具有高风险的信息系统能够被优先关注。组合风险评估的缺点是，如果初步的高级风险评估不够准确，可能导致某些本需要详细评估的系统被忽略。

在进行具体风险评估的过程中，评估技术手段的选择非常重要，不同的技术各有其优势与特点。常见的技术手段包括基于模型的方法、定量评估方法、定性评估方法以及定性与定量相结合的评估方法。下面给出几种判断信息资产风险的判断方法[21]79。

① 风险矩阵测量法：这种方法的特点是事先建立资产价值、威胁等级和脆弱性等级的一个对应矩阵，预先确定风险等级。然后根据不同资产的赋值，从矩阵中确定不同的风险。使用本方法需要首先确定资产、威胁和脆弱性的赋值，要完成这些赋值，需要组织内部的管理人员、技术人员、后勤人员等的配合。资产风险判别矩阵如表5.1所示。

对于每一资产的风险，都需要考虑资产价值、威胁等级与脆弱性等级。例如，如果资产价值为3，威胁等级为"高"，脆弱性等级为"低"，查表可知风险值为5。如果资产价值为2，威胁为"低"，脆弱性为"高"，则风险值为4。随着资产价值的增加，威胁等级与脆弱性等级分得更细，判别矩阵会进一步扩大。

表 5.1　资产风险判别矩阵

威胁级别	低			中			高		
脆弱性级别	低	中	高	低	中	高	低	中	高
资产价值 0	0	1	2	1	2	3	2	3	4
1	1	2	3	2	3	4	3	4	5
2	2	3	4	3	4	5	4	5	6
3	3	4	5	4	5	6	5	6	7
4	4	5	6	5	6	7	6	7	8

当一个资产是由若干个子资产构成时,可以先分别计算每个子资产的风险值,然后计算总值。例如,系统 S 有 3 种信息资产,记为 A1、A2 和 A3。存在两种威胁,记为 T1 和 T2。设资产 A1 的价值为 3,资产 A2 的价值为 2,资产 A3 的价值为 4。对于资产 A1,如果威胁 T1 发生的可能性为"低",资产 A1 对 T1 的脆弱性为"中",则资产 A1 面临威胁 T1 的风险值为 4;如果威胁 T2 发生的可能性为"高",资产 A1 对于威胁 T2 的脆弱性为 "低",则资产 A1 面临威胁 T2 的风险值为 5;由此可得资产 A1 面临威胁 T1 和 T2 的总风险值为 A1T＝4＋5＝9。类似的可计算资产 A2 和 A3 面临的总风险值 A2T 和 A3T,再把 A1T、A2T 和 A3T 相加,可得该资产的总风险值为 ST＝A1T＋A2T＋A3T。

② 威胁分级计算法:这种方法通过直接考虑威胁、威胁对资产产生的影响以及威胁发生的可能性来确定风险。

使用这种方法时,首先确定威胁对资产的影响,可用等级来表示。识别风险的过程可以通过两种方法完成。一种是准备威胁列表,让系统所有者去选择相应的资产威胁,另一种是由评估团队的人员识别相关的威胁,进行分析和归类。

然后估计威胁发生的可能性。在确定威胁的影响和威胁发生的可能性之后,计算风险值。风险的计算方法可以是影响值与可能性之乘积,也可以是和,具体怎样计算由用户来定,只要满足是增函数的特性就可以。在下面的例子中,将威胁的影响分为 5 级,威胁发生的可能性也确定为 5 级,而风险的测量采用这两个量的乘积。具体计算如表 5.2 所示。

表 5.2　威胁分级计算法

资　产	威胁描述	影响(资产)值	威胁发生可能性(c)	风险测度	风险等级划分
某个资产	威胁 A	5	2	10	4
	威胁 B	2	4	8	3
	威胁 C	3	5	15	5
	威胁 D	1	3	3	1
	威胁 E	4	1	4	2
	威胁 F	2	4	8	3

③ 风险综合评价法：这种方法由威胁产生的可能性、威胁对资产影响的程度和已经存在的控制措施3个方面来确定风险。与前述两个方法不同,本法将已采取的风险控制措施引入风险的评价之中。

在应用本方法时,威胁类型的识别很重要。首先是识别资产,然后识别威胁以及威胁发生的可能性;接着对威胁造成的影响进行分析,这里需对威胁的影响进行分类。比如对人员的影响、对财产的影响、对业务的影响。在考虑这些影响时,先假定不存在控制措施。将以上各值相加填入数值表中。例如,可以将威胁发生的可能性分为5级,威胁的影响也分为5级。在威胁发生的可能性和威胁的影响确定后,计算总的影响值,例如用加法计算。

接下来再考虑是否采用了能够减小威胁的控制措施。这种措施包括从内部建立的和从外部保障的,并确定它们的有效性,对其赋值。在这里,我们将控制措施的有效性由小到大分为5级。在此基础上,根据公式求出总值,即风险值,如表5.3所示。

表 5.3　风险综合评估表

威胁类型	发生可能	对人的影响	对财产的影响	对业务的影响	影响值	已采用的控制措施		分析度量
						内部	外部	
威胁 A	4	1	1	2	8	2	2	4
…	…	…	…	…	…	…	…	…

5.3.5　风险评估工具

进行风险评估,可以选用一些常用的安全公司推出的自动化风险评估工具。无论是商用的还是免费的,此类工具都可以通过输入数据有效地分析风险,最终给出对风险的评价,并推荐相应的安全措施。目前常见的自动化风险评估工具有安全管理评价工具、系统软件评估工具和风险评估辅助工具3种类型。

1. 安全管理评价工具

此类安全管理工具基于专家的经验,从安全管理方面入手,根据一定的安全管理模型(算法或专家系统),对输入的相关信息进行分析后输出评估结果,并针对输出结果给出相应的风险管理措施。这类评估工具需要根据知识和经验的积累不断进行知识库的扩充,以适应风险评估发展的需要。

常用的自动化评估工具有 COBRA、CRAMM、ASSET、CORA 等[36]83。

(1) COBRA(Consultative, Objective and Bi-functional Risk Analysis)。这是英国的 C&A 系统安全公司推出的一套风险分析工具软件,它通过问卷的方式采集和分析数据,并对企业或机构的风险进行定性分析,最终的评估报告中包含已识别风险的水平和推荐的控制措施。此外,COBRA 还支持基于知识的评估方法,可以将企业的安全现状与 ISO 17799 标准相比较,从中找出差距,提出弥补措施。

(2) CRAMM(CCTA Risk Analysis and Management Method)。这是英国政府的中央计算机与电信局(CCTA)于 1985 年开发的一种定量风险分析工具,同时支持定性分析。经过多次版本更新(现在是第 4 版),目前由 Insight 咨询公司负责管理和授权。CRAMM 是一种可以评估信息系统风险并确定恰当对策的结构化方法,适用于各种类型的信息系统和网络,也可以在信息系统生命周期的各个阶段使用。CRAMM 的安全模型数据库基于著名的"资产/威胁/弱点"模型,评估过程经过资产识别与评价、威胁和弱点评估、选择合适的推荐对策 3 个阶段。CRAMM 与 BS 7799 标准保持一致,它提供的可供选择的安全控制多达 3000 个。除了风险评估,CRAMM 还可以对符合 99vIL(99v Infrastructure Library)指南的业务连续性管理提供支持。

(3) ASSET(Automated Security Self-Evaluation Tool)。这是由美国国家标准技术协会(National Institute of Standard and Technology,NIST)发布的一个可用来进行安全风险自我评估的自动化工具,它采用典型的基于知识的分析方法,利用问卷方式来评估系统安全现状与 NIST SP 800—26 指南之间的差距。NIST Special Publication 800—26,即信息技术系统安全自我评估指南(Security Self-Assessment Guide for Information Technology Systems),为组织进行 99v 系统风险评估提供了众多控制目标和建议技术。ASSET 可以在 NIST 网站免费下载,下载地址为 http://icat.nist.gov.com。

(4) CORA(Cost-of-Risk Analysis)。这是由国际安全技术公司(International Security Technology,Inc. 网址为 www.ist—usa.com)开发的一种风险管理决策支持工具。它采用典型的定量分析方法,可以方便地采集、组织、分析并存储风险数据,为组织的风险管理决策支持提供准确的依据。

(5) 微软的风险评估工具。Microsoft Security Assessment Tool(MSAT)——微软安全评估工具是微软的一个风险评估工具,与 MBSA 直接扫描和评估系统不同,MSAT 通过填写详细的问卷以及相关信息,MSAT 处理问卷反馈,并评估组织在诸如基础结构、应用程序、操作和人员等领域中的安全实践,然后提出相应的安全风险管理措施和意见。所以如果说 MBSA 是个扫描器,则 MSAT 就是个风险评估工具。微软的 MSAT 是免费工具,可以从微软网站下载,但需要注册。下载网址为 http://www.microsoft.com/china/security/msat/default.asp。

(6) Microsoft 基准安全分析器(MBSA)。作为 Microsoft 战略技术保护计划(Strategic Technology Protection Program)的一部分,并为了直接满足用户对于可识别安全方面的常见配置错误的简便方法的需求,Microsoft 开发了 Microsoft 基准安全分析器(MBSA)。MBSA Version 1.2 包括可执行本地或远程 Windows 系统扫描的图形和命令行界面。MBSA 运行在 Windows 2000 和 Windows XP 系统上,并可以扫描下列产品,以发现常见的系统配置错误:Windows NT 4.0、Windows 2000、Windows XP、Windows Server 2003、Internet Information Server(IIS)、SQL Server、Internet Explorer 和 Office。MBSA 1.2 还可扫描下列产品,以发现缺少哪些安全更新:Windows NT 4.0、Windows 2000、Windows XP、Windows Server 2003、IIS、SQL Server、IE、Exchange Server、Windows Media Player、Microsoft Data Access Components(MDAC)、MSXML、Microsoft Virtual Machine、Commerce Server、Content Management Server、BizTalk Server、Host Integration Server 和 Office。MBSA 同样可以从微软网站下载,下载网址为 http://www.microsoft.com/china/techne...security/tools/mbsahome.mspx。

2. 系统软件评估工具

这是一类用于识别网络、操作系统、数据库系统等安全漏洞的评估工具,又称漏洞扫描仪。通常情况下,这些工具能够发现软件和硬件中已知的安全漏洞,以决定系统是否易受已知攻击的影响,并且寻找系统的脆弱点。比较常用的系统软件评估工具有 ISS 漏洞扫描仪和 Nessus 系统漏洞扫描分析软件。

(1) ISS 漏洞扫描 Internet Scanner 工具:Internet Scanner 是处于网络之上探测网络,查找网络中容易遭到攻击的弱点。它像一个入侵者访问每一个设备,如防火墙、路由器、Web Servers、NT 和 UNIX 主机、Windows 95 客户以及其他基于 TCP/IP 协议的设备及系统,进行目前已经发现的上千种漏洞检查并产生详尽的报告。根据报告,用户可以了解整个网络中存在的漏洞,考虑如何去修补它。通过 SAFE suite 构架,还可以把信息传送给更高层次的网络和系统管理系统,如 OV、Tivoli 和 CA Unicerter,通知目前的网络状态和应采取的对策。

(2) Nessus 被认为是目前全世界最多人使用的系统漏洞扫描与分析软件。总共有超过 75 000 个机构使用 Nessus 作为扫描该机构电脑系统的软件。它提供完整的电脑漏洞扫描服务,并随时更新其漏洞数据库;不同于传统的漏洞扫描软件,Nessus 可同时在本机或远端上遥控,进行系统的漏洞分析扫描;其运作效能随着系统的资源而自行调整。如果将主机加入更多的资源(例如加快 CPU 速度或增加内存大小),其效率表现可因为丰富资源而提高;Nessus 能够完成超过 1 200 项的远程安全检查,具有强大的报告输出能力,可以产生 HTML、XML、LaTeX 和 ASCII 文本等格式的安全报告,并且为每一个发现的安全问题提出解决建议。

3. 风险评估辅助工具

这类工具主要包括入侵检测工具、安全审计工具、调查问卷、检查列表、人员访谈、拓扑发现工具等,他们主要被用来收集安全评估所需要的数据和资料,帮助完成现状分析与趋势分析。以入侵检测系统(IDS)为例,帮助检测各种攻击试探和误操作;同时也可作为一个警报器,提醒系统管理员安全状况的发生。

5.4 信息安全策略

信息系统的信息安全是一个非常复杂的问题。在信息安全领域,说一个信息系统是"安全系统",其"安全"的概念是指该系统达到了当初设计时所制定的安全策略所要求的安全目标。因此,在设计管理一个安全的信息系统之前,首先要清楚系统需要什么样的安全,这就需要制定一个完整、有效与可实行的信息安全策略。

5.4.1 信息安全策略基本概念

信息安全策略是一组规则,它们描述系统具有哪些重要的信息资产,定义了系统要实现的安全目标和实现这些安全目标的途径,为系统的信息安全提供管理指导和支持。信息安全策略不涉及具体的操作,它只告诉你要保护什么,要在控制上附加什么样的限制和约束。信息安全策略是信息安全的灵魂,它是一切信息安全保障活动的基础和出发点,没有信息安全策略,有关的安全手段均无法正确发挥作用。

信息安全策略可以分为两个部分,问题策略(issue policy)和功能策略(functional policy)。问题策略描述了一个组织所关心的安全领域和对这些领域内安全问题的基本态度。功能策略描述如何解决所关心的问题,包括制定具体的硬件和软件配置规格说明、使用策略以及雇员行为策略。信息安全策略必须有清晰和完全的文档描述,必须有相应的措施,保证信息安全策略得到强制执行。在组织内部,必须有行政措施,保证制定的信息安全策略被不打折扣地执行,管理层不能允许任何违反组织信息安全策略的行为存在,另外,也需要根据业务情况的变化不断地修改和补充信息安全策略。

安全策略是企业建立信息系统安全的指导原则。安全策略明确了如何建立企业安全的信息系统,保护什么资源,得到什么样的保护。安全策略是企业控制信息系统安全的安全规则,即根据安全需求、安全威胁来源和企业组织机构状况,定义安全对象、安全状态和应对方法。安全策略涉及的因素很多,主要包括硬件、软件、访问、用户、连接、网络、电信以及实施过程等。安全策略的作用是表现管理层的意志、指导体系结构的规划与设计、指导相关产品的选择和系统开发过程、保证应用系统安全的一致性和完整性、避免资源浪费,以及尽可能消减安全隐患。

1. 制定信息安全策略的目的

(1) 减少风险、减轻责任。

金融企业所有业务的运作过程都有一定程度的风险,引入安全控制措施可以减少这种风险。信息安全策略会考虑业务的运作过程,应用最佳实践措施来减轻在重要数据丢失时的责任。

随着计算机病毒、黑客攻击与计算机犯罪案件的不断增加,执法部门已经加大力度来打击此类犯罪活动。但是没有制定安全策略的企业会发现,面对这类问题,他们不知道如何维护自身的合法权益,如何对损失进行索赔,因为法庭依据的是书面策略的条文,而不是实际的情况。因此,从法律的角度看,明明白白的安全策略条文对企业降低损失的角度是有利的。

在金融企业对自身的信息资产采用投保的避险措施时,保险公司也要求企业提供相应的安全保护策略和方法。对于一个没有安全策略的企业,大部分保险公司都不愿意为其提供保险服务。因为保险公司认为,一个没有经历过制定安全策略过程的企业不会知道要保护什么,如何去进行保护,接受这样企业的投保风险会太大。

还有,一个包括软件开发策略在内的安全策略对于开发更安全的系统具有指导作用。有了这些指导方针和标准,开发者将会有章可循,测试者可以明了测试的对象,管理者也会清楚需求是什么。自主开发(即无开发策略)的投资和责任都很大,制定软件开发之类的策略并作为开发者的指南,可以减轻将来发生安全事故时的责任。

(2) 提升企业竞争力的需要。

市场竞争的加剧,客户(如政府相关部门、公司企业及个人用户)越来越多地关注金融企业对个体信息与金融信息安全的保护程度,他们越来越倾向于从信息安全保护程度高的金融企业获得安全满意的金融服务。金融企业拥有一份安全策略,可以在一定程度上向客户表明他们的信息安全要求可以得到满足,相关信息会得到保护,这有助于提升金融企业的市场竞争力,拓展市场份额。

（3）事后弥补。

发生安全事故后,既要考虑事故发生的原因、事故的影响、补救的措施,也不能把事件孤立看待,更需要从全局出发对安全策略作全盘的考虑,分析安全策略与事故之间的影响（直接的或间接的）。只有这样才能不断完善安全策略,形成一个综合而全面的安全策略。

（4）获得安全质量认证的需要。

国际标准化组织(ISO)9001规定了一个验证质量控制的标准,该标准适用于所有的商业运作过程。如果某企业希望获得这种认证,对于质量控制标准所要求的可评价的安全程序来说,安全策略可以作为该程序实施的指导方针。

2. 信息安全策略的特性[36]74

信息安全策略必须有清晰和完全的文档描述,必须有相应的安全措施保证信息安全策略得到强制执行。信息安全策略的内容应该有别于技术方案,信息安全策略只是描述一个企业保证信息安全途径的指导性文件,不涉及具体做什么和怎样做的问题,只需指出要完成的目标。信息安全策略是对整个企业的信息安全提供全局性指导,为具体的安全措施和规定提供一个全局性框架。在信息安全策略中,不规定使用什么具体技术,也不描述技术配置参数。信息安全策略的另外一个特性就是可以被审核,即能够对企业内部各个部门信息安全策略的遵守程度给出评价。信息安全策略的描述语言应该是简洁的、非技术性的和具有指导性的。比如一个涉及对敏感信息加密的信息安全策略条目可以这样描述:"任何类别为机密的信息,无论存储在计算机中,还是通过公共网络传输,必须使用本公司信息安全部门指定的加密硬件或者加密软件予以保护。"

这个叙述没有谈及加密算法和密钥长度,所以当旧的加密算法被替换,新的加密算法被公布的时候,无须对信息安全策略进行修改。

制定安全策略的目的是保证网络安全保护工作的整体性、计划性及规范性,保证各项措施和管理手段的正确实施,使网络系统信息数据的机密性、完整性及可使用性受到全面、可靠的保护。安全策略是企业检查信息系统安全的唯一依据。企业信息系统是否安全,安全状况如何,如何检查、修正,唯一的依据就是安全策略。信息安全策略主要包括如下内容。

- 进行安全需求分析。
- 对网络系统资源进行评估。
- 对可能存在的风险进行分析。
- 确定内部信息对外开放的种类及发布方式和访问方式。
- 明确网络系统管理人员的责任和义务。
- 确定针对潜在风险采取的安全保护措施的主要构成方面,制定安全存取、访问规则。

5.4.2 制定信息安全策略的原则与要求

1. 制定信息安全策略的基本原则

信息安全是相对的、动态的,没有绝对的安全。信息安全程度会随着时间、环境的变化而改变。在一个特定的时期内与特定的安全策略下,系统是安全的,但是随着时间的演化和环境的变迁(如攻击技术的发展、系统漏洞的暴露),系统可能会变得不安全。因此需要适应变化的环境并能做出相应的调整,以确保安全防护措施的有效性。

信息系统安全需求是全方位的、整体的。从技术上来说,信息系统的安全可以由加密、访问控制、身份认证、病毒防护、入侵检测、防火墙、VPN、存储备份,灾难恢复等多个安全组件来实现。另外,计算机信息系统是一个分层次的拓扑结构,包括物理层、网络层、系统层、用户层、应用层以及数据层等不同层次,不同层次存在不同的安全问题。因此,系统的安全防护也需要采用分层次的拓扑防护措施,对系统做全方位的立体防护。图 5.3 展示了一个完整的信息系统安全策略应该覆盖系统的各个层次。

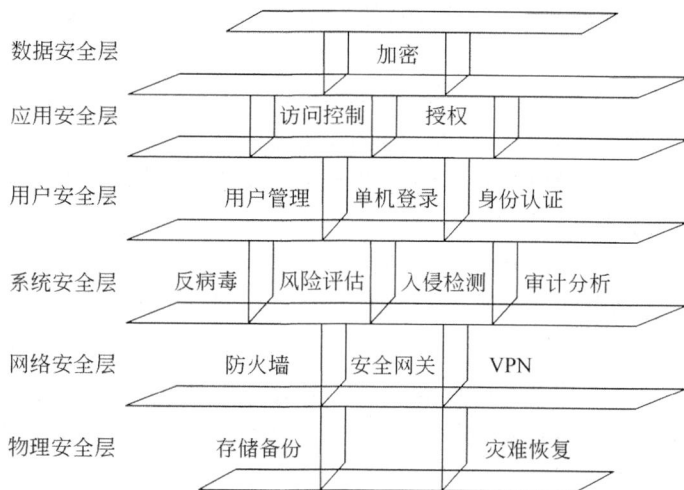

图 5.3　信息系统的分层防护示意图

为了达到信息安全目标,各种信息安全技术的使用必须遵守一些基本的原则。

(1) 最小化原则。

受保护的敏感信息只能在一定范围内被共享。在法律和相关安全策略允许的前提下,为满足工作需要,履行工作职责和职能的安全主体仅被授予其访问信息的适当权限,这就是最小化原则。敏感信息的知情权一定要加以限制,是在"满足工作需要"前提下的一种限制性开放。

(2) 综合原则。

信息安全必须通过技术、管理和安全基础设施的综合实施才能奏效,即信息安全=风险分析+执行策略+基础设施+漏洞检测+实时响应。

(3) 分权制衡原则。

在信息系统中,对所有权限应该进行适当的划分,使每个授权主体只能拥有其中的一部分权限,使他们之间相互制约、相互监督,共同保证信息系统的安全。如果一个授权主体被授予的权限过大,无人监督和制约,就隐含了"滥用权力"、"个人专断"的安全隐患。

(4) 安全隔离原则。

隔离和控制是实现信息安全的基本方法,而隔离是进行控制的基础。信息安全的一个基本策略就是将信息主体与客体分离,按照一定的安全策略,在可控和安全的前提下实施主体对客体的访问。

2. 制定信息安全策略的基本要求

不同组织机构开发的信息系统,在结构、功能、目标等方面存在着巨大差别。因而,对于不同的信息系统,必须采取不同的安全措施,同时还要考虑保护信息的成本、被保护信息的价值和使用的方便性之间的平衡。一般地讲,信息安全策略的制定要遵循以下几方面的要求[37]。

(1) 选择先进的网络安全技术。

先进的网络安全技术是网络安全的根本保证。用户应首先对安全风险进行分析评估,选择合适的安全服务种类及安全机制,然后融合先进的安全技术,形成一个全方位的安全体系。

(2) 进行严格的安全管理。

根据安全目标,建立相应的安全管理办法,加强内部管理,建立合适的网络安全管理系统,加强用户管理和授权管理,建立安全审计和跟踪体系,提高整体网络安全意识。

(3) 遵循完整一致性。

一套安全策略系统代表了系统安全的总体目标,贯穿于整个安全管理的始终。它应该包括组织安全、人员安全、资产安全、物理与环境安全等内容。

(4) 坚持动态性。

由于入侵者对网络的攻击在时间和地域上具有不确定性,因此信息安全是动态的,具有时间性和空间性。所以信息安全策略也应该是动态的,并且要随着技术的发展和组织内外环境的变化而变化。

(5) 实行最小化授权。

任何实体只有该主体需要完成其被指定任务所必需的特权,再没有更多的特权,对每种信息资源进行使用权限分割,确定每个授权用户的职责范围,阻止越权利用资源行为和阻止越权操作行为,可以尽量避免信息系统资源被非法入侵、减少损失。

(6) 实施全面防御。

建立起完备的防御体系,通过多层次机制相互提供必要的冗余和备份,通过使用不同类型的系统、不同等级的系统获得多样化的防御。若配置的系统单一,那么一个系统被入侵,其他也就不安全了。要求员工普遍参与信息系统安全工作,提高安全意识,集思广益,把信息系统设计得更加完善。

(7) 建立控制点。

在网络对外连接通道上建立控制点,对网络进行监控。实际应用当中,在网络系统上建立防火墙,阻止从公共网络对本站点的侵袭,防火墙就是控制点。如果攻击者能绕过防火墙(控制点),对网络进行攻击,将会给网络带来极大的威胁。因此,网络系统一定不能有失控的对外连接通道。

(8) 监测薄弱环节。

对系统安全来说,任何网络系统中总存在薄弱环节,这常成为入侵者首要攻击的目标。系统管理人员全面评价系统的各个环节,确认系统各单元的安全隐患,并改善薄弱环节,尽可能地消除隐患,同时也要监测那些无法消除的缺陷,掌握其安全态势,必须报告系统受到的攻击,及时发现系统漏洞并采取改进措施。增强对攻击事件的应变能力,及时发现攻击行为,跟踪并追究攻击者。

(9) 失效保护。

一旦系统运行错误,发生故障时,必须拒绝入侵者的访问,更不能允许入侵者跨入内部网络。

此外,安全策略的制定必须确保其可实施性。即使对于非专业人员,看到了安全策略,也能够明白自己需要怎么做,才能够不违反这些安全策略。

5.4.3　信息安全策略的制订过程

信息安全策略的建立和执行会增加下属部门的工作负担,开始的时候很可能遭到抵触,进而导致在信息安全策略方面的投资预算不能立刻奏效。

建立信息安全策略的过程应该是一个协商的团体活动,起草小组应该包括业务部门的代表。信息安全策略草稿完成后,应该将它发放到业务部门征求意见,弄清信息安全策略会如何影响各部门的业务活动。在这个过程中,可能会遇到诸如是否允许兼职人员进入系统,是否允许雇员将工作带回家去处理等一些问题。这时往往要对信息安全策略作出调整,最终,任何决定都是财政现实和安全之间的一种权衡。

通过下面 4 个不同的步骤,可以完成制订一个企业范围内的安全策略,分别是系统基本结构信息的收集、已有策略/流程的检查、对保护要求的评估与文档设计[38]89。

(1) 系统基本结构信息的收集。

系统基本结构信息的收集是指系统物理与逻辑结构检查的过程。在检查过程中,应该主要搜集系统硬件平台、操作系统、数据库管理系统、应用程序、网络类型与结构、连通性等数据信息。通过这些参数,可以对系统的整体结构有一个较完全的了解,得到一份完全的功能级的系统图表和对所有主要硬件、软件资源功能的详尽描述。这些信息对开发与制订安全策略是非常重要的。

(2) 已有策略/流程的检查。

检查的主要目标对象为任何现存的与安全有关的策略、过程和对理解当前需求有帮助的指导纲要。可以这样说,现存的文档可以作为企业范围内信息安全策略的起点。

(3) 对保护要求的评估。

为了实现保护需求的评估,可以使用自动风险评估工具来收集有关物理、行政管理和技术安全方面的信息。这些信息可以用来划分数据类型、存储位置,并且可以满足需求。在大多数情况下,用户并不知道什么数据需要被保护,也不想知道它们为什么需要保护。这个过程需要进行广泛的调查和分析,从而决定数据如何存储,哪些数据允许哪些人访问等。

(4) 文档设计。

文档的设计必须要考虑已经搜集和分析的数据,设计文档时也要听取用户的意见。设计过程就像一个迭代过程,通常要生成一个草稿,让用户来检查。第一次的草稿难免有某些局限性,在和用户的交流中,可以对草稿做进一步的完善。虽然只是一个文档,但里面可能蕴涵了重要的安全机制,可能对企业的安全起到防范作用。一个好的安全策略文档,设计时应该把设计目的、相关文档的引用、企业背景、问题覆盖的范围及其应用的对象、职责划分、实施时间表、策略陈述等方面也包含进去。

一套信息安全策略文档系统代表了一个企业的系统安全总目标。依据信息安全的木桶原则,信息安全策略的主题内容至少应包括以下内容。

① 设备与环境安全。

② 信息与资产安全。

③ 人员与组织安全。

④ 加密技术和访问控制安全。

⑤ 通信与操作安全。

⑥ 系统开发与维护安全。

⑦ 法律法规和技术指标安全。

信息安全策略的内容是各不相同的,根据企业的性质、规模、环境和信息量等情况,信息的复杂程度可以分成不同的层次,其主题内容也会各不相同。根据主题,信息安全策略的内容划分则可以更细一些,如账号与密码安全、E-mail 使用安全、访问控制安全等。每种主题安全可以借鉴相关的标准和惯例。信息安全策略的内容也不是一成不变的,随着信息技术的发展和组织环境的变化,组织机构或技术框架的改变等,对信息安全策略要进行定期的评价与完善。

5.4.4　安全策略的评价准则

根据系统的安全需要,安全策略文档可多可少,可长可短。一个好的信息安全策略并不在于它的形式,而在于它的实质,在于它被贯彻落实后,能够将组织的安全风险降低到最低水平。每个安全策略都应该简洁、清晰,具有可读性和可操作性。通常评价一个信息安全策略的准则具体如下。

(1) 目的性:策略是为保障组织的信息安全而制定的,因此策略应该反映组织的整体利益和可持续发展的要求,体现出策略的总体目标、安全范围及建立在信息共享机制下的安全重要性。

(2) 实用性:安全策略应该反映组织的真实环境,反映当前信息安全的发展水平。策略具有可行性,即目标是可以实现的,内容具有可操作性和可监测性。

(3) 可读性:策略有支持安全策略文档的参考说明。例如,特殊的信息系统或安全规则要求用户遵守的、更详尽的安全策略及程序。除此之外,一个好的安全策略还必须措辞恰当,以增加可读性。选择适当的版式和媒体,对策略的效果也会有很大的影响。

(4) 经济性:策略应该经济合理,恰到好处。策略过分复杂,就会加大组织的费用支出和影响组织的业务效率,策略过于简略,将不能起到安全策略的作用而失去安全策略的意义。

(5) 相容性:策略除了能够反映组织的所有业务流程安全需求外,还要保证相容性。策略与国家、地方的法律法规保持相容性,与组织已有的策略保持相容性,与行业整体安全策略保持相容性。

（6）可持续性：策略不仅要有适时性，还要具有可扩展性，即策略不仅要满足当前的组织要求，还要满足组织和环境在未来一段时间内发展的要求。

5.4.5　信息安全策略框架

信息安全策略的制定应综合风险评估、信息对业务的重要性以及管理考虑。组织所遵从的安全标准，制定组织的信息安全策略，可能包括下面的内容。

（1）物理安全策略：描述对物理安全的要求，包括环境安全、设备安全、媒体安全、信息资产的物理分布、人员的访问控制、审计记录、异常情况追查等。

（2）网络安全策略：描述对网络安全的要求，包括网络拓扑结构，网络设备的管理，网络安全访问措施（防火墙、入侵检测系统、VPN 等），安全扫描，远程访问，识别与认证机制等。

（3）线路连接策略：描述诸如传真发送和接收、模拟线路与计算机连接、拨号连接等安全要求。

（4）口令管理策略：包括口令管理方式、口令设置原则、口令改变与口令适应的要求。

（5）身份认证及授权策略：包括认证与授权机制、方式与审计记录等。

（6）远程访问策略：定义从外部主机或者网络连接到组织的网络进行外部访问的安全要求。

（7）Internet 安全接入策略：定义在组织防火墙之外的设备和操作的安全要求。

（8）病毒防护策略：给出有效减少计算机病毒对组织威胁的一些指导方针，明确在哪些环节必须进行病毒检测，对防病毒软件的安装、配置、对软盘的使用、网络下载等作出规定。

（9）电子邮件使用策略：描述内部和外部电子邮件接收、传递的安全要求。

（10）加密策略：描述组织对数据加密的安全要求，包括加密算法、适用范围、密钥交换和管理等。

（11）数据备份策略：描述数据备份的安全要求，包括数据备份的范围、备份方式、备份数据的安全存储、备份周期、负责人等。

（12）数据库安全策略：描述存储、检索、更新等管理数据库数据的安全要求。

（13）VPN 安全策略：定义通过 VPN 接入的安全要求。

（14）无线通信策略：定义无线系统接入的安全要求。

（15）补丁策略：包括系统补丁的更新、测试与安装等。

（16）灾难恢复策略：包括负责人员、恢复机制、方式、归档管理、硬件、软件等。

（17）事故处理、紧急响应策略：包括响应小组、联系方式、事故处理计划、控制过程等。

（18）使用策略：描述设备使用、计算机服务使用和雇员安全规定，以保护组织的信息和资源安全。

（19）应用服务提供策略：定义应用服务提供者必须遵守的安全方针。

（20）审计策略：描述信息审计要求，包括审计小组的组成、权限、事故调查、安全风险估计、信息安全策略符合程度评价,对用户和系统活动进行监控、定期复查,对安全控制的重新评估,对系统日志记录的审计以及对安全技术发展的跟踪等。

(21)非武装区域策略:定义位于"非军事区域"(Demilitarized Zone)的设备和网络分区。

(22)第三方安全连接策略:界定第三方接入的安全要求。

(23)敏感信息安全策略:对于组织的机密信息进行分级,按照它们的敏感度描述安全要求。

(24)内部安全策略:描述对组织内部的各种活动安全要求,使组织的产品服务和利益受到充分保护。

(25)商业伙伴、客户关系安全策略:包括合同条款策略、客户服务安全建议等。

(26)系统变更控制策略:包括设备、软件配置、控制措施、数据变更管理,以及一致性管理等。

(27)路由器安全策略:定义组织内部路由器和交换机的最低安全配置。

(28)服务器安全策略:定义组织内部服务器的最低安全配置。

(29)安全教育策略:包括安全策略的发布宣传、执行效果的监督、安全技能培训、安全意识教育等。

从管理与技术的角度,管理策略应该可以分为技术类安全策略和管理类安全策略,但是这种区分不是很严格,技术类策略也需要通过严格的管理与组织才能发挥其安全防护的功能,管理类策略也需要技术的支持才能得以实施。因此,几乎所有的信息安全策略都会涉及技术和管理两个方面的策略,所不同的是有些策略侧重技术辅之以管理,例如上面的策略(2)—(17),我们可以称它们为以技术为主的安全策略,它们涉及信息系统的网络层安全、系统安全、应用安全与数据安全。有些策略侧重管理,例如上面的策略(18)—(29),我们可以称它们为以管理为主的安全策略,它们涉及安全管理制度、人员安全、系统建设与配置的安全以及系统运行与维护的安全。而像策略(1)这样的关注系统物理安全的策略,是技术和管理两者都非常重要的安全策略。

5.5　信息安全管理标准

在信息安全管理领域,各国的专家、各种机构,根据不同方面安全管理的需求制订了众多信息安全标准。合理地应用信息安全管理体系标准,能够有效提高信息安全管理水平,满足机构对信息系统应用高效、优质、可信和安全的需求,全面提高机构的综合竞争能力。

5.5.1　信息安全标准概述

信息安全标准是指导有关信息安全产品和系统在规划、设计、实施、运行以及终止等阶段中具有一致性、可靠性、可控性、先进性和符合性的规则和依据。信息安全标准为信息系统安全体系的构建、安全产品的开发、安全措施的制定和安全管理等提供科学依据。从国家意义上说,信息安全标准关系到国家的安全与经济利益,安全标准往往成为保护国家利益、促进产业发展的一种重要手段。

在信息安全标准的制定方面,国外从信息安全的各个方面制定了大量的标准,形成了较为完善的信息安全标准体系,为信息安全建设和管理提供指导。

信息安全标准是我国信息安全保障体系的重要组成部分,是政府进行宏观管理的重要依据。虽然国际上很多标准化组织在信息安全方面制定了许多标准,但是信息安全标准事关国家安全利益,任何国家都不会轻易相信和过分依赖别人,总要通过自己国家的组织和专家制定出自己可以信任的标准,来保护民族的利益。我国的信息安全标准化建设由全国信息技术标准化技术委员会下属的信息安全分析技术委员会负责。从 20 世纪 80 年代,他们就开始我国网络与信息安全标准的研究,现在已正式发布相关国家标准 80 多个。另外,工业与信息化部、公安部、安全部、国家保密局等也相继制定、颁布了一批网络与信息安全的行业标准和技术规范,为推动网络与信息安全技术在各行业的应用和普及发挥了积极作用。我国已发布的信息安全最新标准见附录 A。

在我国众多的信息安全标准中,由公安部制定、国家质量技术监督局发布的中华人民共和国国家标准 GB 17895—1999《计算机信息系统安全保护等级划分准则》,被认为是我国信息安全标准的奠基石。

信息安全标准通常可分为基础标准、技术与机制、管理标准、测评标准、密码技术和保密技术 6 个部分。本节主要关注信息安全的管理标准,它主要包括管理基础、管理要素、管理支撑技术、工程与服务等内容。

5.5.2　信息安全管理体系标准

ISO/IEC 27001 是国际上具有代表性的信息安全管理体系(Information Security Management System,ISMS)标准,该标准是基于英国 BS7799 标准发展起来的。BS7799 是英国标准协会(British Standards Institute,BSI)针对信息安全管理而制定的一个标准,共分为 2 个部分。第 1 部分 BS 27799—1 是《信息安全管理实施细则》,也就是国际化标准组织(International Organization for Standardization,ISO)的 ISO/IEC 17799 标准的部分,主要提供给负责信息安全系统开发的人员参考使用,其中分 11 个标题,定义了 133 项安全控制;第 2 部分 BS 7799—2 是《信息安全管理体系规范》(ISO/IEC 27001),详细说明了建立、实施和维护信息安全管理体系的要求,可用来指导相关人员去应用 ISO/IEC 27001,其最终目的是建立适合企业所需的信息安全管理体系[1]99。

BS 7799—1 标准部分在正文之前有"前言"和"介绍","介绍"中对"什么是信息安全、为什么需要信息安全、如何确定信息安全、评估安全风险、信息安全起点、关键的成功因素、制定自己的准则"等内容作了详细说明。

BS 7799—1《信息安全管理实施细则》从 11 个方面定义了 133 项安全控制措施,用来识别运作过程中对信息安全有影响的元素,并根据适当的法律法规和章程加以选择和使用。这 11 个方面分别如下。

(1) 安全策略。

(2) 组织信息安全。

(3) 资产管理。

（4）人力资源安全。

（5）物理和环境安全。

（6）通信与操作管理。

（7）访问控制。

（8）信息系统获取、开发和维护。

（9）信息安全事件管理。

（10）业务连续性管理。

（11）符合性。

其中，除了访问控制，信息系统获取、开发和维护，通信与操作管理这几个方面与技术关系紧密外，其他方面更注重组织者整体的管理和运营操作，这里较好地体现出了信息安全所谓“三分靠技术，七分靠管理”的理念。

BS 7799—2《信息安全管理体系规范》则详细说明了建立、实施和维护信息安全管理体系的要求，指出实施机构应该使用某一风险评估标准来鉴定最适宜的控制对象，对自己的安全需求采取适当的安全控制。建立 ISMS 需要下述 6 个基本步骤。

（1）定义信息安全策略：信息安全策略是组织信息安全的最高方针，需要根据组织内各个部门的实际情况，分别制定不同的信息安全策略。信息安全策略应该简单明了、通俗易懂，并形成书面文件，发给组织内的所有成员。同时对所有相关人员进行信息安全策略的培训，对信息安全负有特殊责任的人员要进行特殊的培训。

（2）定义 ISMS 的范围：ISMS 的范围描述了需要进行信息安全管理的领域轮廓，组织根据自己的实际情况，在整个范围或个别部门架构 ISMS。在此阶段，应将组织划分成不同的信息安全控制领域，以易于组织对有不同需求的领域进行相应级别的信息安全管理。

（3）进行信息安全风险评估：信息安全风险评估的复杂程度将取决于风险的复杂程度和受保护资产的敏感程度，所采用的评估措施应该与组织对信息资产风险的保护需求相一致。风险评估主要对 ISMS 范围内的信息资产进行鉴定和估价，然后对信息资产面对的各种威胁和脆弱性进行评估，同时对已存在的或规划的安全管理措施进行鉴定。

（4）信息安全风险管理：根据风险评估的结果进行相应的风险管理。

（5）确定控制目标和选择控制措施：控制目标的确定和控制措施的选择原则是费用不超过风险所造成的损失。由于信息安全是一个动态的系统工程，组织应实时对选择的控制目标和控制措施加以校验和调整，以适应具体情况的变化。

（6）准备信息安全适用性声明：信息安全适用性声明记录了组织内相关的风险控制目标和针对每种风险所采取的各种控制措施。信息安全适用性声明一方面是为了向组织内的成员声明对信息安全面对风险的态度，另一方面是为了向外界表明组织的态度和工作，并表明组织已经全面、系统地审视了组织的信息安全系统，并已将所有潜在的风险控制在能够被接受的范围内。

BS7799 提供的信息安全管理标准是由信息安全最佳控制措施组成的实施规范和管理准则，涵盖了几乎所有的安全议题，非常适合作为各种组织确定其信息系统的安全控制范围及措施的参考基准。

5.5.3　信息安全评估标准

信息安全评估标准是企业用以对信息系统或产品的安全性进行评估的标准。当前国际上通用的信息安全评估标准有通用标准（CC）和系统安全工程能力成熟度模型 SSE-CMM。

1. 信息技术安全性评估通用标准（The Common Criteria for Information Technology Security Evaluation，简称 CC 标准）

CC 标准是在欧美等国各自的信息技术安全测评准则的基础上，经总结、融合及改进发展起来的[38]137。CC 标准的核心思想之一是信息安全技术提供的安全功能本身和对信息安全技术的保证承诺之间独立，这反映在两个方面。一是 CC 标准要求信息系统的安全功能和为保证实现安全功能的安全保证措施相互独立，并且通过独立的安全功能需求和安全保证需求来定义一个产品或系统的完整的信息安全。CC 安全功能需求定义了期望的安全行为，而保证需求则是对宣称的安全措施的有效性和实现正确性信任的基础。二是信息系统的安全功能及说明与对信息系统安全性的评价完全独立。一个信息系统的安全功能需求和实现的安全功能说明仅仅表明了这个系统自己声称满足的安全需求，而评价则是评价这个声明的可信性。虽然厂商可以评价自己实现的功能（Security Target，ST 评价），但不能作为对产品或系统安全性的最终评价，仅能作为评价对象（Target of Evaluation，TOE）评价的参考。

CC 标准提倡安全工程的思想，通过对信息安全产品或信息安全系统的开发、评价与使用全过程的综合考虑，来确保信息系统或信息产品的安全性。对于开发过程，CC 定义了一套已知有效的 IT 安全需求，可以用它们来创建未来产品和系统的安全需求。CC 还定义了保护框架说明书（Protection Profile，PP），消费者和开发者可以用它来书写对产品和系统的安全需求。

CC 文档在结构上分为 3 部分，这 3 个部分相互依存、缺一不可，从不同层面描述了 CC 标准的结构模型。第一部分是"简介和一般模型"，介绍了"CC"中的有关术语、基本概念和一般模型以及与评估有关的一些框架，附录部分主要介绍"保护轮廓"和"安全目标"的主要内容；第二部分是"安全功能要求"，这部分以"类、子类、组件"的方式提出安全功能要求，对每一个"类"的具体描述，除正文外，还在提示性附录中有进一步的解释；第三部分是"安全保证要求"，定义了评估保证级别，介绍了"保护轮廓"和"安全目标"的评估，并同样以"类、子类、组件"的方式提出安全保证要求。

CC 标准的内容主要包括安全需求的定义、需求定义的用法、安全可信度级别、安全产品的开发和产品安全性评价等几个方面。

（1）安全需求的定义：CC 标准对安全需求的表示形式给出了一套定义方法，并将安全需求分为产品安全功能方面的需求和安全保证措施方面的需求，即两个独立的范畴来定义。产品安全功能方面的需求称为安全功能需求，在标准的第 2 部分作了详细定义和说明，安全功能需求主要用于描述产品应该提供的安全功能。安全保证措施方面的需求又称为安全保证需求，在第 3 部分给出了具体的定义，安全保证需求主要用于描述产品的安全可信度以及获取一定可信度应该采取的措施。

在 CC 标准中,安全需求以类、族、组件的形式进行定义,这给出了对安全需求进行分组归类的方法。首先,对全部安全需求进行分析,根据不同的侧重点划分成若干大组,每个大组就称为一个类,类的所有成员涉及一个共同的安全问题;对每个类的安全需求,根据不同的安全目标,又划分成若干族,同族的成员安全目标相同但安全的强度要求可能不同;对每个族的安全需求,根据不同的安全强度或能力进一步划分,用组件来表示更小的组,组件是 CC 标准定义的结构中最小的可选安全需求集。组件由独立的单元构成,单元是安全需求的最低级表示,并且是可被评价验证的不可分割的安全需求。组件之间可以存在相关性,当一个组件自身不充分并且依赖另一个组件时,就产生相关性,相关性可能存在于功能组件间、保证组件间以及功能组件与保证组件之间。组件相关性是 CC 标准组件定义的一部分。表 5.4 给出了安全需求定义部分的安全功能需求和安全保证需求[1]34。

表 5.4　安全需求类定义

安全功能需求类 (共 11 项)	安全保证需求 (共 7 项)
安全审计类	构造管理类
通信类	发行与使用类
加密支持类	开发类
用户数据保护类	指南文档类
身份识别与认证类	生命周期支持类
安全管理类	测试类
隐私类	脆弱性评估类
安全功能保护类	
资源使用类	
安全产品访问类	
可信路径/通道类	

(2) 需求定义的用法:安全需求定义中的"类、族、组件"体现的是分类方法,具体的安全需求由组件体现,选择一个需求组件,等同于选择一项安全需求。CC 标准鼓励人们尽可能选用该标准中已定义的安全需求组件,也允许人们自行定义其他必要的安全需求组件。通常,一个安全产品往往是多项安全需求的集合,需要用多个安全需求组件,以一定的组织方式组合起来表示。

CC 标准定义了 3 种类型的组织结构用于描述产品安全需求,它们分别是安全组件包、保护轮廓定义和安全对象定义。一个安全组件包就是把多个安全组件组合在一起所得到的组件集合,包表达了满足安全目标的一个可标识子集的一组功能需求和保证需求;包可以用来构造更大的包、保护轮廓定义和安全对象定义。CC 标准中的评价保证等级(EAL)是预定义的保证包,EAL 是用于评价的保证需求的基线。

保护轮廓定义是一份安全需求说明书,是针对某一类安全环境确立的相应的安全目标,进而定义为实现这些安全目标所需要的安全需求,保护轮廓定义的主要内容包括定义简述、产品说明、安全环境、安全目标、安全需求、应用注释和理论依据等。安全对象定义和保护轮廓定义相似,是一份安全需求与概要设计说明书,不同的是安全对象定义的安全需求是为某一特定安全产品而定义的,具体的安全需求可通过引用一个或多个保护轮廓定义来定义,也可从头定义。安全对象定义的组成部分主要包括定义简述、产品说明、安全环境、安全目标、安全需求、产品概要说明、保护轮廓定义的引用声明和理论依据等。

(3) 安全可信度级别:CC 标准定义一套评价保证级别,即 EAL(Evaluation Assurance Level),作为描述产品的安全可信度的尺度。CC 标准通过评价产品的设计方法、工程开发、生命周期、测试方案和脆弱性评估等方面所采取的措施来确定产品的安全可信度。CC 标准按安全可信度由低到高依次定义了 7 个安全可信度级别,EAL 的各个级别都涉及多个安全保证需求类的内容。ELA 给出了产品获取不同级别安全可信度的可行性及所需付出的相应代价之间的权衡关系。表 5.5 给出了 CC 标准的 7 个安全可信级别。

表 5.5　CC 标准的安全可信级别

级别	定　义	可信度级别描述
EAL1	职能式测试级	表示信息保护问题得到了适当的处理
EAL2	结构式测试级	表示评价时需要得到开发人员的配合,该级提供低中级的独立安全保证
EAL3	基于方法学的测试与检查级	要求在设计阶段实施积极的安全工程思想,提供中级的独立的安全保证
EAL4	基于方法学的设计、测试与审查级	要求按照商业化开发惯例实施安全工程思想,提供中高级的独立安全保证
EAL5	半形式化的设计与测试级	要求按照严格的商业化开发惯例,应用专业安全工程技术及思想,提供高等级的独立安全保证
EAL6	半形式化验证的设计与测试级	通过严格的开发环境中应用安全工程技术来获取高的安全保证,使产品能在高度危险的环境中使用
EAL7	形式化验证的设计与测试级	目标是使产品能在极端危险的环境中使用,目前只限于可进行形式化分析的安全产品

（4）安全产品的开发：CC 标准体现了软件工程与安全工程相结合的思想。信息安全产品必须按照软件工程和安全工程的方法进行开发,才能获得预期的安全可信度。安全产品从需求分析到产品的最终实现,整个开发过程可依次分为应用环境分析、明确产品安全环境、确立安全目标、形成产品安全需求、安全产品概要设计、安全产品实现等几个阶段。一般而言,各个阶段顺序进行,前一个阶段的工作结果是后一个阶段的工作基础。有时,前面阶段的工作要根据后面阶段工作的反馈内容完善拓展,形成循环往复的过程。开发出来的产品经过安全性评价和可用性鉴定后,再投入实际使用。

（5）产品安全性评价：CC 标准的一个重要任务是进行安全评价。在评价安全产品时,CC 标准把待评价的安全产品及其相关指南作为评价对象。它定义了 3 种评价类型,分别为安全功能需求评价、安全保证需求评价和安全产品评价,用来评价各种需求文档以及最终的系统或产品。评价将产生相应的评价结果和文档,这些评价结果又可应用于其他的评价过程或直接被使用和（或）引用。第一项评价的目的是证明安全功能需求是完全的、一致的和技术上可靠的,能用作可评价的安全产品的需求表示,评价的结果会给出一个"通过/未通过"陈述。关于第一项评价的规范和内容,CC 标准专门定义了 APE 类进行描述。第二项评价的目的是证明安全保证需求是完全的、一致的和技术上可靠的,可作为相应安全产品评价的基础,如果安全保证需求中含有安全功能需求一致性声明,还要证明安全保证需求能完全满足安全功能需求。关于第二项评价的规范和内容,CC 标准专门定义了 ASE 类进行描述。最后一项安全产品评价的目的是要证明被评价的安全产品能够满足安全保证的安全需求,评价的结果会给出一个"通过/未通过"陈述。

CC 标准的评价框架面向所有信息安全产品,提供安全性评价的基本尺度和指导思想。它不限定哪类产品应该提供哪些功能,也不限定哪些安全功能应该具有哪个级别的安全可信度,它强调评价涉及的具体事项应在实际应用中根据实际情况需要灵活确定。

2. 信息安全工程能力成熟度模型 SSE-CMM(System Security Engineering Capability Maturity Model)

SSE-CMM 模型是 CMM(Capability Maturity Model)在系统安全工程这个具体领域应用而产生的一个分支,是美国国家安全局(NSA)领导开发的,专门用于系统安全工程的能力成熟度模型。2002 年,SSE-CMM 被国际标准化组织采纳成为国际标准,即 ISO/IEC 21827:2002《信息技术系统安全工程——成熟度模型》。SSE-CMM 描述了一个组织的安全工程必须包含的本质特征,这些特征是完善的安全工程的保证,也是系统安全工程实施的质量标准,同时还是一个易于理解的评估系统安全工程实施的框架。

到目前为止,对安全工程还没有一个公认的概念。所谓安全工程,可以这样理解,它涉及系统和应用的开发、集成、操作、管理、维护和进化以及安全产品的开发、交付和升级等各个方面,安全工程是一个正在进化的项目。SSE-CMM 的提出是为了改善安全系统、安全产品和安全服务的性能、价格及可用性,从而满足用户对安全工程不断增长的需求。

SSE-CMM 项目的目标是促进安全工程成为一个确定的、成熟的和可度量的过程。SSE-CMM 可以有如下的作用。

(1) 通过区分投标者的能力级别和相关的风险来选择合格的安全工程提供商。

(2) 把投资集中在安全工程工具开发、人员培训、过程定义、管理实施和改善等方面。

(3) 基于能力的保证,即信赖是建立在对工程组织安全工程实践和过程成熟的信心。

SSE-CMM 的基本思想是建立和完善一套成熟的、可度量的安全工程过程,这个安全工程对任何工程活动均是清晰定义、可管理、可测量、可控制且有效的,将安全工程思想变为一种有效的工程规范,并用于确认一个安全工程组织中某安全工程各领域过程的成熟度。SSE-CMM 的目标就是将安全工程的基础特性与管理制度特性区分清楚。为确保这种区分,SSE-CMM 模型中建立了两个维度——"域维"(Domain Dimension)和"能力维"(Capability Dimension)。

"域维"由所有定义安全工程的过程域 PA(Process Area)构成。为了将安全工程思想变为一种有效的工程规范,SSE-CMM 定义了 22 个安全方面的过程域(包括 11 个工程过程域、5 个项目过程域与 6 个组织过程域),并将每个过程域按能力由低到高分为1—5 五个级别。对每个过程域,提出了要控制和达到的目标。为实现这些目标,每个过程域又包含了许多具体的基本实施 BP(Basic Practice),这些基本实施定义了取得过程域目标的必要步骤,规范了工作流程,是保证对过程域控制目标进行有效控制的重要手段。

"能力维"代表组织能力,它反映过程管理与制度化能力的实施,这些实施被称为"一般实施",这是由于它们被应用于广泛的领域。"一般实施"应该作为执行"基础实施"的一种补充。SSE-CMM 的"能力维"为"域维"中安全工程能力的改进提供了指南。

SSE-CMM 模型中 11 个工程过程域覆盖了安全工程所有主要领域,主要由管理安全控制、评估安全风险、评估威胁、评估薄弱点等组成。这 11 个工程过程域如下。

（1）PA01 管理安全控制：建立安全职责、管理安全配置、管理安全意识、培训和教育大纲。

（2）PA02 评估影响：对影响进行优先级排序、识别系统资产、选择影响的度量标准、标识度量标准关系、识别和特征化影响。

（3）PA03 评估安全风险：选择风险分析方法、识别风险暴露、评估暴露的风险、评估总体不确定性、风险优先级排列、监视风险及其特征。

（4）PA04 评估威胁：识别自然威胁、识别人为威胁、识别威胁的测量块、评估威胁影响的效力、评估威胁的可能性、监视威胁及其特征。

（5）PA05 评估脆弱性：选择脆弱性分析方法、识别脆弱性、收集脆弱性数据、合成系统脆弱性、监视脆弱性及其特性。

（6）PA06 建立保证论据：识别保证目标、定义保证测量、控制保证策略、分析证据、提供保证论据。

（7）PA07 协调安全性：定义协调目标、识别协调机制、促进协调、协调安全决定和建议。

（8）PA08 监视安全态势：分析事件记录、监视变化、识别安全突发事件、监视安全防护措施、检查安全态势、管理安全突发事件响应、保护安全监视的记录数据。

（9）PA09 提供安全输入：理解安全输入要求、确定安全约束和考虑、识别安全选项、分析工程选项的安全性、提供安全工程指南、提供运行安全指南。

（10）PA10 确认安全要求：获得对顾客安全需求的理解、识别可用的法律策略和约束、识别系统安全关联性、收集系统运行的安全思想、收集安全的高层目标、定义安全相关需求、达成安全协议。

（11）PA11 确认与证实安全：识别验证和证实目标、定义验证和证实方法、执行验证、执行证实、提供验证和证实的结果。

这 11 个过程域中的前 5 个过程域全涉及风险评估。组织过程域与项目过程域是从系统工程能力成熟模型中借鉴出来的，这两类过程域虽然并不直接同系统安全相关，但它们通过和安全过程域的协调来保证安全工程的实施。

一个工程过程域是一组相关安全工程的特征。当这些特征全部实施后，将能够达到工程过程域定义的目标。一个工程过程域由许多"基本实施"组成（11 个工程过程域有约 60 个"基本实施"），这些"基本实施"是一个安全工程过程中必须存在的特征，是强制性项目，只有当某个工程过程域的所有特征完全实现后，才能说满足了该工程过程域的要求。"基本实施"是从现存的很大范围内的材料、实施活动、专家见解之中采集而来的，这些挑选出来的"实施"代表了当今安全工程组织的最高水平，它们都是经过验证的"实施"。"一般实施"是一些应用于所有过程的活动，它们强调一个过程的管理、度量与制度方面。一般而言，在评估一个组织执行某个过程的能力时，要用到这些实施。所谓过程能力，是指遵循一个过程而达到的可量化的范围。"一般实施"被分组成一些被称为具有"共同特征"的逻辑区域，这些"共同特征"又被分成 5 个能力水平，分别代表组织能力的不同层次。与"域维"中的"基本实施"不同的是，"能力维"中的"一般实施"是根据成熟性进行排序的。因此，代表较高过程能力的一般实施会位于"能力维"的顶层。

SSE-CMM 的二维结构如图 5.4 所示。

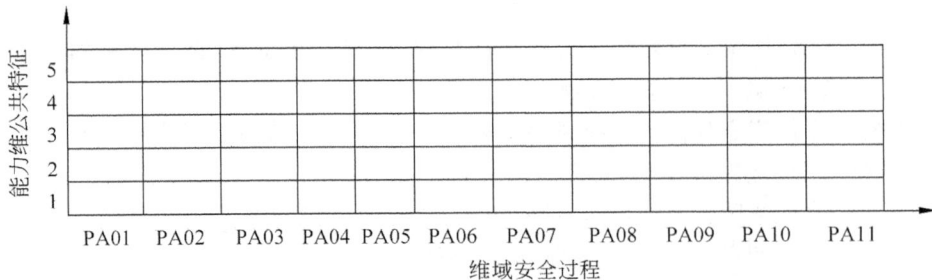

图 5.4　SSE-CMM 的二维结构

SSE-CMM 模型的 5 个能力级别如下。

级别 1(CMM1)：非正式执行级，仅仅要求一个过程域的所有基本实施都被执行。

级别 2(CMM2)：计划与跟踪级，这一级别强调执行前的计划和执行中的检查。这使得工程管理可以基于最终结果的质量来控制其实施活动。

级别 3(CMM3)：充分定义级，过程域的所有基本实施均应依据一组完善定义的操作规范来进行。这组规范是实施队伍根据以往的经验制定出来的，其合理性是验证过的。

级别 4(CMM4)：量化控制级，焦点在于与组织的商业目标相结合的度量方法。能够对实施队伍的表现进行定量的度量和预测。过程管理成为客观和准确的实施活动。

级别 5(CMM5)：持续改进级，为过程行为的高效和实用建立定量的目标，可以准确地度量过程的持续改善。这个级别从前面各级的所有管理活动中获得发展的力量，并通过加强组织文化来保持这个力量。

一般说来，能力级别越高，组织的安全工程过程越成熟，开发的安全产品、系统以及提供服务的安全可信度越高。

SSE-CMM 模型通常以 3 种方式来应用。

(1) 过程改善：可以使一个安全工程组织对其安全工程能力的级别有一个认识，于是可设计出改善的安全工程过程，这样就可以提高它们的安全工程能力。

(2) 能力评估：使一个客户组织可以了解其提供商的安全工程过程能力。

(3) 保证：通过声明提供一个成熟过程所应具有的各种依据，使得产品、系统、服务更具可信性。

软件开发企业与服务外包企业可以根据 SSE-CMM 的框架，对项目管理和项目工程进行定量控制和能力评估，而软件应用单位和服务外包的发包方也可根据 SSE-CMM 来衡量和测试项目承接方的实际软件生产能力。目前，CMM 已被用做软件开发企业与服务外包企业安全成熟度认证的国际标准。

5.5.4　我国的信息安全管理标准与 GB 17859—1999

在我国，信息安全标准化委员会第七工作组（WG7）负责信息安全管理类标准的研究与制定，已制定与引进了一批重要的信息安全管理标准。研究决定我国信息安全管理体系标准等同采用 ISMS，配合信息安全等级保护体系制定了管理要求，正在制定管理评估规范；自主制定了事件处理与应急灾备的相关标准；政府监管类标准和安全服务类的标准也在研究过程中[30]79。

在信息安全管理体系标准方面，我国已颁布 14 项标准，见附录 B。

在我国众多的信息安全管理标准中，由公安部主持制定、国家技术监督局发布的中华人民共和国国家标准 GB 17859—1999《计算机信息系统安全保护等级划分准则》被认为是我国信息安全标准的奠基石。该准则是计算机信息系统安全法规和配套标准的制定与执法部门监督检查的依据，也是建立中国信息安全等级保护制度、实施信息安全等级管理的重要基础性标准。

GB 17859—1999 标准规定了计算机系统安全保护能力的五个等级，具体级别如下。

（1）第一级：用户自主保护级。

（2）第二级：系统审计保护级。

（3）第三级：安全标记保护级。

（4）第四级：结构化保护级。

（5）第五级：访问验证保护级。

GB 17859—1999 标准每个安全级别的具体要求如下。

（1）第一级　用户自主保护级。

本级的计算机信息系统可信计算机通过隔离用户与数据，使用户具备自主安全保护的能力。它具有多种形式的控制能力，对用户实施访问控制，即为用户提供可行的手段，保护用户和用户组信息，避免其他用户对数据的非法读写与破坏。

（2）第二级　系统审计保护级。

与用户自主保护级相比，本级的计算机信息系统可信计算机实施了粒度更细的自主访问控制，它通过登录规程、审计安全性相关事件和隔离资源，使用户对自己的行为负责。

（3）第三级　安全标记保护级。

本级的计算机信息系统可信计算机具有系统审计保护级所有功能。此外，还提供有关安全策略模型、数据标记以及主体对客体强制访问控制的非形式化描述；具有准确地标记输出信息的能力；消除通过测试发现的任何错误。

（4）第四级　结构化保护级。

本级的计算机信息系统可信计算机建立于一个明确定义的形式化安全策略模型之上，它要求将第三级系统中的自主和强制访问控制扩展到所有主体与客体。此外还要考虑隐蔽通道。本级的计算机信息系统可信计算机必须结构化为关键保护元素和非关键保护元素。计算机信息系统可信计算机的接口也必须明确定义，使其的设计与实现能经受更充分的测试和更完整的复审。加强了鉴别机制；支持系统管理员和操作员的职能；提供可信设施管理；增强了配置管理控制。系统具有相当的抗渗透能力。

（5）第五级　访问验证保护级。

本级的计算机信息系统可信计算机满足访问监控器需求，访问监控器仲裁主体对客体的全部访问。访问监控器本身是抗篡改的；必须足够小，能够分析和测试。为了满足访问监控器需求，计算机信息系统可信计算机在构造时，排除那些对实施安全策略来说并非必要的代码;在设计和实现时,从系统工程角度将其复杂性降低到最小程度。支持安全管理员职能;扩充审计机制,发生与安全相关的事件时发出信号;提供系统恢复机制。系统具有很高的抗渗透能力。

5.5.5　ISO/TC68 与银行业务有关的信息安全标准

在国际标准化组织内,ISO/IDC JTC1/SC27 负责通用信息技术安全标准的制定,ISO/TC68 负责银行业务应用范围内有关信息安全标准的制定。一个是制定通用基础标准,另一个是制定行业应用标准,两者在组织上和标准之间都有着密切的联系。附录C 列出了一些与银行业务有关的国际信息安全标准。

5.6　信息安全法律法规与道德规范

当前,计算机犯罪越来越猖獗,它已对国家安全、社会稳定、经济建设以及个人合法权益构成了严重威胁。面对这一严峻势态,为有效防止计算机犯罪,并在一定程度上确保计算机信息系统安全高效运作,我们不仅要从技术角度采取一些安全措施;还要在管理上采取一些安全手段。因此,制定和完善信息安全法律法规,制定及宣传信息安全伦理道德规范,提高计算机信息系统用户及广大社会公民的职业道德素养以及建立健全信息系统安全调查制度和体系等,显得非常重要。

信息安全法律规范是由国家制定和认可的与信息安全相关的条例和规范,是由国家强制力保证实施的,具有法律效力。法律规范为信息化建设的发展与管理起到了有力的作用,为依法规范和保护信息化建设健康有序发展提供了有力的法律依据。在信息安全问题和计算机犯罪现象日益增多的背景下,信息安全立法与执法在世界范围内越来越受到重视。

5.6.1　国际的信息安全法律法规

1. 美国

(1)《计算机欺诈和滥用法》。

计算机发明于美国,如今计算机已广泛应用于美国的经济、信息、防卫系统。然而,随着计算机的开发应用,计算机犯罪案件也急剧上升。针对这种情况,美国联邦及各州大多均有关于计算机犯罪的立法,1986 年颁布了《计算机欺诈和滥用法》。《计算机欺诈和滥用法》的打击重点在于未经许可而故意进入联邦利益计算机的行为。

(2)《计算机安全法案》。

该法案于 1987 年通过,1996 年被《信息技术管理改革法案》、2002 年被《电子政务法》修订。前者要求行政机构设置信息主管(CIO)并为他们设定职责;后者要求政府颁布计算机安全标准、培训相关信息安全工作职员、为计算机系统安全和隐私信息制订安全计划。经过修订的《计算机安全法》是美国政府信息安全领域的重要法律,其主要内容包括规定国家标准与技术局是为联邦政府计算机系统制定信息安全政策和标准的授权单位,要求凡是存有敏感信息的政府计算机系统,必须制定安全计划等。

（3）《联邦信息安全管理法案》。

于 2002 年通过，该法对信息安全作了定义，并对国家安全系统的概念进行界定。该法还授权各管理部门行使国家信息安全管理职责，比如授权管理与预算办公室（OMB）主任对安全政策、原则、标准、指南等的制定、执行情况进行监督，授权国家标准与技术局（NIST）为联邦政府使用的系统制定安全标准与指南。该法是美国政府在"9·11"事件后为加强国家安全颁布的另一部非常重要的法律。

（4）《电子政务法案》。

于 2002 年通过，该法对联邦政府信息管理和规划的各个方面，从危机管理到电子档案及查询索引都作了规定。在具体内容中，特别强调了电子政务中的信息安全问题，重新授权政府信息安全改革法，为保护政府计算机网络安全提供管理框架。

2. 欧盟

与美国不同，欧洲多数国家长期以来一直在积极地推进欧洲一体化进程，其信息安全法律法规的主体也在很多情况下超越了单独某个国家的范畴，与多个欧洲国家间的利益协调相关，通常由欧洲范围内具有较强影响力的政府间组织出面，负责制定法规工作。目前，欧盟已制定了一系列的信息安全法律法规。

（1）《欧盟电子签名指令》。

该指令于 1999 年生效，其目的是为了方便电子签名的使用，并使其具备相应的法律效力。指令的主要内容包括确定电子签名效力的原则；电子签名及相关概念的定义；确定成员国国内及国际电子签名认证服务的市场准入规则；电子签名数据的保护，即生效与修改等。

（2）《欧盟数据保护指令》。

该指令于 2000 年通过，它明确了个人数据保护的目的，并对数据拥有者的义务和数据主体的基本权利进行了界定。

（3）《欧盟网络刑事公约》。

该公约于 2001 年通过，是国际上第一个针对计算机系统、网络或数据犯罪的多边协定。该公约涉及以下内容：明确了网络犯罪的种类和内容，要求其成员国采取立法和其他必要措施，将这些行为在国内法中予以确认；要求各成员国建立相应的执法机关和程序，并对具体的侦查措施和管辖权作出了规定；加强成员国之间的国际合作，对计算机和数据犯罪展开调查（包括搜集电子证据）或采取联合行动，对犯罪分子进行引渡；对个人数据和隐私进行保护等。

依据欧盟制定的统一指令和本国的实际情况，德国、瑞典和英国等欧盟成员国也纷纷出台了本国的信息安全法规。如英国的《资料保护法》《计算机滥用法》《禁止泛用电脑法》和《刑事司法与公共秩序修正法》等；德国的《不正当竞争防止法》《信息和通信服务规范法》及《电信服务数据保护法》等。

3. 俄罗斯

俄罗斯十分重视信息安全立法工作，紧密围绕国家信息安全制定了一系列法律和规范。

（1）《俄罗斯信息安全学说》。

2000 年,普京签发的《俄罗斯信息安全学说》明确了联邦信息安全建设的目的、任务、原则和主要内容。主要内容包括信息安全领域的国家利益、保障信息安全的方法、信息安全保障国家政策的基本原则和实施这一政策的首要措施,以及信息安全保障体系的主要职能和组成部分。

（2）《电子数字签名法》。

俄罗斯于 2001 年通过了该法案,其目的是为了向电子数字签名提供法律保证,赋予电子数字签名应有的法律地位。该法案对电子数字签名的使用条件、密钥的管理、认证中心及其工作、密钥持有者的义务、电子数字签名的应用及企业电子数字签名的使用等作了明确规定。

4．亚洲

本部分主要介绍新加坡和日本的信息安全法律法规情况。

新加坡现有的信息安全法律法规主要有《互联网分类许可证制度》。

日本现有的信息安全法律法规主要是通产省编制的一套准则,内容是防止越权访问计算机网络。2000 年年底,日本防卫厅公开发表了《信息军事革命手册》,对信息安全给予高度重视,强调要采取一切措施防止系统瘫痪,确保信息安全。

5.6.2　中国的信息安全法律法规

为尽快制订适应和保障我国信息化发展的计算机信息系统安全总体策略,全面提高安全水平,规范安全管理,国务院、公安部等有关单位从 1994 年起制定发布了一系列信息系统安全方面的法律法规,为我国信息化建设的发展与管理起到了有力的促进和规范作用,为依法规范和保护我国信息化建设健康有序发展提供了有利的法律依据。

我国现行的有关信息网络安全的法律体系框架分为 3 个层面,内容如下。

（1）法律。主要包括《中华人民共和国宪法》、《中华人民共和国刑法》、《中华人民共和国治安管理处罚条例》、《中华人民共和国刑事诉讼法》、《全国人大常委会关于维护互联网安全的决定》等。这些基本法的规定,为我国建立和完善信息网络安全法律体系奠定了良好的基础。

（2）行政法规。主要包括《计算机软件保护条例》、《中华人民共和国计算机信息系统安全保护条例》、《中华人民共和国计算机信息网络国际联网管理暂行规定》、《互联网信息服务管理办法》等。

（3）部门规章及规范性文件。主要包括《计算机信息系统安全专用产品检测和销售许可证管理办法》、《计算机病毒防治管理办法》、《互联网电子公告服务管理规定》等。

应当特别指出的是,2000 年 12 月 28 日,全国人大颁布了《关于维护互联网安全的决定》(以下简称《决定》),该决定系统总结了目前网络违法和犯罪的典型行为,共 6 大类 18 项,对于保障互联网的运行安全,维护国家安全和社会稳定,维护社会主义市场经济秩序和社会管理秩序,保护公民、法人和其他组织的合法权益具有重大意义,是中国网络安全立法的标志性法律。

近年来,我国制定了相当数量的信息安全法律、法规,对维护国家信息安全起到了巨大的推动作用,附录 D 是涉及信息安全方面条款的法律法规。

在以上法律法规的基础上,一些省市也相继制定了相关的地方法规。国家法规和地方法规的相互补充,将大大加强我国在计算机信息系统安全方面的管理,促进我国信息产业的发展。以上这些法规主要涉及信息系统安全保护、国际联网管理、商用密码管理、计算机病毒防治和安全产品检测与销售等方面。

5.6.3　信息安全道德规范

在信息化社会,信息安全技术并不能解决全部问题,信息安全更需要社会全体成员自觉遵守有关的法律法规和道德规范。从管理层面上讲,道德规范的约束对信息安全的意义更大。

在信息安全道德规范中,计算机道德和网络道德是当今信息社会最重要的道德规范。计算机道德是用来约束计算机从业人员的言行,指导其思想的一整套道德规范,涉及思想认识、服务态度、业务钻研、安全意识、待遇得失及公共道德等方面。

到目前为止,很多国家都在信息道德建设方面给予了极大的关注。其中很多团体、组织,尤其是计算机专业的组织,纷纷提出了各自的伦理道德原则、伦理道德戒律等,比较著名的主要有计算机伦理十戒;南加利福尼亚大学网络伦理声明;美国计算机学会制定的相关伦理道德规则。

美国计算机伦理协会制定的 10 条戒律,内容如下[1]114。

(1) 你不应用计算机去伤害别人。

(2) 你不应干扰别人的计算机工作。

(3) 你不应窥探别人的文件。

(4) 你不应用计算机进行偷窃。

(5) 你不应用计算机作伪证。

(6) 你不应使用或下载没有付钱的软件。

(7) 你不应未经许可而使用别人的计算机资源。

(8) 你不应盗用别人的智力成果。

(9) 你应该考虑你所编程序的社会后果。

(10) 你应该以深思熟虑和慎重的方式来使用计算机。

美国南加利福尼亚大学网络伦理声明指出了 6 种网络不道德行为类型[1]115。

(1) 有意地造成网络交通混乱或擅自闯入网络及其相连的系统。

(2) 商业性地或欺骗性地利用大学计算机资源。

(3) 盗窃资料、设备或智力成果。

(4) 未经许可而接近他人的文件。

(5) 在公共用户场合做出引起混乱或造成破坏的行动。

(6) 伪造电子邮件信息。

美国的计算机协会(The Association of Computing Machinery)是一个全国性的组织,它希望它的成员支持下列一般的伦理道德和职业行为规范[1]122。

（1）为社会和人类作出贡献。

（2）避免伤害他人。

（3）要诚实可靠。

（4）要公正并且不采取歧视性行为。

（5）尊重包括版权和专利在内的财产权。

（6）尊重知识产权。

（7）尊重他人的隐私。

（8）保守秘密。

在我国信息产业发展迅速，特别是互联网行业迅猛发展之际，有关互联网的道德规范的建立显得特别重要。从 2002 年起，中国互联网协会先后颁布了一系列行业自律规范，见附录 E[1]190。

其中，中国互联网协会于 2006 年 4 月 19 日发布的《文明上网自律公约》，进一步明确了我国网民群体的行为规范，该公约的自律条文如下[1]102。

> 自觉遵纪守法，倡导社会公德，促进绿色网络建设；
> 提倡先进文化，摒弃消极颓废，促进网络文明健康；
> 提倡自主创新，摒弃盗版剽窃，促进网络应用繁荣；
> 提倡互相尊重，摒弃造谣诽谤，促进网络和谐共处；
> 提倡诚实守信，摒弃弄虚作假，促进网络安全可信；
> 提倡社会关爱，摒弃低俗沉迷，促进少年健康成长；
> 提倡公平竞争，摒弃尔虞我诈，促进网络百花齐放；
> 提倡人人受益，消除数字鸿沟，促进信息资源共享。

道德规范不是法律法规，上述给出的一些条约条文只是信息安全道德规范的一些表现形式。与人类社会的其他道德规范一样，深入理解道德规范的基本原则最为重要。当人们对基本原则深思熟虑后，就会清晰地知道"应该做什么，不应该做什么"。

对于从事软件开发、金融信息服务外包以及系统管理等工作的从业人员，与其他一些从事金融软件开发、金融信息系统运维的人员，可以参考如下的职业道德规范。

（1）原则 1：公众。从职业角色来说，这些人员应当始终关注公众的利益，按照与公众的安全健康和幸福相一致的方式发挥作用。

（2）原则 2：客户和雇主。这些人员的工作应该始终与公众的健康、安全和福利保持一致，他们应该总是以职业的方式担当他们的客户或雇主的忠实代理人和委托人。

（3）原则 3：产品。这些人员应当尽可能地确保他们的服务对于公众、雇主、客户以及用户是有用的，在质量上是可接受的，在时间上要按期完成，同时没有错误。

（4）原则 4：判断。这些人员应当完全坚持自己独立自主的专业判断，并维护其判断的声誉。

（5）原则 5：管理。项目的管理者和领导者应当通过规范的方法赞成和促进服务管理的发展与维护，并鼓励他们所领导的员工履行个人和集体的义务。

（6）原则 6：职业。这些人员应该提高他们职业的正直性和声誉，并与公众的兴趣保持一致。

（7）原则 7：同事。这些人员应该公平合理地对待他们的同事，并应该采取积极的步骤支持社团的活动。

（8）原则 8：自身。这些人员应当在他们的整个职业生涯中积极参与有关职业规范的学习努力，提高从事自己的职业所应该具有的能力，以推进职业规范的发展。

对于网络用户的道德规范如下。

（1）不能利用邮件服务作连锁邮件、垃圾邮件或分发给任何未经允许接收信件的人。

（2）不传输任何非法的、骚扰性的、中伤他人的、辱骂性的、恐吓性的、伤害性的、庸俗的、淫秽的信息资料。

（3）不能传输任何教唆他人构成犯罪行为的资料。

（4）不能传输道德规范不允许或涉及国家安全的资料。

（5）不能传输任何不符合地方、国家和国际法律、道德规范的资料。

（6）不得未经许可而非法进入其他电脑系统。

5.7　我国金融信息安全管理对策

我国金融信息化在历经了网络建设、数据大集中、网络安全基础设施建设等阶段后，如今已进入了体系化信息安全管理的阶段，亟待建立一套金融信息安全保障体系，有效地防范和化解金融信息安全风险，统一安全问题处理规范和流程，增强金融系统的信息安全整体防范能力，以保证金融机构的信息系统平稳运行及各项业务的持续展开。针对目前我国金融业存在的信息安全管理问题，并结合金融业的特殊要求，可以考虑如下金融信息安全管理对策[39-40]。

（1）在国家出台信息安全风险分析评估、管理纲要性文件的基础上，成立金融行业信息安全风险分析评估的专门机构，制定适用于金融行业自身特点的信息安全风险分析评估、管理规范，实现行业自评估，避免金融行业关键信息在风险评估过程中的泄密。

（2）要建立和完善金融信息标准化体系。金融信息标准化体系是带动我国金融IT 技术与应用发展的关键，是我国金融信息应用成熟发展的主要措施之一。我国在新世纪的金融信息化，必须强调金融信息基础设施的建设，强调信息基础设施公共操作环境（COE）的建设，在此基础上建设我国统一的现代化的金融支付清算系统、银行卡系统、银行信用系统、金融监管信息系统和金融信息安全系统等，从而实现金融 IT 资源的最大限度重复利用和共享信息，实现金融信息系统之间的互连、互通和互相操作及其基础上的安全性。对于我国来说，目前要做的主要具体工作是要完善金融信息化标准体系总体规划，确定我国金融信息标准体系的目标、任务、发展阶段策略和原则等，全面规划金融通信和网络技术设施建设，区分银行面向社会服务、银行内部服务和中国银行监管的工作，实施这些网络的业务分开，提出统一业务平台体系，提出银行信息认证技术框架和公共的必要设施。

（3）建立金融信息安全风险预防及评估体系。通过积累行业风险知识库，使风险评估更具有针对性、评估更充分，通过对现有的金融信息系统环境进行风险评估，识别IT 组织、规划、业务流程及信息资产面临的风险，采用合理的策略和技术手段，做好事先防范;通过开发金融信息风险管理的自动化工具,将风险评估、风险预防及风险管理自动化、规范化,有效地落实金融信息科技风险管理,不断完善金融信息科技风险防范长效机制。

（4）加强金融机构间的系统安全评估与管理。金融信息系统是一个庞大的系统,它将不同金融机构自身的系统联为一体,构成一个复杂的业务体系。这一方面需要行业管理机构对整个金融信息系统、特别是其基础设施进行安全评估和管理,同时也需要不同金融机构根据业务流进行针对相应业务的安全风险评估和管理。

（5）加强针对行业特点的风险评估模型和相关技术的研究,特别是加强对金融信息资产风险价值、机构间风险评估模型等方面的研究,进一步提高评估的质量,增强评估的准确性。

（6）加强自身金融信息系统的安全数据统计工作,为定量分析技术在更大程度上的应用提供数据基础,降低因主观因素而导致的评估误差。

（7）加强金融机构工作人员的金融信息风险安全意识教育,提高工作人员的责任素养,减少因人为因素而造成的不必要损失。同时制定相应的制度规范,形成必要的制度约束。

（8）要大力培养金融信息化专业人才。人是生产力中最积极、最活跃的因素,事情办得好与坏,人是起主导作用的,把好用人关,是做好金融信息化安全工作的前提。为了克服金融信息化的障碍,各大金融机构要加大对金融信息化人才的培养和重用。目前,我国金融从业人员达到硕士以上学历的不足 1‰,远远不能满足国内金融业蓬勃发展的需要,而且国内能够培养金融信息人才的院校屈指可数。虽然也有很多金融机构的科技人员是纯 IT 背景,可由于本身不懂金融,这些人员加盟后,有相当长的时间不能够充分发挥作用;同时,有部分金融人才中途改行去做信息,可实际能力又达不到工作要求,使我国的"金融信息化"进程受到阻碍。因此,要加强信息科技队伍和文化建设,强化 IT 人才的发展战略和市场化激励机制,完善考核激励机制。通过培训、人员交流和引进等方法,培养和造就一批高端金融 IT 技术专家型人才和具有创新思维的既精通 IT、又精通业务的复合型专家人才。

（9）加强客户安全意识的宣传与普及。一方面继续加强金融产品的安全性设计,提高金融产品的智能化水平、防欺诈能力和目标鉴别能力;另一方面加强对普通公众的风险提示,在加强客户金融信息安全意识宣传与提升的基础上,为客户提供定制化金融产品,满足客户个性化需求,减少由于不法行为以及客户的不谨慎操作带来的风险。

练习与思考

1. 解释下列概念
（1）信息安全管理。
（2）信息安全策略。
（3）信息安全标准。
（4）信息安全风险评估。

2．简答题

（1）为什么说信息安全问题是一个管理问题？

（2）简述信息安全策略要保护的对象。

（3）概述信息安全管理的必要性。

（4）国际上有哪些主要的信息安全标准？我国已制定的信息安全标准有哪些？

（5）信息安全管理控制措施主要涉及哪些方面的管理措施？

（6）信息安全风险评估的重要意义是什么？

（7）概述信息安全风险评估的实施流程。

（8）简述信息安全标准制定的必要性。

第6章

金融服务外包中的信息安全

20世纪90年代以来,随着经济全球化、一体化进程加快,在全球范围内进行资源优化配置的新一轮国际产业转移与包括金融服务外包在内的服务外包迅猛发展。金融行业,尤其是银行业将非核心金融服务业务外包,已成为他们在激烈的市场竞争中降低经营成本、提高服务质量与运作效率、提升客户满意度、减少经营风险、提升核心竞争力与保持竞争优势的有效手段。但是金融服务外包是一把双刃剑,发包金融企业在获得降低成本、提升核心竞争力等效益的同时,也面临着战略风险、操作风险、信誉风险等众多由信息及业务外包带来的风险。其中信息安全风险是发包金融企业十分关注的一个安全问题,也是金融发包企业将业务外包与否的关键因素之一。

6.1 金融服务外包信息安全的重要性

6.1.1 金融服务外包潜在的信息安全风险

在信息技术服务与非核心业务外包的过程中,接包服务商与接包服务商的员工会接触发包金融企业的商业机密、客户数据等相关信息,需要接入金融企业的信息系统,获得金融企业使用其信息系统的某些权限,使得金融信息安全管理变得更加复杂,信息安全风险可能加大,主要体现在下面几个方面。

(1)接包服务商引入后,金融企业需要将与发包项目有关的金融信息,如银行账户信息、财务信息、客户信息、产品信息等商业信息转移给服务接包商,发包企业与接包企业还需要通过发包金融企业的信息系统进行沟通与交流。有时,发包企业根据项目需要,还会为承包企业提供信息系统的某些账号、口令和使用权限,所有这些使得接触、了解、掌握这些敏感数据与信息的人员,以及进入与使用金融信息系统的人员增加,增加了数据与信息丢失或泄露,以及发包金融企业的信息系统被入侵攻击的风险。

(2)外包合同缺少相关保密条款,或保密条款的约束力不强。或虽有保密条款,但合同签署后的项目执行过程中,发包金融企业监控不力,或因知识技能等方面的原因,监控措施不到位,都会导致信息安全风险的增加。

（3）接包商技术团队人员的职业素养以及接包企业的安全管控措施可能影响服务的保障能力和质量，并构成发包金融企业的信息安全威胁。服务接包商的员工一般是通过市场化手段招聘来的，如果人员素质较低，接包商的安全教育与培训又跟不上，管控措施又不严，会致使承担项目任务的员工因责任心不强、工作不到位或操作不当，产生人为的运行故障、数据丢失或系统中断服务，还可能增加发包企业金融信息系统被入侵攻击的威胁与泄密的风险。

（4）由于技术人员技能的不足，由接包企业员工开发的应用软件可能会存在安全漏洞，也可能是开发人员故意留有“后门”。软件投入运行后，会增加发包金融企业信息系统被入侵攻击的威胁，导致信息安全风险。

（5）接包服务商的经营风险也会导致发包金融企业的信息安全风险。如果接包企业发生经营困难或技术团队出现人才波动时，可能导致保障能力和服务质量下降，甚至中断，进而对金融企业的信息系统构成运行风险和泄密风险。

（6）接包服务商参与项目人员的流失会引发信息泄密的风险。当前，因服务外包专业人才的紧缺，服务外包企业的人才流失率高，如果参与项目并了解与掌握相关信息的人员流失，又没有同接包企业签有保密协议，就很有可能引发信息泄密的风险。

（7）作为管理者的发包金融企业的信息技术与安全管理部门与作为执行者的服务接包商所处位置不同，追求的工作目标不同，增加了管理工作的难度与沟通协调成本，影响服务及时性和双方的合作，进而造成管理困难和信息安全风险。发包金融企业的信息安全管理部门追求的目标是以较小的成本和风险取得最好的对内对外服务质量与企业利益的最大化。而服务接包商追求的目标是在确保服务合同可履行的情况下，追求企业本身利益的最大化，会想方设法降低执行成本，以提高收益，由此导致接包商的机会主义行为。

（8）部分发包金融企业的管理部门或管理人员认为，外包已将自身的监管职能转移给了接包服务商，导致信息安全管理部门的职能弱化，造成项目管理混乱，信息安全得不到保障。

6.1.2　金融服务外包信息安全事故的影响

在信息技术与服务业务外包的过程中，如果出现信息泄露与篡改，或因外包而引发入侵攻击事件，将会对发包金融企业、接包服务商，乃至社会和国家产生严重的影响。

1. 对发包金融企业的影响

在金融服务外包活动中，发包金融企业会获得降低经营成本、提高服务质量与运作效率、提升客户满意度、减少经营风险、提升核心竞争力的效益，是外包活动的主要获益者，因此其受信息安全风险的影响也是最大的，这可以表现在如下几方面。

（1）给外包企业带来经济损失。如外包活动过程中引发金融信息安全事件，会有可能给发包金融企业带来经济损失，包括直接的经济损失与间接的经济损失。如金融机构的金融资产被盗用，或因泄露客户信息导致客户账户款项的被盗或损失，客户会向金融企业索赔，也会导致金融企业资产的损失；还有如发生入侵攻击事件，导致信息系统软硬件设备的损坏，也会导致发包金融企业直接的经济损失。发生信息安全事件后，间接的经济损失会有对系统运维费用的增加,服务中断可能引起的损失,损坏软硬件的更新所可能引发的损失,事件安全审计或法律诉讼所需要财力、物力与时间等的损失,还会有客户流失等。金融企业是直接经营货币和金融资产的行业,载体是金融工具和金融产品,如发生信息安全事件,通常经济损失都是十分巨大的。

(2) 声誉受损失,降低金融企业在市场上的地位。在当今互联网应用广泛,通信技术日新月异的时代,信息传播的速度非常之快。如果某个金融企业发生了客户信息泄露的事件,或客户在金融企业的资产或金融企业自身的资产因信息泄露而被盗窃的事件,相关的信息会在互联网上快速传播,这会对相关金融企业的声誉造成相当的影响。另一方面,金融企业的客户十分关心自身个人信息的安全,更关心自身资产的安全,如果他们获知某个金融机构因信息泄露造成了个别或某些客户或企业资产的损失,对该金融机构的信任度会有很大的下降。原来有意到该金融机构进行某项金融交易的人员会失去对该金融机构的信任,会转而寻求其他的信息安全程度高的金融机构去办理其金融业务;在该金融机构的原有的部分客户会因出于对该金融机构信息安全的担心,有可能会将他们在该金融机构的业务转移至其他的金融机构。这些都是金融信息安全事件引起的对该金融机构的负面影响:声誉受损,客户减少,在市场的地位下降。

(3) 削弱企业的核心竞争力、减慢金融企业的发展进度。由于接包商及其员工有机会接触发包金融企业的机密信息,金融企业的商业秘密或新型产品的信息(如创新金融产品的设计方案、技术参数、运作方式和流程)就有被泄露给其竞争对手的可能,如果发生,势必会削弱发包金融企业的核心竞争力,影响金融企业核心竞争力的保持,从而影响发包金融企业的发展速度,因为企业核心竞争力的形成不是一朝一夕的事,而是需要经过长期积累与创新方能取得的。

2. 对接包服务商的影响

虽然服务接包商对于金融发包企业而言只是为其提供信息技术或业务流程处理的服务,但如若在项目接包过程中出现信息安全事故,则对服务接包商的商业声誉、生存环境与业务发展产生重要的影响。

(1) 影响接包商信息安全管理体系的认证与服务外包资质认证。

ISO27001 信息安全管理体系是目前最被发包方看重的国际信息安全标准之一,也是大多数服务接包商期望获得认证的信息安全标准。我国工业与信息化部在 2011 年 7 月 20 号发布了《政府部门信息技术外包服务机构申请信息安全管理体系认证安全审查程序》,鼓励外包服务企业按照信息安全管理体系相关标准加强信息安全建设。服务机构申请信息安全管理体系认证时,应选择国家认证认可监督管理委员会批准开展信息安全管理体系认证的认证机构。国家鼓励发包机构优先选择通过信息安全管理体系认证的信息技术服务机构提供外包服务。截至 2009 年 5 月,我国获得 ISO 27001 国际证书的服务接包企业有 80 多家。通过 ISO 27001 信息安全管理体系国际认证,表明该服务外包企业在保障客户信息安全、强化内部管理方面已居于国内领先水平,并在国际上得到认可。CMM(Capability Maturity Model)认证简称能力成熟度模型,是鉴定服务外包企业在开发流程化和质量管理上的国际通行标准,全球软件生产标准大都以此为基点,并都努力争取成为 CMM 认证队伍中的一分子。CMM 标准共分 5 个等级,从第 1 级到第 5 级分别为：初始级、可重复级、定义级、管理级和优化级。截至目前,我国通过 CMM 5 级认证的外包与软件企业还不多。对于一个技术水平、安全管理能力与水平低下,存在引发信息安全威胁漏洞的服务接包商,要获得 ISO 27001 信息安全管理体系的认证或 CMM 认证几乎是不可能的。

（2）影响服接承包企业的发展。

一个好的金融服务接包商应该具备所属行业的专业基本技术与良好信誉,具有承接过类似业务的丰富经验,能在合理控制成本的基础上高质量完成接包协议所规定的任务来满足与支持发包金融企业发展的需要。这些条件,需要服务接包企业在经营过程中完成一些成功案例,成功体现服务企业的评价和自身拥有的优质资源,如技术力量、管理能力、企业声誉、财务状况等。如果服接承包商由于自身原因引发发包金融企业的信息安全风险,并对金融企业造成相当的损害,接包企业在同行业中的可信度会大大下降,影响其后续业务的承接与经营收益。例如,现正接受其服务的发包企业有可能中止或逐步减少与其合作的项目与业务内容,那些原本准备与其开展业务合作的发包企业会转而去寻找其他更可信的接包商合作。

（3）增大接包商的生存压力。

对服务接包商来说,提供令发包企业满意的服务是其生存之道,对金融发包企业来说,如果将信息技术或其相关的业务流程外包后不能实现确定的目标,或者给企业带来信息安全等相关风险,企业就会采取比原先更严厉的措施来防范、规避风险。发包金融企业有可能会把部分外包业务转移给其他更可信的服务接包商,或者通过发展与提升自身的技术力量来逐渐减少或停止给接包商的外包业务。这样会使接包企业面临能否继续生存的压力,或者导致市场外包业务减少,增大外包企业的生存压力。更有甚者,如果由服务接包商引发的信息安全事故造成的损失巨大,会面临被淘汰出局的局面。几年前,印度曾出现过一家 IT 服务企业的员工,盗取为客户管理的储户信用卡资料,信息被披露后,员工个人受到法律制裁,这家服务企业也即刻消失在公众的视线中,因为印度已经在2000 年完成了信息安全立法《2000IT 法案》。

3. 对社会和国家的影响

金融是一个国家经济发展的命脉,金融安全直接关系到国民经济的健康发展乃至国家安全;金融的一个重要特征是它具有广泛的渗透性,服务对象涉及千家万户,地域分布广,服务内容广泛,金融企业的任何信息安全事件,大则会影响到国家或某个区域政治、经济、社会的各个领域,小则影响到某些客户或客户群体的日常生活,给国家和社会造成一定的影响。

（1）国家信息安全受到威胁。

国家信息安全受到威胁主要体现在国家的经济金融政策、法律法规、经济发展动态等,如果金融企业或行业的某些核心技术的信息通过服务接包商流向国外,国外的相关企业和机构就可能根据其获得的信息寻找现有政策、法律法规的漏洞,钻空子,造成对我国经济发展的不利影响,对国家信息安全造成影响。

（2）扰乱外包市场秩序,影响市场健康发展。

金融服务外包存在包括信息安全在内的服务外包风险,不仅对有关的服务接包商有影响,作为市场交易的主体,对整个市场的发展与市场秩序也有相当的影响。我国服务外包市场的发展还处于发展阶段,外包市场还缺少规范,面对服务接包商中存在的某些不良行为,如某些接包商技术水平低、安全管理措施不到位、或缺少责任心,加之缺少完善的合同约束与规范化的市场法规与法律制约,发包企业将无能为力。发包企业要么不将业务外包,这会影响服务外包市场的正常发展,要么也采取某些机会主义的做法,在合作双方之间形成恶性循环,这会扰乱外包市场的秩序,影响外包市场健康发展。

(3) 产生不稳定因素,影响社会和谐。

金融是经营货币与金融资产的服务行业,如果某金融企业因客户信息泄露,或因信息泄露造成客户账户金融资产的损失,会在社会上造成广泛且恶劣的影响,引发该金融企业相关客户对自身个人信息与金融资产安全的担心,引发社会公众的担忧心理,影响社会和谐。情节严重时,如若引发银行挤兑事件,将严重影响社会安定。

6.2 金融服务外包影响信息安全的因素

发包金融企业将信息技术或服务业务外包给服务接包企业后,在项目执行的过程中,可能会面临形形色色的信息安全风险。我们在 2.2.4 节讲述的由业务操作引发的各类金融信息安全风险几乎都有可能发生,这里不再叙述这些具体的风险。本节我们分析业务外包过程中可能引发这些信息安全风险的因素。由于金融服务外包涉及发包金融企业与服务接包企业两个企业,影响外包过程中信息安全的因素相对复杂。

1. 移动存储设备与文件不规范使用

移动存储设备,如移动硬盘、U 盘、录音笔、照相机、摄像机等,具有体积小、携带方便、存储量大、不易损坏的特点,已成为人们进行办公信息处理时首选的存储介质。大量的敏感信息、相关保密数据很容易被存储在这些存储设备中,而这些设备"易移动"的特性,为金融企业的信息安全(包括业务外包时的信息安全)带来安全隐患。例如,接包企业员工将未纳入内部管理的 U 盘等存储设备随意带入规定的工作区域,并在内网计算机上任意使用,或将相关数据复制到带入的移动存储设备后到外面的计算机上使用,或将纳入内部管理的只能在内部计算机上使用的移动介质带出规定的工作区域,并在外部其他计算机上任意使用。这容易造成信息泄露的风险,或因保管不当造成移动设备被盗或被损坏,或在外部使用时被病毒感染。如果存储有机密信息的移动存储介质被盗,就会造成机密信息外泄,如果移动存储介质被病毒感染后再带入内部计算机上使用,有可能造成将病毒传播到内部网络,影响到接包企业内部计算机的应用操作和相关信息的安全。类似的情况还有员工将未纳入内部管理的个人电脑带入,并将内部的相关数据或软件拷入带入的电脑后带出。

2. 对系统和资源的非授权访问

没有预先经过同意,就使用网络或计算机资源,被看做非授权访问,如有意避开系统访问控制机制,对网络设备及资源进行非正常使用,或擅自扩大权限,越权访问信息。它主要有以下几种形式:假冒、身份攻击、非法用户进入网络系统进行违法操作、合法用户以未授权方式操作等。金融服务外包过程中,会有下列形式的非授权访问:一是接包企业的员工会非法利用对发包金融企业的信息系统接触的机会,或进行非法入侵,或超越发包金融企业所授予的权限,越权非法入侵,非法获取数据,或恶意篡改数据或应用程序等;二是接包企业的员工利用工作之便,非法或合法地进入企业的内部网络,来获取接包企业所拥有的发包金融企业的有关数据或信息,如客户信息、发包金融企业的新产品等商业机密;或是外部人员通过入侵接包企业的网络系统直接或间接获取或篡改发包金融企业的机密信息,这里所谓直接,是指直接入侵接包企业的网络系统来进行非授权访问,而所谓间接,是指通过入侵接包企业的网络系统后再间接进入发包金融企业的信息系统,进行非授权的访问。

3. 授权不当

就金融服务外包来说,授权是指发包金融企业授予接包商使用其系统与资源的部分权限。发包金融企业在将发包的业务转移给接包商运作时,在将相关的数据与信息转移给接包商时,会给接包商相应的权限,去使用这些信息或发包金融企业的信息系统;同时,接包商也会根据工作任务和项目中的身份,给具体执行接包项目的员工授予相应的不同使用权限。如果给接包商的授权不当,会引发金融信息安全事故。发包金融企业对接包商的授权,既是工作的需要,也意味着发包金融企业对接包商在某种程度上的信任。但尽管如此,发包金融企业的授权也必须遵循最小授权原则,该原则规定接包商只能拥有执行项目的作业功能所必需的访问权限,而不能拥有其他权限。同样,接包商在给其相关员工授权时,也须遵循最小授权原则。员工只能根据自己的权限大小来访问系统资源,不得越权访问。

为了弄清楚什么样的授权是不当授权,怎样授权才合适,我们先简单介绍一些关于授权的原则,或说授权的一些类型。

(1) 不充分授权。也称刚性授权,是指授权主体对被授权方的工作范围、工作内容、工作应达成的目标和完成工作的具体途径都有详细的规定。被授权方必须严格执行这些权限规定。这种授权事关重大,涉及的都是一些重要的事务和问题。

(2) 充分授权。也叫一般授权,是授权主体允许被授权方具有自己决定行动方案的权限,从而使被授权方能创造性地开展工作。

(3) 正式授权,指授权主体依据法律规定,按照法定程序对被授权方进行授权。

(4) 非正式授权。指无法律特别规定或组织体系之外的非程序性授权。

(5) 制约授权。又叫复合授权,这是把某项任务的职权分解授给两个或多个子系统,使子系统之间产生互相制约的作用,以免出现疏漏。制约授权所适用的主要是工作难度大、技术性较强而容易出现疏漏,不宜进行充分授权的情况。

(6) 弹性授权。也称动态授权,是指在完成同一项目或任务的不同阶段授予不同处理权限的授权方式。这种授权适用的情况是任务复杂,授权主体对被授权方的能力、水平和信任度无充分把握,并且环境、条件与项目任务处于多变的状态。

(7) 书面授权。授权主体以文字形式,对被授权方的工作职责范围、目标任务和要求、处理权限等均有明确规定的授权形式。所谓文字形式,包括接包协议中的条款、合同附件、协议补充、附加的保密协议。

　　授权的适当与否关系发包金融企业的信息安全,所授的权限过大(如给接包商授予同时具有业务操作与系统维护的权限,或直接修改数据的权限等),期限过长,或在合同期内所授的权限始终保持不变,都有可能造成不当授权。

4. 不安全的系统与网络配置

　　系统的安全配置主要指操作系统访问控制的恰当设置、系统的及时更新以及对于攻击的防护。所谓操作系统访问控制权限的恰当设置,是指利用操作系统的访问控制功能,为用户和文件系统建立恰当的访问控制权限,我们已在上面讲过这方面授权是否恰当的问题。及时对系统进行更新和打补丁是确保系统安全的重要内容,及时对系统更新,会使系统的安全性、稳定性与易用性得到提高。

　　对金融服务外包来说,不安全的系统与网络配置同样体现在发包金融企业与服务接包企业两个方面。如果发包金融企业的系统与配置不安全,它会成为接包企业的员工,以及任何外部黑客攻击入侵的目标;如果接包服务商的网络系统配置不安全,黑客会通过入侵攻击接包商的网络系统来获取、篡改发包金融企业的相关信息;如果双方的信息系统配置都不安全,后果可能会更严重,发包金融企业所面临的信息安全威胁可能会更大。

　　下面是一些可能的系统不安全配置。

　　(1) 设置用户账户过多。账户多是黑客们入侵系统的突破口。系统的账户越多,黑客们得到合法用户权限的可能性就越大。

　　(2) Guest 账户未停用或未配置复杂的密码。Guest 账户是系统自动创建的一个供访客使用的账户,通常没有设置密码。如不停用这个账户,或未为其配置一个复杂的密码,就有可能被用于远程入侵登录的目标,引发信息安全事故。

　　(3) 不必要的终端服务与不必要的端口没有被关闭。操作系统的服务器一般会提供多个不同的终端服务并配置相应的端口,一些不必要的服务与端口应予关闭,以减少被入侵攻击的机会。

　　(4) 安全审计系统没有开启或不完善。安全审计系统用于对入侵攻击行为进行记录与追踪,如果没有开启安全审计系统或安全审计系统不完善,会导致系统被入侵了还不知道或无法追踪的情况出现。

　　系统管理员没有访问安全站点的习惯,不能及时了解系统漏洞信息,导致有漏洞不补,成为黑客攻击目标。造成几十亿美元损失的"冲击波网络蠕虫"事件,就是未能及时为计算机与网络系统进行补漏所造成的安全事故。该病毒于 2003 年 8 月 12 日在全球爆发,它是利用 Windows 操作系统中"PRC 接口远程任意代码可执行漏洞"进行攻击并传播的。微软在这个漏洞被发现的第一时间就公布了漏洞的补丁,而"冲击波网络蠕虫"事件是在微软公布漏洞补丁几个月后才在世界范围内泛滥的。如果大家在这几个月内关注微软的公告,并通过打补丁、安装防火墙来完善自己操作系统的配置,"冲击波网络蠕虫"事件就不会发生,或即使发生,损失也不会那么大。

5. 安全责任不清

　　发包金融企业与服务接包商明确在项目执行期间各自的信息安全管理责任,建立相应的安全责任制度,是防范信息安全事故发生的重要保障。同样,接包服务商在其企业内部也要有严格全面的信息安全管理制度,例如计算机设备管理制度、操作员管理制度、密码与授权管理制度、数据安全管理制度、机房管理制度等。如果没有这些信息安全管理制度,并严格监督执行,真正做到谁主管谁负责、谁运行谁负责、谁使用谁负责,接包项目的信息安全就无法得到保障,下面一些导致信息安全的事件就有可能发生。

(1) 管理员随意改动用户使用系统的权限或口令,不是定期更换管理员密码,不及时注销无效账户,不及时审核安全审计记录,以便及时发现并处理系统安全问题。

(2) 未经允许就让外来人员(包括维修人员)单独接触系统以及与系统连接的计算机。

(3) 接包企业的员工缺乏信息安全意识,不注意自身的 ID 及密码的保密,私自转借、转让用户账号,或与他人共用账号。违章操作,随意将移动存储介质带进带出规定工作区域,在运行计算机上随意安装软件,或使用外来的存储介质,并进行文件与资料的拷贝;随意丢弃存储介质与有关业务的保密数据资料,未按规定程序处理要废弃的设备与存储介质,或将废弃的存储介质和保密资料按普通垃圾处理,甚至私自改变网络线端接口与配置等。

6. 缺少管理高层的支持

信息安全的维护,不再只是 IT 部门的职责,除了与营运和安全技术息息相关外,与安全管理制度与措施,以及企业高层的高度重视与支持紧密相关。管理层的支持与以身作则,是企业信息安全保护的基本保证。对于金融服务外包而言,发包金融企业与服务接包商双方的高层领导都应该重视与支持项目外包过程中的信息安全。如果发包金融企业的管理高层把外包项目的信息安全看做只是服务接包商的职责,或者是本企业内部 IT 职能部门与信息安全部门的责任,而不重视外包项目的信息安全,或者是服务接包企业的高层领导对接包项目的信息安全不予重视,甚至以各种各样的借口逃避项目信息安全要求对自身的管控,都有可能引发外包项目的信息安全风险。

企业主要领导对外包项目信息安全的高度关注与支持,并以身作则,对信息安全尤为重要。双方企业的主要领导应确立其组织统一的信息安全保障的宗旨和政策。对重大项目,应成立项目信息安全领导小组,对小型的外包项目,要制定相关安全监督人员,负责提高员工的安全意识,建立严格的信息安全管理制度,组织有效安全保障队伍,调动并优化配置必要的资源,协调安全管理工作与各部门工作的关系,并关注相关措施制度的落实与有效执行。

重视与企业员工在信息安全方面的沟通,也是企业领导对企业信息安全重要支持的体现。企业领导者的安全承诺与自身行为是确保企业信息安全的关键之一,它决定了企业其他员工对信息安全的认识和行为。一个企业对信息安全的重视程度可以通过企业管理人员可见的安全承诺来向员工体现。管理人员应严格遵守企业的各项信息安全管理制度,在信息安全行为上起到模范带头作用。员工通过管理人员的行为,可以判断出企业对信息安全管理的重视程度,进而改变他们自己的行为。管理人员通过以下方式体现他们对信息安全的承诺:企业高层会议将信息安全作为重要议题进行讨论、定期参加信息安全领导小组的会议、关注企业信息安全事故调查、听取信息安全领导小组与信息安全事件追踪调查的汇报等。另外拓展安全信息沟通渠道,鼓励员工参与信息安全问题的讨论,认真听取员工关于信息安全方面的建议,并及时向员工反馈信息等,都是管理人员信息安全承诺的体现。

7. 信息安全意识淡薄

谷安(GooAnn)发布的国内首份《中国企业员工信息安全意识调查报告(2010)》结果显示,受访者认为在所有企业的安全隐患中,信息安全意识缺乏是最大的安全隐患。在所有信息安全事故中,70%~80%是由于内部员工的疏忽或有意泄露造成的,78%的企业数据泄露是来自内部员工的不规范操作的事实印证了这一点。

人是信息安全环节中最薄弱的一环。世界头号黑客 Kevin Mitnick 曾说过一句话:"人是最薄弱的环节。你可能拥有最好的信息安全技术、防火墙、入侵检测系统、生物鉴别设备,可只要有人给毫无戒心的员工打个电话……"安全技术和产品无法保护每一个人远离每一种可能存在的安全风险。谷安在《中国企业员工信息安全意识调查报告(2010)》中列举了信息安全意识淡薄的 20 大显著问题,我们在这里略举几个与服务外包企业与人员关系较紧密的问题[41]。

(1) 仅有 15.8%的受访者会接受定期的信息安全培训,25.2%的受访者在入职时接受过信息安全培训,而 59.0%的受访者从来没有接受过或接受不定期的信息安全培训。

(2) 58.6%的受访者半年以上才更换一次密码,或者从不更换密码。

(3) 如果遇到与工作无关但关系要好的同事要工作资料,94.4%的受访者会根据情况的不同,最终还是选择给同事。

(4) 接近半数的受访者对敏感数据不进行安全的分类和加密操作。

(5) 面对内容吸引人的不明邮件,42.5%的受访者会看邮件内容。

很多用户在各种账户中使用相同的密码,甚至一些从事信息安全的专业人员也不例外。例如,2011 年 2 月 6 日,知名安全公司 HBGary Federal 的创始人 Greg Hoglund 发现邮箱密码被人修改,调查分析结果发现,公司的执行官 Aaron Barr 和他领导的管理层犯下了最原始最不可饶恕的信息安全"漏勺":在所有的账户中使用相同的密码。黑客组织"匿名者"只是通过攻击该公司网站所获得的外围密码,就开启了 Barr 几乎所有的网络账户。

仅有 36.4%的受访者知道如何做且定期做升级,即使像索尼这样著名的公司也不例外。从 2011 年初开始,索尼多次遭到黑客入侵,超过 7000 万玩家资料可能遭窃取,这些资料包括邮箱、密码、信用卡号等。为此,索尼公司于 4 月 20 日关闭 PSN 和 Qriocity 服务。这让日进斗金的索尼游戏业务陷入瘫痪。此外,由于消费者资料泄露可能导致更为严重的网络钓鱼等大面积网络安全案件,美国、英国、澳大利亚和中国香港等国家和地区的政府已经开始对索尼 PlayStation Network 网络遭黑客攻击及用户数据失窃情况展开调查,一批游戏玩家已向美国法院提出上诉,控告索尼在保护 PlayStation Network 网络用户数据方面玩忽职守,违反了它与用户签订的服务合同,整个索尼品牌面临一次空前严重的灾难。普渡大学的 Gene Spafford 博士在美国众议院商务委员会的听证会上揭开了导致这次史上最严重的消费者数据泄露事件的重要原因:索尼的服务器运行着一个过期的 Apache Web server 软件,没有打上补丁,也没有安装防火墙。而索尼早在几个月前已经知悉此事,因为问题早已在论坛上报告给索尼工作人员。

不重视网络信息安全是一个普遍存在的严重问题,其原因是多方面的,企业单位主要责任人的信息安全意识对信息系统的整体安全具有决定意义。但是大多数的企业负责人存在对信息安全的误区:一是认为信息安全主要靠先进的设备与软件,因而宁愿花重金购买先进的信息安全技术和产品,也不愿在全员信息安全意识教育上有所投入;二是认为信息安全是信息安全职能部门的事,只要提高信息安全专业人员的技能就可以了;三是认为信息安全意识教育培训一次就够了。事实上,提高员工的信息安全意识是企业信息安全工作中最重要的任务之一。没有全体员工对信息安全的高度认识和积极参与,企业就不能够有效实施安全管理并对其信息资产进行保护,以确保其信息的安全和业务的连续性。

信息安全意识已被公认为计算机信息安全的第一道防线,大家应该行动起来,建立正确的信息安全意识。信息安全工作与企业管理层、技术人员与及普通员工都有紧密的关系,上至企业老总,下到基层员工,安全意识的薄弱正在成为企业面临的最大风险。忽视信息安全意识教育,可能遭受灾难性的打击。

提升全员信息安全意识工作应持之以恒,其中各种形式的培训是目前企业采用的一个主要方式。企业的领导应该认识到,提升全体员工的信息安全教育意识是一项长期的工作,不能指望凭借"三分钟热情"一蹴而就,而应该坚持不懈,才能最终在企业和组织内建立起信息安全的文化氛围。

8. 无管理的第三方访问

无管理的第三方访问也是金融服务外包过程中的一个信息安全隐患。就金融服务外包来说,"第三方"的概念同样涉及发包金融企业与服务接包商,但两者的第三方对象有所不同。对于发包金融企业来说,为其提供外包项目服务的接包商及其同项目相关的员工是第三方,尤其对于某些外包项目,需要接包服务商的某些雇员短期或长期的进驻发包的金融企业,从事某些涉及信息系统的业务活动,如果对他们的第三方访问管理不善,也许会引发严重的信息安全事故,因为他们既非金融企业的雇员,不受进驻金融企业的直接管理,也不受相关金融监管当局相关条款的监管,同时又可能远离聘用这些雇员的服务接包商,服务接包商对他们的直接监管有一定的难度。对于接包项目的服务接包企业来说,企业内除与接包项目有直接或间接业务关系的人员以外的所有其他人员都是第三方。无管理的第三方访问可以体现在下面一些方面。

(1) 对第三方进入或滞留于计算机机房及限制进入的规定区域不管不问。

(2) 在无人陪同的情况下允许第三方使用系统的 Guest 账户进入系统进行操作。

(3) 未经许可允许第三方利用移动存储介质或个人电脑带走有关的数据资料。

(4) 对第三方访问的权限与内容不加以限制,允许第三方访问系统的敏感数据等。

9. 缺乏定期安全审计

对信息系统缺乏定期审计,就不可能及时发现内部人员的违规活动与外部的入侵攻击,从而不能发现系统存在的漏洞与管理上的不足,不能及时防止内部人员进一步的非法违规行为和抵御可能的外部入侵攻击,成为信息安全的隐患。

通过对信息系统内包括主机系统、操作系统、应用系统、数据库的配置及其漏洞的检查,网络设备如路由器的配置,安全产品如防火墙的配置情况等进行定期的安全审计,寻找和发现网络设备存在的异常、系统服务存在的异常、应用系统存在的异常以及用户的异常操作行为;通过审计分析提交审计报告,给出系统网络安全的最新评估情况、存在的安全隐患,并提出可行的解决方案或建议,便于根据审计结果迅速采取措施解决系统存在的安全问题,使网络信息系统长期保持一个较高的防御攻击水平。对系统进行定期安全审计可以有下述几方面的作用。

(1)对潜在的攻击者,尤其是企业内部的攻击者可以起到震慑与警告作用。

(2)及时发现已有的入侵攻击行为,并进行责任追究。

(3)及时发现并弥补潜在的系统漏洞,堵住进一步的攻击。

(4)及时发现系统性能上的某些不足或需要改进和加强的地方,及时做好改进与预防的措施。

(5)为系统管理员提供有价值的系统使用日志与统计日志。

10. 信息安全事件的应急准备不充分

金融信息系统需要为广大客户提供 24 小时的优质服务。如果服务外包过程中(当然也包括非外包原因)出现信息安全事件,而应急处理不及时或不到位,导致金融企业不能提供令客户满意的服务,乃至服务中断,将会大大影响金融企业的声誉,同时也会影响服务接包企业在业界的声誉以及后续业务的发展。而对各种可能发生的信息安全事件的应急准备,或说应急预案不充分,就有可能发生这种情况。应急预案需要对在项目外包过程中各种可能发生的信息安全事件进行分析,如入侵来源分析、异常或入侵行为特征分析、入侵目的分析、入侵方法分析,给出相应的应急响应处理方法和处理程序。以便一旦信息安全事件发生时,能尽可能快地反击与阻断,恢复系统的完整性和连续可用性,修补存在的安全漏洞,彻底清除入侵行为对信息系统造成的影响(在必要时需要启动备份系统),确保系统连续安全地运行。

6.3　金融服务外包中产生信息安全风险的根源

金融企业在进行信息技术或金融非核心业务外包的过程中,会面临包括信息安全在内的各种外包风险。金融发包企业与服务接包商之间的信息不对称,以及技术、业务与社会环境发展的不确定性,是引发风险的根本原因,它涉及发包金融企业、服务接包企业以及社会环境三个方面。

1. 发包金融企业方面的原因

由发包金融企业引发外包项目的安全风险,有下面几个方面原因。

(1)外包决策失误。

正确的外包决策是保障金融企业顺利开展金融服务外包的前提,错误的外包决策很可能使企业面临包括信息安全在内的外包风险。外包决策失误可能体现在下述几个方面。

①外包的基本条件还不成熟。这涉及两个方面的可能条件。首先是外部条件,金融

业务,尤其是银行业务,具有相当程度的标准化,且对信息技术具有很高的要求。另一个是金融企业的内部条件。例如,银行的业务流程是否进行了重组以适应业务外包后的需要。如果金融企业的业务流程重组还没完成,或在外包市场不具备符合业务要求的服务外包商的情况下进行业务外包,就有可能面临包括信息安全在内的服务外包风险。

② 外包业务内容与外包目标不当。对金融企业来说,不同的业务外包所获得的收益和面临的风险有很大的不同。因而金融企业在确定执行外包策略时,需要对外包业务的内容、外包业务的范围与通过外包所要达到的目标有明确的认识和界定,如果将不应该外包的业务进行了外包,金融企业就会面临风险,尤其金融企业的许多业务涉及机密数据或企业的商业机密,对外包业务的选择更应慎重。一般来说,一是金融企业不应外包那些利用了自己核心能力的业务,如外汇交易处理、商业信贷等业务;二是金融企业不应把那些对其业务的顺利开展具有决定性影响的业务外包出去,即使从成本上分析,企业在该领域里没有竞争优势,如银行的代理业务、门市业务等,银行也不能将这些业务或生产外包出去;三是金融企业不应把那些有可能使企业形成新的竞争能力和竞争优势的学习机会的业务经营活动外包出去,如网络银行和国际业务等。

③ 外包服务商的选择不当。外包服务商的选择不当直接关系到外包商为发包金融企业及其客户所能提供的服务质量与水平、发包金融企业的信息安全以及可能面临的各种风险。在选择外包服务商时,应关注外包服务商的整体能力,包括技术能力与水平、管理能力与水平、财务状况、员工的水平与素养、在外包行业的声誉、承接同类外包业务的经历,甚至是否获得 ISO 27001 信息安全认证或服务外包企业的 CMM 资格认证,还需要了解外包服务商是否真正理解企业外包业务的具体需求。

④ 业务外包后对企业内部事务处理不当:业务外包后,要求金融企业在内部组织和人员结构上作出相应的调整,在这一调整的过渡期内,可能引发法律、操作、道德等方面的风险。如在某项业务外包后,由于担心失业,员工的士气可能会低落,降低他们的职业道德标准。甚至逐步丧失对企业的归属感和责任感,失去了做好工作的内在动力,导致整个银行工作效率的降低。还可能发生被解雇人员泄露商业秘密、带走部分企业客户等方面的问题与风险。

(2) 外包合同不完善。

外包合同是最终确定发包金融企业与服务接包企业双方合作关系的具有法律效力的文件。一份完善的合同对外包的成功至关重要。由于信息技术变化、发包金融企业业务与文化环境变化的不可预知性,制定外包合同时,往往难以收集到与制定合同相关的完备信息。如果企业在与外包企业制定合同时不够完善,没能在合同中体现出对不确定情况的解决办法,双方的责任与权利问题就会出现混乱,从而导致信息技术安全风险的产生。外包合同的不完善可能体现在下面几个方面。

① 外包合同没有准确、清楚地表述合作双方的预期和责任。多数外包业务合同周期较长,尤其是信息技术的外包,发包金融企业合同签订时很难把握对未来环境变化的充分估计。

② 合同条款有欠缺。一份完备的服务外包合同应包括如下基本条款:外包项目服务的范围;协议涉及术语的明确界定;对业务服务及相关的各种附属服务所应满足的最低

标准的规定;支付要求;激励与惩戒条款;保留与第三者合作的权利;合同分包的可否与分包的具体要求;转移数据与资料的所有权的保护及保密要求;承诺、保证、责任与追偿权;纠纷解决机制与法律适用;协议终止与破产问题;应急措施与商业恢复计划;不可抗力等。例如,在合同条款中,应有接包商在将业务转包时须经金融企业允许,或金融企业有权知晓次级接包商的相关信息与业务转包的确切时间,并要求雇员不得泄露或使用非工作需要的相关数据和信息。

③ 外包合同未能对服务接包商与接包项目相关的人员素质和义务,以及技术要求作出严格而明确的规定。项目外包目标的实现与信息安全,在很大程度上依赖于服务接包商的相关管理人员与技术人员的技术水平稳定与否。一般说来,金融企业的服务外包项目周期相对较长,如果服务外包商与外包项目有关的人员流失率高,而服务外包商同其员工又没有签署保密协议,那么这些员工在服务期间有可能因素养等问题引发项目的信息安全风险,而在离开服务接包企业时又有可能泄露项目机密信息。

④ 外包合同未能界定对外包接包商的安全控制及相应的控制措施。外包业务由独立的外包企业自主按照合同要求来完成,金融企业对服务接包商的控制直接关系到外包预期目标的实现。因此,发包金融企业在合同中需要清楚地要求接包企业在自己的内部建立相应的内控机制,确保金融企业控制目标的有效执行。例如,金融企业要制定接包商必须遵循的安全要求,提供机密信息的保护步骤,如不准单个员工完成与机密信息相关的业务环节等。

（3）对服务接包商的监督不力与激励机制不全。

在服务外包项目执行过程中,对服务接包商的有效监督和必要的激励是确保项目的服务质量和实现外包目标的基本保证。如果没有良好的监督与激励机制,或虽有监督与激励机制,但执行不力,发包金融企业就难于对项目的进度与服务质量进行跟踪和控制,服务接包商有可能不会尽心尽力地为发包金融企业服务(如安排技术水平低、职业素养稍差的员工执行项目,对其员工执行项目的情况缺少监督等),或有意隐瞒自己的实际情况,使企业无法了解项目进程中存在的问题与可能的风险;同时接包企业员工的工作热情与积极性,以及天赋不能被很好地发挥与激发。因此,在发包项目的执行过程中,发包金融企业对发包的项目要有完整的风险控制计划,建立事前和事后的监督机制、风险甄别与警告机制,应明确对外包项目的执行过程中如何实施监督、管理和风险的控制,建立有效的风险控制程序,并定期考核与检查这些程序执行的情况;通过对外包进程的定期审计,及时发现外包进程中出现的问题和可能的信息安全风险,并对出现的风险及时进行处理。

发包金融企业在重视对项目进程监督的同时,也应重视激励机制的建立与执行,要做到监督与激励并重,建立考核与激励机制以及相应的外包风险责任制。通过建立激励机制,可以使服务接包商明白,确保项目的服务质量与合同条款确定的外包目标可以保护与提升其合理的利润,从而可以有效地减少接包商的投机冲动与机会主义行为,防止道德风险的发生,实现发包金融企业与接包商的双赢。没有吸引力的利益,接包企业就没有提高服务质量、改进工作方法、关注信息安全的积极性。同时,适当的惩罚措施也不可缺少,可以以合同的形式事前予以规定,让接包商预知违反合同条款的后果,以增强接包企业的自我约束,减少道德风险引发的信息安全事故。还需要建立完善的风险责任制,促使接包企业及其员工提高信息安全意识,保护外包活动的安全,规范外包行为,降低风险程度。

（4）缺乏与承包商的沟通。

发包金融企业如缺乏与接包商的沟通,就不能及时了解发包项目的进程,及时解决项目执行进程中随时出现的问题。如在项目实施过程中,接包商在技术上出现了什么问题,或者执行项目的某个关键岗位的员工流失,需要采取紧急的措施等。沟通的另一个方面是可以及时将发包金融企业的需求变化、对有关环节需要进行的调整和改进,或者在项目执行过程中发现的问题及时告知服务接包商,便于接包商及时作出调整与改进。发包金融企业如果缺乏同接包商的及时沟通,即使接包商完全按照双方合作的合同计划进行,企业也会逐渐失去对接包商的控制,接包商也会对发包金融企业的情况与信息的了解逐渐减弱,增加外包项目的风险。通常,在外包项目的实施阶段,发包金融企业要指定既熟悉业务或技术,又善于交流沟通的专业人员作为项目管理人员,对项目的进度与质量进行跟踪,并与接包商指定的唯一的外包项目经理进行及时的交流沟通;而接包商的外包项目经理要对内安排具体外包任务,对外与发包金融企业金融机构的项目管理人员交流,及时报告项目进程与项目执行过程中遇到或出现的问题,这样既可以保持合作双方及时的交流沟通,又可以避免多头管理带来的混乱,降低过程失控的风险。

（5）忽视与本企业员工的沟通。

在金融服务外包实施期间,尤其在初期,发包金融企业要注意同本企业员工,尤其是那些同外包项目有一定关系的员工进行沟通,帮助企业内部的员工适应项目外包这一新的运作方式。金融信息技术或金融业务的外包势必会涉及企业内一些员工的利益,良好的沟通可以了解到如何满足员工的一些正当要求,而员工的支持和士气对外包能否顺利实施将起到重要的作用。

2. 服务接包商方面的原因

由服务接包商方面引发外包项目风险,可能有下述几个方面的原因。

（1）接包商的专业技能不足。

接包商强大的技术力量是保证为所接包项目提供高质量服务,按时保质完成项目目标的先决条件。接包商的专业技能主要包括关键人员的技术水平和能力、提供服务的经验与能力、对当前与未来需求与发展支持的技术能力、对信息安全事故的响应能力与应急处置能力、对接包业务发展变化趋势的洞察力。如果接包商的技术能力不强,接包商就不可能采用最先进或者最合适的技术或软件来完成所接包的项目,就难以保证接包项目的质量与先进性。如果所采用的软件或硬件存在问题,还存在日后容易遭受攻击、入侵的可能。

（2）接包商的管理不力。

接包商的管理能力不强或管理不力是导致金融服务外包出现信息安全风险的重要原因,这体现在以下一些方面。限于招聘合格员工困难或薪资等方面的原因,招聘员工的技能与素养不完全称职;同员工没有签署保密协议,没有规范的信息安全管理制度,或者虽有安全管理制度,但不完备存有漏洞,或有章不循、执行监管不力;缺少对员工安全意识的培训,或虽有培训但不重视,或只在员工入职时进行一次性的培训;对员工违反信息安全的行为不闻不问,听之任之(如与外包项目无关的人员随意进入外包项目规定的区域,将个人电脑或移动存储介质自由带入带出专用工作区域,项目相关人员在专用工作区域随意上网等行为)。

(3) 接包商的机会主义行为。

自身利益的最大化是任何企业经营活动的基本原则。服务接包商在执行所接包项目的过程中,出于自身利益最大化的考虑,或对某些合同条款的不满意,会导致其某些机会主义行为,从而留下信息安全的隐患。服务接包商的机会主义行为可以表现在如下一些方面。

① 将不完全称职的员工安排进接包项目组。

② 选用处于生命周期后期的硬件或软件技术,以节约成本增加收益。

③ 利用合同的伸缩性,故意放松对接包项目的管理,以拖延开发时间,获取额外的报酬。

④ 把发包金融企业的机密信息、有关新技术与新产品的信息透露给企业的竞争对手等。

(4) 接包商员工的不当行为。

接包企业具体承担外包项目的员工是外包项目的直接执行者,其他员工也存在同项目组员工、项目资料与设备或项目内容接触联系的机会,他们的任何不当行为都有可能引发包括信息安全在内的外包项目的安全。由接包企业的员工引发的信息安全风险可以有有意或无意之分。有意的不当行为有违规使用移动存储介质或个人电脑、窃取项目信息资料、入侵攻击发包金融企业的系统、在开发的软件内设置漏洞、盗窃金融资产等;无意的不当行为是由于对外包人员的安全管理不力,或员工在操作上的疏忽与过失,或业务素质差、技术水平不过硬、心理素质差等。

为防范员工的信息安全风险,承包企业应根据实际情况,定期或不定期地对员工的素质进行审查和培训。除了要提高员工的道德素质、业务素质、心理素质之外,还有必要从企业自身找原因,找出企业在外包运作上面存在的不足和疏忽,如外包业务相关人员的责任划分是否明确、员工的劳动计费是否合理、激励与奖惩机制是否得到合理的贯彻执行,是否能够保证员工劳有所得、他们的劳动成果是否能够得到肯定,企业中以及企业间的学习交流、经验共享的渠道是否通畅等。这些因素都会直接影响员工的工作情绪、工作积极性与责任心。

3. 社会环境方面的原因

社会环境是整个外包交易市场的宏观环境,如果相应的市场机制与调节功能不健全,外包市场稳定性差,都可能引发金融服务外包项目的安全风险。

对金融服务外包有效的政府监管可以约束发包方和服务供应商的规范和行为,确保金融服务外包的信息安全,维护服务外包市场公平、有序、健康地发展。

缺乏健全的信息安全方面与服务外包的法律法规,会对信息安全的有效监管造成一定程度的影响。首先,现有的法律法规没有对发包方与接包商双方的业务运作作出明确规定,只能按照一般企业的规定去做;其次,如果发包金融企业发现接包商有违规行为而双方又不能协商解决,采取法律手段时,我国的相关法律法规对服务外包中发生的冲突没有充分的解释和处理措施,这会对接包商与发包金融企业双方都产生影响,并且这种影响很难预料和防范,这也是造成金融服务外包风险的一个重要因素。

对比国际上金融服务外包立法的发展,我国还缺乏普遍、系统的金融业务外包监管法律体系,现有关于金融业务外包的规定较笼统,可操作性不强。这使得监管人员对金融业务外包的监管缺乏可操作的法律依据,从而不利于对金融业务外包风险的监控。

世界各国和国际组织现有的对金融信息服务外包的监管主要集中于金融服务外包业务的范围、发包金融企业的内部控制、接包商的选择、合同规范、客户合法权益的保护、发包方和供应商的应急机制等方面,还包括银行服务外包的监管程序、内容与权限等方面的规范。

6.4　金融服务外包安全风险的内部管理与控制

根据金融服务外包信息安全风险产生的根源不同,对外包信息全风险的控制与管理也涉及发包金融企业对外包业务安全的控制与管理、服务接包商对所接包金融信息服务业务安全的控制与管理,以及政府监管机构对社会整体金融企业外包业务的监督与管理。本小节将讨论发包金融企业与服务接包商内部对发包与接包项目安全的控制与管理,下一节叙述外部政府监管机构为确保金融企业外包项目的安全所应采取的监管措施。

6.4.1　发包金融企业对外包业务安全的控制与管理

发包金融企业在进行业务外包的过程中,可以通过正确的外包决策、规范的合同制约和外包过程的全程监督管理来确保外包业务的安全。

1. 正确的外包决策

正确的外包决策直接关系到金融服务外包的成败与项目的信息安全。金融企业进行正确外包决策的过程包括调查分析外包市场环境,正确确定外包业务,设定外包的目标与要求,选择优质的服务提供商。

(1) 调查分析外包市场环境。

通过对外包市场的调查分析,了解市场的环境及其变化趋势是否适合企业信息技术或金融服务业务的外包;市场上是否存在合适的服务提供商,服务提供商市场的竞争结构(即是竞争还是垄断);这些因素都会直接影响金融企业进行业务外包的安全。

(2) 正确确定外包业务。

从原则上来讲,任何企业都不会将核心业务外包,但如何界定与确定企业的核心业务对不同的金融企业来说会是不同的。对核心业务的错误界定,并将某些核心业务错误地作为非核心业务进行外包,会对金融企业带来很大的安全隐患,尤其金融企业的信息技术和主要业务都同巨额的资金和机密信息有关。因此,金融企业在进行信息技术和相关服务业务外包时,首先应结合企业自身的核心能力、在技术与管理方面的优势和劣势,以及未来的发展目标,对核心业务与非核心业务有一个正确的界定;其次是要采用科学合理的评价体系,对企业的相关业务,按照界定的核心业务与非核心业务进行评估,判定其是否为核心业务,还是非核心业务。核心业务决不能外包,对某些非核心业务,如果直接关系到金融企业的信息或机密的安全,也不应进行外包。

（3）设定正确的外包目标与要求。

在需要外包的业务确定后，需要正确地确定项目外包的业务规模，外包的原则、规范以及外包的策略（如外包给一个服务外包商，还是多个服务外包商；是在岸外包，还是离岸外包等），项目外包的具体要求和外包所要达到的目标，以及确保外包项目安全的监控要求和策略。这些将直接关系到对服务接包商的选择、项目外包后对服务外包商执行项目过程的监控和一旦发生安全事故后的处理方式。

（4）服务接包商的选择。

外包服务商的业务水平与管理水平直接关系到发包金融企业外包所获得的服务质量与外包目标的实现。在做出业务外包的决策后，发包金融企业需要根据外包业务的性质、规模与特点选择合适的外包服务商。选择服务外包商时，要尽量选择信誉好、技术强、经验丰富、财务状况好、人力资源丰富的合作伙伴。一般而言，金融企业选择服务提供商时，首先要确立服务提供商选择的标准，再根据标准来考虑服务提供商的企业规模、提供服务的技术与管理能力、信誉状况、承接同类外包业务的经历以及服务成本等。此外，共同的价值观、文化背景、管理思路、经营方式都是双方未来合作的基础。金融企业在选择服务商时，要尽可能多地获取关于服务提供商的信息资料，以便了解服务提供商的经营战略、服务质量、人力储备、财务与资源状况、经营管理效率与业务创新扩展能力，以及从事同类项目外包服务的经历。要有几个候选的服务提供商，通过项目招标，以竞争的方式选择合适的服务提供商。

如果外包的业务规模比较大，又非常重要，且与核心业务和核心优势关系紧密，为防止外包商的垄断，可以将项目分解，分别外包给几个服务接包商，引入竞争机制，形成竞争格局，以加强主动控制能力，实现降低安全风险的目的。

2. 规范的外包合同管理

合同是合作双方行为的基础与约束，发包金融企业应充分利用外包合同来控制外包业务的安全风险。通过与服务提供商的谈判，所签订的合同应该满足如下条件：合同条款全面详细，权利、义务、预期与责任明确清晰，考核与安全保密的控制措施具体并可操作，能体现适度灵活性，同时还要有积极的激励机制。合同是外包项目重要的安全管理工具，可以避免未来的合作中双方的争议与纠纷。金融信息服务的周期较长，市场环境、技术的发展变化有很大的不确定性，因此合同的签订还需要足够灵活，能适应不断变化的环境。合同的签订应注意以下几点。

（1）要明确外包对象的服务范围以及对于服务商提供服务水平的具体要求与最低服务标准。

（2）对合同涉及的术语要有清晰的描述，无二义性。

（3）外包过程中，要明确数据资料所有权的保护与保密要求与措施，相关知识产权的归属。

（4）合同中要明确规定支付要求与对服务商的奖惩措施。

（5）要保留雇用其他服务商的权利，以让服务商感觉竞争压力，保证服务质量。

（6）规定服务商如果实行分包转包，必须经过发包金融企业的同意，合同应使服务提供商将业务外包给第三方时，仍然能对安全风险进行有效控制。

（7）明确违约责任与争端解决机制，即在发生违约或双方发生争端时将以何种方式解决。

（8）明确合作双方各自的保证、承诺、责任以及追偿权。

（9）明确企业与监管机构的监管要求，如可以随时查阅与外包业务相关的所有账目、报表和其他信息，对服务提供商的监控与评估，以及纠正措施等。

（10）当涉及员工转移时，要在合同中保障一定时期内被转移员工的基本待遇。

（11）有明确的条款应对合同的终止与破产问题。

（12）应急措施和恢复计划，合同应包含一个终止条款以及执行终止规定的最低期限。

（13）对与金融信息技术的外包，要在合同中明确规定对于信息和相关资产的安全控制方式。

要制定服务商必须遵循的原则，提供机密信息的保护要求和步骤，如不准单个人完成与机密信息相关的交易。合同中还必须对服务提供商的员工、技术准备与维持做出明确的约定，并注意保持外包合同对未来环境与技术变化的灵活性。对于离岸服务外包，合同中还应包括法律适用条款和争议解决条款，以确保外包合同的法律适用、争议解决方式（仲裁或诉讼等）、争议解决地点及争议解决机构等。

3. 对服务接包商的监督与控制

在外包项目执行过程中，对接包商的监督与控制是确保外包项目安全与最终实现外包目标的重要环节。通过对接包商的监督与控制，可以及时发现项目执行过程中出现的问题，并予以解决。对服务接包商的监督与控制主要关注其对员工的管理和对其投机行为的监控。正如上节所指出的，接包商的投机行为表现如下：企业对服务接包商依赖度上升而失去对外包业务的控制；外包合作伙伴纵向一体化而成为竞争对手；服务接包商的创新能力不足；对收益分配期望值的差异而使管理不力，导致服务质量下降；外包合作伙伴把企业的核心机密等关键信息透露给企业的竞争对手。监督与控制服务接包商可采取以下方法。

（1）制定完整的外包业务安全控制计划。

发包金融企业对外包项目的执行要制定一套完整可实现的安全控制计划与有效的安全控制程序，建立和确保与接包商沟通交流的渠道畅通，并定期或不定期地检查这些程序的执行情况，评估项目进程中的安全程度。一般来说，一项外包风险管理计划应包括对外包协议所有相关方面的监控和某些事件发生时应采取的处理程序。风险控制计划要明确对外包风险的管理和监控水平以及外包服务商控制潜在操作风险的水平。发包金融企业可以根据自己机构内部的安全措施制定相应的安全保护步骤，对接包商进行有效的监督与控制，确保服务商具有与金融企业一致的安全水平。发包金融企业也可以委托第三方审计机构对接包商的服务质量和满意度进行测评，或要求接包商定期提供外包业务的进展报告，以保障企业及时了解外包业务的最新情况。

（2）建立操作性强的应急方案。

出现安全风险而缺乏全面的应急计划时，会导致发包金融企业严重的业务和财产损失，甚至损失业务机会和良好的声誉。发包金融企业和外包商都必须制定应急计划或双方共同商定应急计划，设法确保服务商拥有并保持适当的信息技术安全能力以及必要时的灾难恢复能力;要尽量具体地明确接包商出现服务中断或发生其他潜在问题造成严重后果时的责任。当接包商提供的服务实在不能令人满意时,发包金融企业应具有更换服务提供商、将业务转回本机构或采取其他处理措施的权利。

4. 建立金融服务外包安全信息管理系统

金融服务外包的项目通常金额大,时间周期长,而金融企业信息技术与非核心业务外包的项目将越来越多,建立外包项目安全信息管理系统将有助于发包金融企业对外包项目进行科学、规范与有效的管理,提升企业外包项目的管理水平,避免与减少安全事故的发生。系统能够对业务外包过程中出现的问题及时反馈、处理,通过信息交流和相关数据分析,为金融企业对外包业务的有效管理和控制提供决策支持,给金融企业对外包安全风险及时作出反应提供宝贵时间,加强对接包商的监管,提高外包项目安全管理的效率,减少管理费用。

金融服务外包安全信息系统执行的任务是要对外包业务执行过程中的安全风险进行识别、衡量,并提供对安全风险的处理方法。同时还需要进一步对安全风险处理的结果进行检测和效果评价,并作为以后金融信息服务外包安全风险分析和处理的依据。

【案例 6-1】　国家开发银行 PC 业务外包内部风险监控[42]

中国国家开发银行在将其 IT 系统,包括软硬件的运营维护与管理进行外包的过程中,为防范与管控业务外包过程中可能出现的风险,采用了下列风险防范与管理措施。

(1) 正确确定业务外包的范围。

国家开发银行充分借鉴了美国商业银行的电子化发展经验与摩根公司 M 框架理论,在进行该项业务外包的过程中,先将 M1、M2 层外包,然后再逐步过渡到 M3 层,这种稳健的业务外包方式有效预防了风险的产生。

(2) 仔细选择服务提供商。

在选择服务提供商时,国家开发银行充分认识到外包商规模、信誉的重要性。经过充分的市场调研,并采用公开招标的方式,将项目外包给惠普公司。作为全球 IT 科技领导者,中国惠普不仅拥有国际领先的 IT 技术、产品、方案与服务,更拥有与全球任何规模、任何领域企业合作的成功经验。中国惠普是中国最早进入全球核心银行业务系统领域的厂商之一,长期致力于为中国金融市场引进国际先进的核心银行业务系统。

(3) 灵活的合同期限。

一般而言,一台 PC 的更新换代周期为 3 年,至于软件,企业购买的本身就是使用权,并不具有产权。据此,国家开发银行选定 3 年为一个租赁合同周期。另外,从 2003 年 8 月双方达成运维外包合作协议后,双方的协议是每年签署 1 次,这增加了合同的灵活性,减少了对服务提供商的依赖性。

(4) 付款方式的选择。

虽然双方的外包合作协议每年签署 1 次,但付款却是每 3 个月做一次评估后再付款,这虽然给双方带来了相当的工作量,却大大减少了可能的风险。如果服务到期后,国家开发银行未能及时付款,从法律意义上讲,双方的合作期就意味着暂停,而一旦国家开发银行的系统出现故障,服务提供商即使不及时响应,也没有法律责任。但实际上,出现这种事件的概率极低,因为作为享有一定声誉的合作双方,谁也不愿意因自己的一时疏忽毁掉双方合作与信任的基础,影响自身的声誉。

(5) 对外包实施过程的监管。

2005 年 4 月,《国家开发银行电子设备外包服务管理办法》正式施行,这是国家开发银行营运中心起草的一部内部规章。该管理办法前后修改了 26 稿,借鉴了国外银行外包的经验及国家开发银行的服务实践,并邀请一家国际咨询公司作了修改与完善。根据该管理办法,服务提供商应于每季度初的 5 个工作日内及时向营运中心提供有关的外包服务工作计划,由其对计划进行审核、确认。外包服务工作计划获得审核通过后,服务提供商依照审核后的工作计划开展服务工作。外包服务工作计划执行完毕后,每季度末,营运中心对服务提供商本季度工作计划的执行情况进行总结和评价。

(6) 加强对服务提供商的考核与评价。

国家开发银行对服务提供商的考核与评价有具体的量化指标。通常会有经常性的内部民意测评,如果测评的分数偏低,会有一定的惩罚措施。另外,依照外包服务合同附件中相关条款的约定,营运中心会采取定期服务报告、审核会议、用户满意度调查、服务投诉统计等方式,对服务提供商所提供的外包服务进行监督与考核,每 3 个月对服务水平进行一次评估。营运中心还根据签订的服务条款建立优质服务通告版,显示对外包服务商服务周期的评估结果,实现外包服务水平的跟踪评价,供管理层了解与参考。

6.4.2　接包商对外包项目安全的管理和控制

在外包项目执行过程中,除了发包金融企业对接包商的监督与控制外,接包企业作为项目的具体执行主体,对外包项目的安全管理将直接影响所提供的服务质量与安全水平。一个合格的服务接包商面对金融服务这类周期较长、金额较大的外包项目,会从下面几个方面重视对项目安全的管理。

(1) 接包企业会从长远的利益而不是眼前的或局部的利益来考虑外包项目的实施,避免机会主义行为的出现。

(2) 招聘并指派称职的员工从事和完成外包项目,并同相关员工签署项目的安全保密协议。

(3) 制定专人负责项目的安全管理,并保持与客户的及时沟通。

(4) 制定项目实施过程中安全管理的规章制度,从制度上保障项目的安全实施。

(5) 明确项目执行人员的权限与职责,建立完善的风险责任制。

(6) 定期对员工进行技术与安全培训,不断提升员工的技术水平与对新技术的掌握,强化员工的安全意识,提升职业素养,避免与减少员工的机会主义行为与操作失误。

(7) 对项目进展情况进行有效的监控,对可能出现的安全隐患及时进行处理。

(8) 建立公平、公正与有效的项目考核体系,准确把握项目员工的素质和能力以及他们的工作绩效。

(9) 建立积极的激励机制与严厉的惩戒机制,并严格执行,形成项目组与项目组员工的自我约束和自我激励机制。

6.5 对金融服务外包的安全监管

对于金融服务外包的安全风险,除了发包金融企业自身与服务接包商加强对外包项目的安全控制和管理之外,外包项目作为一项金融业务,还应受到社会与政府的监管,以确保金融市场的安全与稳定。但是服务接包商作为承接与提供服务的非金融企业,不受相关监管当局的直接监管。金融服务外包是 20 世纪 80 年代以来新的金融服务手段,如何做好对金融服务外包项目的安全监管,也是世界各国的金融监管当局十分重视与关注的问题。相关国家的金融监管当局或相关机关相继出台了对金融服务外包监控的法律法规,以强化对金融服务外包安全的管理与控制。

6.5.1 金融监管概述

金融监管具有维持金融市场正常合理的金融秩序,降低金融市场成本,提升公众对金融市场信心的作用。因此,金融监管是一种公共物品,由政府公共部门提供的旨在提高公众金融信心的监管,是对金融市场缺陷的有效和必要的补充。

金融监管由相关的金融监管机构来执行,不同的国家具有不同的金融体制,因此具有不同的金融监管模式与金融监管机构。例如,美国的金融监管机构有美国货币监理署(Office of the Comptroller of the Currency,OCC,是美国联邦注册银行及海外银行的监管机构),美国联邦金融机构检查委员会(Federal Financial Institutions Examination Council,FFIEC),它是美国金融业的协调机构,协助美国联邦储备局(Federal Reserve Board,FRB,负责监管州成员银行、银行控股公司及其子公司、海外金融机构及联储局特许国际银行公司等金融机构),美国联邦存款保险公司(Federal Deposit Insurance Corporation,FDIC,负责监管州非成员银行(不属于联储局的州银行)及具存款保险的海外银行),美国信用合作社管理局(National Credit Union Administration,NCUA,负责监管信用合作社)与美国储蓄机构监理局(Office of Thrift Supervision,OTS,负责监管储蓄银行、储蓄及借贷协会)等金融监管机关遵守统一的监管原则,执行统一的监管标准。中国现有的金融监管机构有中国人民银行(在国务院领导下依法独立制定和执行货币政策,对金融市场进行监管),中国银行业监督管理委员会(简称银监会,对各类银行、金融资产管理公司、信托投资公司等银行业金融机构实行统一监管),中国保险业监督管理委员会(简称保监会,对保险市场实行统一的监督与管理),中国证券业监督管理委员会(简称保监会,对证券、期货市场实行监管)。

6.5.2 相关国家与国际组织对金融服务外包的监管

目前,一些发达国家与金融服务外包市场发展较为成熟的国家已经建立了对金融服务外包的监管标准及立法控制,这些国家有澳大利亚、比利时、加拿大、德国、日本、荷兰、瑞士、英国、美国、印度、菲律宾等。相对而言,欧洲在金融服务外包及其监管方面要落后于美国。

作为金融服务外包市场主要的发包国,美国的金融服务外包起步早。为保护其金融企业与机构外包业务的安全,美国在对金融服务外包的监管方面也进行了相应的监管立法,是较早立法监管金融服务外包的国家。早在 1999 年,纽约联邦储备银行就如何防范金融服务外包的风险问题发表了报告,并提出了一套系统规范的做法。美国联邦金融机构检查委员会发布一系列指导方针和公告,明确银行在 IT 业务外包关系中的风险管理责任,并为监管者提供指南。2004 年,美国联邦金融机构检查委员会制定了新版的《FFIEC 技术服务外包 IT 检查手册》,这一文件对于如何评价金融机构建立、管理与监督 IT 外包关系的风险管理水平提供了指导、防治和检查的方法,其内容涵盖了董事会和管理层的责任、服务供应商的选择、外包风险的评估与要求、合同争端、即时监控、关联供应商关系处理、业务连续性和信息安全监控计划、离岸外包国家风险的评估与监控。2005 年,美国联邦金融机构检查委员会又发布了一系列的指导方针与公告,明确银行在 IT 业务外包关系中的风险管理责任,并为监管提供指南。最新的版本特别关注第三方关系中的信息保密风险。这些新监管指引主要包括 FFIEC 的《技术服务外包风险管理指引》、联邦存款保险公司的《选择服务提供商的有效办法》、《对技术外包商操纵风险的管理工具:服务水平协议》与《管理多方服务提供商的技术》、货币监理署的《第三方关系:风险管理原则》等。FFIEC 的技术外包商监管手册概括了监督与管理外包商关系的风险监管方法。纽约证券交易所第 342、346 和 382 条规则规定,某些业务外包被完全禁止或仅允许外包给同样受监管的实体,但是证券公司内部传统的外包业务无须美国证券监管当局的批准。美国保险监管机构根据各种司法授权,对基本业务外包进行监管,其他外包业务由市场行为检查程序来处理。此外,美国全国保险业协会(National Association of Insurance Commissioners,NAIC)的市场监管和消费者事务委员会成立了外包服务商卖方工作组,处理当前监管当局并未涉足的有关保险公司业务外包的其他问题。

在欧洲,英国也是一个较早开始金融服务外包的国家。英国政府对于金融业务外包的安全性较为关注,但更倾向于给出外包指导性意见。例如,建议在同等条件下,首先选择法律制度较为健全的国家进行离岸外包。2004 年 12 月,英国金融服务局(Financial Services Authority,FSA)将银行外包业务的监管规则纳入《临时审慎监管手册》,建议银行应建立必要的外包程序,以最小化风险暴露和处理可能出现的问题。这些程序包括外包战略的制定、合同和服务水平安排、必要的检查程序、变革管理、合同管理、退出战略和应急方案。每道程序都要求在风险评估的基础上设计风险管理措施。FSA 对实质性业务与非实质性业务的外包都制定和发布了指引,但主要针对实质性业务,实质性业务的外包须通知 FSA。该指引同样适用于保险公司。2005 年 1 月,英国工贸部信息安全政策组公布了《信息安全:如何外包和使用外包服务的指导性文件》,对外包需求、服务供应商选择、外包合同内容、外包执行与操作、外包合同终止等事项给出了具体的指导性意见。同为欧洲的瑞士、德国、荷兰、法国、比利时的金融监管机构对金融业务的外包都制定有相关的指引或指导性文件。

如果说上述欧美等国家的金融监管机构主要是从保护其国内金融企业外包业务安全的角度来制定相应的外包安全指引,那么像印度、菲律宾这样的以承接金融服务外包业务为主的国家的金融监管当局则主要是从保护客户业务安全的角度给出相关的法律法规,创建健康安全的环境,以吸引更多的国际金融企业将业务外包到他们的国家。

以印度为例,虽然没有专门针对金融业务外包进行立法或制定相关文件,但印度政府出台了一系列保护专利、保护客户知识产权的相关法规,并成立专门机构,监督并强化保护知识产权的执行力度。尤其在解决金融服务外包领域的客户数据保密与安全保障的问题上,印度政府正全力构建金融服务法律框架,要求印度的服务接包企业全面接受并达到国际知识产权标准。目前,印度的很多金融服务外包企业在"四大"审计中都赢得了高分,因此也吸引了很多大型国际金融企业将印度作为业务外包的目的国。菲律宾尽管没有关于金融服务外包相关的监管规定与政策,但由于其法律体系受美国的影响很大,许多美国大型金融企业愿意把呼叫中心与法律服务业务外包给菲律宾的服务外包企业,如今菲律宾已成为全球呼叫中心服务的主要提供国。

巴塞尔银行监管委员会、欧洲银行监管委员会、国际证券委员会组织等国际性金融监管机构已对金融服务外包制定一些监管原则或指引,以应对国际金融业务外包迅猛发展所带来的金融监管难题。2005年2月,巴塞尔银行监管委员会、国际证监会组织、国际保险监督官协会、国际清算银行联合论坛发布了《金融服务外包文件》,规定了9条规则,用以指导那些受监管的金融机构的业务外包活动,确立监管当局的管制责任与义务,内容如下。

(1) 金融机构实行业务外包时,应制定对于项目及其实施结果进行评估的总体性外包政策,董事会或其同等权力部门对于外包政策及其过程结果负全责。

(2) 金融机构应当制定全面的外包风险管理计划,来妥善处理外包业务及其与外包服务商的关系。

(3) 金融机构应当确保业务外包不削弱其履行对客户和监管当局义务的能力,也不能阻碍监管当局对其实行有效的监管。

(4) 金融机构在选择外包服务商时应当尽责。

(5) 外包各方的关系必须以书面合同的形式予以确定,合同明确规定各方的权利、义务以及预期目标。

(6) 金融机构及其外包服务商均应制定应急计划,主要包括灾难恢复计划和定期测试备份系统。

(7) 金融机构应当采取恰当措施,要求外包服务商为金融机构及其客户保密,避免它们的机密信息被故意或者无意地泄露给未经授权者。

(8) 金融监管当局应把外包纳入对金融机构的持续监管中,以适当方式确保金融机构的外包安排不会影响其达到监管要求的能力。

(9) 当多家金融机构同时将业务外包给有限的几家外包服务商时,监管当局应关注潜在的风险。

2006年4月,欧洲银行监管委员会又参照有关国家的外包立法与实践的发展,公布了《外包标准》(建议稿)。该标准共有12条指导性标准,分为3个部分。第1部分只有1条标准,它对金融外包、购买、外包机构、外包服务商、受监管实体、实质性业务、高级管理人员以及转包进行了界定;第2部分有9项指导金融机构进行业务外包的标准,第2条标准规定外包风险管理最终是由金融机构的高级管理人员负责,3—5条标准根据金融机构业务重要性的不同,规定了不同的管理规则,6、7两条标准规定金融机构应制定外包政策,对外包业务进行控制,对外包风险进行管理,第 8 条标准对外包合同进行规定,要求外包合同必须是正式的,且应包含外包服务商保护未公开信息的条款,第 9 条标准规定外包机构必须与外包服务商签订服务水平协议,第 10 条标准对转包作了规定;第 3 部分有两条标准,指导金融部门对于金融外包的监管,第 11 条规定金融机构必须确保监管当局获得由外包服务商所掌握的相关数据,以及对于外包服务商的检查权,第 12 条标准关注外包集中风险问题[43]142。

欧洲证券监管委员会(Committee of European Securities Regulators, CESR)根据欧盟委员会制定的《金融工具市场规则》,对欧盟执行相关外包的法律提出意见,在合同签署前,对外包服务商是否符合要求的选择与测试作出了规定。

现有各国监管规定对金融服务外包关注的重点如下。

(1) 核心业务的界定与外包业务范围的限制。

所有国家或地区都希望通过对核心业务的界定与对核心业务外包的限制,从源头上控制金融服务外包安全,但不同国家或地区对核心业务的界定不尽相同[43]149。如美国银行联邦金融机构检查委员会(FFIEC)禁止银行将内部审计、财务会计、预备年度账等内部业务外包给银行集团外的服务机构;加拿大金融机构管理署(OSFI)同样禁止与银行内部的会计控制、财务系统或 FRE 财务声明相关的内部审计服务外包;英国金融服务局(FSA)则对银行业务的外包施以直接管制,不管外包的业务是否核心,只要风险过大,可能导致银行失控的,监管当局都可不予批准。

(2) 服务提供商选择。

优质的服务提供商是确保外包项目安全与实现项目外包目标的基本保证,各国的金融监管机构同样也十分重视本国金融企业进行金融业务外包时对服务提供商的选择,都强调金融企业在选择服务提供商时要慎重。在服务提供商的选择标准上,各国或地区的侧重点也有所不同[43]149。美国与瑞士主要从外包安排与发包金融企业的外包目标与战略的匹配程度考虑,美国金融监管当局要求发包金融企业与服务提供商的战略和价值主张相容,再结合候选外包服务商在操作能力、财务状况、专业化服务水平、地理位置以及该外包服务商服务水平等方面与其他外包服务供应商的对比来确定服务提供商;荷兰则关注服务提供商完成外包项目所需资源的充足性,英国与加拿大的金融监管当局要求发包金融企业通过审查提供商提交的服务或计划的系统性和功能性,以及外包安全风险控制步骤来确定服务提供商;日本和欧盟对发包金融企业选择服务提供商的要求包括财务状况和技术能力,还强调服务提供商的服务不应影响金融企业履行对客户和监管当局义务的能力,不能阻碍监管当局对其实行有效的监管。在告知义务方面,瑞士强调发包金融企业对其客户的告知义务,而英国与澳大利亚则强调发包金融企业对金融监管当局的告知义务。

(3) 信息安全保护。

金融企业的服务外包项目通常涉及客户信息、企业商业资料等相关信息,还可能会接入发包金融企业的信息系统。发包金融企业有时还要授予服务提供商使用其信息系统的一定权限,外包项目的安全会涉及客户、金融企业金融资产和信息安全。因而,作为金融监管当局,对服务提供商对外包项目的信息安全保护的重视是十分自然的事。各国的金融监管机构都要求服务提供商在处理外包数据时须严格遵守所在国金融企业的保密法规,强化内控机制和员工的保密纪律。美国、加拿大和瑞士的金融监管当局要求服务提供商向境内监管当局许诺保证数据资料的机密性,并采取特定的技术、人员或组织措施来保证数据资料的安全;欧盟的金融监管当局规定服务提供商只有在其注册国的法律已被欧盟确认能够为个人资料提供充分保护时,才能被允许在欧盟境内承接涉及金融企业客户信息的外包服务,而且在客户咨询时,金融企业还有义务告知服务提供商的具体资料。

(4) 风险管理与应急计划。

对确保外包项目安全的风险管理与应急处理计划也是各国金融监管当局重视关注的问题[43]150。美国和加拿大倾向于建立实质性的可操作的外包项目风险管理程序;荷兰的监管当局则要求发包金融企业与服务提供商达成一个双方认可的应急计划;澳大利亚金融监管当局规定需组建外包管理团队来评估外包项目的潜在风险,确保董事会的外包管理策略被遵守,并向管理层和董事会提出对风险管理的参考意见。

各国的金融监管当局均要求本国的金融企业在外包前提交必要的应急处置计划,包括灾难恢复计划和定期测试备份系统计划,以确保服务提供商在不履行或不能履约时,金融企业有应急措施可遵循,避免承担过大的调整成本或造成大的损失。

(5) 规范的合同约束。

各国和不同地区的金融监管当局都明确规定,外包项目合同必须采用书面形式。除了要求合同载明外包的内容要求、明确规定双方的权利义务与争议解决等必备条款外,不同国家与地区还有不同的专门要求。如美国、加拿大的金融监管机构还要求外包合同必须包含恰当和可衡量的服务水平协议(SLA)条款,单方面赋予发包金融企业随时获得与外包义务有关的所有账册、记录相关信息的权利;英国和澳大利亚的监管当局则要求合同还应包括终止条款,以确保服务提供商需要将外包业务转包给其他服务提供商时,相关信息、知识产权等所有权得到保护。

6.5.3 中国对金融服务外包的监管

尽管中国开展金融服务外包相对较晚,目前可以说还处于初期的发展阶段,但国内相关的金融监管机构从 2004 年开始就陆续出台了一些针对金融服务外包的规定。

2004 年 3 月 17 日,银监会发布了《中国银行业监督管理委员会关于加强银行卡安全管理有关问题的通知》(银监发[2004]第 13 号,共 12 条)。其中第 9 条规定,如果商业银行将有关银行卡的技术和服务进行外包,银行应制定严格的管理制度,采取有效措施,防止外包商接触或泄露有关银行卡的敏感信息,明确外包商应承担的相关义务和责任,同时银行应将和外包商签订的外包合同的主要条款、对外包商的安全管理制度等相关资料报送银监会。2006 年 4 月 12 日,中国人民银行与银监会联合发布《关于防范信用卡业务风险有关问题的通知》,其中第一款第(二)条对信用卡业务外包作了规定,要求发卡机构应慎重选择外包服务商,严格约束与外包服务商之间的外包关系;书面合同要明确双方的责任、权利和义务,并明确规定外包服务商对申请人信息负有保密义务,不得转包;应针对外包服务制定严格的内部控制制度,监督外包服务商建立完整的人员档案。2009 年,中国人民银行、银监会、公安部与国家工商总局在联合发布的《关于加强银行卡安全管理预防和打击银行卡犯罪的通知》中禁止金融机构将信用卡发卡营销业务外包。

2006 年 1 月 26 日，银监会发布《电子银行业务管理办法》（2006 年第 5 号令，共九章 99 条）。其中第五章用 8 个条款对电子业务外包作了具体规定（见附录 F）。涉及的主要问题有合理确定外包的原则和外包业务的范围；评估外包业务存在的潜在风险；制定相应的风险防范措施；选择外包服务商时应进行尽责的调查与评估；书面合同应明确合作双方的权利与义务，尤其要明确外包服务商的保密责任，应充分认识外包服务供应商对电子银行业务风险控制的影响、建立完整的业务外包风险评估与监测程序，并审慎管理业务外包产生的风险、建立针对业务外包风险的应急计划；与服务供应商建立有效的联络、沟通和信息交流机制；在对电子银行业务处理系统、授权管理系统、数据备份系统的总体设计开发，以及其他涉及机密数据管理与传递环节的系统进行外包时，应经过机构董事会或者法人代表批准，并在业务外包实施前向中国银监会报告等。

2006 年 11 月 2 日，银监会发布的《银行业金融机构信息系统管理指引》（共八章 73 条）第六章中用 9 个条款对银行业金融机构信息系统外包风险的控制给出了指引（见附录 G）。要求银行业金融机构在进行信息系统外包时，应根据风险控制和实际需要合理确定外包的原则和范围，认真分析和评估外包存在的潜在风险，建立健全有关规章制度，制定相应的风险防范措施。有关条款的内容基本与《电子银行业务管理办法》第五章关于电子业务外包的监控指引类似。

2006 年 11 月，银监会在发布的《中华人民共和国外资银行管理条例实施细则》（2006 年第 6 号令，共七章 134 条）第 84 条对外资银行进行业务外包作了规定，要求外资银行应当制定与业务外包相关的政策和管理制度，包括业务外包的决策程序、对外包方的评价和管理、控制银行信息保密性和安全性的措施和应急计划等。并要求外资银行签署业务外包协议前，应当向所在地中国银监会派出机构报告业务外包协议的主要风险及相应的风险规避措施等。

2007 年 5 月 14 日，银监会发布《商业银行操作风险管理指引》（共四章 31 条），其中第二章第 20 条对商业银行进行外包给出了指导性意见。商业银行应制定与外包业务有关的风险管理政策，确保业务外包有严谨的合同和服务协议、各方的责任义务规定明确。

2009 年 1 月 15 日，国务院办公厅在《关于促进服务外包产业发展问题的复函》（国办函[2009]9 号）中指出，鼓励政府和企业通过购买服务等方式，将数据处理等不涉及秘密的业务外包给专业企业；并要求商务部会同有关部门研究制定商业信息数据保密条例和我国服务外包产业相关标准。

2009 年 3 月 3 日，银监会发布《商业银行信息科技风险管理指引》（银监发[2009]19 号，共十一章 76 条），其中第八章"外包"共 8 条（55—62 条），对商业银行信息科技的外包作了规定：限定外包业务范围（不得将信息科技管理责任外包，谨慎实施数据中心和信息科技基础设施等重要业务外包）；在签署外包协议或对外包协议进行重大变更前，应做好认真准备（如决策分析、对服务外包商的评估，潜在操作风险、连续性风险等风险的评估）；指定了基本的外包合同条款（对服务外包商的要求与限制、确保服务质量的措施、监督与保密协议、确保银行客户资料等敏感信息安全的措施、建立恰当的应急措施等）。

可以看出，前述的国家相关监管机构对金融服务外包的指引或规定，它们的侧重点都是发包金融企业如何通过控制和管理,实现对外包金融业务安全的控制。下面由金融监管当局给出的管控要求则是对服务接包商在信息安全方面的规定和要求。

2009 年 12 月 18 日,商务部与工业和信息化部联合发布《关于境内企业承接服务外包业务信息保护的若干规定》(2009 年第 13 号)(以下简称《规定》),并在 2010 年 2 月 1 日起开始实施(见附录 H)。一是规定明确界定了接包企业接包业务保密信息的范围,《规定》第三条为"保密信息是指符合以下条件的业务资料或数据:接包方在承接服务外包业务过程中从发包方所获取;发包方采取了保密措施且不为公众知悉;接包方根据合同约定应当承担保密义务"。对保密信息的明确界定,为接包企业在与发包企业合作过程中需要保护哪些信息,确保信息安全方面提供了必要的依据。二是规定对于外包企业在服务过程中获得保密信息提出具体的保护措施,《规定》的第五、六、七条中,对于服务外包企业在服务过程中如何保护获得的保密信息作了具体表述:"接包方应成立信息保护机构或指定专职人员负责制定本企业的信息保护规章制度,对保密信息采取合理的、具体的、有效的保密措施(给出了 8 条具体措施)。接包方应通过与员工,特别是涉密人员签订保密协议、竞业禁止协议,以及与涉密的第三方人员签订保密协议等措施确保信息安全;接包方应当加强对员工的信息安全培训,增强员工的保密意识,避免泄露保密信息事故发生"。具体措施的推出,首要作用是表明我国政府对于知识产权保护的积极态度,也可提升我国企业在境外知识产权输出企业中的形象。同时,在我国的国内服务外包业务中,商务部的强制性保密行为规范也能够填补我国国内企业知识产权保护的空白,有利于保护中国国内的知识产权。此外,这一与国际接轨的保密行为规范也降低了境外企业与境内企业之间关于商业秘密保护的谈判难度和谈判成本,有利于增强我国服务外包企业的国际竞争力。三是《规定》鼓励接包企业制定内部信息安全管理体系及获取信息安全认证。《规定》第八条特别强调"鼓励接包方积极借鉴国内外信息安全认证要求、行业最佳实践来制定企业内部信息安全管理体系,并获取国内、国际信息安全认证"。ISO 27001 是目前被发包方最为看重的国际安全标准之一。ISO 27001 是标志信息安全的最主要的国际化标准之一,被数百家世界级组织采用,该标准要求企业必须构建高标准的信息安全体系,在保障业务连续性、保护客户信息安全等方面达到 39 个目标。四是《规定》强调了外包过程中知识产权的归属以及接包方产生违约时的处理意见,《规定》第十、十一与十二条规定,"接包方应与发包方明确约定接包方在为发包方提供服务、履行信息保密义务过程中所产生的知识产权或技术成果的归属,接包方不得侵犯发包方依法享有的商标、专利、著作权等知识产权权利,接包方如违反与发包方之间的保密协议或服务外包合同中的保密条款,发包方可以根据保密协议或服务外包合同的约定提起仲裁或向有管辖权的法院起诉"。发包金融企业都很重视业务外包过程中的信息安全与知识产权的保护,规定通过明确外包过程中知识产权归属与保护,并在接包服务商发生违约时的处理办法,有助于规范我国服务接包商对知识产权保护的行为,提升他们承接离岸金融服务外包业务的竞争力。

2010 年 8 月 12 日,工业和信息化部、国家质量监督检验检疫总局、中国人民银行、国务院国有资产监督管理委员会、国家保密局、国家认证认可监督管理委员会六部委联合发布《关于加强信息安全管理体系认证安全管理的通知》(工信部联协〔2010〕394 号),其中第二条要求各级工业和信息化主管部门应督促提供信息技术外包服务的机构加强信息安全管理。

2011 年 7 月 20 日,工业与信息化部依据《关于加强信息安全管理体系认证安全管理的通知》,发布了《政府部门信息技术外包服务机构申请信息安全管理体系认证安全审查程序》,鼓励外包服务企业按照信息安全管理体系相关标准加强信息安全建设。服务机构申请信息安全管理体系认证时,应选择国家认证认可监督管理委员会批准开展信息安全管理体系认证的认证机构。鼓励发包机构优先选择通过信息安全管理体系认证的信息技术服务机构提供外包服务。

我国香港与台湾地区对金融服务外包的监管规定关注的重点如下。

(1) 核心业务的界定与外包业务范围的限制。

我国台湾地区对金融服务外包的业务作明确的界定,明确列举可以进行数据处理、信用卡相关作业、保金作业、汽车贷款预期缴款之寻车作业、不动产鉴价作业、窗体凭证等资料保管作业、应收债权催收作业外包,其他种类的业务服务外包都须经核准。

(2) 服务提供商选择。

在选择服务外包商方面,我国香港与台湾地区的监管当局则要求发包金融企业通过对服务提供商在综合财务状况、信誉、管理技巧、技术能力、规模和对金融行业的熟悉程度以及创新能力等几个方面的评估来选择外包服务提供商。

(3) 信息安全保护。

我国香港与台湾地区的金融监管机构则明确要求服务提供商应有严密的保护措施,确保其员工在接触相关保密资料时不外泄和不从事其他不当利用行为。

(4) 规范的合同约束。

我国香港地区为保护银行在服务外包中的利益,明确外包合同的适用法律应选择发包银行所在地的法律;台湾地区则明确规定服务提供商如要将已承接外包业务转包,除了满足原合同规定的条件外,还需要经过发包金融企业的同意,并报监管当局备案。

6.5.4　中国对金融服务外包监管的分析

尽管我国开展金融服务外包相对较晚,金融服务外包市场的规模还小,但我国政府对发展包括金融服务外包在内的现代服务业给予了高度的重视与政策支持,同时也对金融服务外包项目的安全和信息安全十分重视。上述一系列由相关金融监管当局与有关政府部门所公布的关于金融服务外包监管的规定足以表明我国政府对金融服务外包安全的关注。尤其由商务部、工业和信息化部在 2009 年 12 月 18 日联合发布的《关于境内企业承接服务外包业务信息保护的若干规定》(以下简称《规定》),表明了我国政府愿意承担保护发包方权益的责任,这势必会增强发包方信心,进而影响我国服务外包市场的活跃程度。由于《规定》为发包企业保护自身在业务外包中的商业秘密作出了指向性规定,将十分有助于吸引更多外资在我国开展服务外包业务和外国金融企业与机构将中国作为业务外包目的地。

然而,也正因为我国金融服务外包还处于起步阶段,对金融服务外包监管上还存在缺陷。从数量上看,我国针对金融服务外包监管的文件或规定不少,但除了银监会 2006 年 1 月颁布的《电子银行业务管理办法》的第五章、2006 年 11 月颁布的《银行业金融机构信息系统管理指引》的第六章与 2009 年由商务部、工业和信息化部联合发布的《关于境内企业承接服务外包业务信息保护的若干规定》外,其余相关法规或文件对金融行业服务外包监管的规范非常概略。从这些规定与文件公布的时间顺序,一方面可以看出随着我国金融服务外包的逐步发展,我国金融监管当局对金融服务外包监管的认识逐步加深;另一方面也可以看出,对金融服务外包的监管也有一个随着外包市场的发展逐步积累的过程。同美、欧等对金融服务外包监管较为成熟的国家和地区相比,我国对金融服务外包的监管还有很长的路要走。尤其对我国的金融监管当局来说,他们既要关注对我国服务外包企业的监管,以推进我国服务外包市场的发展,吸引更多的大型国际金融企业将业务外包至我国,还要关注对国内各类金融企业业务外包的监管,推进国内金融企业对金融服务外包的认识,确保我国金融市场的安全与稳定。

《关于境内企业承接服务外包业务信息保护的若干规定》的出台,无疑将促进我国服务外包企业妥善保护接包项目的信息安全,维护外包市场的公平竞争。但需要注意的是,该规定的主要意义在于指导性和建议性,而对于违反信息保密义务的接包方的惩戒措施,只是在第十条中提出:"接包方违反与发包方之间的保密协议或服务外包合同中的保密条款,发包方可以根据保密协议或服务外包合同的约定提起仲裁或向有管辖权的法院起诉"。这意味着解决信息安全最重要的环节尚未得到突破,仍需要相关部门继续努力寻求完善。切实解决我国服务外包业的信息安全问题,才能使中国的服务品牌真正走向世界。

同银监会的其他几个针对金融企业进行金融业务外包的规定与文件相比,《电子银行业务管理办法》与《银行业金融机构信息系统管理指引》虽然分别在第五章与第六章对银行进行电子银行业务与信息系统业务的外包作了具体规定,可以说填补了我国银行业务外包立法的空白,但同国际上相关国家金融服务外包的立法相比较,两份文件对相关业务外包监控的规定太笼统,可操作性不强,还存在缺陷。由银监会在 2008 年初公布的《商业银行外包风险管理指引(征求意见稿)》(以下简称《指引》)使这种情况有了改变。这是一份系统的专门针对银行金融服务外包管理的指引(见附录 I),共六章 32 条,分为总则、外包范围、组织架构、风险管理、监督管理和附则 6 个部分,对银行业金融服务外包有了较为全面规范的规定。该《指引》的正式发布将会是我国第一份专门针对商业银行外包进行规范的文件。《指引》同银监会以前有关的外包监管规定有下述几个重要的明显区别。

(1) 对银行业务外包的范围有了较为明确的界定。

《指引》指出:商业银行进行业务外包时,"应确定与其风险管理水平相适宜的外包活动范围,尤其是重要业务的外包活动范围";并规定了评估业务重要与否的因素为"是否涵盖到商业银行大部分的信息技术、财务会计、信贷处理及客户信息等业务事项,以及业务一旦中断是否对商业银行的业务经营、声誉或利润等产生重大影响"。《指引》更进一步对业务操作环节、数据处理和信息技术 3 类银行事务列举了重要业务。

(2) 对接包商选择的评估。

《指引》规定在选择服务外包商时应进行调查评估和审核评估,以确保对服务提供商的评估全面可靠。其中调查评估包括财务稳健性、经营声誉和企业文化、技术实力和服务质量、突发事件应对能力、对银行业务的熟悉程度、对其他银行提供服务的情况、商业银行认为重要的其他事项。审核评估包括评价服务提供商的财务实力、技术能力以及存量与流量,评估服务提供商的风险控制、业绩标准、业务策略、管理程序、监督过程等方面;判断服务提供商与银行竞争对手是否存在外包安排；评估重要业务的业务连续性；其他关注事项。最后还特别强调"商业银行的外包活动涉及多个服务提供商时，应对这些服务提供商进行关联关系的调查"，从多个角度考核外包服务供应商的能力。

（3）外包合同的规范要求。

《指引》对外包合同的规范给出了规定，要求合同条款必须包括外包服务的范围和标准；保密性和安全性；业务连续性；审计和检查；争端的解决安排；未履行责任的赔偿、补救和追索权；对于具有专业技术性的外包业务，可签订服务标准协议；如涉及分包或转包，外包合同协议中应明确设立服务提供商分包或转包的规则或限制。这一举措为今后签订外包合同提供了政策依据。

（4）明确管理责任。

《指引》规定商业银行外包管理组织架构应包括董事会、高级管理层及外包管理团队，并具体制定了董事会、高级管理层与外包管理团队的管理职责。《指引》还对商业银行外包活动管理对第三方监督及监督事项有了更多规定。开展外包活动向所在地银行业监管机构报送外包活动的战略发展规划、风险管理制度、外包管理的组织架构以及监管部门要求的其他事项；开展重要业务和跨境外包则需要报送外包合同的文本草案、对服务提供商的风险评估报告、业务连续性及突发事件应急预案、外包信息的安全及保密措施。在每年定期向监管机构提交外包活动的审计报告要求的基础上，服务外包过程中如遇终止合同、突发事件、服务提供商违反法律法规的情况，也应及时报告。

练习与思考

1. 在金融服务外包中，如发生信息安全事故，会对发包企业与接包方各产生什么影响？

2. 授权类型有哪些？哪些授权会造成不当授权？

3. 列举一些信息安全意识淡薄的表现形式。

4. 在金融服务外包中，从承包商角度考虑，会有哪些原因造成信息安全事故？

5. 服务接包商应怎样加强管理和控制，以避免与减少信息安全事故？

6. 世界各国监管规定对金融服务外包的关注重点主要在哪几个方面？

7. 列举几个我国对金融服务外包的监管规定。

我国已发布的相关信息安全标准(至 2010 年)

序号	标准号	标准名称
1	GB/T 16264.8—2005	信息技术 开放系统互连 目录 第8部分:公钥和属性证书框架
2	GB/T 19717—2005	基于多用途互联网邮件扩展(MIME)的安全报文交换
3	GB/T 19771—2005	信息技术 安全技术 公钥基础设施 PKI组件最小互操作规范
4	GB/T 19713—2005	信息技术 安全技术 公钥基础设施 在线证书状态协议
5	GB/T 19714—2005	信息技术 安全技术 公钥基础设施 证书管理协议
6	GB/T 20518—2006	信息安全技术 公钥基础设施 数字证书格式
7	GB/T 15843.5—2005	信息技术 安全技术 实体鉴别 第5部分:使用零知识技术的机制
8	GB/T 17902.2—2005	信息技术 安全技术 带附录的数字签名 第2部分:基于身份的机制
9	GB/T 17902.3—2005	信息技术 安全技术 带附录的数字签名 第3部分:基于证书的机制
10	GB/T 20008—2005	信息安全技术 操作系统安全评估准则
11	GB/T 20009—2005	信息安全技术 数据库管理系统安全评估准则
12	GB/T 20011—2005	信息安全技术 路由器安全评估准则
13	GB/T 20010—2005	信息安全技术 包过滤防火墙安全评估准则
14	GB/T 19715.1—2005	信息技术 信息技术安全管理指南 第1部分:信息技术安全概念和模型
15	GB/T 19715.2—2005	信息技术 信息技术安全管理指南 第2部分:管理和规划信息技术安全
16	GB/T 20520—2006	信息安全技术 公钥基础设施 时间戳规范
17	GB/T 20519—2006	信息安全技术 公钥基础设施 特定权限管理中心技术规范
18	GB/T 20274.1—2006	信息安全技术 信息系统安全保障评估框架 第1部分:简介和一般模型

续表

序号	标 准 号	标 准 名 称
19	GB/T 20274.2—2008	信息安全技术 信息系统安全保障评估框架 第 2 部分:技术保障
20	GB/T 20274.3—2008	信息安全技术 信息系统安全保障评估框架 第 3 部分:管理保障
21	GB/T 20274.4—2008	信息安全技术 信息系统安全保障评估框架 第 4 部分:工程保障
22	GB/T 20983—2007	信息安全技术 网上银行系统信息安全保障评估准则
23	GB/T 20987—2006	信息安全技术 网上证券交易系统信息安全保障评估准则
24	GB/T 20276—2006	信息安全技术 智能卡嵌入式软件安全技术要求(EAL4 增强级)
25	GB/T 20281—2006	信息安全技术 防火墙技术要求和测试评价方法
26	GB/T 20272—2006	信息安全技术 操作系统安全技术要求
27	GB/T 20279—2006	信息安全技术 网络和终端设备隔离部件安全技术要求
28	GB/T 20277—2006	信息安全技术 网络和终端设备隔离部件测试评价方法
29	GB/T 20282—2006	信息安全技术 信息系统安全工程管理要求
30	GB/T 20270—2006	信息安全技术 网络基础安全技术要求
31	GB/T 20273—2006	信息安全技术 数据库管理系统安全技术要求
32	GB/T 20269—2006	信息安全技术 信息系统安全管理要求
33	GB/T 20271—2006	信息安全技术 信息系统通用安全技术要求
34	GB/T 20275—2006	信息安全技术 入侵检测系统技术要求和测试评价方法
35	GB/T 20280—2006	信息安全技术 网络脆弱性扫描产品测试评价方法
36	GB/T 20278—2006	信息安全技术 网络脆弱性扫描产品技术要求
37	GB/T 20283—2006	信息安全技术 保护轮廓和安全目标的产生指南
38	GB/T 21054—2007	信息安全技术 公钥基础设施 PKI 系统安全等级保护评估准则
39	GB/T 21053—2007	信息安全技术 公钥基础设施 PKI 系统安全等级保护技术要求
40	GB/T 21052—2007	信息安全技术 信息系统物理安全技术要求
41	GB/T 20984—2007	信息安全技术 信息安全风险评估规范
42	GB/T 18336.1—2008	信息技术 安全技术 信息技术安全性评估准则 第 1 部分:简介和一般模型
43	GB/T 18336.2—2008	信息技术 安全技术 信息技术安全性评估准则 第 2 部分:安全功能要求
44	GB/T 18336.3—2008	信息技术 安全技术 信息技术安全性评估准则 第 3 部分:安全保证要求
45	GB/T 20979—2007	信息安全技术 虹膜识别系统技术要求
46	GB/T 22186—2008	信息安全技术 具有中央处理器的集成电路(IC)卡芯片安全技术要求(评估保证级 4 增强级)
47	GB/T 21050—2007	信息安全技术 网络交换机安全技术要求(评估保证级 3)

序号	标 准 号	标 准 名 称
48	GB/T 18018—2007	信息安全技术 路由器安全技术要求
49	GB/T 20945—2007	信息安全技术 信息系统安全审计产品技术要求和测试评价方法
50	GB/T 21028—2007	信息安全技术 服务器安全技术要求
51	GB/T 20988—2007	信息安全技术 信息系统灾难恢复规范
52	GB/T 20986—2007	信息安全技术 信息安全事件分类分级指南
53	GB/T 20985—2007	信息技术 安全技术 信息安全事件管理指南
54	GB/T 22239—2008	信息安全技术 信息系统安全等级保护基本要求
55	GB/T 22240—2008	信息安全技术 信息系统安全保护等级定级指南
56	GB/T 22081—2008	信息技术 安全技术 信息安全管理实用规则
57	GB/T 22080—2008	信息技术 安全技术 信息安全管理体系 要求
58	GB/T 17964—2008	信息安全技术 分组密码算法的工作模式
59	GB/T 15843.1—2008	信息技术 安全技术 实体鉴别 第1部分：概述
60	GB/T 15843.2—2008	信息技术 安全技术 实体鉴别 第2部分：采用对称加密算法的机制
61	GB/T 15843.3—2008	信息技术 安全技术 实体鉴别 第3部分：采用数字签名技术的机制
62	GB/T 15843.4—2008	信息技术 安全技术 实体鉴别 第4部分：采用密码校验函数的机制
63	GB/T 15852.1—2008	信息技术 安全技术 消息鉴别码 第1部分：采用分组密码的机制
64	GB/T 17903.1—2008	信息技术 安全技术 抗抵赖 第1部分：概述
65	GB/T 17903.2—2008	信息技术 安全技术 抗抵赖 第2部分：采用对称技术的机制
66	GB/T 17903.3—2008	信息技术 安全技术 抗抵赖 第3部分：采用非对称技术的机制
67	GB/Z 24294—2009	信息安全技术 基于互联网电子政务信息安全实施指南
68	GB/T 24364—2009	信息安全技术 信息安全风险管理指南
69	GB/T 24363—2009	信息安全技术 信息安全应急响应计划规范
70	GB/T 25070—2010	信息安全技术 信息系统等级保护安全技术设计要求
71	GB/T 25057—2010	信息安全技术 公钥基础设施 电子签名卡应用接口基本要求
72	GB/T 25059—2010	信息安全技术 公钥基础设施 简易在线证书状态协议
73	GB/T 25060—2010	信息安全技术 公钥基础设施 X.509数字证书应用接口规范
74	GB/T 25061—2010	信息安全技术 公钥基础设施 XML数字签名语法与处理规范
75	GB/T 25069—2010	信息安全技术 术语
76	GB/T 25062—2010	信息安全技术 鉴别与授权 基于角色的访问控制模型与管理规范
77	GB/T 25065—2010—2010	信息安全技术 公钥基础设施 签名生成应用程序的安全要求
78	GB/T 25056—2010	信息系统安全技术 证书认证系统密码及其相关安全技术规范

续表

序号	标 准 号	标 准 名 称
79	GB/T 25055—2010	信息安全技术 公钥基础设施安全支撑平台技术框架
80	GB/T 25058—2010	信息安全技术 信息系统安全等级保护实施指南
81	GB/T 25067—2010	信息技术 安全技术 信息安全管理体系审核认证机构的要求
82	GB/T 25064—2010	信息安全技术 公钥基础设施 电子签名格式规范
83	GB/T 25063—2010	信息安全技术 服务器安全测评要求
84	GB/T 25066—2010	信息安全技术 信息安全产品类别与代码
85	GB/T 25068.3—2010	信息技术 安全技术 IT 网络安全 第 3 部分:使用安全网关的网间通信安全保护
86	GB/T 25068.4—2010	信息技术 安全技术 IT 网络安全 第 4 部分:远程接入的安全保护
87	GB/T 25068.5—2010	信息技术 安全技术 IT 网络安全 第 5 部分:使用虚拟专用网的跨网通信安全保护

我国已颁布的信息安全管理体系标准

(1) GB/T 19715 1—2005 信息技术 信息技术安全管理指南 第 1 部分：信息技术安全概念和模型

(2) GB/T 19715 2—2005 信息技术 信息技术安全管理指南 第 2 部分：管理和规划信息技术安全

(3) GB/T 19716—2005 信息技术 信息安全管理实用规则

(4) GB/T 20269—2006 信息安全技术 信息系统安全管理要求

(5) GB/T 20282—2006 信息安全技术 信息系统安全工程管理要求

(6) GB/T 20984—2007 信息系统安全风险评估指南

(7) GB/T 20988—2007 信息系统灾难恢复指南

(8) GB/T 20986—2007 信息安全事件分类指南

(9) GB/T 20985—2007 信息安全事件管理

(10) GB/T 22080—2008 信息安全管理体系要求

(11) GB/T 22081—2008 信息安全管理实用规则

(12) GB/Z 24364—2009 信息安全风险管理指南

(13) GB/Z 24294—2009 基于互联网电子政务信息安全实施指南

(14) GB/T 24363—2009 信息安全应急响应计划规范

(15) GB/T 25058—2010 信息安全技术 信息系统安全等级保护实施指南

(16) GB/T 25062—2010 信息安全技术 鉴别与授权 基于角色的访问控制模型与管理规范

(17) GB/T 25067—2010 信息安全管理体系审核认证机构的要求

附录 C

与银行业务有关的国际信息安全标准

序号	标准编号	英 文 名 称	标 准 名 称
1	ISO 20022—1：2004	Financial services-Universal Financial Industry message scheme- Part 1: Overall methodology and format specifications for inputs to and outputs from the ISO 20022 Repository	金融服务 金融业通用报文方案 第1部分：库输入输出方法和格式规范
2	ISO 20022—2：2007	Financial services-Universal Financial Industry message scheme- Part 2: Roles and responsibilities of the registration bodies	金融服务 金融业通用报文方案 第2部分：注册机构的角色及职责
3	ISO 20022—3：2004	Financial services-Universal Financial Industry message scheme- Part 3: ISO 20022 modeling guidelines	金融服务 金融业通用报文方案 第3部分：建模导则
4	ISO 20022—4：2004	Financial services-Universal Financial Industry message scheme- Part 4: ISO 20022 XML design rules	金融服务 金融业通用报文方案 第4部分：XML 设计规则
5	ISO 20022—5：2004	Financial services-Universal Financial Industry message scheme- Part 5: ISO 20022 reverse engineering	金融服务 金融业通用报文方案 第5部分：反向工程
6	ISO 20022—6：2009	Financial services-Universal Financial Industry message scheme- Part 6: Message Transport Characteristics	金融服务 金融业通用报文方案 第6部分：报文传输特征
7	ISO 9564—1：2002	Banking-Personal Identification Number (PIN) management and security- Part 1: Basic principles and requirements for online PIN handling in ATM and POS systems	银行业务 个人识别码的管理与安全 第1部分：ATM 与 POS 系统中联机 PIN 处理的基本原则和要求
8	ISO 9564—2：2005	Banking-Personal Identification Number management and security- Part 2: Approved algorithms for PIN decipherment	银行业务 个人识别码的管理与安全 第2部分：核准的 PIN 加密算法

序号	标准编号	英 文 名 称	标 准 名 称
9	ISO 9564—3：2003	Banking-Personal Identification Number management and security- Part 3：Requirements for offline PIN handling in ATM and POS systems	银行业务 个人识别码的管理与安全 第3部分：ATM 和 POS 系统中脱机 PIN 处理要求
10	ISO/TR 9564—4：2004	Banking-Personal Identification Number (PIN) management and security- Part 4：Guidelines for PIN handling in open networks	银行业务 个人识别码的管理与安全 第4部分：开放网络中的 PIN 处理指南
11	ISO 11568—1：2005	Banking-Key management (retail)- Part 1：Principles	银行业务 密钥管理(零售) 第1部分：一般原则
12	ISO 11568—2：2005	Banking-Key management (retail)- Part 2：Symmetric ciphers, their key management and life cycle	银行业务 密钥管理(零售) 第2部分：对称密码及其密钥管理和生命周期
13	ISO 11568—4：2007	Banking-Key management (retail)- Part 4：Asymmetric cryptosystems-Key management and life cycle	银行业务 密钥管理(零售) 第4部分：非对称密码密钥管理和生命周期
14	ISO 13491—1：2007	Banking-Secure cryptographic devices(retail)- Part 1：Concepts, requirements and evaluation methods	银行业务 安全加密设备(零售) 第1部分：概念、需求及评估方法
15	ISO 13491—2：2005	Banking-Secure cryptographic devices (retail)- Part 2：Security compliance checklists for devices used in financial transactions	银行业务 安全加密设备(零售) 第2部分：金融交易中设备安全符合性检测清单
16	ISO 13492：2007	Financial services-Key management related data element-Application and usage of ISO 8583 data elements 53 and 96	金融服务 密钥管理相关数据元 ISO 8583 数据元 53 和 96 的应用和用途
17	ISO/TR 13569：2005	Financial services-Information security guidelines	金融服务 信息安全指南
18	ISO/TR 14742：2010	Financial services-Recommendations on cryptographic algorithms and their use	
19	ISO 15668：1999	Banking-Secure file transfer (retail)	银行业务 安全文档传输(零售)
20	ISO 15782—1：2009	Certificate management for financial services-Part 1：Public key certificates	
21	ISO 15782—2：2001	Banking-Certificate management- Part 2：Certificate extensions	银行业务 证书管理 第2部分：证书扩展项
22	ISO 16609：2004	Banking-Requirements for message authentication using symmetric techniques	银行业务 使用对称技术的报文认证要求

续表

序号	标准编号	英 文 名 称	标 准 名 称
23	ISO/TR 19038：2005	Banking and related financial services-Triple DEA-Modes of operation-Implementation guidelines	银行业务与相关金融服务 三重 DEA 操作模式 实施指南
24	ISO 19092：2008	Financial services-Biometrics-Security framework	金融服务 生物特征识别 第 1 部分：安全框架
25	ISO 21188：2006	Public key infrastructure for financial services-Practices and policy framework	金融服务的公钥基础设施 惯例和策略框架
26	ISO 6166：2001	Securities and related financial instruments-International securities identification numbering system (ISIN)	证券及相关金融工具 国际证券识别编码体系
27	ISO 6536：1981	Bank operations-Standard scheme for drawing lists	银行业务 债券提款单的标准格式
28	ISO 8109：1990	Banking and related financial services-Securities-Format of Eurobonds	
29	ISO 8532：1995	Securities-Format for transmission of certificate numbers	
30	ISO 9019：1995	Securities-Numbering of certificates	
31	ISO 9144：1991	Securities-Optical character recognition line-Posi-tion and structure	
32	ISO 10383：2003	Securities and related financial instruments-Codes for exchanges and market identification (MIC)	证券和相关金融工具 交易所和市场识别码（MIC）
33	ISO 10962：2001	Securities and related financial instruments-Classification of Financial Instruments (CFI code)	
34	ISO 15022－1：1999	Securities-Scheme for messages (Data Field Dictionary)-Part 1：Data field and message design rules and guidelines	
35	ISO 15022－2：1999	Securities-Scheme for messages (Data Field Dictionary)-Part 2：Maintenance of the Data Field Dictionary and Catalogue of Messages	
36	ISO 1004：1995	Information processing-Magnetic ink character recognition-Print specifications	信息处理 磁墨字符识别 印制规范
37	ISO 4217：2008	Codes for the representation of currencies and funds	表示货币和资金的代码

续表

序号	标准编号	英 文 名 称	标 准 名 称
38	ISO 8583—1：2003	Financial transaction card originated messages-Interchange message specifications-Part 1： Messages， data elements and code values	产生报文的金融交易卡交换报文规范 第 1 部分：报文、数据元和代码值
39	ISO 8583—2：1998	Financial transaction card originated messages-Interchange message specifications-Part 2：Application and registration procedures for Institution Identification Codes (IIC)	产生报文的金融交易卡交换报文规范 第 2 部分：机构标识代码(IIC)的申请及注册规程
40	ISO 8583—3：2003	Financial transaction card originated messages-Interchange message specifications-Part 3：Maintenance procedures for messages, data elements and code values	产生报文的金融交易卡交换报文规范 第 3 部分：报文、数据元和代码值的维护规程
41	ISO 9362：2009	Banking-Banking telecommunication messages-Business identifier code (BIC)	银行业务 银行电讯报文 业务标识码
42	ISO 9992—1：1990	Financial transaction cards-Messages between the integrated circuit card and the card accepting device-Part 1：Concepts and structures	金融交易卡 集成电路卡与卡接受设备间的报文 第 1 部分：概念与结构
43	ISO 11649：2009	Financial services-Core banking-Structured creditor reference to remittance information	金融服务 银行核心业务 汇款信息中收款方参考号结构
44	ISO 13616—1：2007	Financial services-International bank account number (IBAN)-Part 1：Structure of the IBAN	金融服务 国际银行账号(IBAN) 第 1 部分：IBAN 的结构
45	ISO 13616—2：2007	Financial services-International bank account number (IBAN)-Part 2：Role and responsibilities of the Registration Authority	金融服务 国际银行账号(IBAN) 第 2 部分：注册机构的角色和职责
46	ISO 18245：2003	Retail financial services-Merchant category codes	金融零售业务 商户类别代码
47	ISO 22307：2008	Financial services-Privacy impact assessment	金融服务 隐私影响评估
48	ISO 22222：2005	Personal financial planning-Requirements for personal financial planners	个人理财 理财规划师的要求

注：标准名称指国内已采标或处于采标流程中的国际标准对应的中文名称，未标注名称的标准为国内尚未采标。

附录 D

我国涉及信息安全方面条款的法律法规

(1) 中华人民共和国电信条例

(2) 互联网信息服务管理办法

(3) 计算机病毒防治管理办法

(4) 计算机信息系统国际联网保密管理规定

(5) 商用密码管理条例

(6) 中国公众多媒体通信管理办法

(7) 中国公用计算机互联网国际联网管理办法

(8) 计算机信息网络国际联网出入口信道管理办法

(9) 从事放开经营电信业务审批管理暂行办法

(10) 中国互联网络域名注册暂行管理办法

(11) 电子出版物管理规定

(12) 科学技术保密规定

(13) 关于对《中华人民共和国计算机信息系统安全保护条例》的说明

(14) 中华人民共和国标准化法

(15) 中华人民共和国海关法

(16) 中华人民共和国商标法

(17) 中华人民共和国反不正当竞争法

(18) 中华人民共和国专利法

(19) 中华人民共和国治安管理处罚条例

(20) 中华人民共和国人民警察法

(21) 中华人民共和国刑法

(22) 中华人民共和国宪法

(23) 互联网出版管理暂行规定

(24) 计算机信息系统保密管理暂行规定

(25) 计算机病毒防治管理办法

(26) 计算机信息网络国际联网出入口信道管理办法

(27) 计算机信息网络国际联网安全保护管理办法

（28）公安部关于对与国际联网的计算机信息系统进行备案工作的通知

（29）计算机信息系统安全专用产品检测和销售许可证管理办法

（30）中华人民共和国计算机信息网络国际联网管理暂行规定实施办法

（31）中华人民共和国计算机信息系统安全保护条例

（32）商用密码管理条例

中国互联网协会颁发的行业自律规范

(1) 中国互联网行业自律公约(2002 年发布)

(2) 互联网新闻信息服务自律公约(2003 年发布)

(3) 互联网站禁止传播淫秽、色情等不良信息自律规范(2004 年发布)

(4) 中国互联网协会互联网公共电子邮件服务规范(2004 年发布)

(5) 搜索引擎服务商抵制违法和不良信息自律规范(2004 年发布)

(6) 中国互联网网络版权自律公约(2005 年发布)

(7) 文明上网自律公约(2006 年发布)

(8) 抵制恶意软件自律公约(2006 年发布)

(9) 博客服务自律公约(2007 年发布)

(10) 中国互联网协会反垃圾短信息自律公约(2008 年发布)

(11) 中国互联网协会短信息服务规范(2008 年发布)

(12) 反网络病毒自律公约(2009 年发布)

(13) 互联网终端软件服务行业自律公约(2011 年发布)

银监会《电子银行业务管理办法》

第五章　对业务外包管理的有关规定

第六十二条　电子银行业务外包,是指金融机构将电子银行部分系统的开发、建设,电子银行业务的部分服务与技术支持,电子银行系统的维护等专业化程度较高的业务工作委托给外部专业机构承担的活动。

第六十三条　金融机构在进行电子银行业务外包时,应根据实际需要,合理确定外包的原则和范围,认真分析和评估业务外包存在的潜在风险,建立健全有关规章制度,制定相应的风险防范措施。

第六十四条　金融机构在选择电子银行业务外包服务供应商时,应充分审查、评估外包服务供应商的经营状况、财务状况和实际风险控制与责任承担能力,进行必要的尽职调查。

第六十五条　金融机构应当与外包服务供应商签订书面合同,明确双方的权利、义务。

在合同中,应明确规定外包服务供应商的保密义务、保密责任。

第六十六条　金融机构应充分认识外包服务供应商对电子银行业务风险控制的影响,并将其纳入总体安全策略之中。

第六十七条　金融机构应建立完整的业务外包风险评估与监测程序,审慎管理业务外包产生的风险。

第六十八条　电子银行业务外包风险的管理应当符合金融机构的风险管理标准,并应建立针对电子银行业务外包风险的应急计划。

第六十九条　金融机构应与外包服务供应商建立有效的联络、沟通和信息交流机制,并应制定在意外情况下能够实现外包服务供应商顺利变更,保证外包服务不间断的应急预案。

第七十条　金融机构对电子银行业务处理系统、授权管理系统、数据备份系统的总体设计开发,以及其他涉及机密数据管理与传递环节的系统进行外包时,应经过金融机构董事会或者法人代表批准,并应在业务外包实施前向中国银监会报告。

《银行业金融机构信息系统管理指引》

第六章　外包风险控制

第五十一条　外包风险是指银行业金融机构将信息系统的规划、研发、建设、运行、维护、监控等委托给业务合作伙伴或外部技术供应商时形成的风险。

第五十二条　银行业金融机构在进行信息系统外包时,应根据风险控制和实际需要合理确定外包的原则和范围,认真分析和评估外包存在的潜在风险,建立健全有关规章制度,制定相应的风险防范措施。

第五十三条　银行业金融机构应建立健全外包承包方评估机制,充分审查、评估承包方的经营状况、财务实力、诚信历史、安全资质、技术服务能力和实际风险控制与责任承担水平,并进行必要的尽职调查。评估工作可委托经国家相应监管部门认定资质,具有相关专业经验的独立机构完成。

第五十四条　银行业金融机构应当与承包方签订书面合同,明确双方的权利、义务,并规定承包方在安全、保密、知识产权方面的义务和责任。

第五十五条　银行业金融机构应充分认识外包服务对信息系统风险控制的直接和间接影响,并将其纳入总体安全策略和风险控制之中。

第五十六条　银行业金融机构应建立完整的信息系统外包风险评估与监测程序,审慎管理外包产生的风险,提高本机构对外包管理的能力。

第五十七条　银行业金融机构的信息系统外包风险管理应当符合风险管理标准和策略,并应建立针对外包风险的应急计划。

第五十八条　银行业金融机构应与外包承包方建立有效的联络、沟通和信息交流机制,并制定在意外情况下能够实现承包方的顺利变更,保证外包服务不间断的应急预案。

第五十九条　银行业金融机构将敏感的信息系统,以及其他涉及国家秘密、商业秘密和客户隐私数据的管理与传递等内容进行外包时,应遵守国家有关法律法规,符合银监会的有关规定,经过董事会或其他决策机构批准,并在实施外包前报银监会及其派出机构和法律法规规定需要报告的机构备案。

关于境内企业承接服务外包业务信息保护的若干规定

第一条 为促进承接服务外包业务的中国境内企业（以下称接包方）妥善保护保密信息，维护公平竞争环境，促进我国服务外包产业的进一步发展，根据《中华人民共和国合同法》等法律、行政法规，制定本规定。

第二条 本规定所称的承接服务外包业务是指接包方通过合同向境内外的企业、机构、组织或个人（以下称发包方）提供的信息技术外包服务、技术性业务流程外包服务等服务的行为。

第三条 本规定所称保密信息是指符合以下条件的业务资料或数据。

（一）接包方在承接服务外包业务过程中从发包方所获取。

（二）发包方采取了保密措施且不为公众知悉。

（三）接包方根据合同约定应当承担保密义务。

第四条 接包方及其股东、董事、监事、经理和员工不得违反服务外包合同的约定，披露、使用或者允许他人使用其所掌握的发包方的保密信息。

第五条 接包方应成立信息保护机构或指定专职人员负责制定本企业的信息保护规章制度，对保密信息采取合理的、具体的、有效的保密措施，包括如下内容。

（一）限定涉密人员的范围。

（二）对保密信息载体及其存储场所采取技术物理控制，以避免信息被他人不当访问或获取。

（三）对保密信息的记录载体进行分级管理。

（四）对配方含量和程序步骤等重要信息加密保存或保存于受限区域。

（五）对保密信息载体使用密码。

（六）对存有保密信息的厂房、车间、办公室等场所，限制来访者，或者对他们提出保密要求。

（七）对存有保密信息的计算机，建立有效的网络管理和数据保护措施，建立严格的身份认证和访问授权体系，采用完善的系统备份和故障恢复手段，定期进行安全补丁和病毒库的升级。

（八）接包方与发包方约定的其他措施。

第六条　接包方应通过与员工,特别是涉密人员签订保密协议、竞业禁止协议,以及与涉密的第三方人员签订保密协议等措施确保信息安全。

第七条　接包方应当加强对员工的信息安全培训,增强员工的保密意识,避免泄露保密信息事故的发生。

第八条　鼓励接包方积极借鉴国内外信息安全认证要求、行业最佳实践来制定企业内部信息安全管理体系,并获取国内、国际信息安全认证。

第九条　接包方应积极开展对内部信息安全管理体系的检查及维护,持续改进企业内部信息安全体系。

第十条　接包方违反与发包方之间的保密协议或服务外包合同中的保密条款,发包方可以根据保密协议或服务外包合同的约定提起仲裁,或向有管辖权的法院起诉。

第十一条　接包方应与发包方明确约定接包方在为发包方提供服务、履行信息保密义务的过程中所产生的知识产权或技术成果的归属。

第十二条　接包方不得侵犯发包方依法享有的商标、专利、著作权等知识产权权利。

第十三条　相关行业协会等中介组织应加强行业自律管理,可根据需要定期公布接包方的信息保密工作情况。

第十四条　本规定由商务部、工业和信息化部负责解释。

第十五条　本规定自 2010 年 2 月 1 日起施行。

《商业银行外包风险管理指引》(征求意见稿)

第一章 总 则

第一条 为了防范商业银行外包风险,保障商业银行业务持续经营,依据《中华人民共和国银行业监督管理法》、《中华人民共和国商业银行法》等有关法律法规,制定本指引。

第二条 本指引适用于中华人民共和国境内设立的政策性银行、商业银行、外国银行分行等机构。

第三条 本指引中的外包是指商业银行将原本应由自身负责处理的某些事务或某些业务活动委托给服务提供商进行处理的经营行为。服务提供商包括独立第三方,商业银行或其所属集团设立在中国境内或者境外的子公司、关联公司或附属机构。

第四条 商业银行的董事会和高级管理层应承担外包活动的最终责任。

第五条 商业银行开展外包活动应制定外包的风险管理框架以及相关制度,并将其纳入全面风险管理体系。

第二章 外 包 范 围

第六条 商业银行应根据审慎经营原则制定其外包战略发展规划,确定与其风险管理水平相适宜的外包活动范围,尤其是重要业务的外包活动范围。

第七条 商业银行在确定某项外包业务是否为重要业务时,应评估以下因素:

(一)是否涵盖到商业银行大部分的信息技术、财务会计、信贷处理及客户信息等业务事项。

(二)业务一旦中断,是否对商业银行的业务经营、声誉或利润等产生重大影响。在无法确定某项即将被外包的业务是否为重要业务时,可向所在地监管机构进行咨询。

第八条 重要业务可参考但不限于下述业务事项。

(一)业务操作环节:贸易融资及结算有关的单据处理和系统操作等服务;授信业务的贷前调查和贷后催收;信用卡营销与催收;电子银行客户服务等。

（二）数据处理：联行对账；会计业务的影像处理及数据录入；客户数据录入及维护；数据查询等。

（三）信息技术：业务操作系统软件的开发和维护、网络安全设计建设、网络银行应用系统设计开发和 IT 重要基础设备服务等。

第九条 商业银行涉及战略管理和风险管理职能的业务不宜外包。商业银行涉及内部审计职能的业务不宜外包给独立第三方。

第三章　组　织　架　构

第十条 商业银行外包管理的组织架构应包括董事会、高级管理层及外包管理团队。

第十一条 董事会的职责主要包括以下方面。

（一）审议批准外包的战略发展规划。

（二）审议批准外包的风险管理策略。

（三）批准所有重要业务的外包安排。

（四）定期审阅外包安排的有关报告。

（五）定期安排内部审计，确保审计范围涵盖所有的外包安排。

第十二条 高级管理层的职责主要包括以下方面。

（一）制定外包战略发展规划，经董事会批准后实施。

（二）制定外包风险管理的政策、操作流程和内控程度，经董事会批准后实施。

（三）确保重要业务的外包安排在执行前及时向董事会及监管机构报告。

（四）明确外包管理团队职责，并对其行为进行有效监督。

第十三条 外包管理团队的职责主要包括以下方面。

（一）执行外包风险管理的政策、操作流程和内控制度。

（二）负责外包活动的日常管理，包括尽职调查、合同执行情况的监督及风险状况的监控。

（三）向董事会和高级经营层提出有关外包活动发展和风险管控的意见和建议。

第十四条 在华外国银行分行进行外包活动时，由管理层承担相应职责。

第四章　风　险　管　理

第十五条 商业银行应关注外包活动的战略风险、声誉风险、合规风险、操作风险、国家风险等风险。

第十六条 商业银行重要业务的外包必须经过和得到董事会的审核批准。

第十七条 商业银行董事会在核准外包业务时，应评价或评估以下事项。

（一）可能影响服务提供商进行外包业务能力的实际因素。

（二）评价服务提供商的财务实力、技术能力以及业务存量与流量。

（三）评估服务提供商的风险控制、业绩标准、业务策略、管理程序、监督过程等方面。

（四）判断服务提供商与银行竞争对手是否存在外包安排。

（五）评估重要业务的业务连续性。

（六）其他关注的事项。

第十八条　商业银行在进行外包活动时,应进行尽职调查,尽职调查时应注重评估服务提供商的下述有关内容。

（一）管理能力和行业地位。

（二）财务稳健性。

（三）经营声誉和企业文化。

（四）技术实力和服务质量。

（五）突发事件应对能力。

（六）对银行业的熟悉程度。

（七）对其他银行提供服务的情况。

（八）商业银行认为重要的其他事项。商业银行的外包活动涉及多个服务提供商时,应对这些服务提供商进行关联关系的调查。

第十九条　所有外包活动都必须签订书面合同或协议,明确双方的权利义务。合同或协议至少应该包括以下相关条款。

（一）外包服务的范围和标准。

（二）外包服务的保密性和安全性。

（三）外包服务的业务连续性。

（四）外包服务的审计和检查。

（五）外包争端的解决安排。

（六）未履行责任的赔偿、补救和追索权;对于具有专业技术性的外包业务,可签订服务标准协议。

第二十条　商业银行董事会和高级管理层应承担分包或转包的最终责任。本指引中所提到的分包或转包,指服务提供商就一项其外包的经营活动与第三方签约,将这项业务的一部分进一步外包给第三方。

第二十一条　商业银行在服务提供商在分包或转包时,应明确以下事项。

（一）外包合同或外包协议中应明确设立服务提供商分包或转包的规则或限制。

（二）分包服务提供商应严格遵守主服务提供商与商业银行确定的外包合同或协议中的所有条款,包括安全和机密标准与相关条款。

（三）主服务商应确认在业务进一步分包后继续保证其对服务水平和系统控制负总责。

（四）应在合同中约定服务提供商不得将外包活动全部转包或分包。

第二十二条　商业银行在开展跨境外包活动时,应遵守以下原则。

（一）审慎评估境外国家的经济与政治环境、技术风险以及境外权限的法律和管制风险。

（二）确保国家秘密、商业秘密和客户信息的安全;商业银行选择境外服务提供商时,应明确其所在国家或地区监管当局已与我国银行业监管机构签订谅解备忘录。

第二十三条　商业银行应制定和建立业务外包的突发事件应急预案和机制,防范外包活动中断出现的风险，以确保银行业务的正常经营。

第二十四条 商业银行应至少每年一次委托外部审计机构对外包活动进行全面的外部审计评价。

第五章 监督管理

第二十五条 商业银行在开展外包活动时，应向所在地银行业监管机构报送以下材料。

（一）外包活动的战略发展规划。

（二）外包活动的风险管理制度。

（三）外包管理的组织架构。

（四）监管部门要求的其他事项。

第二十六条 商业银行开展的重要业务和跨境外包活动，应事先向所在地银行业监管机构报告。报告内容包括但不限于以下内容。

（一）外包合同的文本草案。

（二）对服务提供商的风险评估报告。

（三）业务连续性及突发事件应急预案。

（四）外包信息的安全及保密措施。

第二十七条 商业银行在开展业务外包时，如遇下列事项，应及时向所在地银行业监管机构报告。

（一）合同期内终止合同。

（二）突发事件的发生。

（三）服务提供商违反法律、法规的情况。

第二十八条 商业银行应在每年 4 月前向所在地监管机构提交上一年度外包活动的内、外部审计报告。

第二十九条 银监会及其派出机构定期对商业银行的业务外包活动进行现场检查，并将检查结果纳入对该机构的监管评级。

第六章 附 则

第三十条 城市信用社、农村合作金融机构以及非银行金融机构参照执行。

第三十一条 本指引由银监会负责解释。

第三十二条 本指引自发布之日起实施。

参 考 文 献

[1] 翟健宏. 信息安全导论[M]. 北京：科学出版社，2011.

[2] 金融电子化概述[EB/OL]. (2012-04-02)[2012-05-10].
     http://doc.mbalib.com/view/13b5707ade3cc93937dfc367440de79a.html.

[3] 中国金融行业信息化现状及前景[EB/OL]. (2012-04-21)[2012-05-10].
     http://www.enfodesk.com/SMinisite/index/articledetail-type_id-2-info_id-59234.html.

[4] 发展金融信息化建设现代金融业的关键[EB/OL]. (2012-03-10)[2012-05-10]. http://hb.qq.
     com/a/20100319/002997.htm.

[5] 金融信息化[EB/OL]. (2012-04-08)[2012-05-10]. http://baike.baidu.com/view/3527979.htm.

[6] 浅析国外金融业信息化的三大特点[EB/OL]. (2012-04-09)[2012-05-10]. http://www.ciotimes.
     com/industry/jr/47574.html.

[7] 金融行业信息化发展所经历的几个阶段[EB/OL]. (2012-03-26)[2012-05-10]. http://www.
     ciotimes.com/industry/jr/finance200912310814.html.

[8] 浅析我国金融行业信息化发展道路[EB/OL]. (2012-05-02)[2012-06-12]. http://www.ciotimes.
     com/industry/jr/49370.html.

[9] 浅析我国金融行业信息化状态及发展趋势[EB/OL]. (2011-04-18)[2012-05-15].
     http://www.cio114.com/xingyefenlei/jinrong/20120103/35335.html.

[10] 李改成. 金融信息安全工程[M]. 北京：机械工业出版社，2010.

[11] 杨向东，袁小四. 金融安全与信息安全[J]. 信息网络安全，2006(5)：65-68.

[12] 信息安全导论(一)[EB/OL]. (2012-04-07)[2012-05-10].
     http://wenku.baidu.com/view/c3748b62ddccda38376baf5f.html.

[13] 信息安全(第九章)[EB/OL]. (2012-03-25)[2012-05-10].
     http://wenku.baidu.com/view/6aab0135a32d7375a417808b.html.

[14] 金融信息风险(第2章)[EB/OL]. (2012-05-02)[2012-05-16].
     http://wenku.baidu.com/view/38907b4769eae009581bec98.html.

[15] 杨向东. 金融信息系统面对的安全挑战及其对策[J]. 信息网络安全，2010(10)：16-18.

[16] 个人信息遭泄露后的十大危害[EB/OL]. (2009-03-17)[2011-05-10].
     http://view.news.qq.com/a/20090317/000034.htm.

[17] 曾庆凯，许峰，张有东. 信息安全体系结构[M]. 北京：电子工业出版社，2010.

[18] 张浩军，杨卫东，谭玉波. 信息安全技术基础[M]. 北京：中国水利水电出版社，2011.

[19] 徐崇岭. 银行信息安全风险自评估的流程和方法[J]. 中国金融电脑，2007(2)：29-34.

[20] Whitman M E，Mattord H J. 信息安全原理[M]. 齐立博，译. 北京：清华大学出版社，2006.

[21] 国家质量监督检验检疫总局. 中华人民共和国国家标准：信息安全风险评估. (ICS350.040—
     L80)[EB/OL]. (2012-04-12)[2012-05-22].
     http://wenku.baidu.com/view/e29678d96f1aff00bed51e83.html.

[22] 计算机病毒概述[EB/OL]. (2012-04-05)[2012-05-22].
     http://wenku.baidu.com/view/f7ba31c7aa00b52acfc7ca73.html.

[23] 马骏. 4类数据库安全审计产品[EB/OL]. (2011-07-16)[2012-05-22].
     http://safe.it168.com/a2011/0726/1222/000001222975_1.shtml.

［24］ 过梦旦，朱灶焰. 数字水印技术及应用［J］. 江苏电器，2007(z1)：24-30.

［25］ 王斌君，景乾元，吉增瑞. 信息安全体系［M］. 北京：高等教育出版社，2008：74.

［26］ 沈昌祥. 信息安全导论［M］. 北京：电子工业出版社，2009：67.

［27］ 中华人民共和国国家质量监督检验检疫总局，中国国家标准化管理委员会. 中华人民共和国国家标准，信息安全技术 信息系统安全管理要求［EB/OL］.（2012-05-10）［2012-05-22］. http：//www. atmb. net. cn/web/UploadFile/2010111010043890. pdf.

［28］ 科飞管理咨询公司. 信息安全管理概论［M］. 北京：机械工业出版社，2002：38.

［29］ 陈玲. 金融信息系统安全管理体系研究［J］. 河北省科学院学报，2006，23(2)：12-14.

［30］ 赵战生. 信息安全管理标准的发展［EB/OL］.（2012-04-20）［2012-05-22］. http：//wenku. baidu. com/view/5b52b0f29e3143323968932d. html.

［31］ 马希佳. 银行信息安全规划概述［J］. 华南金融电脑，2007(7)：64-66.

［32］ Christopher A，Audrey D. 信息安全管理［M］. 吴晞，译. 北京：清华大学出版社，2003：18.

［33］ 吴晓平，付钰. 信息安全风险评估教程［M］. 湖北：武汉大学出版社，2011：56.

［34］ 张泽虹，赵冬梅. 信息安全管理与风险评估［M］. 北京：电子工业出版社，2010：125.

［35］ 冯登国，孙锐，张阳. 信息安全体系结构［M］. 北京：清华大学出版社，2008：183.

［36］ 吕韩飞，冯前进. 信息安全管理实务［M］. 北京：清华大学出版社，2011.

［37］ 牛少彰，崔宝江，李剑. 信息安全概论(第2版)［M］. 北京：北京邮电大学出版社，2004：156.

［38］ CEAC国家信息化计算机教育认证项目电子政务与信息安全认证专项组，北京大学电子政务研究院电子政务与信息安全技术实验室. 信息安全管理基础［M］. 北京：人民邮电出版社，2008.

［39］ 叶振军. 金融信息安全：模型、方案与管理策略研究［D］. 天津大学，2007.

［40］ 邵会明. 浅析金融信息系统安全风险及防范对策［J］. 中国管理信息化：综合版，2005(10)：83-85.

［41］ 2010年中国企业员工信息安全意识调查报告［EB/OL］.（2011-05-18）［2012-05-12］. http：//www. techweb. com. cn 2011. 5. 18 17：31 51CTO. com.

［42］ 刘倩. 金融服务外包及其风险研究［D］. 东北财经大学，2007.

［43］ 唐柳. 银行业务外包服务供应商引发风险的政府监管研究［M］. 北京：中国金融出版社，2010.